陈石林◎著

杷罗集选

—— 一棵教育小草的声音

世界图书出版公司

广州·上海·西安·北京

图书在版编目 (CIP) 数据

杷罗集选：一棵教育小草的声音 / 陈石林著 . —广州：
世界图书出版广东有限公司，2016.10（2025.1重印）
ISBN 978-7-5192-2002-0

Ⅰ . ①杷… Ⅱ . ①陈… Ⅲ . ①教育学—文集 Ⅳ .
① G40-53

中国版本图书馆 CIP 数据核字 (2016) 第 248595 号

杷罗集选—— 一棵教育小草的声音

策划编辑：李　平

责任编辑：张梦婕

责任技编：刘上锦

封面设计：周文娜

出版发行：世界图书出版广东有限公司

地　　址：广州市新港西路大江冲 25 号

电　　话：020-84460408

印　　刷：悦读天下（山东）印务有限公司

规　　格：787mm×1092mm　1/16

印　　张：28.5

字　　数：320 千

版　　次：2016 年 11 月第 1 版

印　　次：2025 年 1 月第 3 次印刷

ISBN　978-7-5192-2002-0

定　　价：98.00 元

序

刘建琼[1]

陈石林老师30余年坚守农村和县城高中学校,至今执教于三尺讲台。以笔者之了解,陈老师是一位有思想、善作为、多建树的学校领导(教学教研副校长等),也是一位有学术修养的特级教师。《杷罗集选—— 一棵教育小草的声音》,是他继《脚步铿锵一路歌》等之后的一部凝聚实践探索与理性思辨心血的教育专著。

你细心地阅读、精心地思考,会发现其人其书特色鲜明。

强烈的使命感、责任心和拳拳爱心,促使着陈老师广泛了解基础教育的现状,深入研究基础教育的问题,执着探寻基础教育及其发展的原理、规律,其言论具有正本清源的辨证性,引领健康发展的指导性。他坚信,基础教育的灵魂是教师,核心是基础性。针对现实的基础教育,他抨击贯串全程、愈演愈烈的应试教育,"盲目的做大做强,偏向的素质教育"(《教育断想》[2])和"高中教育奇葩朵朵";直陈"理论现实矛盾抵牾,社会教育观念滞后,学校办学条件寒碜,师资整体水平低下,教育评价标准唯一"(《一个亟待关注与研究的弱势群体》);指出"基础教育的失范失衡,是中国未来的悲哀祸患",建议"规范办学行为,完善招考机制,改革评价制度,强化督导职能"(《基础教育的失范、失衡,中国未来的悲哀、祸患》);期待"破解核心问题和矛盾的理论"能"早日诞生在中华教育的沃土上"(《破解核心问题和矛盾的理论在哪》)。他提出,"教师振兴靠高等师范院校"，其建设必须加强和改革（《教育断想》）；教师的品质养成应具备"四个坚持"、职业要求要强化"五个意识"、业务工作要进行"六个研究"、日常修炼要做到"七个多动"，特别强调要坚持真理、师表敬业、质量争先、研究教纲考纲和学情学法（《躬行慎思得》）；解决师资队伍建设问题的好办法与着力点是"稳定、提高与发展"。他认为，基础教育的基础性必须落实，课堂教学的有效性理当重视，优秀教师团队的建设刻不容缓（《基础教育反思三题》）。基础教育必须坚持基础性、素质教育、德育首位、教学中心（《素质教育背景下一线教育工作者的思考》）；必须坚持"以人为本""为了每一位学生的发展"（《基于新课改的挑战与创新》），教师施教要讲究科学性、团队合作要重视和谐性、教学管理要体现先进性（《学校有效教学探讨》)；必须坚持"八个立足"，即工作立足平时、立足常规，教学立足课堂、立足"三基"、立足全体、立足质量，管理立足到位、立足创新和"以德立教，依法治教，质量兴教，科研强教"（《躬行慎思得》）。基础教育的创新教育是面向未来的教育，努力的方向是培养创新意识、精神和能力（《创新教育的思考》）。他急切而真诚地盼望我国能"早日诞生大气、宏观、务实、民族、创新、正确导向、能够领航的真教育家和大教育家"（《破解核心问题和矛盾的理论在哪》）。

敢于质疑、谨于思辨和善于抽象提炼，成就了陈老师在基础教育教学教研中可贵的先进思想、务实品质和睿智识见，其言论具有实践探索的科学性，导航课堂高效的创新性。教学即研究，问题即课题。针对德育工作时效性、实效性普遍差的现状，他倡导教师"感情的距离要近些，再近些；工作的开口要小些，再小些；目标的达成要实些，再实些"（《普通高中德育工作有效性探微》）。他认定，语文教学的方面是听说读写，目的是语用、阅读和写作，策略是"课内打基础、课外练功夫"及其融合渐进（《语文教学的构想》）。他主张语文教学的起点要面向多数，目标要一课一得，功利要内涵发展（《语文教学三题》）；坚持课堂以教师为主导、学生为主体、训练为主线、思维为核心、能力为目标的"五为"原则，实施教师启发点拨精讲30分钟、学生自学质疑合作探究整理15分钟或学生30分钟、教师15分钟的"3015"模式（《素质教育背景下一线教育工作者的思考》）；强调要达成"自主、合作、探究"的高效目标，核心是实导、精讲和巧练，基础是精编（导学案）（《新课改背景下语文课堂教学高效性之我说》）。他质疑意见不一的语文辞书、语用不范的教材教辅，提出"辞书、教育文本应规范和统一"，建议"教学要灵活，编撰要规范，审定要严肃"；呐喊"语言文字工作者、学习者的困惑：我们该听谁的"，推荐"规范、实用、通俗、臻善"的《现代汉语规范词典》。批评人教版高中语文教材，指出"教材选文、注释等应规范、严谨、权威"；针对病句辨改教学与复习存在"多快差"的问题，明确要"把准压缩一法，抓实辨改四环"，并就主流媒体混乱的语言应用发表纠错匡正的系列论文（《动宾搭配不当现象及其成因浅析》《浮躁、急就、草率，病句形成之主因》《找回敬畏之心，重树谨严态度》等）。他思辨阅读教学，主张"单元整合法与层进教学法（程序阅读法→问题探究法→特色鉴赏法）"（《浅谈小说阅读探究鉴赏的能力培养》）；"鼓励个性化欣赏，引导创造性解读"；"大力开展课外阅览，全面提高读写能力"。他坚持写作教学要指导学生"关注社会，聚焦生活，写好身边的人事景物，悟出生活的酸甜苦辣；说真话，诉真情，高品质，高品位"（《脚步铿锵一路歌》后记）。认为教师耗费多、学生得分少的"主要问题出在一线教师指导上的唯我独尊和批改上的越俎代庖，根本问题出在批改要求上中、基层教育管理者督查的不当干预和宣传工作者榜样的舆论误导"（《中学写作教学主客观反差巨大问题的思考》），主张学生习作"40分钟800字快速成文"和"互批自改"（《运用"三步八法"，激发写作兴趣》《"中学短周期作文教学"实验报告》等），并从1992年开始实施至今；写作教学与复习要"回顾、归类而内化"；"教师功夫在'课'外，学生功夫在'文'外"（《关于教师写作指导与训练的反思》）。

立足岗位、砥砺前行和追求卓越，彰显着陈老师忠诚教育、心系事业、涉猎专博、修养深厚，其言论超越了普通教师的学识智慧，反映着他为人处事治学的品德风格。书中"教育论文选"如此，其他所选亦然。"教学方案"备写规范，繁简得宜，知识能力情感水乳交融，容量难度适中，可接受度高。"升旗讲话"言简意赅，情理兼容，春风化雨，富有感染力与鼓动性。"断想随笔"针砭时弊，幽默犀利，谋构短小精悍，爱憎溢于言表。"对联试笔"自谦为试，却是锤炼；不少联对，堪称精品。"回眸杂忆"更是文人一如，率直洒脱，真诚自然，实事求是地回顾、总结了陈老师从教一生的经历与进步，成熟与成功。

正因如此，笔者喜欢这部源于基层、直面现实、敢于质疑、谨于思辨和善于抽象提炼的专著，乐意为这部利于基础、益于教育、可供基础教育工作者特别是研究者、决策者阅读、借鉴的专著写下一点感受。我们急需真切的言论与思想，《杷罗集选—— 一棵教育小草的声音》面向读者朋友时，请您多一份公允评判和真诚呵护。

2016 年 6 月 长沙

[注]

[1] 刘建琼（1964.2 —），著名特级教师，教授，人文学者。现为湖南省教科院教育史志研究所所长，兼任湖南省中语会副理事长、湖南省特级教师学会理事长等。

[2] 括号中的篇目为引文的出处，下同。

目　录

教书育人编·教学方案选

心声交流编·升旗讲话选

社会响应编·断想随笔选

词句联对编·对联试笔选

前行足音编·回眸杂忆选

行知话语编·教育论文选

论文从何来

——答部分教师问

论文是实践的升华。

实践，关乎宏观之教育思想，中观之课程改革，微观之教学艺术；实践，关乎教育的目的与目标，教师的地位与作用，课程与课堂，师生间关系；实践，关乎德育，智育，体育，美育，等等。论文就是这些实践的升华。

论文是积累的爆发。

日常生活、教学、工作中，思想的，专业的，知识的，像如此东西，用用剪刀浆糊，动动笔墨电脑，把它们剪辑、抄录、存储起来，分门别类，日积月累，到一定时候能蔚为大观。这样就有判断、甄别、立意的写作基础与底气了。

论文是研究的火花。

教学即研究，问题即课题。留意教学、问题中涉及师生、学校的言行、活动，关注其中的疑难、困惑、偏差、错误，有计划、有重点、有针对性地，细之以调查，深之以研究，类之以梳理，饰之便为文章。

当然，论文还是不断学习的结晶，因为知书达理，读史明智；厚积薄发，深入浅出；纳百川之流才成大海，通千古之典方为学问。还是文辞锤炼的结晶，须知"百锻为字，千炼成句"。大家都明白"教书匠"与"灵魂工程师"内涵的差别，更知道"知足"、"知不足"与"不知足"不同表达的分量。

论文从何来？从实践，从积累，从研究，从学习，从锤炼中来。

论文也有忌讳，它忌剽窃抄袭，忌无的放矢，忌言之无物，忌人云亦云，其中最忌的是剽窃抄袭！

2007 年 3 月 16 日

注：此文原题为"文从何处来"，发表于《教研与实践》第十期（2007 年 7 月），转载于《书馨园》总第二十五期第三版（2008 年 8 月）。本标题文发表于2014 年第 18 期《教师》（下旬刊，国内统一刊号为 CN 46-1072/G4、国际标准刊号为 ISSN 1674-120X）《卷首语》，同期还把本人作为"封面人物"在封面配以彩照、在"目录"页配以文字的形式向全国予以重点推介。

破解核心问题和矛盾的理论在哪

——关于基础教育及其语文教学实践与研究的思考

教育是个系统工程，基础教育是个大课题，问题和矛盾太多，实践、探索、研究和决策的人很多，但从根本上破解问题和矛盾并正确导航事业的理论似乎却很少。绝大部分从事教育、教学及其管理工作实践、探索的教师、领导，他们尽管上讲台、弄试验、出点子、搞管理的机会特别多，但真要从理论上说出个甲乙丙丁来，恐怕就不敢也更不能。而较少部分从事研究和决策的人们，他们往往又囿于间接知识——书上写的、洋人说的，对一线教育工作者早已实践、正在探索、行之有效的做法、经验知之甚少。这样一来，实践与理论、理论与实践变成了不相协调的两张皮。尤其是在推行素质教育、落实课程改革的当今，跟风口号多，实践求真少；舶来包装多，批判扬弃少；理论务虚多，深入探索少；

微观"敲打"多,宏观"整合"少;"改良改善"多,"改革创新"少……理论与实践、理想与实际脱节,愿望与效果、现在与未来悖离。如教育理念是选拔还是育人,教育目标是学习知识还是提高素质,教育方法是灌输还是启迪,理论工作者都在大力倡导后者,但到底为什么、怎样做,实践工作者绝大多数茫然,还在努力践行前者。其实,基础教育至今仍然存在许多核心问题和矛盾需要理论者、实践者形成明确的共识,如基础教育到底是什么,其性质、内容、特点、方法到底是什么,其目的和目标到底是什么,像这些连不少自称或他称的教育家自己也说不清楚,且不去细说私塾、学堂,也不去辩论应试教育、素质教育,但奇怪的是,莫名其妙的口号和理论却不断地盛行一时自然也昙花一现,仅如"教育是产业""没有教不好的孩子"这两句,就让一线的教师和领导瞠目结舌、无言以对!

世界是什么?马克思说是由物质和精神两大方面构成,且是先物质后精神的一个朦胧状态。这理论一出世,世界好多大大小小的实践和理论的问题和矛盾,豁然开朗、迎刃而解!中国要生存要发展应该怎么办?邓小平主导"以经济建设为中心",提出"发展是硬道理",结果中国实行改革开放、一国两制,经济突飞猛进,社会繁荣昌盛,香港澳门回归,百姓皆大欢喜!这两个例子都在说明同一个道理:与实际和实践协调一致的理论重要,破解核心问题和矛盾的理论更加重要!基础教育这个大课题的理论、破解核心问题和矛盾的理论到底是什么?这是摆在我们每一个教育工作实践者、探索者,更是研究者和决策者面前亟待明确回答的问题!

任何教育理论只有与教育实际和实践有机结合,才有可能具备试行的科学性,推广的可行性,长存的活力性。要积极改革并正确导航中国的基础教育,必需基础教育研究者、决策者及其影响下的各级政府与一线实践相关阶层及人员进行协商并达成共识。只有通过激发理论、实践等相关工作者共同思考、对话、参与教育决策,最终汇成教育智慧;通过调动理论、实践等相关工作者共同反观自省、诚信沟通、理解对方,最终达成教育共识,才有可能形成共同的教育理论与和谐的教育实践,才有可能促成核心问题和矛盾的不断破解直至彻底破解。

基础教育理应基于人，人是基础教育的出发点和落脚点。基础教育是社会公益事业，是全民基础事业，是大爱大智事业。管理是求真务实的科学，教学是精益求精的艺术，教研是敢为人先的探索。无论教育、管理还是教学、教研，都必须立足于基层，立足于实践，立足于师生。走马观花、浮光掠影、道听途说、浅尝辄止、凭空想象、闭门造车和信口雌黄，是基础教育实践者、探索者，更是研究者和决策者的大敌、死敌。基础教育研究者、决策者只有真正地走进学校基层，深入实践一线，全面地考察真实现状，虚心地听取一线声音，认真地研究师生特别是学生——不同城乡、区域、民族、群体等，以及性别、年龄、生理、心理、特点、爱好等的共性和差别，综合地想想过去、现在和未来，进而求真务实地理论联系实际、后顾结合前瞻地总结、整合、升华与抽象，才能找到并提出破解中国基础教育核心问题和矛盾的理论。从教35年，做农村完全中学校长22年的苏霍姆林斯基，终生从教并先后创办晓庄学校、生活教育社、山海工学团、育才学校和社会大学，提出"生活即教育"、"社会即学校"和"教学做合一"三大主张的陶行知等，就是这样成为了正确导航当时的苏联和中国的基础教育事业的教育大家。约翰·卡雷说："从书桌上瞭望世界是危险的。"仅坐办公室、仅读理论书、仅听洋人话，产生不出真教育家、大教育家！

基础教育的语文及其教学也一样，尽管似乎有性质——工具性与人文性、原则——文道统一、内容——听说读写、难点——阅读与写作等的宏观共识，但在其"人文性"如何区别于其他社会学科，"文道"如何去和谐统一，"听说"如何去落实到位，"阅读"用什么方法去指导鉴赏、用什么标准去衡量质量，"写作"用什么思想去统率教学、用什么序列去组织训练、用什么内容去引领认知、用什么材料（范文、素材）去规范形式、用什么方法去指导实践、用什么方式去实施批改和讲评等中观、微观方面，仍存在不少亟待研究的问题和矛盾，亟需语文教育理论者、语文教学实践者形成真正的共识，找到并提出破解核心问题和矛盾的系统理论。

我们再也不愿看到理论与实践老呈不相协调的两张皮的现状，真诚地期待既借鉴书本、国外，更根于基层、源于实践、切合实际、有益孩子、面向发展和未来，破解基础教育及其语文教学核心问题和矛盾的系统理论，早日诞生在中华教育的沃土上，真诚地期待在中华教育的沃土上早日诞生大气、宏观、务实、民族、创新、正确导向、能够领航的真教育家和大教育家！

2015 年 11 月 20 日

注：此文发表于 2016 年第 08 期（2 月）《教育》（国内统一刊号为 CN50-9238/G、国际标准刊号为 ISSN1671-5861）。

教育断想

师兴靠什么

民族振兴靠教育，教育振兴靠教师，教师振兴靠什么？我以为靠高等师范院校教育，中小学教师振兴尤其如此。然而，现在的师范院校，规格不断提升，规模急速扩大，但提升的仅是学历非学力，扩大的仅是数量非质量。不太适合国情的高学历，不能满足急需的多数量，对目前的中小学教育而言，作用似乎不大。再者，现在的师范院校，课程设置仍少改变，教学内容甚是陈旧，教法创新凤毛麟角，与中小学的课程改革、基础教育的发展要求，各校师资的实际需要差距极大，致使目前中小学教育的各项改革举步维艰，甚至无法进行。要改变这种状况，高等师范院校必须"坚持教育创新，深化教育改革，优化教育结构"，"提高教育质量"，要创新人才观念，创新科系配置，创新课程设置，创新学生的知识结构。

做大做强

不知从何时起，"做大做强"的口号遍及城市乡村，"做大做强"的追求盛行各行各界。为了发展市场经济，为了应对世贸规则，经济、企业等行界，要想立足本土本国，走向异邦乃至于世界，似应因时、因地制宜地整合资源，瞄准目标有的放矢地"做大做强"。但教育，尤其是中小学教育，在我看来，中国人口众多，幅员辽阔，政治、经济域差极大，文化、教育情况复杂，怎一个"做大做强"了得？一是口号、追求的本身，至少有一个事理逻辑的不妥，当应先"做强"后"做大"。二是教育属公共事业建设、精神文明大业，并非其他行界的"产业"，仅凭"做"而能"大"能"强"为一厢情愿。三是教育必需对象，少了没了如何"做"？眼前正值高中学龄学生就学的高峰，再过三四年或五六年情况怎样？假定相反（已有人做过调查并统计），新兴的土木、新聘的教师、新置的设备及其相关，该怎么处理？不按实情、不分时区、不顾后果地盲目"做大"，实在令人担忧。某些时期、某些地区，为实现一句错误的口号，满足一个错误的追求，而创造了一个个遗憾的政绩，酿造了一个个遗憾的悲剧，前车之鉴，必须引起我们的高度警戒。四是清华、北大，人皆"扩招"我不扩，人皆"做大"我"做强"，人皆"做大做强"我则"做强做大"，思想纯净、眼光远大、头脑冷静、应对从容，精品意识堪称名校风范，精品学校才是世界一流。

素质教育

"继续普及九年义务教育"，"全面推进素质教育"，这是十六大报告中根据我国基本国情，明确重申的两个战略决策，它再次指出了中国教育特别是中小学教育工作的重点、努力的方向和追求的目标。义务教育和素质教育，两个决策一个目的：打牢国民教育素质的基础，"培养德智体美全面发展的社会主义建设者和接班人"。然而，什么是素质教育，如何进行素质教育，理解、落实起来就有大学问。君不闻，要贯彻素质教育就必须坚决执行五天制，重点突破音体美，想方设法减负担，甚至要取消考试。君不见，在上面片面认识理解的指导下，有的小学，成了专抓歌舞、体育、画画的"特色学校"；有的初中，学生除了完成少得可怜、易得好笑的课堂作业外，其他什么"负担"也没有；有的高中，一个学期马马虎虎地举行一次考试，考后既不公布成绩，当然也不存在"排队"，更不作总结，师生昏昏然，学校昏昏然。在片面认识理解、错误执行落实"素质教育"中，升学考试，有的初中，几年来竟无一人"升"，大家一起"降"；有的高中，大学不敢问津，名牌从来无缘。难道这就是素质教育？

其实，十六大报告对教育还郑重地提出，要"造就数以亿计的高素质的劳动者，数以千万计的专门人才和一大批拔尖创新人才"。联系这句话来认识、理解素质教育，我以为就比较全面深刻了一些。因为中小学教育应该全面贯彻教育方针，全面推进素质教育，全面提高教育质量，所以学科，各科都要学，而且必须学好；负担，适当的应该要，减去的应该是超额的、过重的负担；考试，每期不但要认真举行，而且必须公布成绩，必须予以总结，肯定成绩，指出差距，以利再战；至于质量和升学率，它是学生求学努力的目标，学校所有工作的生命线，是必须追求的。脱离质量谈成功教育，抛开升学率讲素质教育，这是有悖教育方针和中央决策，不利人才培养和社会主义现代化建设的。

2002 年 10 月 16 日

注：此文发表于《教研与实践》第八期（2003 年 10 月）、2004 年第 5 期《当代教育论坛》（国内统一刊号为 CN43-1391/G4、国际标准刊号为 ISSN1671-8305）。

基础教育反思三题

众所周知，我国九年制义务教育是全民基础教育。三年制普通高中教育是在义务教育的基础上进一步提高国民素质、促使全面发展的面向全民的基础教育。但目前的基础教育，却存在许多与此相矛盾甚至相悖的问题，如素质教育与应试教育、课程改革与传统模式、有效教学与功利追求、教育发展需要与教师队伍现状等等。笔者就这些问题，谈谈自己的看法。

一、基础教育的基础性必须落实

基础教育的全民性、全面性决定了它的基础性。小学、初中、高中三个阶段的十二年的教育，教的应是基础知识，练的应是基础思维，养的应是基础情感，抓的应是基础管理。

教学内容的基础性。基础知识是指一般人日常生活、学习和工作中所必需的德智体美劳等基础学科的基础知识。就全科而言，"首先是让学生学好语文、数学、外语等，掌握文字工具，掌握读、写、算的基本能力，进而再学好各门学科的基础知识（理、化、生、史、地、文等）"。（孙喜亭《基础教育的基础何在》）就单科而言，如语文学科中的字词句篇、语逻修文等知识，而非专业工作知识，更非学术研究知识，如语法学、逻辑学及其研究的学问。

生活思维的基础性。人的生活包括吃喝拉撒（柴米油盐酱醋茶）、学习与工作的方方面面，生活思维是指对这方方面面的人事物理的认识、思辨、判断与处理的方法、能力等基本素质。生活思维的是否具备、活跃、正确与科学，是必需教师通过课堂的知识教学、能力培养、情感养成及其复习巩固的科学的反复的螺旋式的训练、历练，方能获得、习得。如语文学习中的熟读（基础）、辨思（手段）、常练（巩固）、多写（运用）、善疑（提高）、活用（目的）等学习方法，聚焦思维、发散思维、联想思维与创新思维等思维能力。

情感态度等的基础性。它包括初步树立科学的世界观和方法论、积极的人生观和价值观，陶冶健康高尚的品性情操，培养正确多维的思维方式，磨练刻苦耐挫、敢讲真话、勇担责任的道德品质，基本明确自己的权利与义务、历史使命与社会责任。简单地说就是培养爱祖国、爱人民、爱劳动、爱科学、爱社会主义的精神品德。这些就是基础教育阶段的学校，对学生情感态度与人生观等养成的基础。

教育管理的基础性。管理者对基础教育学校、教师、教学的管理，是从小学阶段、起始年级、基础学科、基础知识、道德修养、习惯养成，教师专业素质、学习态度、教学策略、课堂效果等这些内容、环节抓起的，而且必须按部就班一项一项地、循序渐进一环扣一环地抓实抓好，一直抓到高中毕业，并使它延伸到更高等教育阶段乃至终身。

不幸的是，目前不少教师受应试教育"为考而教，考什么教什么"的影响与制约，基础内容的教学，被有意地拔高要求，随意地削删内容；生活思维的教学、情感态度与人生观的养成，或被不断地弱化，或被莫名地删改，甚至被无暇顾及而名存实亡。这是一个全国性的很普遍并很突出的不争的事实。至于管理者对学校、教师、教学的管理，恰好与基础管理的要求背道而驰，本末倒置的"十轻十重"现象司空见惯：轻小学阶段重高中阶段，轻起始年级重毕业年级，轻考查学科重考试学科，轻教材的章节过关重资料的"拿来"练考，轻思维能力培养重应试知识训练，轻德体活动重智育教育，轻情感等培养重德育大口号，轻习惯养成重理论训导，轻后进生重先进生，轻教师团队专业素质、学习态度、教学策略、课堂全面效果（既有具体应用、应对考试，更有启迪智慧、开阔视野、增加才智、丰富情感、提高品格等的基础知识、方法能力和情感养成等内容。后者的内容是人们生活、交往的工具，生存、发展的基础，它们看来无用而又时时有用，是无用中之大用。——孙喜亭《基础教育的基础何在》）等的要素整合重教师个体吃苦耐劳、勤奋输出、不计得失、应试成绩分数等的"奉献精神"。这些忽视基础教育的全面基础性的急功近利的做法，短时期内，使有些地区、学校、学生等，获得了一些眼前的感受得到的显性益处，但长此以往却会影响、损害、破坏这些地区、学校、学生等的全体、全面、和谐、良性、科学与可持续发展，最终会办成教育者自己也不满意、人民更痛心疾首的教育。有些地区的基础教育、学校的中考或高考的质量逐年下降，常被百姓质疑、诟病，症结就在于此。

二、课堂教学的有效性理当重视

课堂是知识学习、能力培养、情感养成及其训练巩固的主阵地。每位教师都应立足课堂，向45（或40）分钟要效果；立足基础，向全体学生要效果；立足教学、练考和谐同步，向师生共同要效果；课堂教学、练考实施要突出针对性与有效性。要强调精心备课和科学上课，反对无的放矢、不负责任的课堂教学；要注重研究教标和学情，反对脱离课程标准、学生实际的不断随意增加课时的"不计成本"的课堂教学。要实施课文、单元、模块过关，反对不分年级、不看对象、缺乏针对性与有效性的"拿来主义"的"万金油式"的周练、月考；要遵循教育与认知规律、规范教学行为与要求，反对三年课程两年完成的超前教学与节假日成建制补课。要形成并坚持"以教师为主导，以学生为主体，以（知识、思维、能力、情感等）训练为主线"的"三主原则"统领下的教学策略与模式，使每位师生、每堂课都教得轻松学得愉快，获得实实在在的教学效果。每位教师的每堂课都应高度重视学生基础知识的掌握、兼顾学生基本方法的教学与基本能力的培养，学生情感态度与人生观等的养成。要适时、自然、有机地渗透于课堂教学之中并持之以恒，面向未来。

遗憾的是，目前不少小学、初中的肄业年级的教学，受某些素质教育专家、课程改革专家探讨中不当言论的误导，学校领导、教师自己因学习不够而理解偏差或指导思想本身就错误的影响等，把素质教育异化为五天制的音体美活动，把减轻学生课业负担异化为不留任何课外与家庭作业、不举行任何形式的检测与考试、即便检测与考试了也不公布分数而只评给等级（如 ABCDEFG 等），把课堂教学异化为所谓人本化的热热闹闹的廉价夸奖式、生活化的放任自由的全面放羊式教学等。而毕业年级的教学，则由"不要分数"的肄业年级的教学走向另一个极端"蛮要分数"：应试教育模式下的照本宣科满堂灌、加班加点哪怕节假日也决不放过的强化训练、题海战术、反复考试。这种肄业年级"不要分数"的无效教学与毕业年级"蛮要分数"的低效教学，使得基础性教学的有效性大打折扣，因此某些地区、学校的基础教育的质量呈现逐步下滑的趋势，也就势在必然了。有鉴于此，必须明确并重视：基础教育是全民的德智体美劳等基础学科的全面的教育。课堂教学是教师教与学生学的统一，是教师与学生同步进行的双边活动；教师是主导学生是主体，教是前提是基础，无教就无学。决定课堂教学效果的因素是教师教的效果、策略与课堂纪律，学生学的主动性、积极性与参与程度；衡量有效教学的标准是学生的发展变化：由不知到知，由知之较少到知之较多，由不会到会，由不能到能……概言之，课堂是基础教育的主阵地，课堂教学是只能强化不能弱化、课堂训练与期末考试是只能有不能无的提高教学有效性、检测师生教学水平的主要与重要的方式。

三、优秀教师团队的建设刻不容缓

一个好校长就是一所好学校，此话不假。因为好校长，往往能高度重视和充分发挥好教师即优秀教师的示范、带动、辐射作用；而有一个优秀教师的团队就必然会有一所好学校。目前的基础教育已然异化成了或"不要分数"的无效教育或"蛮要分数"的低效的应试教育，后者不仅严重制约了学生的基础、全面、特长发展，也严重制约了教师的独立思考、特长施展、创造性劳动——

不区分年级、对象等具体情况一刀切式的统一教学计划、统一教学进度、统一教学资料、统一教学方案、统一检测考试，统一加班加点、统一节假日补课、统一坐班监守学生、统一……结果是累死了学生、苦坏了教师，也戕害了一个民族今天的生机和活力，影响着一个民族未来的发展和质量。优秀教师一般都具有学习自觉探索积极，育人为本面向全体，教育理念先进科学，基本素养全面扎实，教学策略丰富多元，合作、创新意识强烈，兴校、强校作为高效的共性；他们平凡却不甘于平庸，对单一的应试教育、纯粹的功利追求等早就厌倦鄙夷，有了大量的言论上的痛切批判和实际的行动上的坚决抵制。在落实基础教育的基础性、重视课堂教学的有效性方面，他们做了大量卓有成效的理论研究与实践探索，因而善于利用自身学科的基础知识并以此为手段、工具、载体，用自己的思想、品德、智慧与情感，激发、引导学生的思想、品德、智慧与情感，使学生拥有丰富的精神世界；注重教给学生自主实践、感悟的方法并形成自己的特点与能力；经常创设给学生自我展示的机会与舞台，让学生自觉地追求生活、文化、精神以及人事物理的价值、意义等，由此奠定学生终身学习、发展和生活的基础。这样的优秀教师团队是兴办好学校的中流砥柱，完全应该说教师兴学校就兴，教师强学校就强。

可以断言，基础教育的教师决定着基础教育及其学校、国家的兴衰命运。可悲的是，在目前基础教育的教师队伍中，这样的优秀教师人数不多，这样的优秀教师团队更是凤毛麟角，因而在整个社会多数人无力抗衡地方政策高压、更无法抵制行政强力推行与思想浮躁、功利熏心、随波逐流的大背景下，不少基础教育工作者尤其是高中教育工作者，或被动地或主动地变成了应试教育等的理论传声筒、实践执行者，客观上形成了一个推波助澜并使之登峰造极而难以收拾的失声、失职群体！基于此，为了基础教育的正常、全体、全面、和谐、良性、科学与可持续发展，我们必须十分珍视并充分发挥现有优秀教师与优秀教师团队的示范、带动、辐射作用，高度重视并迅即实施教师的选拔、培养、稳定、提高的团队工程建设。这项建设刻不容缓，它是从根本上解决基础教育存在的突出问题的当务之急。

2011 年 8 月 22 日

注：此文发表于 2011 年第 11 期《当代教育论坛·管理研究》（国内统一刊号为 CN43-1391/G4、国际标准刊号为 ISSN 1671-8305），荣获科学发展理论成果推广工作委员会"教育创新与发展学术研讨会暨 2012 优秀成果（论文）交流会"一等奖（获奖编号 20120728）、中国社会发展研究院"时代丰碑——中国经济社会发展 2012 年度优秀成果颁奖暨交流会"时代丰碑优秀成果特等奖。

创新教育的思考

教育的目的是培养人、塑造人、发展人。中小学教育的目标是使学生素质全面发展，身心和谐发展，个性充分发展。只有创新教育才能顺利优质地实现这个目的和目标。

创新教育是面向未来的教育

"传道授业解惑"是面向过去、传承政治的教育，传授知识、培养"双基"是面向现在、应试求成的教育，而创新教育则是面向未来、着眼发展的教育。

面向未来的教育，其理论基础是，未来是平等互动的朋友型社会，未来是终身学习的学习化社会，未来是创新学习的自主式社会。面向未来的教育，强调全面能力特别是创新能力的培养，强调成功、新颖、独立、进步四要素的具备，强调本质上区别于传统教育的在使受教育者全面增长能力的基础上学习知识和积累知识，进而使学生素质全面发展，身心和谐发展，个性充分发展。

创新教育是面向未来的教育，是向传统、现实挑战的实践与追求。

创新教育必需具备的条件

要有有利创新的环境。绿草红花青树木，给人美妙激动的遐想；文物古迹线装书，给人探幽索隐的沉思；亭台雕塑，催人健康憧憬；典章制度，教人向善臻美；黑板报阅报栏警示牌宣传窗，校风教风学风文明风，漫溢教工耳目，化育学生言行，激励大家向上，催使集体奋进。学科教学及教育活动，管理工作与训育场所，上下互动全校一致，聚焦一个目标：营造有利创新的环境。

要有激励创新的机制。没有机制的教育产生一盘散沙的师生，缺乏激励的学校孕育不求进取的集体。创新教育需要鼓励师生的"四基"（基本事实或现象、基本理论、基本方法、基本应用）教学，激励师生的"三向"（面向现代化、面向世界、面向未来）探索，奖励师生的"两创"（创新、创造）活动，大胆坚决地废除一切束缚师生创新教育的条文规定，大张旗鼓地表扬奖励创新师生，在整个学校范围内，真正形成谁创新谁光荣、谁得益谁"双赢"的机制。

要有善于创新的教师。教育的对象是学生，施教的主体是教师；没有教师的创新，就没有创新的学生。创新教育重智育更重全面发展，重素质更重创新能力，重人性更重个性张扬；反对师道尊严强调民主平等，反对因循守旧强调标新立异，反对唯书唯上强调唯实多元；倡导不断进取，倡导终身学习，倡导永远创造。因此，教师要更新观念，丰富学识，增长才干，提高水平，在教书育人过程中做学生创新的榜样、导师和专家。

还要有与创新教育配套的课程体系和教材。

创新教育应该努力的方向

创新教育实质上是一种师生在教学过程中，不拘泥于书本，不迷信于权威，不依循于常规，独立思考，大胆探索，积极提出新颖、先进的思想、观点、思路、设计、途径、方法、点子等的教育活动。要实施创新教育，必须朝以下方向努力：

一是培养创新意识。要使学生形成崇尚创新、致力创新、勇于创新的意识。只有在创新意识的引导下，才有可能产生创新动机，树立创新目标，发挥创新潜能，释放创新激情。

二是培养创新精神。创新精神是创新教育强大而持久的内在动力。有了它，就能积极探索未知，不断追求新知；就能敢于破除迷信，大胆提出问题；就能主动求新求异，形成综合与发散并具的科学思维；就具深刻的洞察力、犀利的批判力和独特的创新力，因而能在一片处女地上开垦出良田，在一片废墟中建造出广厦。

三是培养创新能力。要教育学生学会求知，打好创新学力的基础。基础学科精读，"史鉴使人明智，诗歌使人巧慧，数学使人精细，博物使人深沉，伦理之学使人庄重，逻辑与修辞使人善辩"；前卫知识浏览，信息技术、网络文化、生物克隆、人类基因，WTO、纳米，科学、人文、伦理，音乐、美术、体育都了解一些。要教育学生善于思辨，养成勤思善辨的习惯。切中时弊、饱蕴理性、具有前瞻、富于激情地思辨，常可迸发创新的思想火花。要教育学生敢于质疑，"不唯书，不唯上，只唯实"。疑是思之始，疑是创之基。教师要注意启疑，唤醒学生主体意识，培养学生主动精神，爱护学生好奇心，帮助学生独立思考，保护学生探索创新，营造民主、平等、宽松的质疑环境。要教育学生慎答博问，明了"发明千千万，起点在一问"，切记"求学问，需学问；只学答，非学问"。"学而不思则罔，思而不学则殆"，思而不疑无创，疑而不问难新。学思疑问，是培养学生创新能力的要务。

创新教育是面向未来的教育，是挑战传统、现实的实践与追求，是知识经济发展、中华民族复兴的科学抉择，决非浮躁的时髦口号、浅薄的短期行为。

[注释及主要参考文献]

[1] 石鸥：《中小学教育改革与发展》

[2] 陈白玉：《素质教育理论与实践》

[3]2000 年：《人民教育》

2001 年 5 月 14 日

注：此文发表于《安仁一中校报》第二期第三版（2001 年 6 月）、2001 年《郴州教研》第 6 期（2001 年 6 月）、湖南师大《教育管理干部培训论文集（十四）》（2001 年 7 月）、《优秀教育论文选》第三集（2003 年 10 月），荣获"全国理论创新优秀学术成果"二等奖（2004 年 4 月），转载于《书馨园》第十三期第三版（2004 年 5 月）。

浅谈校本课程开发

校本课程开发的重要性

国家教育部 2001 年 6 月 8 日颁发的《基础教育课程改革纲要（试行）》明确规定，要"改变课程管理过于集中的状况，实行国家、地方、学校三级课程管理，增强课程对地方、学校及学生的适应性"。"学校在执行国家课程和地方课程的同时，应视当地社会、经济发展的具体情况，结合本校的传统和优势、学生的兴趣和需要，开发或选用适合本校的课程"。这个规定具有政策性、前瞻性，更具法律效力，当然就具重要性。

校本课程开发，有利于全面落实国家的教育方针，有利于学校办出特色，有利于尽可能满足学生的个性发展需要，也有利于教师自身专业的发展。再因为校本课程自身集中体现"以校为本"的理念，主要强调课程的开放性、民主性、参与性，强调交流与合作，强调促进学校办学模式的多样化和特色化，因而更符合中国教育的国情，符合国际教育发展的趋势。

校本课程开发的挑战性

校本课程开发是一个"革命性"的举措，由于解放后几十年来的"大一统"格局，造成了系列的"定势"观念、思想、行为、习惯，因而一旦推行开来，教育尤其是学校面临系列的挑战。

体制支持的挑战。澳大利亚实验表明，"在没有充分和有意识地规划必要的先决条件的情况下，把教育决策权转移到学校，从而没有使其得到合理可靠的执行"的现象。我的理解是，因其体制不顺，当地有关领导机关并不会迅速地、有效地转变职能，积极、主动、有力度地支持学校开发校本课程，甚至很有可能成为校本课程开发的主要障碍。须知，我国现行的管理体制中，"领导的力量是无穷的"，"不给政策一事无成"。

决策眼光的挑战。任何事物的改革，取决于决策者们的观念，取决于决策者们的眼光，取决于决策者们的"实际"。从政府决策者们的决策看，他们认为应该要搞"三级课程"；从基层决策者们看，他们可能认为是必要的，可能认为是不必要的，可能认为"慢慢来"，……只有决策者和决策者们，意见达成共识，才有"开发"的可能。这一点，在现在表现得十分突出。

教师角色的挑战。在校本课程的开发中，教师理所当然是国家和地方课程的执行者，同时是校本课程的研究者和开发者，他们由过去的全过程、全方位的执行者，一跃而为"执行者、研究者、开发者"，尽管从心理学的意义上说，他们可能深感自豪，但从实际情况看，他们确实感到压力太大，难以适应，明智者会深感力不从心，诸如课程理论、课程计划、课程标准、开发什么、怎么开发等问题，在目前的中小学教师中"胜任者"甚是寥寥。

相关制度的挑战。无论哪所学校实施课程改革，实施校本课程开发，都会碰到下列具体问题：自身素质，外界激励，领导支持，时间安排，阶段目标，地方反馈，师生评估，乃至于批评、批判、否定，甚至于"打倒"。这些情况，在中国历来各种各样的改革中屡见不鲜，"费力不讨好者"大有人在，"激流勇进者"寥若晨星。恰恰在这一块，我们必须予以必要的关注。

校本课程开发的策略性

职责的转变至关重要。作为教育主管部门，其职责应是咨询、指导与服务；作为学校领导，其职责主要是调研、决策与管理；作为学校的主体、主导的教师，其职责是"执行者、研究者、开发者"和实施人。基于如此职责，教育主管、学校、教师才会找准自己的位置，校本课程开发才有了"基地"和"落脚点"。我之所以如此看待，是因为考虑到现在的教育的"底线"，绝非"凭空臆想"。

力量的培训十分关键。如上所述，并不是每所学校的每个人都具有校本课程开发的能力，事实上，有很多学校的很多人不具备这种能力或素养。因此，我认为应该加大培训力度：一是全员培训，使所有教师具有"开发"的意识，认识到自己在其中可能应该充当什么角色；二是部分进修，使大家认识到自己具备了哪些能力，但还不够，需要（内有的、外需的）不断提高；三是专门培养，对这部分人应考察、考核，经考察、考核后确认是"校本课程开发者"，学校应不惜代价予以重点培养。

质量的评价重新定位。我觉得目前的高考内容和制度确实有重新审视的必要，无论从哪个方面、哪个角度讲，它都制约着教师、学生、学校和教育，它不仅仅是指挥棒。如果要实行课程改革，进行校本课程的开发，真正意义上的坚决落实素质教育，则必须彻底地改革高考的内容和制度。大家都非常清楚，在目前的教育评价中，在高中学校的流程管理中，谁敢不看重高考的"质量评价"？而高考现在的情况如何？你搞你的什么什么改革，我搞我的如此如此高考，这就是现实，这就是可怕的现实。

[注释及主要参考文献]

[1] 郭晓明：《〈课程理论研究〉讲义》

[2] 钟启泉等：《〈基础教育课程改革纲要（试行）〉解读》

[3] 崔允：《校本课程开发：理论与实践》

[4] 2001 年：《课程·教材·教法》

2002 年 1 月

注：此文发表于《书馨园》第七期第三版（2002 年 7 月）、2004 年第 3 期《郴州教研》（2004 年 7 月）。

素质教育背景下一线教育工作者的思考

一、基于一线的当代教育的价值判断

二十世纪九十年代中期，随着世界整体形势的变化，中国教育问题的凸现，针对着"应试教育"的"素质教育"便应运而生。这是一个顺应时代进步的正向潮流，利于学生素质的全面发展，有助教育质量的全面提高，既有继承又有创新的教育思想和策略。据此，有识之士进一步提出"课程改革""教育创新"。由此目前教育界和整个社会，似乎有两个基本倾向，一是教育理想化，二是教育浮躁化，即或者把未来的教育设想得天花乱坠，或者把现在的教育贬抑得一无是处，今天推介儿童中心理论明天崇尚建构主义学说，今天要求这样明天强调那样，今天才刚提出一个还有待实践和论证的假想明天就要求大面积一律实施。教育口号满天飞，如导致盲目发展的"做大做强"，乱摊派、乱集资的"人民教育人民办"，高收费、乱收费的"教育产业化"等，"昙花"理论抢市场，如导致认为教师最差的"没有教不好的孩子只有不会教的老师"，认为教师最坏的"惩戒教育就是摧残学生"等。致使不少教育行政领导和教师莫衷一是、无所适从，满肚子的冤屈与无奈。基于当代教育的这个大背景，处于一线的教育工作者，肯定会碰到各种各样的问题，具有各种各样的思考。其实，教育就是教育，教育的现实就是现实的教育，理想的教育需要一代乃至几代（既反思过去又前瞻未来、既继承本土又借鉴洋人、既肯定成功又承认失误、求真务实地实践、稳妥有效地探索、大胆勇敢地创新、能够走中国特色之路的）人的共同努力，非一人所能做，一时所能成，一蹴而能就。我们需要冷静再冷静，思考再思考。

二、基于学校的素质教育的认识定位

安仁一中是一所 1997 年经湖南省教育厅认可、1998 年被湖南省人民政府挂牌的省级重点中学。

我国的重点中学多是有历史渊源的。这些学校一般有优良的教育传统，较强的师资队伍，较丰富的教育教学经验积淀，较优越的教育教学条件。国家和省级政府确定一批这样的学校以升学预备教育为主要任务，是符合我国当时、当地的实际国情省情的，也是保证高等学校质量生源所必需的。毋庸讳言，以升学预备教育为主要任务的学校，当然要努力提高自己的教育质量，当然要考虑自己的升学问题，但它与素质教育却并不矛盾。

素质教育所针对的是片面追求升学率的"应试教育"，而不是笼统地反对升学，更不是升学率越低越好。它所要改变的是那种从学校领导，到教师和学生都把再也不能多的时间和精力完全倾注在升学考试的那几门学科的教和学上，单纯追求分数，而不重视实际能力的培养；单纯追求应试的办法和技巧，而不注重学生思品、身体、心理素质等的全面发展;有的甚至取消音、体、美、劳、信息技术课程，其结果是，学生的道德不健全，智能有残缺，身体受损害，特长被抑制，动手能力差，缺乏基本的生活和劳动能力的"应试教育"的现状。素质教育所要求的是面向全体学生，面向全体学生的每一个方面，使各种智能类型和智能层次的每一个学生及其每一个方面，都能打好全面的素质基础。只有具备较高的全面素质基础的学生，升学以后，才有继续深造和发展的厚实潜能。所以，实行不实行素质教育，不是一个升学不升学的问题，而是一个培养什么样的学生去升学的问题，是一个要造就什么样的人才的问题。

我们的重点中学，特别是以升学预备教育为主要任务的重点高中，一定要坚定不移地"全面贯彻教育方针，全面实施素质教育，全面提高教育质量"，以便更好地完成升学预备教育的主要任务。只要我们培养的学生不是高分低能的庸才，智盛德衰的歪才，身体羸弱的废才，而是德智体美劳等全面发展的英才，那我们的升学率越高，贡献就越大。

基于此，为纠正重点中学领导和教职工的模糊认识，避免学生、家长和社会的取向偏差，湖南省人民政府、教育厅从去年秋季开学起，将全省的重点中学统一更名为"湖南省示范性高级中学"，并一律取消原来的"湖南省重点中学"的匾牌。这是及时并正确的决策。

三、基于认识定位的学校德育首位

思想道德、文化科学、身体心理、审美能力、劳动技能等都是学生的重要素质，都需要通过学校的德智体美劳诸育活动得到发展提高。而德育既是一个相对独立的实体，又同时涵纳在其他几育之中，对其他几育发生着动力、导向和保证作用。离开或者削弱了德育，其他几育的任务也就因此丧失或者弱化了精神支持而不可能圆满完成。因此，要实现素质教育全面发展的方针，必须按照课程计划与德育大纲的规定，使德智体美劳诸育都获得科学的时间保证和规范的质量要求，真正把德育放在首要位置，使其成为贯穿学校教育整体的一个不可或缺的实体。

实现德育为首，必须使德育工作贯穿于学校教育的全过程。它一是指学校教育无论是智育、体育、劳技教育，还是行政管理和后勤服务，其中都蕴含着德育的因素，德育为首就是要求学校在各种教育活动和各项工作中，都要首先考虑它的德育功能，自然深入地开掘其中的德育底蕴，恰当有机地给学生以思想道德教育和情感陶冶。二是指切实抓好德育实体的工作。德育不仅仅是"靠挂"在其他各育和完全寄寓于其他教育活动中的"游灵"，而是一种相对独立的有体系的实体。学校有直接进行德育的课程，有专职和兼职的德育队伍，有专门的德育环境和基地，有独立开展活动的时间和空间，德育为首就是要求我们十分重视这一实体的科学运作，从学生思想道德的实际状况出发，有目标、有计划、成序列、分层次地开展德育活动。德育实体科学运作的核心是德育的针对性和实效性，要紧紧把握学生的生理心理特点和思想发展的走向，选择针对性强的内容和生动活泼的形式，自觉做到与其他几育的自然渗透，力避虚张声势、做给别人看的形式主义。当然，全面发展必须是诸育的全面和谐发展，德育必须是在和谐发展中为首。

实现德育为首，还必须实行全员参与。学校教育诸育发展的相互渗透、涵纳的互补性和学生素质全面发展的和谐性，决定了学校教职工全员承担德育任务的一致性。习惯的偏见，是把学校德育工作单纯当作校长、政务处和班主任的事，把岗位分工看成了各育的分工。全员参与德育工作，并非要全员都成为专职的德育工作者，而是要求学校所有工作人员都能明确各自岗位上所承担的特定德育任务，"教学育人、管理育人、服务育人"。只有这样，才能使学校的德育工作形成整体网络，使德育与其他诸育水乳交融。

基于上述认识，近年来，我校在对学生的思想道德状况总体进行普遍全面的调查摸底和深入细致的个别探访的前提下，有针对性地开展了"树三观（世界观、人生观、价值观）立一德（社会公德）"的教育活动。在教育活动中，我们按年级分层次确定了重点内容：初中融合世界观、人生观、价值观的初步教育并侧重于社会公德、习惯养成的教育，高一侧重于社会公德和世界观教育，高二侧重于人生观教育，高三侧重于价值观教育。通过学校教育的全程贯穿和全员全方位的教育、管理、历练，通过各科教学的主渠道渗透，通过班会、团会、演讲、辩论、国旗下讲话、讲座、社会调查、人物专访、评"三好"、评"先进"、心理咨询、个别谈心等深入细致的思想工作，使"树三观立一德"成为全校师生的共同意愿，学生的思想道德风貌出现了较好的态势。

四、基于认识定位的学科教学中心

实施素质教育，并不是要削弱或忽视教学工作。在素质教育中，我们仍然要遵循"学校工作以教学为中心，视质量为生命线"的原则。这是因为教学不单纯是智育的主渠道，它同时也是德育、体育、美育和劳动技术教育等的主渠道。况且，智育是教育方针中所规定的主要教育内涵之一，智力素质又是学生全面素质中的主要内核。

问题的症结在于，在已往的"应试教育"中，教学特别是文化课的教学，不讲教学效率，只靠延长学时加大作业量；不讲能力，只靠机械重复和无效劳动的习题堆砌；不讲教学艺术和现代化教学手段，只靠满堂灌、生塞硬给；不讲教学的针对性和层次性，只搞一个标准、一律要求，全力应付考试。那样不但素质教育难以开展，德、体、美、劳诸育被挤占，学生的智力也会受到抑制和摧残。因此，要实施素质教育，要在素质教育的轨道上提高教学质量，非对旧的教学模式，特别是文化课课堂教学的那种陈旧模式进行改革不可。

为了达到在全面开展素质教育中不断提高教学质量的目的，我校对文化课课堂教学进行了一些改革，其宗旨是"低耗时，高效率，轻负担，高质量"。教改的基本要求有三点：一是在教学内容的选择上要精要集中；二是在教学目标的确定上要分出梯度；三是在教学方法的采用上要富于启发。我校语文教研组，分析了过去语文教学的弊端，经过反复教改实验，终于探索出一种肄业班的"整体教学法"、毕业班的"要素教学法"，遵循教学大纲的要求，依据学生的知识基础，按着课文的体裁归类，择取体现课文特点的文学常识和语言知识，提炼阅读和写作训练的要素，精讲精练，保证了规定时间内教学计划的圆满完成，达到了花时少、效益高的目的。化学教研组进行了"练导式教学法"改革实验，目标在于实现"教师主导"与"学生主体"的恰当结合，实现培养学生会想、会做、会学的启发式教学，以引导学生"站到自己心灵的门口"，收举一反三、触类旁通之效。

为了达到在全面开展素质教育中不断提高教学质量的目的，我校还在优化学科课堂教学方面积累了一些经验，概括起来主要有：（1）优化备课，坚持"五有""五备"。每位教师备课要做到胸中有"纲"（既熟悉所教年级所任学科的具体要求，又了解相邻两个年级大纲的规定），腹中有"本"（对教材烂熟于心），目中有"人"（课堂教学中始终把注意力集中在学生身上，能驾驭课堂，随机应变），心中有"数"（充分估计到学生在学习过程中会遇到的问题和困难），手中有"法"（因课制宜地选择并设计好教法和学法）。能依"纲"据"本"，构筑教学结构，做到备目标，备教具，备问题，备板书，备练习。（2）优化上课，坚持"五为""五突出"，实施"3015"（40 分钟则为"2515"）模式。"五为"即以教师为主导，学生为主体，训练为主线，思维为核心，能力为目标。"五突出"即突出重点，突出精讲巧练，突出思维训练，突出教学效率，突出因材施教。"3015"模式即教师启发点拨讲 30 分钟、学生自学质疑合作探究整理 15 分钟或学生 30 分钟、教师 15 分钟的施教策略。（3）优化说课，坚持"五说""五明确"。即说课堂教学思想，明确教学的总体思路；说教学目标，明确制定目标的依据；说教材的重难点，明确教学的主攻方向；说教学程序，明确教学的结构；说教法学法，明确教学的思路和方法。（4）优化评课，坚持自评与他评相结合。通过评课，实现从实践到理论的飞跃，促进教师教育教学理论水平的不断提高。

因为以上改革的思想和科学的做法，多年来我校的中考成绩有了长足的进步，高考二本以上上线人数的名次一直稳居郴州市省级示范性高中的前茅。

2005 年 8 月 19 日

注：此文是在安仁县教育行政干部集训班"校长论坛"上讲话的前四个部分，略去了第五部分"基于发展提高的师资队伍建设策略"。

基于新课改的挑战与创新

——也说普通高中新课改

21 世纪是呼唤全面、和谐发展的新世纪。21 世纪的教育是呼唤以人为本、关注人的全面并和谐发展的新教育。紧跟全国部分省市已实验三年的新一轮高中课程改革的脚步，湖南从今秋起也要正式开始实施了。它不仅是时代发展的必需，也是教育发展的必需，更是促进教育和人的全面、和谐发展的必需。

随着社会经济的迅猛发展，普通高中课程新一轮的改革势在必行。新时代要求"以人为本"，高中教育理当顺应时代要求，坚持"以高中学生为本"，坚持"为了每一位高中学生的发展"，即在新课程的设置和实施中，要充分尊重他们对人生历程的体验，尊重他们的人格和尊严，尊重他们的个体差异和个性发展的需要。同时，高中学生面对的最根本、最困惑的问题是人生道路的选择问题，因此新课程的设置与实施，要突出地引导学生思考并规划人生，形成正确的世界观、人生观和价值观，具有基本的公民意识、职业意识和创新意识；要切实地关注学生深层次的学习、生活和工作的需要。

为此，新课改的设计者和实验者们作出了不少的努力，取得了丰硕的成果，使新课程的设置和实践具有了与原课程相比的突出的变化：第一，谋求课程的基础性、多样化和选择性的统一。第二，将学术性课程与学生的体验和职业发展有机地结合了起来。第三，增设了新的课程。除了在传统的学科课程中引进与课程目标相匹配的、鲜活的、有时代感的课程内容外，还适时地增加了新的课程领域或门类。第四，倡导学生自定学习计划并在学习的过程中不断地予以调整。第五，实行学生选课、走班制度，以帮助学生形成合理的学习计划和符合自己兴趣、特点的学识能力。第六,实行学分制管理。所有这些都在指向"以高中学生为本"，强调对高中学生公民的责任感，个性发展与适应时代要求的基本能力、创新能力与批判性思维、交流、合作能力以及团队精神和信息素养的培养，还要求学生具有国际视野。

这些改革与变化，给我们提出了诸多挑战。像改革理念方面的，如教育民主，国际理解，回归生活，关爱自然，个性发展。教育观念方面的，如素质教育，全面发展，平等合作，校本基础，地方特色，国际视野。学校管理方面的，如学科课时、校本课程的设置，选修、走班课表的编排，选课的指导、走班的管理，学分的要求、认定与运用，评价的要求、认定与统筹，教师资源的重新整合与配备。相关服务方面的，如教学空间的充分提供，场地设备的配套建设，必需经费的可靠保障，安全隐患的有效防范。教师教学方面的，如诚信的师德（学分、评价），过硬的业务（能力、水平），学生选课与教师被选，学生评价与教师被评，教师主导与学生主体，学分和评价的确认、登记与汇总，选修课的选择、确认、施教与特色形成、认可获得，课堂教学的改革与跟进等。

其中的课堂教学，对教师而言，它的挑战最直接、最突出。高中新课程理念的核心是"以人为本"——"以高中学生为本"，"为了每一位高中学生的发展"，这是评价新课程课堂教学的唯一标准。为了真正实施新课改，课堂教学一线的教师们，就必须大胆尝试并逐步实现三个转变：教师地位、学生地位和教学评价体系的转变。

在传统的课堂教学中，教师处于中心地位、唱主角，学生处于被动地位、演配角；好学生是配角中的主角，大多数学生只是听众与看客。学生往往被当成是单独的学习个体，而教师常常唯我独尊、居高临下地对待他们，而且一味地强调学生接受老师灌输的固有知识，很少甚至没有考虑过学生的真实感受。新课改强调教师是学习活动的设计者、组织者、指导者与参与者，要求教师真正地把学生当作课堂的主角、主体，尽可能地把课堂还给学生，使尽可能多的学生参与课堂。其实，学习的目的主要是为了应用，而不是单纯地为了考试和升学。教师要依据新课改的要求，把放飞心灵的空间和时间留给学生，通过营造宽松自由的课堂氛围，真正地引导学生积极、主动地学习。只有这样，学生才会有较轻松的学习心态和较自由的学习时空，才会有与老师平等对话和合作探究的机会，才会逐步地变得敢于张扬个性，在课堂上踊跃地自由发言，积极地表现自我。

新课改要求学生变过去传统的被动学习状态的客体地位为主动学习的主体

地位，变"要我学"为"我要学""我爱学""我会学"，真正让自己成为主宰学习的主人，学习活动的参与者、探索者与研究者。学生是共同管理学习过程中的参与者，这个理念必须牢固地扎根于教师的头脑里，切实地贯彻于课堂教学的实践中，它是培养学生主体意识的必然要求。只有深刻地认识到这一点，教师传统的有明显弊端的很多做法才会相应地得到改变，才不会像以往那样强迫学生学习，使得大部分的学生失去学习的自主性与自觉性。

过去，无论是评价教师的教学能力，还是评价学生的学习能力，都以考试作为唯一手段，从而形成统治了很长时期的"老师的法宝是考试，学生的命根是分数"的恶性循环、愈演愈烈的局面。按照新课改的要求，现今要打破这种单一的只以"考试"分数作为评价手段的一统天下，建立多角度的定性与定量、静态与动态、结果与发展相结合的多元的教学评价体系。事实上，考试与评价主要是为了发现教学的进步与存在的不足，在此基础上促进学生学习的发展和教师教学的改进。如果只在学期末对学生进行考试与评价，则不能有效地达到这一目的；而且有不少的学业与非学业的内容不适合通过一次性考试与定量评价来进行确认，某些学科和活动考试也要求评价不能局限在很短的时间内、很定量的分数里，如研究性学习活动、社区服务和社会实践等。这种多元的教学评价体系，既能减轻学生考试的负担，也有助于通过不断的日常评价，更好地促进学生的全面、和谐的发展和教师对教育、教学的有效改进。

为适应新课改的要求，迎接新课改的挑战，教师应在宏观理解新《课程标准》规定的高中学科课程的整体目标，即"知识与技能、学科思考、解决问题、情感与态度"四个方面的基础上，在具体学科的以下几个方面多做切实认真的微观努力：一是学习"新课标"，具体地领会其精神实质，切实转变观念，克服以往在教学中存在的各种弊端。二是研究学生，注重学生的主体地位和人文精神、科学精神、实践能力、创新能力的培养。三是研究实验教科书和相应的教辅书，弄清它们与"新课标"之间的联系点和着力点。四是研究本校本地的实际情况和文化生活资源，力争创造性地选择和运用各种民族传统文化来改进课堂教学，让学生在亲身经历中增添新的体验。五是在平时备课中吃透教材，搜集、整合与教材相关的知识，并制作成形式多样、生动活泼、有利教学的辅助课件,研究把握学生的心理特点。六是在教学中善于引导学生从熟悉的事物、现象出发,创设情境提出问题,引导合作探究问题,发挥想象解决问题,并充分尊重和正确解读这些合作探究实践体验的结果。为了让学生在课堂学习实践中"勤学苦练善问深思",不断丰富知识积累、掌握学习方法、提高基本技能、接受熏陶感染、养成良好的习惯(学习、思维、生活习惯),打下扎实的基础(学科、人文、身心基础),促进基本素养的整体提高;为了使新《课程标准》整体目标的"四个方面"全面、科学地落到实处,使学生真正全面、和谐地发展,我们一线教师应该而且必须这样去切实地行动。

新课程改革是一种新生事物、一个系统工程,它的目的意义、形式内容、教学要求等变化既有那么大,由此引发的各种挑战又有那么多,各种操作规范、成功经验至今还是那么少,这就给我们的改革实践既带来了诸多困惑,更带来了极好创新的机会。新课程改革是一个困惑与发展并存、挑战与创新同在的大好机遇,我们只要认真地实践和总结,不断地探索和研究,就一定会有所发现、有所解决,有所进步、有所完善,就一定能造就全面、和谐发展的教师、学生、学校和教育!

2007 年 8 月 28 日

注:此文发表于 2007 年 10 月第 4 卷第 5 期《中国教育理论与实践》(国内统一刊号为 CN49-3617/G、国际标准刊号为 ISSN1726-7664),转载于《书馨园》第二十二期第三版(2007 年 11 月)。

学校有效教学探讨

中学施行新课程改革以来,关于有效教学的不少讨论见诸纸质的和电子的媒体,就本人的视野所及,觉得似乎谈得最多的是教师个体的课堂教学的策略,极少涉及集体的班级和年级,整体的学校和教育区域。就目前的现实状况看,要实施有效教学提高教学质量，就必须探讨包括教师个体施教在内的学校的有效教学。

学校实施有效教学的目的是提高包括师生个体的、班级年级集体的和学校、教育区域整体的教学质量。学校要实施有效教学，教师施教要讲究科学性，团队合作要重视和谐性，教学管理要体现先进性。

教师施教要讲究科学性

教师施教的科学性一是指单位时间的效率高，二是指课堂学生的收获多。要实现施教的科学性，教师必须精心备课，科学施教，多样训练。

精心备课是提高课堂教学质量的基本前提。教师在备课中要有具体的目的性（知识、情感、态度），明确的针对性（年龄特征、知识系统、应用能力），施教的有序性（承续性、系统性、逻辑性）。必须摒弃照搬别人和复制网络：别人不是自己，他们的教案、教法和课堂，只适用于他们的学校、学生和课堂；网络只是虚拟，网络的教案、教法和课堂，只是虚拟的学校、学生和课堂。所以，备课必须备教材，以明确教学的目的、重点、难点；要侧重分析教材及所蕴涵的相关信息，体现知识的关联性；要侧重理解知识生成的方法和问题解决的过程，体现知识的逻辑性；要侧重知识的实际运用，体现知识的实践性；要侧重知识的不断更新，体现知识的时效性。备学生，以弄懂学生需要传授、突破、教会的东西，使教学具有明确的针对性。备教法与学法，以使教学取舍有度、详略得当，既能落实系统的知识，又能符合学生的实际，实现教与学目的的双向共赢。

科学施教是提高课堂教学质量的根本途径。课堂上，教师在知识的多维呈现、学生的活动组织、训练的组合实施上要讲究有序性和科学性；在教学内容呈现的形式和教学手段的设计上要讲究多样性和生活性，要符合学生身心发展的特点和实际。在教学过程中要关注学生学习知识的过程，关注学生思考问题的过程，留给学生探究的时空，提升学生质疑的信心，促使学生学习的积极性、主动性得到最大限度的发挥。科学施教一要合法，二要精讲，三要巧练，四要完整。本质上，教师的备课是施教的关键，施教只是备课思想、策略与知识的实施与落实罢了。

多样训练是提高课堂教学质量的有效手段。多样训练必须精选习题。要紧扣教学目的和实际，从大量的高质的经典的习题中，精选知识覆盖面广、思维导向强、命意角度新、有利于既能落实系统知识又能培养学生思维、应用和创新能力的习题，进而组编成课堂章节训练、系统套题训练。训练是学生获取、掌握、探究知识的不二途径，是巩固课堂知识、形成应用能力的重要环节。训练设计要多样，选择、简答、默写、创新等皆备，注重应变性；训练形式要多样，同一知识不同呈现，不同知识交叉组合，知识与问题互启，问题与方法并重，注重应用性；训练内容要多样，教材信息、社会生活和学生生活等融合，注重开放性；训练方法要多样，笔答、口答、竞答、征答等并举，注重实效性。

团队合作要重视和谐性

团队合作的和谐性一是指学校组合年级、班级教师团队合理配置、和谐互补的最优化，二是指教师班级团队合作教学、和谐共进的最大化。

在组合教师团队时，学校首先要考虑尽量使年级团队、其次要考虑尽量使班级团队中教育思想与理念、知识结构与水平、教学履历与经验、性格倾向与特点、性别年龄与交往等有差异的成员之间，能形成合理配置、和谐互补的最优化。

教师班级团队合作教学、和谐共进的最大化，主要表现在所有成员对本班级的教学，能形成和谐默契的合作与共进。

对待学生态度和谐默契的合作与共进。对学生理想追求的千差万别，学业水平的参差不齐，性格脾气的迥然差异，团队成员要理解、宽容，无论平时接触、交流沟通，还是课堂教学、训练讲评，无论言语还是行动都要一视同仁地对待。团队教师成员都要在班级学风和作风建设中，和所有学生一道营造勤奋、务实、争先、共进的氛围和风气。只有这样，所有教师和学生这个团队才能协调融洽，才能共同进步，才能有效地提高整个班级的教与学的质量。

课堂教学思想和谐默契的合作与共进。各门学科齐头并进，循序渐进夯牢基础，动手动脑科学训练，注重教材发散融合，教得轻松学得愉快，等等。同一班级中的团队教师，在上述教学思想上，一定要形成共识，和谐默契，尤其是各门学科齐头并进、教得轻松学得愉快的思想，必须贯彻落实到课堂教学和所有活动中。试想，如果有一或两三个任课教师，在课堂教学、课外活动甚至于学生自习时，只强调自己所教学科的重要，不断地下发训练资料，不断地抢占学生时空，学生在时间和精力上顾得及吗？学生在各门学科和整体成绩上提得高吗？与其为了一或两三门学科而耗尽学生的时间和精力，形成另几门学科的蹩脚，影响学生学业整体成绩的提高，还不如各门学科齐头并进，使教者教得轻松学者学得愉快才和谐。

班级管理和谐默契的合作与共进。尖子对象的共同培养，临界对象的共同提携，学困对象的共同关注，班风建设的共同努力，这些对于班级学生整体学业水平的提高和发展后劲的形成，至关重要。不能宠幸任何学生，不能放弃任何学生，不能歧视任何学生，这既是班级教师团队的职业要求，也是班级师生团队的共同目标。另外，教师团队的任何成员，还应在班主任的统一部署下，共同落实班级的中心工作，共同做好学生的思想工作，齐心协力为班级各类学生的全面发展、健康成长贡献自己的一份力量。这其中，班主任的全局意识、统筹能力和言行示范所起的作用，非常关键。

教学管理要体现先进性

中学不同学校的教学管理有两个突出的体现，一是依法中规、张弛有度、因材施教地预留师生的时间与空间，规范师生的教学与考练，促使师生的提高与发展长效、先进、积极。二是急功近利、好苦喜蛮、随心所欲地与上面相反的短视、落后、消极。目前的某些教育区域乃至全国教育的大部分区域，包括不少的重点或示范性学校，普遍存在的是后一种体现（个别"名校"的"示范"体现负面影响还不小）。这类学校的教学管理，教学课时随意增删，训练考试强力统一，个别辅导集体补课，只有应试教育，只有升学分数，何谈先进体现，何谈有效教学！

先进的教学管理应依法中规，但现在的中学教学课时被随意增删。他们无视国务院的五天工作制的规定，六天乃至七天上课；寒、暑假变相地成建制地补课。无视部、省颁布的课程设置与课时安排，音乐、美术、体育学科，社团、读报、唱歌活动等被无情地删掉；语文数学英语开七节八节甚至九节，政治历史地理或物理化学生物开四节五节甚至六节，一周至少三十六节最多四十五节；有的学校晚自习还要求教师坐班监守学生，限制哪节课看哪门学科的书做哪门学科的训练；供学生支配的梳理资料、消化知识、巩固训练的时空被教师全部地占去。一味地强力推行，一味地满堂灌输，一味地整天听讲，这样地苦干蛮干、苦教蛮教、苦学蛮学，先进吗？有效吗？

先进的教学管理应张弛有度，但现在的中学训练考试被强力统一。训练和考试，是两个目的不同的检测教学效果的形式；目的不同，使用当然应有异。学业水平参差的学生分别被编到不同层级的班级；层级不同，除教学的内容和要求不同外，训练和考试也应不同。但不少学校毫不顾及这些，强力统一训练为考试，强力统一层级为同级。按照中考或高考的标准，一周一考，统一引进套题，统一考试时间，统一编排考室（40或30人一室），统一要求监考，统一流水评卷，统一排名公布。这样一统下来，没有了不同的目的性，没有了不同的针对性，没有了不同的层次性，没有了不同的校情、班情和学情……如此统一，后果不堪设想。

先进的教学管理应因材施教，但现在的中学个别辅导被改成了集体补课。每个班级中，自然有尖子生、临界生和学困生的差别存在。根据不同的层级对象尤其是不同的个体对象，实施有针对性的个别辅导，是实施有效教学提高教学质量的一种传统的行之有效的策略。这种策略的先进性，在于有明确的针对性。但不少学校因急于求成、为省时省力，改个别辅导为集体补课，完全失去了个别辅导有明确的针对性、显著的有效性的优势。不仅使尖子生滋长了依赖性，泯灭了灵动性，销蚀了创造性；而且使临界生、学困生浪费了大量的时间和精力。结果是尖子生根本出不来，临界生很难上得去，学困生越补越自卑。这种做法当然不先进，自然差效、无效甚或负效。

所以我认为，学校要真正施行新课程改革，就要真正实施有效教学；要真正实施有效教学，教师施教就必须讲究科学性，团队合作就必须重视和谐性，教学管理就必须体现先进性。

2009年7月12日

注：①本文成稿后恰逢湖南省教育厅7月14日在红网上公布了《关于进一步规范普通中小学办学行为的规定》。普通中小学的办学行为早该"规范"了，我们期待着"规定"能得到真正的贯彻落实。②此文发表于2009年第10期《教育探索与实践》（国内统一刊号为CN21-1298/G4、国际标准刊号为ISSN 1672-6278）。

基础教育的失范、失衡
中国未来的悲哀、祸患

在湖南省高中语文教师新课程学科教学远程研修网上，我曾沉痛地发出了下面一番感慨：在长远奠基（目标、追求）被扭曲为眼前功利，素质教育被异化为应试教育，德智体美劳等全面发展被删裁为智育单项发展，十五个学科教学被缩减为六个学科教学，知识、能力、情感态度等三维目标被限定为知识一维目标，听说读写语文教学被强奸为读写语文教学的大背景下，高中语文教学变成了教师独霸课堂、有教无学、有考无导的只有精读课文的阅读教学和专门应对笔试的脱离学生生活经历、学业水平、思想认识等实际的写作教学，最后沦落为唯一应对高考已固化了的语言文字运用、古代诗词鉴赏和规定的三十九篇诗文的默写、小阅读、大阅读、选做题、适合高考套路的既无个性更无创新的千人一面的议论文或记叙文文章的写作教学，一到高三则更成了以上内容的一轮二轮再三轮、考试考试再考试的机械重复、低效甚至无效的教学。这样一来，学生的听说学训没有了，思考体悟没有了，课外阅读没有了，社会实践没有了，迁移运用和变革创新的生机活力自然也没有了，属于自己的就只是应试得来的分数了。这种现状必须改变。但语文教育的这种现状该由谁来改变？怎样改变？这些感慨，真实地概括了不单单是高中语文教学而应该是整个中小学各科教学即基础教育的现状，强烈地提出了要改变的期盼。

中小学的这种现状，反映着基础教育的严重失范、失衡。

众所周知，规范就是明文规定或约定俗成的标准。任何部门、行业、单位和个人都必须按照既定的标准、规定的要求开展工作。有规矩才成方圆。任何部门、行业、单位和个人的行为或活动一旦失范，必然给个人、单位、行业、部门乃至社会及其未来带来损失甚至灾难。

大家也知道，平衡是指物体或系统的一种状态。世界事物没有绝对的平衡，但应追求并努力保持平衡。就一定意义而言，平衡与平等、和谐、统一相一致，而后者正是人类追求的一般价值目标。生态需要平衡——森林、草原、湖泊等都是由动物、植物、微生物等生物成分和光、水、土壤、空气、温度等非生物成分所组成。它们之间通过相互作用达到一个相对稳定的平衡状态。生态一旦失衡，会使各类生物濒临灭绝，人类同样不可幸免。运动也需要平衡——都是需要保持足、腿、躯干和头部的姿势的平衡；踩钢丝需要保持双脚、双手和平衡杆及力量的平衡。运动一旦失衡，轻者失败，重者丧命。社会更需要平衡——管理者往往通过对人财事物的优化配置和更新排列组合来达到所需的社会平衡。社会一旦失衡，经济发展、民富国强、男女比例协调、发展机遇平等，人人享有教育就业保障的生存权利、文化自由、充分民主等，统统成为一句空话。

基础教育是培育当下和未来所需人的亿万人、亿万米的赛跑式的伟大事业，是国家谋求长治久安、持续发展、民富国强的一项长期的、长远的奠基性的系统工程，它尤其需要规范、平衡。基础教育失范、失衡，不仅是民族当下的悲哀，更是中国未来的祸患。

中国基础教育的现状是大量地存在着严重的失范、失衡。

教育目标法定是培养德智体美劳等全面发展的建设者和接班人，现实却是智育第一，一次考试（中考、高考）定终身，分数唯一，他们中的不少人学识片面——全面知识匮乏，基本技能低下，缺失信仰理想，抵制传统美德，拒纳优秀文化，盲目崇尚新潮与外国，高分低能。

教育对象法定是全国所有的适龄公民，现实却是城乡、地域、区位差别巨大，特别是城乡中的特困家庭和老少边穷地区的孩子，没有条件享有受教育这样的最基本的权力，更无法享有受优质资源教育的权力。

教育投入自然是国家、政府，现实却是新世纪前基本是受教育者及其家长，新世纪后部分如义务教育阶段才由国家、政府来承担。同时，学费越收越高，高得使人无力承受。国家财政性教育经费支出占 GDP 的 4% 的承诺始终没有兑现。联合国教科文组织评估认为，中国在所有实施义务教育政策的国家里，是投入最少的国家之一，比非洲战乱连绵的乌干达还少。20 世纪 90 年代中后期以来很长一个时期，很多地方政府非但不投入，反而指令中小学校收取教育费附加、办学经费与高额择校费并从中提成，有的将公立学校改制为公有民办学校以转嫁财政支出，甚至变卖学校以获得 GDP 的快速增长。

教育声音本该从各地、各级、各类学校和教师中发出，现实却是只有教育资源优越、集中的城市学校、示范性学校及其教师们这些强势群体在"高歌""诉求"。老少边穷地区里的农村学校特别是普通学校及其教师们这些弱势个体从来就没有表达的机会，更何敢奢求评价教育体制与现状，畅谈治理对策与拨乱反正的话语权。

教育部门众口一词喊了、中央文件（1999 年 6 月 13 日《中共中央国务院关于深化教育改革全面推进素质教育的决定》）白纸黑字写了十多年素质教育（一种以培养受教育者在思想道德情操、科学文化知识、身体和心理素质、劳动和生活技能等方面得到全面和谐发展为宗旨，为学生学会做人、求知、生活、健体、审美打下扎实基础的教育），现实却是偏离人和社会发展实际需要，违背教育规律，以升学为目标，围绕应试开展教育教学活动，片面追求升学率的淘汰式的教育，而且如火如荼，愈演愈烈。

"示范性学校"本该是实施素质教育、抵制应试教育的典范，现实却就是它们中的不少学校把应试教育推到了登峰造极、无与伦比的地步。为了升学率，它们带头删减课程、增加课时、组织联考、节假日补课并收费；为了博得名利，它们带头编印教辅、开设讲座、举办研讨会、组织讲学团、设立远程教育学校。致使全国形形色色的"教育专家"招摇各地，五花八门的"教育机构"（"教育集团""教辅公司""书业公司""文化公司""研究中心"等资料编售机构，"网上学校""星期日学校""假期辅导班""补习班""培训中心"等师生培训机构）撞骗市场。2009 年 4 月 9 日《南方周末》和 4 月 18 日《中国青年报》分别报道了江苏盐城学生宋锬、河南西峡学生小蓓跳楼自杀，造成一死一残的悲剧。这两所"第一中学"都是当地以"管理严格、升学率高"而闻名的示范性高中，同时也都是被自己的学生（包括部分家长）在背地里称为"第一集中营"或是"第一监狱"的示范性高中。还有的示范性高中被社会公开指称为"魔鬼学校"。

学校建设标准、条件理当城乡、地区基本均衡一致，现实却是城市、经济发达地区、示范性学校等优秀教师云集，高楼大厦林立，设备设施先进。而很多经济落后地区、普通学校等师资不足、校舍破烂、设备奇缺，连起码的正常运转所需的办公经费都难以保障。

学校、教师的义务与权利理当基本平衡，现实却是国家、社会和家长对学校和教师义务的要求越来越高，学校成了"事故、安全责任保险无限公司"，教师成了学生学习、生活及其所有事故、安全的承包者和受罚者。学校和教师的权利、地位越来越弱化、低化，成了地道的弱势单位与群体。2010年3月23日福建南平市实验小学8死5伤，4月12日广西合浦县西场镇西镇小学2死5伤，4月28日广东雷州一男子持刀砍伤16名师生，4月29日江苏泰兴一男子于幼儿园园内持刀砍伤32人，4月30日山东潍坊一男子于小学校园内用铁锤锤伤5人后自焚。四十天内发生了这五件校园惨案后，当地政府和教育行政部门立马实行"问责制"。他们在问责社会？学校？家长？学生？……最终问责到中小学校及其领导、教师。去年湖南娄底市一中课堂上两名学生下棋，授课英语教师谭胜军制止未果而下跪；辽宁大连市甘井子区棋盘小学一学生谩骂教师，教师要求道歉，结果该教师被扣除全年校内津贴并解除聘用合同即开除；连学生可能是被蚊子叮咬后得了乙脑治疗无效后死亡，也要学校赔偿5万元！但今年3月24日中午海南三亚市民族中学24岁的高一黄姓女班主任因"总受到学生的恐吓和威胁""累垮了"，在宿舍卫生间内自缢身亡，学校却只支付了抚恤金、安葬费等9万元之后便打了句号！

教师的付出与待遇理当基本平衡，现实却是高中教师除春节外再也没有周末和节假日，其工作量与压力是公务员的两至三倍，但待遇却是法律（2006年6月29日《义务教育法》）、文件（2008年12月23日人社部、财政部、教育部《关于义务教育学校实施绩效工资的指导意见》）规定的不低于公务员，实际上大部分地区和个人收入低于公务员。中小学教师"事多、人累、钱少、压力大、没希望",这是十分准确的高度概括。有人形象地描述农村教师:起得比鸡还早,睡得比小姐还迟;干得比驴还累,吃得比猪还糟;表情比总统还严肃,责任比总理还重大;名声比汉奸还差,态度比孙子还好;言行比奴隶谦卑,挣钱比民工还少;有神的要求,无端的骂名,乞丐的待遇。类似的典例有:贵州省纳雍县锅圈岩乡的孙艳等 5 名教师从 1997 年、1998 年开始代课,一直是 60 元代课费,200 元学校补助工资。但从今年 1 月 31 日起,其代课费不但没有上涨反而下降到 25 元。河北馆陶一中未满 30 岁的高三班主任教师赵鹏因"活着太累,工资(每月 1450 元)只能月光"而于高考前的 4 月 27 日晚查寝后 10:40 左右在办公室服敌敌畏自杀。

学校和教师是教育人、引领人依法办学、规范行事、遵纪守规、求真务实、诚实守信、重义轻利、明是非、懂爱憎等的宣传者和践行者,是学生们膜拜的圣地和效仿的对象,现实却是不少学校和教师为了提高升学率并追求经济利益,乱办校,乱办班,乱招生,乱订资料,乱补课,乱收费;为了迎合督查要求并获取上级首肯而"上有政策下有对策",说假话、做假事、汇假报、报假喜,弄虚作假,欺上瞒下。法规意识淡薄,职业操守欠缺,师表作用偏向。

学校招生必须遵守"属地管理、就近入学"(义务教育阶段学生"免试"。《义务教育法》和 1987 教规字 002 号《关于制定义务教育办学条件标准、义务教育实施步骤和规划统计指标问题的几点意见》)的规定,现实却是优质资源学校生源充足且优中择优,还千方百计、不择手段地从别地、别校抢夺优生甚至学期中途转收优生,择校费高得惊人且越收越高;而普通学校特别是薄弱学校的生源不但少而且差。结果是前者师资、经费、生源、升学率、教师校内津补贴奖金福利等待遇良性循环,越做越强越做越大;后者优秀师生外流、办学经费难以为继、教师只有"裸体工资""裸体绩效",生源少了最后没了,越做越弱越做越小,个别普通学校、少数薄弱学校只好关门走人。

学校课程必须开齐、开足全面并进全面夯实,现实却是升学考试考什么开什么、教什么、练什么,德育喊一喊,体美劳等靠边站。"教育成了一些无知、狂妄、功利心极强的肆无法度的管理者的自留地,他们想怎么种就怎么种。"

课堂教学必须知识、能力和情感等三维目标兼顾，践行"以人为本"的教育思想，实施"自主、合作、探究"的教学方式，现实却是"考考考教师的法宝，灌输、训练加周考月考"，"分分分学生的命根，以升学为本"。课堂上只有统一要求的死记硬背的考点知识的填鸭式灌输，机械重复的标准答案的应试强化。教师不再全面"传道授业解惑"，而是讲考点练考点考考点；学生本是为增长知识、提高能力、健全情感等而学习的主人，结果成了为熟练考点、应付考试而学习的机器。学校是机械化生产的工厂，教师是机械化生产的工人，学生是机械化生产的机器与产品、是学校追求产品数量——升学率的工具！能力无人问津，情感等忽略不计。

学业负担应该与生理、心理负荷基本平衡，现实却是绝大部分高中生早上 6：00 左右起床，晚上 10：00 以后下课；每天 12 节课，其中 8 节（每节 45 分钟）正课，1 节（40 分钟左右）早读课和 3 节（每节 60 分钟）晚自习课。一天内单单统一上课、自习就达 10 个小时。有媒体报道：一些小学生为了加快书写速度尽早完成作业，"发明"了把两支笔绑在一起，一次写两个汉字的方法。北京等城市的一些学生因睡眠不足，利用上学、放学路上乘坐公交车的机会挤时间睡觉。河北衡水中学高二基本学完高中全部课程，高三整年复习。复习分三轮，"做题潜力挖到极致"。近几年不少高中学校的学生，因学业负担过重、应试压力过大而出走、精神失常甚至自杀。今年，为补充身体能量，湖北孝感一中高三出现了壮观的"吊瓶班"；为释放考前压力，四川宜宾市一中高三学生将自己的书本和试卷撕得粉碎，将纸屑尽情地抛向楼下。为抗议假日补课，湖南湘机中学全校学生集体烧书、丢书、撕书；为控诉应试教育，江苏启东市汇龙中学高二学生江成博在国旗下激情讨伐："这种变味的教育，学了能有什么用？就是考上大学能如何？找到工作又如何？""我们不是机器，即使是机器，学校也不该把我们当成追求升学率的工具！"

学生的文理科比应该与高校招生录取文理科比基本平衡，现实却是因为现今的升学考试体制重视机械记忆和语言表达，学文科的学生越来越多，学理科的学生越来越少。某一省示范性高中颇具代表性，该校近三年的高三学生总数和文理科学生数分别为：2010 年总 1183 人，其中文科 491 人，占 41.5%，理科692人，占58.5%；2011年总983人，其中文科419人，占42.6%，理科564人，占57.4%；2012年总836人，其中文科361人，占43.2%，理科475人，占56.8%。而高校招生录取文理科比多年来都是40%：60%左右。如2012年湖南省计划文理招生26.5万人，其中文科11.28万人，占42.6%；理科15.22万人，占57.4%。

高校招生除非常情况外应该全国录取分数线基本平衡，现实却是大城市与小城市之间、经济发达地区与落后地区之间、城市与农村之间高低倒挂。恢复高考制度后，尤其是中小学实施新课程改革和高校实施优生保送、实名推荐、自主招生等"新政"以来，高校尤其是名校中来自小城市、经济落后地区、农村里的"寒门子弟"越来越少。如2011年清华大学从全国1200所中学中录取了3349名新生。这1200所中学中只有300所县级及以下中学，占中学总数的25%；这3349名新生中来自300所县级及以下中学的近500名，只占录取总数的近6.7%。

高考后上大学学生的数量与质量理当基本平衡，现实却是20世纪90年代后期施行扩招后数量年年增加，质量不断滑坡。高校盲目扩招导致了师资队伍素质、教育教学质量、毕业生素质严重下降。有报道称，中国高考已连续多年报名人数减少，但平均录取率提高，并以2010～2012年为例：2012年报名总数为915万，比2011年减少2%；全国平均录取率为75%，比2011年增加近3%。2011年报名总数为933万，平均录取率为72.3%。2010年报名总数为957万，平均录取率为68.7%。但大学教育教学质量不断下滑确是不争的事实。南方科技大学校长朱清时毫不隐讳地指出："近30年来，中国的大学没有培养出优秀人才。"

学生的性别比理当基本平衡，现实却是因考试体制重视机械记忆和语言表达，学习往往需要安静、耐心、细致、认真、发愤才能收到良好的效果，而这些要求在一定程度上压抑了男生"好动"的天性，使"男子气"学生在应试教育中成了失败者。王俊秀在《女大学生何以赢在考试却输在就业》一文中指出：高考中，1999年到2006年全国的560名状元，女生超过了50%。北京2005年到2008年的文理科状元一律是女生。重庆2001年到2008年的16名状元中有13个是女生。2010年出版的《拯救男孩》一书也指出：中国女生高考成绩超过了男生；读大学容易得到更多的奖学金，如 2006 年到 2007 年 5 万个获得全国奖学金的学生中，男生只有 17458 个，不到 35%。2008 年北京面试推荐高中生，女生也比男生多，有的地方比例高达 2∶1。国务院 2005 年 8 月发布的《中国性别平等与妇女发展状况》显示，截至 2004 年，全国普通高校在校女生就已经占在校生总数的 45.7%，女硕士、女博士的比例分别达到 44.2% 和 31.4%。而中国高校女生人数近年来在急剧上升。复旦大学 2006 年 9 月录取 3871 名新生，男生 1847 名，占 47.7%；女生 2024 名，占 52.3%。中山大学中文系硕士研究生中女生比例逐年走高——女生和男生的比例从 2004 年、2005 年的 6∶1 上升到 2006 年的近 7∶1。而据社会科学文献出版社 2010 年《教育蓝皮书：中国教育发展报告》对 2005 年的统计，女性工资与男性工资的比值却为：拥有初中及以下文化程度的为 68%，拥有高中教育程度的为 76%，拥有大专教育程度的为 80%，拥有大学本科及以上教育程度的为 83%。

应试教育背景下基础教育以上种种严重失范、失衡现状的直接后果是教育法规失效、管理失序、发展失控；剥夺了师生的快乐、健康和尊严，扼杀了他们的个性、灵气、自信、自主性和创造性，培养出高分低能的脑袋，制造出被人操控的机械人、输入程序的机器人，无法解答"钱学森之问"（"为什么我们的学校总是培养不出杰出人才？"）；衍生出不少完全不该有的不协调、不稳定、有隐患的社会新问题、新矛盾，制约国家经济社会以人为本、统筹兼顾、全面协调地持续发展。它的确不仅是民族当下的悲哀，更是中国未来的祸患。

造成基础教育严重失范、失衡现状的基本根源是功名利益，包括教育非法制化、权利高度集中、由中央而省地（市）县（区）乡（学区、学校）分级独立管理的垄断体制，教育指向"目中无人"的片面追求升学率的应试功利化，教育内部同地区同类别功利集团之间、教育外部全国同质利益集团之间的恶性竞争。

这种现状该由谁来改变？当然主要由教育制度的顶端设计和决策者、各地各级的行政管理和执行者、各级各类学校的贯彻和操作者等齐心合力、依法规范来改变。

这种现状怎样改变？鉴于当下普遍存在的有法不依、无法可依（因时间的推移、形势的变化出现了新的情况、问题、矛盾，而原有的法律没有相应的处置条款，或者原本没有设立解决这一系列早就存在的和当下出现的情况、问题和矛盾的法律）、执法不严和令不行禁不止的现状，在此我提出一点建议和四条措施，供大家参考。

一点建议是强化督导职能，依法规范办学。四条措施是：

1. 规范办学行为。一是亟需设立《中小学办学规范法》，要对中小学课程设置、教材与教辅选配、课程时数、周课时数、周作业（含家庭作业）时数、周体育锻炼时数、周课外活动时数，周教学与月假天数和师生一天内在校工作、学习时数，学期考试科目、考试次数与要求（如客观与主观题、知识与能力题的分值、比例等），在校学生编班、学生转入校与转出校等异动，考试规范、招生规范、学校与教师评价规范、教育督导规范等以法律的形式做出明确、具体的规定，并对相关的违法行为，做出具有可行性和操作性、能切实执行到位的惩治规定。二是亟需修订《教育法》《教师法》《义务教育法》，要明确政府是学校建设与改造资金投入、教师待遇保障的责任主体，学校有教育教学及管理、无自筹资金投入建设与改造和保障教师待遇的责任；明确校长、教师的权利与义务；明确教师省（自治区、直辖市）级内、城乡间基本统一的包括基本工资、绩效工资、"三保一金"、政策性津补贴、其他福利等在内的经济待遇即月收入和年总收入的标准、数额；提高对违法行为该付成本、代价的惩治标准，增强规范办学的约束力、自觉性。

2. 完善招考机制。一是完善招生制度并制定违背招生规定的惩治政策。要完善义务教育阶段"属地（指学生随亲或本人工作、生活、学习的所在地）管理，免试、就近入学"的政策；明确规定高中学校招生的地域范围、数量规模（含班级限额），完善"限分数、限人数、限钱数"的"三限"政策。要明确规定基础教育阶段任何学校不得自行组织任何形式的选拔性考试招生，或为抢夺生源不组织考试就提前招生。二是完善考试机制并制定违背考试规定的惩治政策。考试分两类，一是学考，包括初二和高二的学考；二是招考，包括高中和高校的招考。（1）明确县（区）教育行政部门是学考、招考的责任主体，废除初中学考和高中招考由地（市）、高中学考由省、高校招考由国家分级负责的管理体制。（2）明确学考是初中、高中学生能否毕业的学历认定考试，其学历证书即毕业证书都由县（区）教育行政部门颁发。（3）高中学生学历合格即毕业后视为社会人员，是否参加复习和高考、到何地何校参加复习和报考均由其本人自主选择决定（如学生要求继续在本校复习并报考，学校不得以任何理由加以拒绝），学校和县（区）教育行政部门不得干涉，不得跟踪登记考分、统计平均分数、计算升学率、进行社会宣传和炒作。（4）明确教育部负责制定命题原则、组考要求，组织不再分省区的全国统一命题与制卷，县（区）教育行政部门负责组织考试。（5）明确全国高考一年组织两次即春季、秋季各一次。各高校可于高考后、成绩公布前在以县（区）为单位的学生报考所在地组织本校的招生考试，并以教育部根据国家、高校招生计划统一确定的录取最低控制分数线为依据，综合高考和校考两次成绩确定本校的录取分数线并招生。（6）废除"以考养考"的收费政策，明确学考、招考任何教育行政部门、机构和学校一律不得收费，所需资金全部高招由省财政、其他学考和招考由县（区）财政专项拨付。各高校组织的招生考试，所需经费自行负责。

3.改革评价制度。要把依法规范办学作为评价地方政府、教育行政部门、所有中小学校的首要条件，把地方政府首长、教育行政领导、学校校长对下属分配升学指标、按地区按学校按班级排队并以此为依据进行奖惩、仅以升学率高低为标准评价教育行政部门、学校和教师教育教学功过的行为明确为违法行为，实施责任追究制和一票否决制。

4.强化督导职能。督导包括督学和督政两方面。对学校、教育行政部门和当地政府的督导主要分两类，一类为常规即内部督导，一学年一次，由教育督导部门（其中必须有纪检、监察部门的派出人员作为长驻该部门的正式成员）组织，对其办学行为是否规范进行督查与指导；一类为综合即联合督导，三学年一次，由教育督导部门牵头，联合纪检、监察、财政、审计、物价等职能部门，对其办学行为是否规范进行全面督查与指导。根据实际需要，还可由常规督导或专项督导班子组织，对其办学行为是否规范进行随机督导。要充分发挥教育督导部门的职能作用并使其工作制度化、常态化、实效化，通过并依靠他们加强对学校、教育行政部门和当地政府规范办学行为、制定与执行教育政策法规的督查指导力度，有法必依、违法必究、执法必严、有令必行、有禁必止，"真刀真枪"、切实有效地提高依法规范办学的执行力。要把教育督导部门督导的结果，作为奖励惩处、行风评议、政绩考核的重要依据。

以上四条措施的相关内容都必须相应地列入新设立的《中小学办学规范法》和要修订的《教育法》《教师法》《义务教育法》中。

只有针对现状、根据实际设立《中小学办学规范法》，修订《教育法》《教师法》《义务教育法》，运用法律武器，依靠全国教育管理者和工作者的良知、智慧和自律、监督等多管齐下地综合治理应试教育，才能从体制上拔除其祸患根基，从源头上铲除其功利土壤，从根本上斩断其名利链条，彻底改变基础教育失范、失衡的混乱现状，保障中国基础教育规范有序、平衡协调地健康、持续发展。这样，也只有这样，中国基础教育的现状才会有改变，中国经济社会的未来才会有美好。

2012 年 6 月 26 日

注：此文发表于 2012 年第 10 期《中国教育科学学报》（国内统一刊号为 CN04-1007/H、国际标准刊号为 ISSN1813-0305）第一栏目"教育理论与教育管理研究"第一篇。

高中教育奇葩朵朵

朵一：轰轰烈烈的全员培考

多年来,全国绝大部分省区市高中教师要全员参与新课改的省级网上培训、听课、赛课、晒课、微课，全员参与市级及以上的面授培训，全员参与县、校级如"圆通教育"远程视频培训，还要全员参与计算机证书考试以及每年一次的普法考试、干部考试……所有这些培考，表面看似轰轰烈烈，本质上却实效甚微，不过有些主办方的收益可是多多的。

朵二：偷偷摸摸的生源争抢

在高考升学率和北大清华等"985""211"考取率的叠加催化下，不少高中学校，长期依托"重点""示范"的"红顶"，除用足、用活倾斜的招生政策，网遍区域内的优生外；还巧立名目新设各种班级，偷偷摸摸地采用单独考试、提前挖录的办法，网揽区域外的优生；并在全市、全省乃至全国同类学校遍布"特派员"，秘密考察、直接点录，如发现能上北大清华类的"好苗子""潜力生"，则用"将稻草说成金条"的绝话去诱导劝说，发现对方在犹豫或不愿意就优惠承诺或重金收买网罗到自己学校。这当然是小巫，大巫北大清华相互争抢生源，今年还在网上掐架呢。

朵三：形形色色的教辅资料

如某校高一、高二的语文，实际使用的除国家课程标准规定的必修课五个模块、选修课五个系列的教材共10本外，还有省教育厅指定的与教材配套的"既厚又贵"的"一科一辅"、学考大纲共11本，单元过关测试和模块、系列综合测试卷共10本，合计31本。高中生应该自主选购一定数量、符合学情、"质优价廉"的教辅资料，但统一配发各式各样的教辅资料实在令人望而生畏：仅语文一科，每个学生每个学期竟达5.25本！要知道，学生高一、高二都有15科，如把15科的教辅资料加起来总共有多少？学生有时间阅读、学习完吗？有精力巩固、消化掉吗？难怪学生每个学期仅按常规配发的教材教辅费，就达700元左右，高一第一学期曾达800多元！不知道，这些教辅费中高额的利润去哪儿了。

朵四：扎扎实实的上课练考

中部某省某示范校高三夏季作息和练考时间安排如下：

作息（星期一至星期日上午）：6：15起床，6：18洗漱，6：25晨练，6：

35～7：15早读，7：15早餐。7：50～8：30第一节课，8：37～9：17第二节课，9：17～9：42课间操，9：42～10：22第三节课，10：29～11：09第四节课，11：09～11：20眼保健操，11：20～12：00第五节课，12：00中餐。12：40午休，14：20～15：00第六节课，15：07～15：47第七节课，15：47～15：57眼保健操，15：57～16：37第八节课，16：44～17：24第九节课，17：24晚餐。17：54文体活动，18：10～18：20读唱，18：20～19：00自习（一），19：10～19：50自习（二），20：00～22：30自习（三），22：35就寝，22：45熄灯。

练考：每科每周一次训练，一般安排在晚上，此为"周练"天天练；每科每月一次考试，一般安排在白天，此为"月考"月月考；每科隔月一次考试，白天或晚上，此为"监测考试"隔月考。

星期天下午安排辅优、培中或补差。全年的节假日——不管阴历、阳历的节日，还是寒假、暑假的假期，一律部分或全员成建制地补课。

上述安排源于某些"名校"：11个小时（每天）的上课练考，机械重复的题海战术，无规无法的有偿补课！对此，尽管各级教育行政部门总在发布各种"减负令""禁补令"，可全都是例行公事、空文废纸！

朵五：疯疯狂狂的备考冲刺

标语口号如：今日疯狂，明天辉煌。要成功，先发疯，不顾一切向前冲。为了最好的结果，让我们把疯狂进行到底。吃得苦中苦，方为人上人。流汗流血不流泪，掉皮掉肉不掉队。累死你一个，幸福你一家。扛得住，给我扛；扛不住，给我死扛。高天厚土作证，考当笑看风云。对联誓词：此略去。通过长期张示浸染、反复齐声呐喊的诱惑威胁、赌咒发誓的近乎传销式的标语口号和对联誓词，不断强化着学生"为我""为家"分秒必争的心理暗示和疯狂拼搏的抢分意志，进而成为"疯狂的主儿"。

震撼场景如：2012年5月先惊现史上最刻苦湖北孝感一中高三"吊瓶班"：教室内灯火通明，每张课桌上都堆满了书，教室半空中拉上了铁丝，挂着20多个补充能量的氨基酸吊瓶。该校早已毕业的一生称："每年这个时候都这样。"

后又现东莞五中高三体育特长生半裸群男苦读的"赤膊班"。还有多少不为人知的"疯狂班"呢？

朵六：真真假假的自我宣传

有些高中学校，高考前报名，想方设法动员差生休学或留级或不参考，用以提高人平成绩和名次。高考后统计，千方百计将差生作为"择校生""挂靠生""社会生"等剔除在外，用以提高全员升学率。高考后宣传，参考人数少了，上线人数多了，升学率高了，考取率火了；谁都是第一，谁都创辉煌！存优去差，弄虚作假；自说自话，欺世盗名。

朵七：奇奇怪怪的状元炒作

不重复过往当地政府亮出的"重奖""表彰""优先（评职称晋职务）"，大小传媒渲染的"现象""传奇""神话"，只说说今年的 7 月 25 日——来自甘肃、吉林、内蒙古、山东、河北、河南、山西等 7 省自治区的 10 名高考状元在山西晋城骑马游街、接受"康熙"敕封：每人封"第一甲状元赐进士及第"，赏"诏书"一册、人民币 10000 元、《康熙字典》一函。读者不禁在问：各位状元为何乐意参加如此封建落后的穿越活动？当地政府为何不叫停如此低俗商业化的景区炒作？现代高中教育应该培养出这样的"状元"？中华民族是需要这样的"精英"吗？

2015 年 8 月 10 日

注：此文发表于2015年第9期下《教师教育研究》（国内统一刊号为 CN11-5147/G4、国际标准刊号为 ISSN1672-5905）；在中国教育科学研究所等单位主办的全国教育教研成果评选活动中，荣获"全国教育科研成果一等奖"（国家级，证书号 ZS-2015091808）。

躬行慎思得

——关于中小学校与教师

笔者教过三十多年的高中语文，其中做过班主任，当过教研组长，搞过教育、教学与教研的管理。经过长期的学习、实践、探索与悉心思考，积累了些许肤浅的体会认识。现归纳起来，概括如下：

学校管理须遵循"一个方针"，着力素质：使学生德智体等全面发展。贯彻落实，坚定不移。

学校管理该追求"二个目标"，助力成长：向高一级学校输送德才兼备的合格新生，为社会培养全面发展的建设者和接班人。同时兼顾，不可偏废。

学校管理得整合"三种力量"，聚力德育：各位领导、班主任，管理育人；所有任课教师，教书育人；全体职员工人，服务育人。班主任、齐抓共育是核心。

教师品质养成应具备"四个坚持"：坚持真理，坚持进步，坚持实践，坚持创新。坚持真理最可贵。

教师职业要求要强化"五个意识"：时间纪律意识，岗位责任意识，言行师表意识，敬业奉献意识，质量争先意识。师表敬业、质量争先最要紧。

教师业务工作要进行"六个研究"：研究教纲考纲，把握本质、焦点（知识点、考点、难点、重点）；研究教材教参，明确要求、特点；研究信息、考（中考、高考）题，摸准走势、重点；研究学情学法，突破所需、疑点；研究教学方略，立足课堂、基点（基础知识、基本技能、基本方法）；研究讲练考法，全面提高百分点（合格率、优秀率、升学率）。研究教纲考纲、研究学情学法最必需。

教师日常修炼要做到"七个多动"：多动脚—走一走（了解情况），跑一跑（锻炼身体）；多动口—说一说（普通话），训一训（表达能力）；多动手—敲一敲（计算机），练一练（三笔字）；多动脑—想一想（教、研得失），思一思（质量贡献）；

多动书——翻一翻（开卷有益），学一学（多多益善）；多动笔——记一记（琐细"凡事"），写一写（心得论文）；多动心——笑一笑（十年少），乐一乐（百事乐）。多动书、多动笔最重要。

教育、教学、教研及其管理工作要落实"八个立足"：工作中，立足平时，立足常规；教学上，立足课堂，立足"三基"，立足全体，立足质量；管理上，立足到位，立足创新。立足常规、立足课堂、立足到位最关键。

综上所述一句话，要：以德立教，依法治教，质量兴教，科研强教。

自然，教育、教学、教研及其管理是一门大学问，其中的问题不少，待研的课题很多。笔者愿继续不断学习，不断实践，不断思考，不断总结，以期有利于自己，有利于学生，有利于学校，有利于教育。

笔者将永远铭记："路漫漫其修远兮，吾将上下而求索。"

2014 年 7 月 8 日

注：此文为修改稿。原稿（写作于 2002 年 12 月 18 日）发表于《书馨园》第十期第三版（2003 年 3 月），荣获"'北京黄埔大学杯'中国高中校长新世纪高中教育办学模式研究有奖征文"创新奖（2004 年 5 月）。

语文教学三题

近些年来，党和政府在大力倡导素质教育，学校和教育行政部门在特别强调教学质量，社会和家长在望子成龙望女成凤，莘莘学子在高呼"还我自由""还我快乐"。于是，从事基础教育的一线教师和教学，特别是语文教师和教学，被逼入了问责和"二难"的尴尬境地，使之大多产生一种费力不讨好的委屈和不知如何教的困惑。

其实，教育有教育的规律，教学有教学的法则，教师有教师的权责。教师和教学，应该遵循教育规律、教学法则，履行自己的权利和职责，不能被"政策"牵着鼻子走，被"形势"逼着盲目干，被"别人"左右和"荣辱"。比如，在教学起点的选择、教学目标的确定、教学功利的追求上，语文教师和教学，就应该有我们自己的思想、理念，有我们自己的实践、思考，有我们自己的经验、招数等等。如果这样，语文教师和教学，就会有用心收实效的成就感和了然如何教的自信心。

教学起点：面向多数

教学起点的选择，应该是面向多数。仅仅面向尖子生或后进生，必然遭到非议和唾弃；如果说要面向全体——每个个体，实际上更为幼稚和滑稽。我国目前采用的仍然是班级授课制，当今的学生水平不仅参差不齐而且天地悬殊，因而只有在先通过查看成绩册、召开座谈会、组织书面反馈等途径，详尽而准确地了解了学生的全面情况的基础上，然后才能再根据具体的实际的学情，有针对性地明确教学难度的高低，教学内容的多少，教学容量的大小，教学进度的快慢，乃至于巩固训练的难易，检测考试的题型题量题目等。教学起点如果能够确定在尖子生不感吃不饱、后进生不感吃不了、中等生甚感味道好的"感觉"上，那么，教师和教学就肯定会受学生认可：多数学生赞赏，全体学生满意。

教学目标：一课一得

教学目标的确定，必须要一课一得。语文的外延与生活等同，要教学的内容实在太多了，字词句篇语逻修，只要是一篇文章，哪怕是再短的作品，如果都要落实基点、突出重点、突破难点、培养能力点的话，都可以说出个子丑寅卯来。正因如此，"与其留十指，不如断九指"，与其篇篇求全，不如一课一得。于此，不少教师是犯了忌的。每每教到一篇文章，什么都想讲，什么都想"微言大义"一番，面面俱到求多求全，主观上希望学生学过后、用起来、考试时能左右逢源、得心应手，客观上却是南辕北辙、一厢情愿、事与愿违。这正如蜻蜓点水、走马观花、浅尝辄止、隔靴搔痒，面是宽了，识是广了，味是尝了，事是做了，但却浮在表面，悬在空中，"品"非所"味"，难收实效。教学目标的确定，要在坚持下面三个原则的前提下，首先精心科学地编制系统，然后大刀阔斧地加以取舍，最后自成体系地、各有侧重地、循序渐进地、具体深入地、一篇一篇地组织教学，如果这样，那么教学效果一定会事半功倍、称心如意。上面提到的三个原则是指：一曰切合学生需要的实际——学生知道并已经掌握了的，不选；学生已知但未掌握的，该选；学生不懂更未掌握的，必选。二曰切合"大纲"规定的要求——"教学大纲"具有法规性质，它明确了什么学年段、学制段的学生，必需识记、了解、理解、掌握、应用哪些知识，具备哪些能力，达到什么水平，这是教师和教学不能小觑和含糊的，也是对学生不能迁就和"宽容"的。"教学大纲"规定的"量"既不能减少也不能增加，"质"既不能降低也不能拔高，这就得认真、准确、全面地学习、理解和贯彻。至于"考试说明"，那是"教学大纲"的衍生物，各段各科教学、运用、应试的指南，当然属于必研对象。三曰切合时代发展的趋势——学生眼下认识不到、"大纲"也还未作要求，而时代本身已需社会人具备、掌握并运用，且从发展看，这些是新时代的社会人不具备、不掌握并不会运用，则难以融入社会甚至被社会淘汰的知识和能力，那也当然必选。它是对教师是否具有时代社会的敏感性和判断力、发展趋势的觉悟性和把握力的一种检验和考验。

教学功利：内涵发展

教学功利的追求，应在内涵发展上花工夫。所谓内涵发展，是指语文教师的教学结果，不仅是学生学到了"教学大纲"规定、"考试说明"明确、时代社会需要的应识记、了解、理解的知识和能力，而且在此基础上，是学生真正学会了学习、掌握、运用、创造知识的方法和能力；是指语文教师的教学实践，既着眼于语文知识的学习更着眼于全面素质的养成，既着眼于知识的学习更着眼于能力的培养，既着眼于学更着眼于用，既着眼于应试的好成绩更着眼于运用于实践的真本事，既着眼于学好知识更着眼于修养品德，既着眼于现在更着眼于将来等等。说得更明白点，就是语文教师的教学，要追求对学生目前的求知和升学与将来的就业和发展都有用处、好处。这样的教师和教学，不仅对自己和学生，而且对国家和社会，都可谓功莫大焉。我们的语文教师和教学，现在之所以受到非议和问责，之所以与素质教育的精神相抵牾，之所以连自己也感到委屈和困惑，原因大概就在于非然。试想，如果真能按上列所述去做，那么我敢断言，我们的语文教师和教学，就真正做了自己该做的事情，花了自己该花的工夫，尽了自己该尽的职责，作了自己该作的贡献。

教学起点的选择、教学目标的确定、教学功利的追求，它们的正确定位，依赖于教师的书力、眼力、能力和魄力。我们的语文教师如果能"四力"俱备，教学实践能一以贯之，那么党和政府的倡导、学校和教育行政部门的强调、社会和家长的期盼、教师和学生的追求，这方方面面的要求就有机地结合了起来，这错综复杂的矛盾就迎刃而解了。

其实，语文教师和教学是这样，其他各科教师和教学也如此。

2004 年 6 月 18 日

注：此文发表于《书馨园》第十四期第三版（2004 年 7 月）、2004 年第 9 期《现代教学研究》（国内统一刊号为 CN11-1996/G、国际标准刊号为 ISSN1003-0220）。

摸准趋势　注意对策

1992 年高考迫在眉睫，认真地分析近年试题的特点，准确地摸清今年高考的趋势，在此基础上，尽可能有的放矢地采取正确的对策，实在必要。现就近三年高考基础题中的句子试题和以后的句子复习，谈些肤浅的看法，以求教于大家。

纵观近三年（四套）高考基础题中句子的试题，从整体上看，有三个显著的特点。

一是题数、分值、考点在日趋减少。下表统计便是明证。

年 份	题数		分值		考查点及其分值
	句子	基知	句子	基知	
1989	13	17	24	36	词在句中的运用10分，复句层次划分2分，标点2分，重音2分，停顿3分，歧义3分，据句选图2分
1990	10	18	19	35	词在句中的运用4分，标点2分，句序调整3分，句意理解与表达7分，技巧分析3分
1991（三南）	10	16	20	30	词在句中的运用16分（其中有6题12分是词语选择），句子辨正2分，比喻辨误2分
1991（全国）	8	14	13	25	词在句中的运用7分，标点2分，续句2分，对联用意分析2分

　　二是注重句子的理解和运用。词语在句中的运用、句意理解与表达的分值在日趋增多。这一点由上表明显可见。同时，通览每套试题又会发现，有关句子的试题，大多由过去的安排在基知考查部分中的单独孤立命题，换成了安排在阅读考查部分中的结合阅读材料命题，即句子试题命在一定的语段或篇章中，让考生从阅读中去理解、运用甚至于创造。因而，从套题的宏观看，句子试题的题、分、考点又在逐渐增多。而且，命题材料也由课内外结合，慢慢趋向于全部取自课外。1989年课内10分，课内外结合4分，课外10分；1990年课内7分，课外12分；1991年"三南"全部取自课外20分，"全国"课内外结合2分、课外11分。当然，涉及的知识、考题的难度，却都未超出教材的范围、《大纲》的要求，此所谓"试题在课外，答案在课内"，这又必需迁移能力。

　　三是采用的题型除极少量的填空（1989年3分，1990年3分）、加符号（1989年5分）外，其余几乎全是单项选择题（只1990年有2道多项选择题，仅4分）。选择题，三年（4套题）共36题65分，其中判断19题31分，组合12题24分，排列5题10分。

　　根据以上分析，我们认为今后的复习，应当采取以下对策。

　　第一，依《大纲》复习，注重基础知识突出重点难点。复习时不能放弃句子方面任何一个基础知识的环节，尤其要突出重难点知识的复习。从考点趋势看，词语在句中的运用、句中语法结构及修辞的辨认与分析、句意的理解与表达、标点的运用等，应是重点。从知识系统看，复杂单句主干结构的分析、复句第一层次关系的图解与辨别、综合（语逻修）病句的辨析与修改、句子的选择、句式的变换、句序的调整等，既是重点，部分也是难点。唯其如此，才能有的放矢，事半功倍。

第二，扣"本"讲练，注重能力突出运用迁移。近三年单独孤立的句子试题在减少，句子试题大都出现在结合语段或篇章的阅读中，突出了句子内涵的理解、技巧的分析、知识的运用。因此，讲练中必须重视培养学生根据语言环境、习惯、实践，去选词、较句、续（插、补）句、理解词义与句意、表达句意、分析技巧的能力，强化"词不离句，句不离篇（段）"的意识。同时，句子试题的取材大多甚至全部是课外的，这又要求我们还要重视培养学生根据课内所学的知识和方法，让学生具备由此及彼、灵活机动地解答课外材料试题的迁移能力。为此，可适量地精选一些课外材料，巧拟一些句子试题，进行由课内而课外"引渡"的强化训练。但必须注意的是，绝不能舍"本"求"外"，因为"教材是例子"，课外材料何其多，更何况《考纲》明确规定，涉及课外的只考与教材水平相当的，近三年高考试题也充分地印证了这一点。倘能这样，就会"死"（基知）"活"（能力）逢源，稳操胜券。

第三，抓"题"示范，注重技巧突出思路速度。近年的高考句子试题，顺应了标准化考试的大潮，采用了判断、组合、排列选择题型，也增加了试题的阅读篇幅。因此，在复习训练的过程中，我们要精选典型试题，讲透解题思路，教给学生解题的技巧和方法，使他们形成科学套路，养成良好习惯，做到见题镇定、答题从容，以提高应试的速度和准确率。如是做去，必然又快又准，发挥最佳。

1992 年 3 月 28 日

注：此文是一篇在郴州地区 1992 年高三语文教学研讨会上所作的典型经验交流稿，荣获论文一等奖（1992 年 4 月）。

答新课改培训四问

一、怎样提高学生学习语文的兴趣

兴趣是学习的先导。一是"新"——课堂教学方法、内容要新颖。方法要新颖，变"静态"为"动态"；内容要灵活，变"封闭"为"开放"；手段要先进，变"单调"为"生动"。二是"趣"——课堂教学要有趣味性。如：假设换位，调动真情；游戏加盟，妙趣横生；动手实践，玩中品味。三是"思"——开阔学生思维。如：挑起争议；巧设问题；鼓励质疑。

二、怎样才能把书读好

一是静心读书。当下社会，多数人心灵荒芜气浮躁。要读书就必须静下心来。静下心来读书尤其是读好书，会使我们的心灵变得滋润与充盈。静心，是读书的前提。

二是用脑读书。读书，不仅仅是为了做题，为了成绩。只按照应试的要求，只根据试题的提问去读书，很容易使人思想僵化，把人训练成机器。我们应有适合自己的方法与技巧，有自己的主见与思想。

三是快乐读书。孔子曰："知之者不如好之者，好之者不如乐之者。"冰心说："读书好，好读书。"这些是经实践和时间检验证明是完全正确的道理。既然书要读，那就快乐地去读，并想方设法把它变成一种有意义、有乐趣的生活方式。读书，只有快乐，才会持久。

三、怎样扩大学生的知识面

扩大学生知识面包括师和生两方面。就老师而言：

一要不断丰富自己的知识、提高自己的影响力。老师没有"一桶水"，学生哪来"一杯水"？老师自己孤陋寡闻，学生如何信服你？老师一定要努力让自己成为学生知识的活水源头，在工作中不断吸纳新知，在教学中充分展露才华，成为学生效仿的楷模。

二要努力改变学生的思想认识。要让学生明白：自己是学习的主人，不能依赖老师来穷尽一切知识，而要在老师的引导下自己去探索、实践。要永远放飞自己求知的风筝，才能真正遨游于知识的海洋。

三要科学变革课堂教学方法。强迫学生学习，其效果绝对比学生主动自觉的学习差。老师要科学变革教学方法，示范倡导"自主、合作、探究"，恰到好处地运用现代多媒体教学手段，通过声音、画面、形象，激发学生去活动、探究、发现、创新，为学生做出榜样。

四要不断创设活动，拓宽获取知识的渠道。应结合教学和学生实际，向他们推荐优秀课外书，组织收看新闻联播、综艺节目、"开心辞典"、科学探索、知识大赛栏目等，阅读图文并茂、意境优美的电视散文；在班级办学生刊物，在教室开学习广角等。经过长期的潜移默化的积累，学生自然"见多识广"。

五要把教学与社会实践结合起来。要使学生把"课堂""知识"与广阔的"世界""现实"联接成一体，吸收各种信息，拓展吸纳空间，理论联系实际，增强运用能力。如通过组织社会调查、撰写调查报告、开展创作比赛等社会实践，提高学生自主、自觉扩大知识面的主动性和积极性。

四、作文怎样展露真我

一是要有"说真话，写自己"的意识。

二是要善于选择反映真实生活的材料。

三是要切实抒写发自内心的真情实感。

2012 年 4 月

注：此文分四次发表于湖南省中小学教师继续教育网。

记忆与背诵很重要

这是一本高中生应对学考、高考和将来发展，必须记忆、背诵并真正弄懂而过关的关于语文基础知识的入门之书。

关于记忆与背诵，古今中外的名人说过许多名言，如：

一切知识不过是记忆。（柏拉图）一切知识的获得是记忆。（培根）一切智慧的根源都在于记忆。（谢切诺夫）记忆是知识的唯一管库人。（锡德尼）如果没有记忆，就无法发明、创造。（伏尔泰）

记忆力是智力的拐杖，记忆力是智慧之母。（亚里士多德）记忆力并不是智慧，但没有记忆力还成什么智慧呢？（哈柏）

哪里没有兴趣，哪里就没有记忆。（歌德）以愉快的心情学得的，会永远记着。（马什）谁善于留心，谁就善于记忆。（约翰逊）

重复是学习之母。（狄慈根）锻炼记忆力的良好方法是锻炼自己的注意力。理解是记忆的基础，记忆则是理解的必然。（爱德华兹）

记忆力好，不一定会让你成功；但记忆力不好，一定会让你失败。（沃伦·巴菲特）

背诵是记忆力的体操。（托尔斯泰）背诵是写作的基本功。（梁衡）

背诵是学好语言最重要的方法之一。背诵是形成语言能力的关键。背诵是一种良好的习惯，一旦养成将受益终生。

"死记硬背"是素质教育和创新能力培养的基础，只有"死去"才能"活来"。背诵的方法是：不断重复，强化记忆。绳锯木断，水滴石穿。重复得多了，想忘记都难。背诵时间一般不要超过十分钟，背诵的秘诀是"少食多餐"。

记忆与背诵之于读书学习做学问的意义和作用，同学们其实大多有所体认，但就是没能做到或做好，因为缺乏决心、耐心和恒心，或者兴趣、方法和信心。是这样吗？如果是，那笔者建议大家马上行动起来：树立决心、耐心和恒心，或者积累兴趣、方法和信心！力争在高二学考之前，充分有效地利用早自习和其他零散时间，反复地大声朗读本书，不断地强化记忆本书，直至能准确完整地背诵本书中抄录于教材并要求背诵（默写）的高中 43 和初中 50 首篇诗文、记住本书中 80% 以上的基础的基础。

在大家刚刚入读高中、拿到本书之时，笔者还想提醒几点：一是他山之石可以攻玉。书中《成功者是这样读书学习的》需认真研读几遍，好好学一学。二是为了积累素材、丰富识见、开拓思维、促进成长，请自购《哲理故事 300 篇》或同类书籍，也需从现在起就经常读一读、想一想、写一写。三是不要乱购书籍，要选择适合高中生、权威、最新出版的正版。如工具书应购第 3 版《现代汉语规范词典》或第 6 版《现代汉语词典》。更不要滥购、乱购教学辅助资料。四是在整个学习中，要下足"实"字工夫：树立"大高三"的理念，落实"自主、合作、探究"的要求，发扬"勤奋、踏实、主动、多思"的学风，抓好常规、抓严细节、抓实过程，为成人、成才、成功奠定扎扎实实的基础。

2015 年 8 月 28 日

注：此文作为"前言"，发表于本人编著、全校使用的校本教材《基础的基础》（第 4 版即 2015 年版）。

新课改背景下
语文课堂教学高效性之我说

新课程改革强调学生学习的"自主、合作、探究"，目标之一是实现课堂教学的高效性。怎样才能达成语文课堂教学的高效性呢？讨论的答案丰富多彩，但笔者认为，核心是做好三环关键工作：实导、精讲和巧练；夯实一个必备基础：精编。

首先说关键工作一：实导即实施导学。

"导"指教师的指导、引导，"学"指以学生为根本出发点和落脚点的自学、互学。"实导"就是指在教师实际施行的指导下学生、学生间所进行的实在、实效的自主学习、小组合作、共同探究。

教师实施目标明确、针对性强、层次（知识、能力、情感，自主、合作、探究等）清晰、引领得法的导学，能实现课堂中学生由"要我学"到"我要学"，由"只重知识、结果"到"知识、能力、情感、过程并重"，由"无效或低效"到"有效或高效"的根本转变。

"实导"，要求教师加强班级学习小组的建设，细化分工，优化功能，促使每一导学环节的落实到位；健全评价激励机制，加强学生成果的展示交流和点评修正，真正达成在教师导引下的学生自学互学、合作进步、全员提高，实现课堂教学的高效性。

"实导"要力争达成三项目标：一是指导自学达到学生自觉，二是引导合作实现学生主动，三是导引探究形成学习习惯。使学生真正形成自觉、主动地常动口、勤动手、多动脑、敢质疑、善交流、巧摘抄、好笔记、会作文的全面、持续、终身发展的良好习惯、基本素质。

教师还要指导学生有计划地利用早自习时间，夯实常用字音、字形、词义、必背诗文、名言警句和精彩文段等"基础的基础"，严格督促他们在规定的时限内达成目标。高度重视学生的文化积淀和科学修养，有重点地引导学生自觉阅读人文、自然科学名著，用文化滋润心田，用科学开启智慧，用名著丰富生活，用思想引导人生。积极创设条件、搭建平台，指导学生开展如诗歌朗诵、主题演讲、文学创作、对联撰写、谜语猜设、问题访谈、知识竞赛、社会实践等各种活动，并形成常态，让学生在课内外的语文实践中开阔视野，提高素质，培养能力。

其次说关键工作二：精讲即精准讲授。

"精讲"是指教师在课堂上不要讲的不讲、学生会的不讲、可少讲的少讲、该多讲的才多讲，善于针对实际，敢于取舍内容，巧于选择讲法，把时间、精力花在课标、考纲规定的要求上，花在教材、学情亟需的节点上，花在学生学习、工作、生活应具备的知识、能力和素养点上。

要达成"精讲"的目标,教师在上每堂课之前必须精准地预测、具体地明确四个问题:哪些是学生已经掌握了的,哪些是学生通过自主学习可以理解的,哪些是学生通过小组合作就能解决的,哪些是真正需要教师启发引导或巧妙点拨或细致讲解的。这样心中有数、精心准备之下的课堂讲授,才会有的放矢,才会层次分明,才会详略得当,才能真正使学生获得学习的实效或高效。

"精讲"能体现教师的主导作用,实现课堂中教师由"满堂灌"到"重点讲",由"面面俱到"到"一讲一得",由"无效或低效"到"有效或高效"的根本转变。能尊重学生的主体地位,把课堂和学习还给学生,充分调动学生自主学习、小组合作、共同探究的积极性。

"精讲"要扎实做好四项工作:一是精简内容,科学取舍,落实基点;二是精选教法,启迪思维,突出重点;三是精准表述,规范作答,突破难点;四是有效整合信息技术与课堂教学,合理调控课堂教学的容量和学生思维的密度,实现时间效益的最大化。

再次说关键工作三:巧练即科学训练。

训练包括作业、练习和考试,它是复习、巩固并内化知识、提升能力、形成素养,检测并改进教学的重要途径。

"巧练",要求教师精心组题、有效考训和及时阅评。这是彻底告别"题海战术",真正减轻课业负担,变"蛮"为"巧"、变"无效或低效"为"有效或高效"的最关键一环。

精心组题,指教师要充分利用教材,合理取舍教辅,适当补充原创、改造、选编的题目,摒弃不负责任地下载网上粗制滥造、盲目崇拜地购买名校不切学情的套题,杜绝偏题、怪题、超标题。题目要能针对课标、考纲的要求,教材、学情的实际,数量适当、难度适中、梯度(识记、理解、应用、拓展等)适宜,具有导向性和典范性。有效考训,指教师要通过合适的次数(忌过多)、时间(忌老是占用周末、节假日的白天甚至晚上)、要求(忌过严)等的考试,有的放矢,以考促学,让学生每次和每题的考试对所学知识都能收到复习、巩固并内化和举一反三、灵活应用、适度拓展、规范作答的实效。及时阅评，则要求教师及时认真地批阅试卷、记载得失、分析问题，并针对每次、每题存在的普遍性问题进行集体反馈和精准讲评，个别问题采用课堂提示或个别面谈相结合的形式予以解决。这样"每训每得""每练每得"的科学训练，除了能彻底告别题海战术变"蛮"为"巧"外，还能给学生留下自主学习、反馈思考、修正错误和整理构建知识体系的时间和空间。

"巧练"还强调教材的知识点过关、单元过关、模块过关，环环相扣，训练必须与教、学同步，循序渐进，严禁训非所教、练非所学的瞎折腾。强调立足基础的小题训练，化整为零，增强针对性，达成实效性。强调落实指导、督促学生从起始年级起就建立纠错本、方法集。

"巧练"要关注解决四个问题：一是内容要兼顾基点重点难点，消灭易错、常错点；二是形式要覆盖客观主观其他，强化简答、写作题；三是方法要突出辩证批判思维，突破片面性、从众性；四是时间要控制在课堂，立足时效性、高效性。

另外，课堂教学中的讲和练往往是融合在一起的，教师要注意精讲巧练、讲练结合、时讲时练，这样能更有效地利用单位时间，增浓学习兴趣，获取教学实效。

最后说必备基础：精编即精心编制导学案。

课堂教学要做好"实导、精讲和巧练"三环关键工作，必备基础是教师一定要精心编制导学案。

"导学案"具有"导读、导思、导练、导法"的功能，它是教师主要为指导学生自主学习、合作探究、既温故又知新而精心编制的一种方案，是集教师的"导案"、学生的"学案"与"练案"和综合性评价于一体的综合性方案。因此它被形象地比喻为教与学的路线图、导航仪。

"导学案"需要教师来精心编制。所以，教师必须准确理解课标，全面领会考纲，深入钻研教材，充分了解学情——知识、能力、情感和兴趣、习惯，广泛涉猎、大量储备教学资源，并在日常教学中自觉更新教学理念，主动加强专业修养，潜心研究教学方法，刻意锤炼教学艺术。

　　笔者坚信，如果"实导、精讲和巧练"三环关键工作真正做好了，"精编"必备基础真正夯实了，那么，语文课堂教学高效性的目标就一定能达成。

2013 年 4 月 8 日

　　注：此文发表于 2013 年 7 月《课程教育研究》（上旬刊，国内统一刊号为 CN15-1362/G4、国际标准刊号为 ISSN2095-3089）。

我为汉语、汉字而自豪

　　汉语是汉民族独有的、相对稳固的词汇和语法系统，交际和思维工具。汉字是记录汉民族语言的符号系统。

　　汉语、汉字是酝酿创造诗词赋联、书画艺术的基础和摇篮。

　　中国历史上的诗词赋联，有哪一个民族的语言可与之相提并论？象形形声会意，指事假借转注，有哪一个国家的文字可与之称雄比肩？杜甫"两个黄鹂鸣翠柳，一行白鹭上青天"，王维"人闲桂花落，夜静春山空"抑扬顿挫的音乐美；秦观"赏花归去马如飞，去马如飞酒力微。酒力微醒时已暮，醒时已暮赏花归"，万俟咏"千里草，萋萋尽处遥山小。遥山小，行人远似，此山多少？天若有情天亦老，此情说便说不了。说不了，一声唤起，又惊春晓"回环复沓的修辞美；李白"噫吁嚱，危乎高哉！蜀道之难，难于上青天"，范仲淹"碧云天，黄叶地，秋色连波，波上寒烟翠"，岳飞"三十功名尘与土，八千里路云和月。莫等闲，白了少年头，空悲切"参差错落的节奏美；苏轼"人有悲欢离合，月有阴晴圆缺"，秦观"夜月一帘幽梦，春风十里柔情"，王勃"物华天宝，龙光射牛斗之墟；人杰地灵，徐孺下陈蕃之榻"，东坡题黄鹤楼联"爽气西来，云雾扫开天地撼；大江东去，波涛洗尽古今愁"，董氏题尚义门联"门对九天红日，路通万里青云"骈俪对仗的意韵美，又有哪一个民族、哪一个国家能与之相提并论？篆书、隶书、楷书、行书、草书，王羲之、赵孟頫、米芾、颜真卿、毛泽东、赵朴初；

山水、花鸟、人物，国画、水彩、素描，顾恺之、吴道子、王维、苏东坡、徐悲鸿、齐白石；尤其是诗书画三位一体珠联璧合构成的完备、宏大、精湛、文采、玄妙的这一杰出奇迹的艺术，更有哪一个国家、哪一个民族岂敢望其项背！

尽管音形义结合的二维信息的汉语，在一定程度上制约了数学物理哲学思维的发展，但在世界上最早：系统叙述分数、方程、负数及其加减运算法则的是中国的《九章算术》,发现圆周率 π 值为 3.1415926 的是古代的汉人大数学家祖冲之；发现并论述宇称不守恒定律以及一些对称性不守恒的是美国现代华人物理学大师李政道、杨振宁，准确测出镁的 α 射线精细结构的是我国现代原子能专家钱三强，提出以"粒子寿命公式"为核心的"温度体系"理论的是我国当代物理学家叶建敏……即便是在以听说英语为骄傲的英美著名科学家中，也有不少是华人。

汉语、汉字是准确表情达意、形象简洁高效的读写语言与文字。

联合国六种办公通用文字的官方文件中最薄的一本是汉语，计算机语音输入最具发展潜力的是汉语，璀璨辉煌的日常阅读与文学创作早就昭示着具有极大普及性和可接受性的是汉语，蓬勃发展的世界科技事业正在证实着精确性稳定性收敛性最强的是汉语。在使用汉语汉字的中国，国家扫盲的标准是一千五百字，中学生的标准是既能读又能写的常用的二千五百字，仅有这二千五百字或三千五百字的一般人，就能轻松地由此组成几万乃至十几万个词语，进而轻松地读书、看报，欣赏"四大名著"、从事科研工作。而使用英语英文的人，因为它靠字母一维线性的音义组合，所以尽管只有三千到三千五百个单词就可以应付日常生活的需求，但如果不能准确牢记并熟练掌握二万个单词就别想读报，没有三五万个单词就别想看《时代》周刊，而能够顺利地读懂文学名著更是一件了不起的事,如阅读《荆棘鸟》中用英文描述的非洲的一些植物真是艰涩莫名，一般英美人也只好囫囵吞枣。英语英文意义的不稳定性、发散性和密码性，造成了歧疑、繁难、枯燥、低效的结果，其优越性远远赶不上汉文汉语！

汉语、汉字不仅是世界上最特殊、简洁、美丽的语言与文字之一，而且是最古老、丰富、优秀的语言与文字之一。

世界上有几千个民族，绝大多数民族都有自己的语言与文字，但似乎是汉族的祖先最早并且从未间断过以高尚的仁义情操和缜密的形象思维积淀和完善着自己民族的语言与文字。汉语，沉郁内敛，富有哲理和情趣，既有形象、生动之感，也有谦恭、笃实之美；语汇丰富绚丽、寓意韵味无穷：日月星宿，山峦湖海，霜风落叶，虎啸龙吟，无所不包；沧海桑田，人情世事，乡野都会，疆关沙场，尽收眼底；婉约姣美，粗犷豪放，幽默辛辣，警辟畅达，一应俱全。汉字，是世界上唯一成为"书法艺术"的方块文字，它不仅意美可心、音美悦耳，而且形美更感目：篆书直曲变幻、粗细均匀，刚健婀娜（赵之谦）；隶书平整对称、方圆有致，拙厚淳朴（金农）；楷书横平竖直、规范工整，雄浑稳健（钱沣）；行书自然简洁、联带呼应，雄秀天然（王羲之）；草书圆转流畅、刚柔相济、纵而能敛（王铎）。阅览各体汉字尤其是名家书法，就像享受艺术美餐。正因为这样，汉语成为了世界语言之林中最优秀的语言之一，1973 年 12 月 8 日，联合国把她列为联合国大会和安理会的六种工作语言之中。目前，世界上已有近百个国家的二千五百多所学校开设了汉语课程，五十多个国家和地区的一百二十多家孔子学院在推广汉语教学，汉学已成为世界的热门学科。我们为汉语与汉字有着这样的殊荣与发展着实感到自豪！

　　然而，却有不少人认为汉语、汉字是最难学的语言与文字，因而不虔诚地热爱、不认真地学习、更不准确地运用与书写。事实上最难学的是汉字，说汉字难记难读难写难认，这倒是一个相对客观的事实。但是由三千个左右汉字组成的几万乃至十几万个词语相对于一个事物就是一个名字、一样东西就是一个单词的几万甚或十几万个的英文单词，哪一种更难记更难读更难认，学以致用更合算呢？

　　读者朋友，让我们一起更多、更好地了解汉语与汉字，热爱汉语与汉字，学习汉语与汉字，运用汉语与汉字吧！

2013 年 5 月 1 日

　　注：此文为升旗演讲的修改稿，发表于 2013 年 8 月《祖国·教育版》（国内统一刊号为 CN11-5569/C、国际标准刊号为 ISSN1673-8500）（上），并荣获一等奖（证书编号为 JY08-937）。2007 年 11 月 5 日演讲的标题为《我为汉语而自豪》的原稿，发表于 2008 年 1 月出版的《苗地》总第 128 期。

语言文字工作者、学习者的困惑：我们该听谁的

——从湖南高考语文字形的规定说起

针对目前社会上语言文字的辞书意见不一、使用相当混乱的实际，湖南省高考语文的决策者们，2006 年"画地为牢"："今年命题使用的工具书为：《辞海》（上海辞书出版社）《辞源》（商务印书馆）《古代汉语词典》（商务印书馆）《现代汉语词典》（商务印书馆）和《新华成语词典》（商务印书馆）。"

每每高考才刚结束之日，也即高三各种资料竞争大战开始之时。湖南今年的规定诱发我近段集中浏览了一批电子的、纸质的"精品""宝典""词典"，发现错误、问题不少，困惑越来越多，亟待处理、研究、解决。下面仅就"字形"的所谓异形词、异体字、通用字等 100 例，作一粗略归类，谈些个人看法，以供语言文字的教者、学者、作者、编者参考和订正。

文字辞书意见不一、使用相当混乱的情况，大体可以分为三类。

第一类是因对文字词语的法定规范性文件《第一批异形词整理表》（中华人民共和国教育部 国家语言工作委员会 2001 年 12 月 19 日发布，2002 年 3 月 31 日试行，以下简称为《整理表》。该《整理表》已作为附录，编入经全国中小学教材审定委员会 2002 年审查通过的人民教育出版社中学语文教学室编的《全日制普通高中教科书〈必修〉·第五册》〈2005 年 6 月第 1 版〉的第 191—197 页）重视不够，研习粗疏，致使出现错误。对于这类错误，只要认真学习、理解、牢记、使用《整理表》，就可以匡正（下面每组异形词连接号前为选取的推荐词形）：

　　按语—案语　斑驳—班驳　毕恭毕敬—必恭必敬　标志—标识　徜徉—徜佯　搭讪—搭赸、答讪　倒霉—倒楣　跌宕—跌荡　发人深省—发人深醒　耿直—梗直、鲠直　含糊—含胡　含蓄—涵蓄　弘扬—宏扬　宏图—弘

图、鸿图 洪福齐天—鸿福齐天 浑水摸鱼—混水摸鱼 精彩—精采 褴褛—
蓝缕 连贯—联贯 流连—留连 鲁莽—卤莽 录像—录象、录相 内讧—
内哄 盘踞—盘据、蟠踞、蟠据 漂流—飘流 清澈—清彻 杀一儆百—杀
一警百 图像—图象 推诿—推委 稀罕—希罕 信口开河—信口开合 影
像—影象 再接再厉—再接再励 账本—帐本 肢解—支解、枝解

但也并非那么简单。同样出版在《整理表》试行之后的《现代汉语词典》(商
务印书馆，2002 年 5 月修订第 3 版〈增补本〉，中国社会科学院语言研究所词
典编辑室编，以下简称为《词典》)和《现代汉语规范词典》(外语教学与研究
出版社、语文出版社，2004 年 1 月第 1 版，李行健主编，以下简称为《规范》)，
对《整理表》的态度与处理却恰好相反。《词典》仍在赫然写着：斑驳也作班驳；
必恭必敬也作毕恭毕敬；搭讪也作搭赸、答讪；发人深省，省也作醒；含糊也
作含胡；含蓄也作涵蓄；弘扬也作宏扬；宏图也作弘图、鸿图；褴褛也作蓝缕；
杀一儆百，"儆" 也作 "警"；等等。《规范》用《整理表》把这类字词一一地
规范起来，其内容与书名高度一致，果然规范。

第二类是因对文字词语中的异形词、异体字、通用字等术语，以及由此
引发出来的其他概念认识模糊，理解错误，甚至曲解，造成诸多问题。《整
理表》和《词典》对文字词语有关 "术语" 界定如下：1.异形词——普通
话书面语中并存并用的同音 (指声、韵、调完全相同)、同义 (指理性意义、
色彩意义和语法意义完全相同) 而书写形式不同的词语。2.异体字——与
规定的正体字同音、同义而写法不同的字。它专指被《整理表》淘汰的异体
字。3.通用字 (有别于全国范围内通用的法定的规范汉字意义的汉字) ——
某些写法不同而读音相同的汉字彼此可以换用 (有的限于某一意义)，如 "太"
和 "泰"。例：

1.异形词：同上文第一类例

2.异体字：抵触—牴触 仿佛—彷彿 浩渺—浩淼 侥幸—儌倖 纨绔—
纨袴

3.通用字：晴天霹雳—青天霹雳 阴凉—荫凉 根深蒂固—根深柢固 顶
真 (认真；修辞方式的一种)—顶针 (做针线活的一种金属圆箍状用具；修辞

方式的一种也作顶真）

4.异形异义词：成才（只用于人）—成材（可用于物，也可通过比喻用于人） 传颂（传扬歌颂）—传诵（流传诵读） 反应（有机体受到刺激而产生的相应活动）—反映（反照出人或物体的形象；比喻显现出客观事物的本质，等） 好景不常(经常)—好景不长（长久） 坚苦卓绝(主要指主观态度和精神状况)—艰苦卓绝（主要指客观形势和物质条件） 狙击(埋伏起来,乘敌不备加以袭击,属于进攻性作战)—阻击（用防御手段阻止敌人前进，属于防御性作战） 厉害（凶猛；难以对付，等）—利害（利益和害处） 留传（留存下来传给后世：英名～千古）—流传（顺着时间往下传或扩大范围向外传:古代～下来的谣谚） 蔓延（蔓草一类植物不断向周围延伸、扩展：杂草～）—漫延（水满而向四周扩散：湖水～到了周围农田）〔比喻事物像蔓草一样向周围延伸、扩展一般写作蔓延〕 弥漫（〈动〉烟雾、沙尘、气味等充满空间：烟尘～）—迷漫（〈形〉烟尘、风雪等漫天遍野，模糊了视线：风沙～） 提名（在选举或评选前，由选举者或评选者提出候选者的姓名或名称：代表～，大会选举）—题名（为留作纪念或予以表扬而写上姓名：亲笔～） 唾手可得（往手上吐口唾沫就可以得到。比喻极容易得到）—垂手可得（形容得来毫不费力） 泄气（气体排出；失去信心和勇气，等）—懈气（放松劲头） 指责（指摘，责备）—指摘（指出毛病，予以批评）

5.别字：词不达意—辞不达意　名不副实—名不符实　各行其是—各行其事　坐落—座落

第三类是在全国影响广大、深远的《词典》和《规范》相互矛盾抵牾，使人产生困惑（下面所例词语的前者属《词典》，后者属《规范》，两书所属的表述用"//"隔开）：

筚路蓝缕同荜路蓝缕//不宜写作荜路蓝缕　博闻强识也说博闻强记//一般写作博闻强志（记）　辞令也作词令//不宜写作词令　词典也作辞典//一般写作词典　词藻同辞藻//一般写作词藻　辞赋也作词赋//辞赋（辞和赋的合称），词赋一般写作辞赋　辞章也作词章//一般写作辞章　畜生也作畜牲//一般写作畜生　仓促也作仓猝//仓促（侧重于时间紧迫），仓猝（强调事情的突发性）　仓皇也作仓黄、仓惶、苍黄 // 不宜写作仓黄、仓惶、苍黄　撤销也作撤消 // 一般写作撤销　搭腔也作答腔 // 搭腔　答理也作搭理 // 搭理　掉换也作调换 // 一般写作调换　发愤也作发奋 // 一般写作发愤　翻然也作幡然 // 一般写作幡然　返照也作反照 // 返照（夕阳回照，泛指〈光线〉反射），反照（反衬；对照）　风采也作丰采 // 丰采（美好的神采、风貌），风采（风度神采，多指美好的仪态举止）　俯首帖耳，"帖"也作"贴" // 不宜写作俯首贴耳　哽咽也作梗咽 // 不宜写作梗咽　钩心斗角，"钩"也作"勾" // 一般写作勾心斗角　故技也作故伎 // 一般写作故伎　含义也作涵义 // 一般写作含义　会演也作汇演 // 一般写作汇演　简捷也作简截 // 一般写作简捷　疾恶如仇也作嫉恶如仇 // 一般写作疾恶如仇　凌乱也作零乱 // 凌乱（杂乱无序：屋里～地堆放着各种包装盒），零乱（散落而紊乱：头发～）　流言飞语 // 一般写作流言蜚语　落泊也作落魄 // 不宜写作落魄　谩骂（用轻蔑、嘲笑的态度骂），漫骂（乱骂）// 一般写作谩骂　莫名其妙，"名"也作"明" // 莫名其妙（没有人能说出其中的奥妙。形容非常奥妙），莫明其妙（没有人明白其中的奥妙。形容事情很奇怪，使人不能理解）　攀缘也作攀援 // 攀援（借助外力的帮助往上爬：抓住绳索，～而上；卖身投靠，～高位），攀缘（沿着东西顺势往上爬：～而上的青藤）　缥缈也作飘渺 // 不宜写作飘渺、缥渺、飘眇　气宇（气度；气概），器宇（人的外表；风度）// 一般写作气宇轩昂　申冤也作伸冤 // 一般写作申冤　势不可挡 // 一般写作势不可当　思辨也作思辩 // 一般写作思辨　夙愿也作宿愿 // 一般写作夙愿　委靡也作萎靡 // 一般写作萎靡　无明火也作无名火 // 无名火（无缘无故，没有来由的怒火），无明火（怒火。佛典中的"无明"指"痴"或"愚昧"。佛教认为发怒是一种愚蠢的行为，所以把怒火称为"无明火"）　翔实也作详实 // 一般写作翔实　一相情愿，"相"也作"厢" // 一般写作一厢情愿

　　对于这一类字词，绝大部分语言文字的教者、学者、作者、编者，都感到非常困惑，常常是莫衷一是、无所适从，甚至遇到它们就干脆回避，而且回避还唯恐不及。确实，影响那么广大、深远的语言文字专著和学者们，其规范行为、学术意见居然相左如此之巨显，一般人难以把握、选择、定夺，也就理所

当然了。

因此，湖南高考今年来个"明确规定"，可见其煞费苦心；各种资料"精品"不"精"，"宝典"不"典"，也就情有可原。但在我看来，前者不是个办法，从学术和发展层面上讲更非合适；后者无"规范"依循，任其发展会泛滥成灾。"言语、语言的社会性、规范化，是每一个个体必须遵循的铁的规则。"（余应源语）只有正视不一、混乱的现实，组织专门、强大的力量，搜集、整合现有的单项"规范"，如《第一批异体字整理表》（1955年12月）、《汉语拼音方案》（1958年2月）、《普通话异读词审音表》（1985年12月）、《简化字总表》（1986年10月）、《现代汉语常用字表》（1988年1月）、《现代汉语通用字表》（1988年3月）、《汉语拼音正词法基本规则》（1996年7月）、《整理表》等，参考颇具影响力的工具书，如《辞海》《辞源》《古汉词典》《词典》《规范》等，先形成一个相对完整、稳妥、成熟，便于广大公民能共同遵守并正确使用的规范，再出版一个统一、权威的蓝本，这才是策中之上策。否则，听《词典》的，不合"规范"；听《规范》的，不合"规定"；而听源于《词典》《规范》等且粗制滥造的"精品""宝典"的，既不合"规范"又不合"规定"，那么，语言文字工作者、学习者，尤其是各级各类的应试者，到底该听谁的呢？

2006年7月20日

注：此文发表于《书馨园》第十八期第三版（2006年11月），2006年第12月号《湖南教育·语文教师》（国内统一刊号为CN43-1034／G4、国际标准刊号为ISSN 1000-7644，标题为"我们该听谁的"），2006年第36期《现代语文》十二月下旬刊《语言研究》（国内统一刊号为CN37-1333／G4、国际标准刊号为ISSN1008-8024），转载于《教研与实践》第十期（2007年7月）。

辞书、教育文本应规范和统一

——关于"禁"、"bān"、"长"及其他 [1]

写作的缘起

笔者在长期的尤其是近些年来的高中语文教学与研究中发现，花样翻新的各类测试卷、考试题，漏洞百出，触目惊心；"改革""开放"的各种教材、读本，错误不少，问题严重；雨后春笋般涌现的词典、辞书，同一本书前后矛盾、相互抵牾者有之，同一个出版社出版的几本书差异颇大、不相容者也有之，不同出版社出版的不同的书的注音、辨形、释义更是五花八门，"叹为观止"。这些给师生的教学和公众的学习、生活、工作，带来了诸多不便、烦恼和困惑。有感于此，妄述数例，以诚请同仁赐教，祈望方家导航。

关于"情不自禁"的"禁"的读音

1999 年某省重点中学初中招生语文试卷，因"情不自禁"之"禁"读音的正误之辨，引起了一场"语音官司"。

命题者及校方语文教师认为，应读为"jīn"，理由是《汉语成语小词典》[2]P173、《汉语成语词典》[3]P474："情不自禁，qíngbùzìjīn，禁：抑制。"两词典注音、释义都一样，只是解释有细微差别："激动的感情自己不能抑制"[(2)]；"感情激动，控制不住自己"[(3)]。还有《辞源》[4]P613，尽管没有为"禁"注音、释义，但把全词解释为："感情激动不能克制。"也可看做它认同"jīn"的读音和释为"克制"的意义。考生及家长认为，要读"jìn"，依据是某"权威"词典 [5]P925："情不自禁，qíngbùzìjìn，抑制不了自己的感情。"

两种意见是兼容还是有是非正误？从所据"词典"看，应属"仁智（仁者见仁，智者见智）之别"，都算是正确（该校据此处理）；从"规范"要求看，笔者认为应"统一"为"jīn"。为什么呢？一是"禁"的义项应是"抑制""控制""克制"。再查《辞海》[6]P1828、《辞源》[4]P1237—1238、《现代汉语词典》[5]P583和576："禁"的读音有二，是"jìn"和"jīn"。不同读音的词条下分别有："jìn"，古乐名，古祭器，作幻术，制止、禁止，避忌；另，禁止通行[6]，指宫殿、监狱[4]，监禁[5]。"jīn"的词条是"堪受；耐久"[6]；"禁受"（例举杜甫诗句："巡篱索共梅花笑，冷蕊疏枝半不禁。"）和"腰带"[4]；"禁受，耐"和"忍住"[5]。从以上三种辞（词）书音、义所列看，"jìn"的义项，任何一条都不适用"情不自禁"之"禁"的"抑制""控制""克制"的解释，只有"jīn"的"堪受""禁受""忍住"的义项才接近该词的内涵揭示。二是如认同一的义项的理解，"禁"的读音只能是"jīn"。再查（1）《辞源》[4]、（2）《现代汉语词典》[5]、（3）《汉语成语词典》[3]、（4）《汉语成语小词典》[2]：（1）P613、（3）P474注明了该成语的出处：梁·刘遵《七夕穿针》诗："步月如有意，情来不自禁。"溯源坐实它的本义为"克制""抑制""控制"。又（1）P613、（2）P925（3）P474（4）P173、（3）P474的释义分别为"克制""抑制""控制"。还（3）P474专门（辨误）："'禁'不能念成'jìn'。"其实，问题的关键在于，（2）P576里：它的词条"jīn"中②明确写着："忍住：不禁"；而P925"情不自禁"中"禁"的注音却变成了"jìn"，前后抵牾，自相矛盾；因为"权威"，影响极大。综上查证和研考，"情不自禁"之"禁"，只能读"jīn"，不能念"jìn"。

要统一"规范""情不自禁"之"禁"的读音为"jīn"。再查《汉语成语大词典》[7]P827、《现代汉语规范词典》[8]P897、《新世纪汉语多用词典》[9]P640，尽管它们都是新书，可惜都误注为"jìn"；可幸的是增补本《现代汉语词典》[10]P1035订正为"jīn"，《万用学生词典》[11]P412、《现代汉语成语规范词典》[12]P390和《现代汉语应用规范手册》[13]P294都注为"jīn"，后二者还分别专门提醒："'禁'这里不读jìn。""注意，不要把'禁'误读成'禁止'的'禁'（jìn）。"

关于"bān配"的"bān"的字形

今年高考语文全国卷第2题A项"班配"是否错别字，也引发了一场影响不大不小的"字形论争"，因为它在整套试卷中权值为重要的 3 分。

原题与参答如下：下列词语中没有错别字的一组是（ D ）

A. 班配　藏污纳垢　草菅人命　看菜吃饭，量体裁衣

B. 凌厉　怙恶不悛　不落巢白　己所不欲，勿施于人

C. 懵懂　挺而走险　流言蜚语　如临深渊，如履薄冰

D. 怄气　徒有虚名　鬼斧神工　失之毫厘，谬以千里

笔者一看试题和参答，就认定 A 项的"班"应为"般"，B 项的"巢"应为"窠"，C 项的"挺"应为"铤"，参考答案无疑是正确的。但却有媒体拿出了"铁证"：某"权威"词典[10]P32 明确写有"班配"的词条，释义为"般配"，据此认定"班配"的写法也是正确的。如果当真，那么高考试题，要么算没有答案，要么就有两个答案，这样麻烦就多了，惹事就大了！然而仔细认真地做一番查证与研考，同样会发现，问题又出在词（辞）书的不规范、统一和权威上。一考词义。查《现代汉语词典》[5]P29、《中华汉语规范词典》[14]P17、《现代汉语规范词典》[8]P27、《万用学生词典》[11]P10 和《现代汉语规范词典》[15]P30，它们对"般"和"般配"的释义基本相同，即释"般"（bān）为"种、类、样"和"一样、似的"；释"般配"（bānpèi）为"（方）旧指结亲的双方相称（chèn），也指人的身份跟衣着、住所等相称。"而"班"（bān）的义项有六七个，没有一个是"种、类、样"和"一样、似的"，且无"班配"（bānpèi）的词条。二辨字形。以上所查五种词典都写作"般配"，并且，最后者除了规定"般配"的一种读音和词性、两种含义外，还特别使用小手图方式清楚明白地提醒"不宜写作'班配'"。这些都告诉我们："bān 配"的"bān"是"般"而不是"班"，"bān 配"应写为并只有"般配"，今年的高考参答是标准的。

关于"长"的释义

人教版高中语文（必修）第二册 P115《谏太宗十思疏》开头写道："臣闻求木之长者，必固其根本；欲流之远者，必浚其泉源；思国之安者，必积其德义。"教材 P115 注释："②[长（zhǎng）]生长。"教参 P185 翻译："想要树木生长，一定要稳固它的根；想要泉水流得远，一定要疏通它的源泉；想要国家

安定,一定要厚积道德仁义。"

显然,教材给"长"的释义不妥,因而注音也不妥,因为它是(长〈zhǎng〉得)高的意思,应读为"cháng",即《辞源》[4]P1753 注释的"cháng,物体直径之度"。为什么?因为一,本段话运用三个排比、两个比喻,推出一个事理,具有典型的骈偶特点。三个分句中的词与词之间、句与句之间,构成一一对应、对偶的关系。其中,"求"对应"欲""思",都是动词;"木"对应"流""国",都是名词;而"长"对应"远""安",应该都是形容词,可分别理解为(长得)高、(流得)远、(处于)安(定)。而把它解释为"生长"即为动词,不但有悖于骈偶对应、对偶的基本原则,而且还影响了对整段话原意以及意境的理解。再因二,从树木生长即生(生存、生长)和长(成长、增长)的实际、原理、规律来说,它生存(长)的条件可(有)多可(有)少、要求也可(有)高可(有)低,一般取决于自然(的赐与),但要成长(增长)并且成长(增长)为有用之材、参天大树——(长得)高(大),那就一定需要较多条件、较高要求,如最基本、最关键的"必固其根本"等等。而教参的翻译"想要树木生长,一定要稳固它的根",却疏忽了事物常理,其推论的依据不充分,自然结论就不令人信服了。这同时从逻辑事理上说明了教材注释"[长(zhǎng)]生长"的不妥。当然,尽管《辞源》[4]P1753、《辞海》[6]P75 均有"长,zhǎng,生长、增长"的义项;同时,针对"求木之长者,必固其根本"这句话的"长",《古文观止(白话译注)》(江西人民出版社 1981 年版)P447 注释有"②长,zhǎng",《历代文选(下册)》(中国青年出版社 1979 年版)P1 注释有"①长:成长",甚至《古汉语常用字字典》[16]P26 "长"字条解释并作典例:"长:④ zhǎng〈掌〉。成长,增长。魏征《谏太宗十思疏》:'欲求木之长者,必固其根本。'"但是,我们只要结合原文具体语言环境来理性思考、认真研究一番,不人云亦云,不唯书违心,就会同意笔者上面的分析,确认《谏太宗十思疏》"求木之长者,必固其根本"中的"长",应注释为:"长:cháng,(长〈zhǎng〉得)高。"

"长"的注释牵涉到学术研究问题,存有不妥情亦可原。但人教版高中语文(必修)第六册中的下面两例不当,却令人哑然。

如 P103《屈原列传》:"屈平疾王听之不聪也,谗谄之蔽明也。"教材注释:

"听，名词。聪，明。"将"聪"注为"明"肯定不当，应是眼亮为明，听力好为"聪"，如《孙子·形》"闻雷霆不为聪耳"；听觉灵敏为"聪"，如《礼记》"视不明，听不聪"，韩愈《释言》"听聪而视明"；引申为听得清楚，如《荀子·劝学》"目不两视而明，耳不两听而聪"；比喻能分辨是非，如《史记·屈原贾生列传》"屈平疾王听之不聪也。"（参见《学生古汉语实用词典》[17]P161）《新华词典》[18]P153："聪：①听觉；听觉灵敏。失～｜耳｜～目明。"《现代汉语词典》[10]P210："聪：①（书）听觉：左耳失～。②听觉灵敏：耳～目明。"《汉语大词典》[19]第八卷P695释"聪"为"听觉灵敏，听得清楚"。综上分析，"屈平疾王听之不聪也，谗谄之蔽明也"中之"聪"，应注释为："听觉灵敏，听得清楚，比喻能分辨是非。"

再如 P109《信陵君窃符救赵》"勒兵，下令军中。"教材注释"勒兵"为"检阅军队"。此注不合语境更不当，这里是信陵君凭借朱亥杀死晋鄙，夺取指挥权，控制（统率）、整顿军队。而"检阅"是指首长亲临军队举行检阅仪式。"勒"，本指带嚼子的笼头，引申为控制、约束、治理。查《汉语大词典》[19]第二卷P797，它解释"勒兵"为"治军，操练或指挥军队"。再查《现代汉语词典》[10]P763："勒：④（书）统率：亲勒六军。"《学生古汉语实用词典》[17]P585："勒：⑤统率，率领。《后汉书·光武帝纪上》：'亲勒六军。'"并在"勒兵"条解释："①整顿、检阅军队。《史记·魏公子列传》：'公子遂将晋鄙军，勒兵。下令军中'②率领军队。柳宗元《封建论》：'勒兵而夷之耳。'"综上分析，"勒兵，下令军中"中之"勒兵"，应注释为："控制（统率）、整顿军队。"[20]

审慎的建议

1.教学要灵活。我们的语言文字教学，要走出传统习惯和思维定势的误区。一是不能老是固定程序、单一途径先正音再辨形后释义，而要区分情况有别处理，一般要先释义再正音后辨形、先释义再辨形后正音，或先正音再释义后辨形、先辨形再释义后正音，或先正音再辨形后释义、先辨形再正音后释义，或交错使用、相互印证。在释义、正音和辨形中，释义是关键。道理非常简单，汉语的许多字（词），之所以多音、多形，其根本原因是多义，即它们因为在具体的词语和篇章的语言环境中，具有具体的不同的意义，所以才有不同的读音、不同的字形。是谓据义定音法、据义定形法。二是不要依赖、迷信"资料"——测试卷、考试题和参考书。这些"资料"，规范、权威者极少，仅可作为参考。教师应"运用脑髓"广泛涉猎，"放出眼光"爬罗剔抉，"争做主人"择善而从。"卷""题""书"散发市场、流播公众，错误太多、问题严重，笔者不愿列举，上文姑举两例，也是从要规范、统一、权威的角度而言，对此，教师处理更要灵活。

2. 编撰要规范。教材的编注者和辞书的撰写人，工作：态度要认真负责，作风要严谨务实，求证要小心审慎，转引要有据权威（最好注明出处），时间要充裕从容，水平要不断提高。现今人教版高中语文（必修）教材中的不少注释，是明显不妥和不该的，如注音，《边城》中"喁喁"是形容说话的声音（多用于小声说话），应读 yúyú，不应注为 yóngyóng（第二册 P17〈3〉)；《过秦论》中"崤函"之"崤"属山名，应读 xiáo，不应注为 yáo（第二册 P92〈3〉)；《梦游天姥吟留别》中"惟觉时之枕席"之"觉"，睡醒的意思，应读 jiào，不应注为 jué（第三册 P51〈15〉)；《兰亭集序》中"曾不知老之将至"之"曾"是副词，常与"不"连用，读做 céng 更切，注为 zēng（第二册 P101〈31〉"乃、竟"）欠佳；《逍遥游》"数数然"是拼命追求的样子，应读 shuò，完全不应注为 shuó（第一册 P80〈38〉)，因为辞书上根本就没有这个词的这个音。[21]辞书中，同一本书中居然前后矛盾者有之，而几本书的释义、注音或辨形互相抵牾者则更多。这些可不可以说，或是态度、或是作风、或是求证、或是转引、或是时间，或是水平的问题？当然，还有个学术研究和机构审定的问题。关于研究与审定，笔者认为在教材、辞书未审定出版外，可以"百花齐放、百家争鸣"，而一旦进入教材、辞书并经过审定出版内，对有分歧在争鸣无定论、相兼容能并存可参照等字词的释义、注音、辨形等问题，则似应或回避，或存疑或备目。

3. 审定要严肃。教材、辞书编撰要规范、统一和权威。这项工作，一般人是不能胜任的，前年有媒体报道，湖北某中学的几个语文老师，在很短的时间内，居然编撰出了一本词典，这确实是"编撰"，真是滑天下之大稽！专家编写，也要由学术权威牵头，组织专业功底深厚、编撰经验丰富的学者整合成一个优势互补、阵营强大的班子，在书编撰出来后，还要经国家教育部认可的教材审定委员会或社科院语言研究所和国家语言文字工作委员会进行严格、严谨、严肃的审订和认定，这样才能具有规范性，保障统一性和权威性。时代在前进，社会在进步，语言也在发展，教材的编注、辞书的撰写，应与时俱进，不断吸取生活的营养、融会群众的创造、海纳研究的成果，先兼收并蓄，再去粗取精，后提炼加工，规范、统一为教材、辞书的内容，使之成为真正的权威，这是题中之义、自然之理，毋庸赘言。

[注释及主要参考文献]

[1] 为简洁行文、方便阅读，文中所据辞书大都省略了出处、版本，为有利查证、备于研考，特依次（相同辞书重复者注同一序号）注明。

[2]《汉语成语小词典》（商务印书馆 1972 年版）

[3]《汉语成语词典》（上海教育出版社 1987 年修订版）

[4]《辞源》（商务印书馆 1991 年合订本）

[5]《现代汉语词典》（商务印书馆 1979 年版）

[6]《辞海》（上海辞书出版社 1989 年缩印本）

[7]《汉语成语大词典》（中华书局 2002 年 1 月第 1 版）

[8]《现代汉语规范词典》（延边人民出版社 2002 年 1 月第 1 版）

[9]《新世纪汉语多用词典》（湖南人民出版社 2003 年 6 月第 1 版）

[10]《现代汉语词典》（商务印书馆 2002 年增补本）

[11]《万用学生词典》（四川辞书出版社 2004 年 1 月第 1 版）

[12]《现代汉语成语规范词典》（长春出版社 2002 年 6 月第 1 版）

[13]《现代汉语应用规范手册》（书海出版社、山西教育出版社 2003 年 4 月第 1 版）

[14]《中华汉语规范词典》（延边人民出版社 2000 年 12 月第 1 版）

[15]《现代汉语规范词典》（外语教学与研究出版社、语文出版社 2004 年 1 月第 1 版）

[16]《古汉语常用字字典》（商务印书馆 1981 年版）

[17]《学生古汉语实用词典》（延边人民出版社 1998 年 12 月第 1 版）

[18]《新华词典》（商务印书馆 2001 年修订版）

[19]《汉语大词典》（汉语大词典出版社 1986 年版）

[20] 任建新：《高中语文教材指瑕》（《语文知识》2004 年第 7 期）

[21] 文中所引高中语文（必修）教材的版本分别是：第一册：2000 年 3 月第 2 版；第二册：2003 年 12 月第 1 版；第三册：2000 年 12 月第 2 版；第六册：2002 年 10 月第 1 版。

2004 年 9 月 10 日

注：此文发表于 2005 年第 4 期《当代教育论坛》（下半月刊，国内统一刊号为 CN43-1391/G4、国际标准刊号为 ISSN1671-8305），转载于《教研与实践》第九期（2005 年 10 月）；2007 年荣获中央教科所、中国校长学会颁发的国家级教科成果一等奖。

规范 实用 通俗 臻善

——《现代汉语规范词典》在教学与运用中的实际作用

我是湖南省的一名长期奋战在被语言文字不规范、使用混乱困扰的高中教学一线的语文特级教师。在当时县级新华书店根本就没有、现今仍然还奇缺的情况下，2004 年 9 月出差北京于王府井书店才有幸偶然看到并购得一册李行健先生主编的《现代汉语规范词典》（以下简称为《规范词典》）。据此，这次李行健教授亲自从北京及时邮寄给了我一册今年 5 月出版的修订版即第 2 版《规范词典》（以下简称为新版）。经过反复不断地对多种"权威"辞书的比照甄别，撇开学术研究与讨论的因素，就目前而言，从语文教学与运用的实际层面论，我确认，《规范词典》是一部规范、实用、通俗、臻善的中小学师生必备的好词典。

一、标准规范，减免了师生在教学与考试中的无义争执

按照"中等文化程度的读者"的对象定位，《规范词典》遵循"凡是国家

有关部门有明确规范标准的,则坚决全面贯彻执行"的原则予以编撰,从收词、释义、用例、编排,到对繁体字、异体字、异形词、异读词的处理,对字头的检字归部、分义项给字头和词条标注词性等,都注重规范,其规范性十分鲜明。因其鲜明的规范性而具权威的标准性,大大减免了师生在教学与考试中的无义争执。

关于正音、正形和释义,长期以来,师生们经常因为多种辞书说法不一甚至互相抵牾而又"各据所本"争论不休。我根据教学实践中遇到的这种字词积累,仅"字形",就分门别类归纳梳理了如"按语—案语(前者为《第一批异形词整理表》中的规范标准字形,后者被《规范词典》"提示"为"不要写作",下同)斑驳—班驳 毕恭毕敬—必恭必敬 标志—标识 徜徉—徜佯 搭讪—搭赸、答讪 倒霉—倒楣 跌宕—跌荡 发人深省—发人深醒 耿直—梗直、鲠直 含糊—含胡 含蓄—涵蓄 弘扬—宏扬 宏图—弘图、鸿图 洪福齐天—鸿福齐天 筚路蓝缕同荜路蓝缕/不宜写作荜路蓝缕(前者源于2002年5月修订的第3版《现代汉语词典》〈增补本〉,以下简称为《现汉》;后者源于2004年1月第1版《规范词典》,下同)博闻强识也说博闻强记/一般写作博闻强志(记) 辞令也作词令/不宜写作词令 词典也作辞典/一般写作词典 词藻同辞藻/一般写作词藻 辞章也作词章/一般写作辞章 畜生也作畜牲/一般写作畜生"等100例。"不要写作""不宜写作""一般写作"的"提示",明确表示了《规范词典》"强制性""推荐性""倾向性"标准的规范依据与学术意见。经认真求教各种"权威"辞书,发现《规范词典》真正在"坚决全面贯彻执行"国家的规范标准。它确实是我们师生教学语言文字的可靠依据,因有它而确实减免了师生在教学中的大量的无义争执。(参见拙作《我们该听谁的》,2006年第12月号《湖南教育·语文教师》)

关于大型招生考试解答试题与阅卷评判,因为多种辞书说法不一甚至互相抵牾,而使得领导和相关工作人员或泯灭规范或附和非规范的事,也时有发生。如1999年某省重点中学初中招生语文试卷,因"情不自禁"之"禁"读音的正误之辨,引起了一场一直打到中央语言研究所的"语音官司"。事实上之后出版的《规范词典》的"提示"写得明确:"'禁'这里不读 jìn。"

现在看来这毫无争议，但当时因各种辞书互相"打架"，而最后只好处理为都得分而"泯灭规范，皆大欢喜"。再如 2004 年高考语文全国卷第 2 题 A 项"班配"是否错别字，也引发了一次影响不小的"字形论争"，其中不少人附和非规范。其实《规范词典》除了规定"般配"的一种读音和词性、两个义项外，还特别使用"提示"明确"不宜写作'班配'"，明白地告知："bān 配"的"bān"是"般"而不是"班"，"bān 配"应写为并只有"般配"。高考的参考答案是规范标准的。（参见拙作《辞书、教育文本应规范和统一》,《当代教育论坛》2005 年第 4 期）

教学和考试中，我们当遇到诸如正音、正形和释义等多种辞书说法不一甚至互相抵牾的字词时，有国家规范标准的，翻一翻《规范词典》就有答案了，完全不需浪费时间去进行无义的争执了。

二、体例实用，方便了师生在教学与甄别中的释疑解惑

《规范词典》根据全国各地教学与运用中反映出的学生"容易产生分歧、出现差错和造成不规范的地方"特设了"提示"3800 多条，新版又增加了多音字辨析性"提示"近 400 条、近义词（字）辨析性"提示"1300 多条,使"提示"总量增加到约 5500 条。"提示"的指向是最易用错、用混的音、形、义、用法等，经它一"提示"，就能使人恍然醒悟、疑惑顿释，走上规范的读、写、用之路，它对读者能起到引导、指导和纠谬扶正等作用。正音的如"挟"，有的字典标注是"夹"的异体字，读作 jiā ；而《规范词典》明确指出，统读 xié，不读 xiá 或 jiā。再如"乾":读 gān 时是"干"的繁体字，读 qián 时是规范字。还如"拆烂污":这里的"拆"某些地区读 cā,普通话中读 chāi。另如"哟"《现汉》仍注成"yō"，《规范词典》则与现时的北京话音节同步而注为"yāo"，并"建议写作'呦'，读'yōu'"。正形的如"瞭望"，报刊上常写作"了望"，孰是孰非，众说纷纭。《规范词典》在"瞭"的字条中予以清晰的提示：1964 年公布的《简化字总表》将"瞭"作为"了"的繁体字处理。1986 年重新发表的《简化字总表》规定，"瞭"字读 liǎo（了解）时，仍简化为"了";读 liào（瞭望）时作"瞭"，不简化为"了"。再如"崇":跟"崇（chóng）"不同。"崇"字上

面是"山",下面是"宗"。"祟"字上面是"出",下面是"示"。还如"凹、凸"分别"提示":①统读 āo,不读 wā。统读 tū,不读 tú 或 gǔ。②笔顺具体图示,5 画。正音、正形的如"信而有征":"征"不读 zhèng,也不要误写作"证"。再如"里应外合":lǐyìngwàihé①"应"这里不读 yīng。②"合"不要误写作"和"。正音、辨义的如"干将":gānjiāng 古代宝剑名……gànjiàng 敢干而又能干的人。并分别"提示":跟"干将"(gànjiàng)音义不同;跟"干将"(gānjiāng)音义不同。辨用的如"关于":跟"对于"不同:①表示关联、涉及的事物,用"关于";指出对象,用"对于"。②"关于……"作状语,只能用在主语前;"对于……"作状语,用在主语前后都可以。③用"关于"组成的介词短语可以作文章的标题,用"对于"组成的介词短语则不可以。正音、辨用的如"连":①统读 lián,不读 liān。②"连"侧重相接,"联"侧重相合。"水天相连""连日""连年""连续""连接""株连""牵连"的"连"不能写作"联";"联合""联邦""联欢""对联"的"联"不能写作"连"。正形、辨义与辨用的像"决"与"绝"、"像"与"象"、"必须"与"必需"、"交代"与"交待"、"缴付"与"交付"、"流连"与"留恋"、"以至"与"以致"、"蒸汽"与"蒸气"、"作"与"做"等,不胜枚举。这些精当的"提示",其指向明确,针对性、指导性、纠错性都很强。另新版如"稀薄"与"稀疏",在"稀疏"条增补:跟"稀薄"不同。"稀疏"侧重间隔大;"稀薄"侧重含量少,浓度低。再如新增的"壮别"与"壮行",在"壮别"条中有:跟"壮行"不同。"壮别"多用于生离死别,多用于远行的人,可带宾语。"壮行"①跟"壮别"无意义联系;"壮行"。②多不用于生离死别,多用于为远行者送行,不带宾语。这些充分体现人文关怀的"提示",起到了正音、正形、辨义、辨用以及其他种种纠谬扶正的作用,大大方便了师生在教学与甄别中的释疑解惑。

《规范词典》字头的义项按词义引申脉络排列,为 80000 多个字、词,依据义项分别按名词、动词、形容词、数词、量词、代词、副词、介词、连词、助词、叹词、拟声词等 12 个类别,全都标注了词性。如"常":①名〈文〉纲纪,社会的秩序和国家的法纪。→②名〈文〉规律。⇒③形 普通;一般;平常。④名 普通的事。⇒⑤形经久不变的。⑥副时常;经常。现在的中小学,多年来受片面的应试教育和淡化的语法教学的影响，不少师生在字词句知识教学、各种阅读理解中简单、必需的词义源流、词类划分与语用功能等常识十分缺乏。所以按引申脉络排列义项，使词义系统有序，方便了师生从发展脉络中提纲挈领、以简驭繁地学习和掌握词义；分义项标注词性，展现词义的多元化，方便了师生从词义、语用的角度学习和掌握基础的语法知识，学会根据语境来确定词义与词性的方法，并运用这些知识和方法去指导自己阅读理解与造句为文的教学实践。这些对师生的教学与甄别、释疑解惑，都具有很强的针对性、指导性和极大的实用价值。

《规范词典》还根据语言在不断快速发展，师生在教学与运用中经常遇到新词语、新义项而无法找到正音、正形、辨义、辨用等的依据和规范的实际情况和需求，收列了将近4000条新词语、新义项。如收录了"拜拜（bye-bye）""扮酷""混双""界面""克隆""理念""情商""塞车""下载""安全套""色拉油""外星人""超平彩电""吃拿卡要""卡拉OK""绿色通道""蓝牙技术""网络经济""磁悬浮列车""非典型肺炎""可持续发展""可再生资源"等新词汇，给"下课"（"体育运动中指教练被撤换；也泛指下台"）、"下网"（"在互联网上完成信息检索、资料查询后，使计算机退出互联网"）、"桌面"（"比喻电子计算机屏幕上为操作者展示基本操作系统的窗口"）等词赋予了新义项。新版又增收了"零和""减排""软实力""低碳经济""和谐社会""生态文明""行为科学"等大量新词语、新义项2600余条，涵盖了政治、经济、文化、科技、互联网等各个方面。收词具有的鲜明的时代性，满足了师生在教学中的实用需求，方便了师生在教学与甄别中的释疑解惑。

词典主要是给师生等读者教学与运用使用的，必须有用、好用即实用，《规范词典》达到了这一目的和要求。

三、释注通俗，降低了师生在教学与释记中的掌握难度

《规范词典》的编撰者为了降低师生在教学与释记中的掌握难度，主要使用规范的现代汉语书面语等释注词语，消除了用半文言作注、同义词互训和递训的弊端，因而其释义、释文和释例通俗易懂。

它的释义准确周密好理解。如"裁判",有的释作"法院依据法律,对案件做出的决定,分为判决和裁定两种"。有的释作"双方发生争议时,由法院或由双方同意的第三者加以裁定判决"。仅把"裁判"当作法律专业用语来释注或有法律专用语的痕迹。《规范词典》则释作:指双方发生争议时由第三方作出评判。这就揭示了"裁判"这个语文语词本身内涵的实质,准确、精当。像"天"明确"宗教或神话中指神、佛、仙人居住的地方","霸王"点明"西楚霸王","作秀"指出英语 show 是"秀"的音译,"过问"释出"干预"义,"揭"首项标出"高举"义,"攥"区别于"握"释为"紧握"义,"空穴来风"厘清了"原比喻出现的传言都有一定原因或根据;现指传言没有根据"的史时义,"隐君子""瘾君子"规范了它们"隐士""指吸烟或吸毒成瘾的人"的所属义。这些都是准确、精当的典例。再如"财产",有的释作"指拥有的金钱、物资、房屋、土地等物质财富"。有的释作"属于国家、集体或个人所有的物资、钱财、房屋等"。都只局限于物质财富方面的释注。《规范词典》则释作:国家、集体或个人拥有的金钱、物质、财富和民事权利及义务的总和,包括有形财产(如金钱、房屋、土地)和无形财产(如知识产权)。明确了"财产"包括有形的和无形的两种,周密、独到。它的释文简洁明了好记忆。如把"残毒"释作"残留的有毒物质","惨无人道"释作"极其凶残,毫无人性",分别比释作"果实、蔬菜、谷物、牧草等里面残存的有毒农药或其他污染物质;动物吃了含毒植物后残存在肉、乳、蛋里面的有毒农药或其他污染物质","残酷到了没有一点人性的地步。形容凶恶残暴到了极点",都简洁明了。再如把"癌变"释作"机体的正常细胞在致癌因素的作用下转化成为癌细胞","差"释作"分派;打发","怜"释作"对遭遇不幸的人表示同情","柢"释作"树的主根;泛指树根","呕吐"释作"胃里的食物等不由自主地从口腔涌出","情话"释作"表达爱情的话","洗澡"释作"用水清洗身体",也都简洁明了,极好记忆。它的释例贴近生活,通俗易懂,既好理解又好记忆。如"抱佛脚":比喻平时不作准备,事到临头才慌忙应付。▷平时不用功学习,临考时～,晚啦!"长城":比喻坚不可摧的力量或不可逾越的屏障。▷把我们的血肉筑成我们新的～。再如"长此以往":长期这样下去(多用于不好的情况)。▷生活没有规律,～,必然有损于健康。"雕饰"：刻意地修饰。▷道理讲明白就可以，文字上不必过多地～。"靓丽"：某些地区指美丽；漂亮（多用于年轻女性）。▷能歌善舞，～俊美。

《规范词典》还为了防止读者可能出现的误读，在必要的地方使用拼音夹注。如"馋鬼"：指嘴馋好（hào）吃的人。再如"同伴"：同行（xíng）或同在一起学习、工作、生活的人。还如"琢磨"的"提示"：跟"琢磨（zuó-mo）"不同。"琢（zhuó）磨"是雕琢、打磨、反复加工的意思；"琢（zuó）磨"是反复思索的意思。夹注既规范了字词的读音，又满足了读者的实用需求，同样体现了通俗易懂的特色。

四、修订臻善，增强了师生在教学与使用中的自信自觉

《规范词典》主编李行健先生及其编撰团队，为了使新版锦上添花，臻于完善，爬罗剔抉，从善如流，刮垢磨光，精雕细琢，又花六年多时间，对包括附录在内的各个方面进行了全面系统的审改修订，使全书质量又上了一个新台阶，极大地增强了师生在教学与使用中的自信自觉。

新版进一步"坚决全面贯彻执行"国家规范标准，对词典的字头排序和部首检字逐一进行了审定，更正了十来个词的词类标注（如"一"保留了作数词、副词，删除了作形容词、代词的标注等），使表示事物特征和分类的"区别词"成为了独立的词类，修订了附件设置，还新增了大量新词语、新义项和365幅彩色插图，等等。

释注是词典的灵魂和生命线，因此新版以此为重点，调整了个别义项的源流顺序，增改了大量"提示"，增删、修改了不少词条的释义、释文和释例，强化了全书的创新亮点与规范性、实用性、通俗性，使之更上一层楼。如对"蓬筚生辉"的释注：使简陋的房屋增添光辉（蓬筚：蓬门筚户的缩略）。用来称谢宾客来访或题赠书画等。也说蓬筚增辉。"提示"：①"筚"不要误写作"壁"。②参见69页"荜1"。它调正了"蓬筚生辉"与"蓬筚增辉"的源流顺序，将原版"'蓬'不要误写作'篷'"的一个"提示"换成了现在的两个"提示"，不仅体现了编撰者尊重源流、严谨治学的科学精神，而且反映了编撰者针对实际、方便师生的关爱态度。再如把"赢""提示"②"跟'赢（yíng）'不同。

中间是'羊',不是'贝'"修改为"跟'赢''嬴'不同,'嬴'下边中间是'羊',不是'贝''女'",其中增"下边"一词、比较对象"赢"一个、删"yíng"一注,改("。"为)","一个,更准确、科学,更具辨析性、纠错性。还如对"溶化"的释注:①(固体)溶解在液体里。②见1114页"融化"。现在一般写作"融化"。"提示":跟"融化""熔化"使用对象不同。"溶化"指固体在液体中溶解;"融化"指冰雪受热化成液体;"熔化"指金属、石蜡等固体受热而暂时成液体状态或胶体状态。编撰者由"溶化"通过"提示"而把"融化""熔化"三个词的用法严格区分开来,凸显其细微差别,对指导师生正确使用起到了互相参照、润物无声的作用。特别是包括"蓬筚生辉"在内,编撰艰辛,都增加了参见字、词条具体页码的标注;读者实惠,十分方便了查找、核验与对比。再还如对"毕竟、究竟"两词的释注:"毕竟"bì jìng 副 终归;到底。▷不要苛责,他~是个孩子|虽然有些不情愿,他~还是去了。"提示":参见707页"究竟"的提示。"究竟"jiūjìng①名 原委;结果。②副 用于疑问句,表示追究,相当于"到底"。③副 归根结底;毕竟。"提示":跟"毕竟"不同。"究竟"可用于疑问(句末漏掉了一个"句"字,见707页,作者注),有名词用法;"毕竟"不能用于疑问句,没有名词用法。编撰者除了运用注拼音、标词性、释义项、引例句、作提示等手段,把"毕竟、究竟"两词释注得准确、精当又全面,匡正了《现汉》(第5版)"'毕竟':副 表示追根究底所得的结论"中"注释为副词,解释成名词"的误注误导,解除了师生的疑问困惑外,还把原版"毕竟""提示"中的"跟'究竟'不同。'究竟'可用于疑问句,有名词用法。如'问个究竟'"全部删除,换成"参见707页'究竟'的提示",既简洁明了又节约了篇幅。而对"打"的义项归纳、释例排列与增删的审改,则大大提高了它相对于以前别的词典十几个、二十几个甚至三十几个义项归纳的概括性,相对于原版的准确性与科学性。它保留了原版的第①、②个义项,把第③个义项修订为"与某些动词或形容词性成分结合,构成复合词",并相应修订了该义项属下的三个小义项的相关部分:"a)与及物动词性成分结合……","b)与不及物动词性成分结合……","c)与形容词性成分结合……"。还调正了释例"拍~""~柱"的先后顺序;依次删除了释例"~隔断""~旗子""~电报""听人讲话别~岔""太阳已经~斜",

最后增加了释例"花～蔫了"。增加义项和词性的有："笑"增加了一个义项"④名 姓"。"谬传"增加了一个义项和词性"②动 荒谬地流传。▷村里一直～这件坏事"。新版为保证义项释注与所举释例的内容、词性的一致性与和谐性，也做了精心的修订。如删除了原版"根据""②动 以某一事实或理论为依据"的一个释例，改另一释例"～量入为出的原则安排生活"为"安排生活要～量入为出的原则"。至于对词义释注的修订，更是精益求精，力臻完善。如"暴利"：原版释注为"生产经营者通过不正当价格行为获得的巨额利润"，该释注对行为实施者、手段内涵与外延、语文语词本质特征的表述，都有违事实很不准确，所以新版修订为"在短时间内非法获得的巨额利润"。最具实用价值的是，既修订了义项的释义、释文和释例，同时新增了近义词等辨析性"提示"。如"扣压"：动 截留搁置。▷群众来信不得～。"提示"：跟"扣押"不同。"扣压"一般作普通语文词使用，其对象多指物品。"扣押"一般用于跟司法有关的行为，其对象可以是人，也可以是物，多含强制意。再如"美丽"：形 好看；能给人美感的。▷让青春更～。"提示"：①参见本页"美观"的提示。②参见730页"俊俏"的提示。"美观"：跟"美丽"不同。"美观"多用于形容物品或动作、姿势等；"美丽"既可形容物品，也可形容人。"俊俏"：跟"美丽"不同。"俊俏"多形容年轻女子容貌；"美丽"适用范围较大，除形容年轻女子容貌外，还可以形容物品以及景物等。这几个词语的修订与"提示"，比原版更准确周密、简洁明了、通俗易懂。

原子钟都有百万年之一秒的误差，任何词典也不可能做到百分之百的准确，更何况开先河、创新意的《规范词典》。因此新版也还有可商榷和修订的地方。如原版将"精妙、精巧"都释注为"精致巧妙"，给人等义词的错觉；新版又误抓两个合成词中的相同语素"精"字，把它们分别修订为"精致巧妙"和"精细巧妙"，意为前者侧重"精致"，后者强调"精细"。实际上，释注同义词、近义词最关键的不是抓相同语素而要抓相异语素的辨析区分，像"精妙、精巧"的细微差别就在"妙"和"巧"字上，所以"精妙"释为"精致美妙"、"精巧"释为"精致灵巧"，更能反映它们在意义上的本质区别。尽管白璧微瑕，但瑕不掩瑜，原子钟就是原子钟，《规范词典》就是《规范词典》，这些瑕疵无法动摇它作为辞书大家庭中一精品、百花艳园里一奇葩的新世纪扛鼎力作的规范地位，也不能改变李行健主编及其编撰团队规范化建设之精英、标准化创新之人杰求真务实、开拓精进的楷模形象。

总括起来，《规范词典》在教学与运用中的确具有极大的实际作用，的确是一部规范、实用、通俗、臻善的中小学师生必备的好词典。

语言文字的规范化、标准化是语言文字工作的根本任务，也是提高全民族文化素质、建设社会主义精神文明的基础工程之一，所以，我最后建议：

1.为了方便读者的阅读与使用、社会语言文字使用的规范与统一，《规范词典》可分两个版本六年修订一次，其中一个以新版规模为收字标准，以"中等文化程度的读者"为服务对象；一个以国家语工委确定的《通用规范汉字表》中"使用频度最高"的一级字即常用字 3500 个为收字标准，专供中小学学生学习使用。其他有国家有关部门规范标准的，坚决全面贯彻执行并"附录"上全部语文文件与资料的具体内容（遗憾的是新版反而只保留了《第一批异形词整理表》的目录而删除了它的具体内容），以供读者查找核对；没规范标准而有基本共识的，从语言事实出发，按约定俗成的原则处理，促成规范标准的制定，以使读者心中有数；没规范标准又暂时难以形成共识的，使用指向"提示"，提醒读者慎重甄别与选用。同时，为使《规范词典》更规范、实用、通俗、臻善，更具指导性、针对性，修订时可吸收少量一线有造诣的语文教学工作者参与。为此，要建立常设精干机构，搜集要素信息，联络骨干成员，协调各种关系，处理日常事务，以备修订之需。

2.按照"政府引导、学者自律、市场选择"的原则，敦促某些省、自治区、直辖市教育机构，摒弃门户之见，废除"以《××词典》为高考考试命题的工具书"的规定，明确统一为国家规范标准。

2010 年 8 月 6 日

注：

此文是本人 8 月 26 日至 28 日，以高中语文特级教师、基层语言专家的身份被邀请至北京参加国家语委、外语教学与研究出版社主办的《现代汉语规范词典》（第

2版）出版座谈会时所作的专题发言稿，发表于9月1日的"外研汉语网"。

这次座谈会，教育部、国家语委、国家新闻出版总署的有关领导以及来自北京大学、中国社会科学院、教育部语言文字应用研究所等教学科研机构的语言学家、辞书学家、语文教研专家60余人出席。

参加本次座谈会感慨颇多：一是问题即课题。二是研究贵实用。三是功夫在平时。本人这次被邀参加座谈会并作专题发言，主要是因为《规范词典》的主编李行健先生及其编撰团队的主要成员，陆续在重要杂志和主流网站上看到了笔者日常针对语文辞书、教材客观存在的问题，加以求实严谨的研究，发表的对辞书、教材语言文字应用不规范的批评论文，如《辞书、教育文本应规范和统一》（《当代教育论坛》2005年第4期）、《我们该听谁的——从湖南高考语文字形的规定说起》（《湖南教育·语文教师》2006年第12号）、《规范社会语言应用，应从规范"样本"开始》（《现代语文·语言研究》2007年第3期）等；关于语言文字教学、应用研究的学术论文，如《"词序颠倒"摭说》（《现代语文·语言研究》2007年第7期）、《例说基于积累迁移的文言实词词义推断的方法》（《现代语文·教学研究》2008年第1期）等，因而他们不断与笔者手机短信或电子邮件或纸质书信、资料进行联系与交流，联系中互识，交流中相知。可遇不可期啊。

教材选文、注释等应规范、严谨、权威

——与人教版新课改高中教材编者商榷

教材是学生学习的蓝本，借鉴的范本；是师生教学、考试的基础和依据。因此，教材的选文应该规范，课文的注释应该严谨，配套读物语言文字等的应用应该规范、严谨，由规范、严谨的上面三大部分完美融合而成的教材才会权威。在这方面，人民教育出版社编写的教材，历来为人称道，被誉为精品、珍品。但正像任何事物不可能十全十美一样，人教版教材也时有一些瑕疵，特别是新课改高中教材因为选编的不少课文新、编写的时间相对紧等原因而更有一些不尽如人意的地方。本人下面仅从自己目前教学使用的版本中提举一些问题

试谈一些看法，希望与人教社编写组的老师商榷，并能得到教正。

一、教材选文语言文字等的应用，有一些不规范

1. 人教版高中教科书选修《外国小说欣赏》[1]第50页中的《娜塔莎》（［俄］列夫·托尔斯泰）有这样一段描写："梳装完毕后，娜塔莎穿着从下边露出舞鞋的短裙，披着母亲的短宽服，跑到索尼亚面前，看了她一下，然后跑到母亲面前去了。"关于"梳装"一词，《现代汉语词典》（第5版，以下简称《现汉》）第1264页和《现代汉语规范词典》（第2版，以下简称《规范》）第1219页都是［梳妆］——梳洗打扮之意，后者还提示"不宜写作'梳装'"。两词典都无"梳装"的词条。

2. 选修《外国小说欣赏》第58页《素芭》（［印度］泰戈尔）中的"流言飞语"应写作"流言蜚语"。《规范》第847页［流言飞语］提示：现在一般写作"流言蜚语"。选修《外国小说欣赏》第66页《清兵卫与葫芦》（［日］志贺直哉）中的"磨擦"应写作"摩擦"。《规范》第927页［摩擦］提示：不要写作"磨擦"。而《现汉》第876页［流言］条中的举例"流言飞语"和第961页"［摩擦］（磨擦）"都是不规范的。

3. 人教版高中教科书必修3[2]第44页《李商隐诗两首》"研讨与练习"第一题题目"给人以丰富的想像空间"和必修4[3]第33页第二单元阅读提示"运用联想和想像"中的两个"想像"都应为"想象"。《规范》第1436页［想像］现在一般写作"想象"，还提示：全国科学技术名词审定委员会和国家语言文字工作委员会已确定"想象"为推荐词。而《现汉》第1489页［想像］同"想象"和［想像力］同"想象力"，都是不规范的。人教版新课改高中教材的编者已在自觉地统一应用规范词语"想象"。

4. 必修2[4]第30页《兰亭集序》（王羲之）：古人云："死生亦大矣"，岂不痛哉！应改为：古人云："死生亦大矣。"岂不痛哉！或：古人云"死生亦大矣"，岂不痛哉！选修《中国文化经典研读》[5]第67页《天工开物·治铁》（宋应星）：谚云："万器以钳为祖"，非无稽之说也。也应改为：谚云："万器以钳为祖。"非无稽之说也。或：谚云"万器以钳为祖"，非无稽之说也。同类标点

用法规范的是选修《中国古代诗歌散文欣赏》[6]第86页《六国论》（苏洵）中的下一句话：古人云："以地事秦，犹抱薪救火，薪不尽火不灭。"此言得之。必修5[7]《说"木叶"》堪为规范标本。

5. 必修5第14页《边城》（沈从文）："大约上午十一点钟左右，全茶峒人就吃了午饭，把饭吃过后，在城里住家的，莫不倒锁了门，全家出城到河边看划船。""大约……左右"与"吃了午饭，把饭吃过后"都语义重复。

6. 选修《外国小说欣赏》第66页《清兵卫与葫芦》（[日] 志贺直哉）："于是这个一心热衷的葫芦，终于被当场没收，清兵卫连哭也没有哭一声。""一心热衷的葫芦"修饰不当，应改为"被清兵卫一心热衷的葫芦"。

7. 选修《外国小说欣赏》第55页《素芭》（[印度] 泰戈尔）："她母亲把她视为自身的一个残疾，如果与男孩相比较而言，母亲更把女儿视为自身的一部分。"此句的前一分句因成分残缺而造成不合逻辑，应改为：她母亲把她（指素芭）的不能说话视为自身的一个残疾。

8. 必修5第62页《作为生物的社会》（[美] 刘易斯·托马斯）："然而，我们也许是被联在一些电路里，以便处理、贮存、取出信息，因为这似乎是所有人类事务中最基本、最普遍的活动。"句中"处理、贮存、取出信息"因词序不当而造成不合逻辑，应改为：贮存、处理、取出信息。

9. 选修《外国小说欣赏》第13页《炮兽》（[法] 雨果）："这个庞然大物仿佛禀赋着闻所未闻的无所不在的力量，同时向四面八方撞击。""禀赋"是指人先天具有的生理上或心理上的素质，名词，不能带宾语。

10. 必修5第55页《中国建筑的特征》（梁思成）："3500年来，中国世世代代的劳动人民发展了这个体系的特长，不断地在技术上和艺术上把它提高，达到了高度水平，取得了辉煌成就。"第58页："在中国，则因很早就创造了先进的科学的梁架结构法，把它发展到高度的艺术和技术水平。"这两句都修饰不当："高度水平"中的"高度"是副词，"水平"是名词。第57页："这证明屋顶不但是几千年来广大人民所喜闻乐见的，并且是我们民族所最骄傲的成就。"后一句中"所"字赘余，"所最骄傲的成就"成分残缺，应改为"并且是我们民族最值得骄傲的成就"。第58页："也如同做文章一样，在文法的拘束性之下，仍可以有许多体裁，有多样性的创作，如文章之诗、词、歌、赋、论著、散文、小说，等等。"句中"诗、词、歌、赋、论著、散文、小说"并列不当。

第55页："中国的建筑体系是在世界各民族数千年文化史中一个独特的建筑体系。它是中华民族数千年来世代经验的累积所创造的。"前一句词序不当，介词短语"在世界各民族数千年文化史中"在句中作状语，应放在谓语动词"是"的前面。后一句的主语是"它"即"中国的建筑体系"，宾语是"累积所创造的"。既然是"世代经验的累积"，就不能算"创造"，因此应改为：它是由中华民族世代经验的累积而形成的。

二、课文对字、词、句等的注释，有一些不严谨

1. 选修《中国古代诗歌散文欣赏》第94页《文与可画筼筜谷偃竹记》（苏轼）注释⑱ [轮扁（piān），斫（zhuó）轮者也] "轮扁（piān）"注音无据，"扁"应读"biǎn"。《辞海》（上海辞书出版社，1989年版，下同）第1778页［扁］① biǎn "匾"的本字；面阔而体薄，如扁平、压扁。② biàn 通"遍"。③ piān 小舟。苏东坡《赤壁赋》："驾一叶之扁舟，举匏樽以相属。"《规范》第76页［扁］biǎn ①形容词。②姓。并提示：读 piān，只用于"扁舟"。由上两典得知：当"扁"被释为"小舟"时才读为"piān"。正因如此，《辞海》第1513页有"轮扁"的专词注释"春秋时齐国有名的车匠，名扁"，却无"扁"的特殊注音。

2. 必修2第33页《赤壁赋》（苏轼）注释⑲ [狼籍] 凌乱，也写做"狼藉"。此注连同《现汉》第813页"'狼藉'（狼籍）"都是不规范的。《规范》第50页［杯盘狼藉］提示："藉"这里不读 jiè，也不要误写作"籍"。为了规范用字和减轻记忆负担，借鉴不少文言篇目根据规范要求对原文字词予以变通的做法，应把"籍"字换成"藉"字。

3. 必修3第49页《劝学》（《荀子》）注释⑪ [用心一也]（这是）用心专一（的缘故）啊。显然，此注未把关键点"用心"注释到位。其实，"用心"就是"因为心思"的意思，"用"是"因为"的意思。如果把"用心一也"注释为"（这是）因为心思专一啊"，那么同理可以推出"用心躁也"是"（这是）因为心思浮躁啊"的意思。

4. 必修5《陈情表》（李密）第36页注释⑮［外无期（jī）功强近之亲］……期，穿一周年孝服的人。功，穿大功服（九个月）、小功服（五个月）的亲族。这都指关系比较近的亲属。这个注释是错误的。旧时丧服制度，以亲疏为差等，有斩衰、齐衰（zīcuī）、大功、小功、缌（sī）麻五种名称，统称五服。（《辞源》，商务印书馆，1991年版，下同。第0073页［五服］③）"期"是"期服"的简称，丧服名，即齐衰为期一年之服。凡为长辈如祖父母、伯叔父母、在室姑等，平辈如兄弟、姐妹、妻，小辈如侄、嫡孙等丧，均服之。又子之丧，其父反服，亦为期服。此外如已嫁之女为祖父母、父母服丧，亦为期服。（《辞海》第1713页［期（jī）服］）"功"是大功服与小功服的统称，是丧服名。（《辞海》第580页［功服］）因此，"期功"并不是指"人"或"亲族"、"亲属"，它和后面的"之亲"连在一起才表示"……的人"或"……的亲族（亲属）"。所以此注应改为：期，穿一周年孝服。功，穿大功服（九个月）、小功服（五个月）。

5. 必修2第29页《兰亭集序》（王羲之）注释㉓［因寄所托，放浪形骸之外］就着自己所爱好的事物，寄托自己的情怀，不受约束，自由放纵地生活……形骸，身体、形体。联系"因寄所托"和"放纵"，此处"形骸"应指情感、思想、精神之类的东西，故应注释为引申义：情感、思想、精神等。现代汉语的意思才一般是"躯壳、形体"。

6. 必修5第43页《咬文嚼字》（朱光潜）注释⑥［付梓］古时用木板印刷，在木板上刻字叫梓，因此把稿件交付刊印叫付梓。《古汉语常用字字典》（长春出版社，2009年版）第137页［付梓］把稿件交付刻板、印刷。《辞海》第1475页［梓］③雕制印书的木板。引申为印刷，如付梓。《规范》第410页［付梓］书稿付印。古时雕刻印书常用梓木，故称。《现汉》第426页［付梓］古时刻板印书以梓木为上等用料，因此把稿件交付刊印叫付梓。由上四典的注释推断，"梓"应注释为"古时用来雕刻印书的梓木板"。故此课文"付梓"注释中"在木板上刻字叫梓"是不妥当的。同理，流传于网上的《百度词典》《百度百科》中的"梓：刻板"也是不妥当的。

7. 必修5第33页《庄子·逍遥游》注释⑫［抟扶摇而上者九万里］抟，环绕着往上飞。此注大概源于王力先生主编的《古代汉语·北冥有鱼》："搏，指环绕着飞向上空。扶摇，旋风。"查：朱东润先生主编的《中国历代文学作品选》（1979年7月第1版）上编第1册第189页《逍遥游》注释⑩［抟（tuán）］一作"搏"，作拍、附解。"搏"不作"环绕着飞向上空"解释。《辞源》第0706页［抟（搏）］tuán①环绕，盘旋。《逍遥游》："鹏之徙于南冥也，水击三千里，抟扶摇而上者九万里。"②捏之成团。③圜。④抟，凭借。《辞海》第758页［抟（搏）］（1）tuán①把散碎的东西捏聚成团。②环绕；盘旋。（2）zhuān同"专"。其中，"抟"根本就没有"环绕着飞向上空"的义项。其实，富金壁先生早就明确指出："'抟'并无'环绕着飞向上空'的意思，况且，这样解释，'抟'与'扶摇'语义无法关联，也与'而上'语义重复。"因此，"抟"仅注为"环绕"即可。

8. 选修《中国古代诗歌散文欣赏》第28页第二单元"自主赏析"《夜归鹿门歌》（孟浩然）"探究·讨论"第二大题第2小题："'惟有幽人自来去'一句体现了诗人怎样的一种心境？试结合必修5中学过的闻一多的《孟浩然》一文，谈谈你对'诗如其人'这一评价的理解。"题中后一问提到的闻一多的《孟浩然》一文，根本就没有编入必修5中，你让学生如何去"谈谈"？这就不单单是不严谨的问题了。

三、如何对待、处理教材选文、课文注释等存在的问题

对于读者的批评，编者要关注"百家争鸣"，抱持"有则改之，无则加勉"的态度。如果选文、注释等确实不妥、不当甚至错误，则应迅即纠正，凸显大家风范。如上文提举的一些问题与看法，是否该引起重视、组织研究？批评见仁见智，可以讨论甚至争辩，能够达成一致当然更好，不能形成共识可以存疑。

对不当的批评，可及时沟通，科学疏导，不为舆论所左右。如：必修2第4页《荷塘月色》（朱自清）注释⑨［妖童媛（yuán）女，荡舟心许］艳丽的少男和美貌的少女，摇着小船互相默默地传情。媛：美好的。有人批评注释编者，说如果把"媛"解释为形容词"美好的"，那么，"媛"就应读为：yuàn。其实，这个批评倒是错误的。查：《规范》第1623页［媛］yuán①见139页"婵（chán）媛"。

（第139页［婵媛］chán yuán〈文〉①形容情思缠绵的样子。②形容枝条相连的样子。③婵娟即姿态美好。）②名词。姓。第1625页［媛］yuàn名词。（文）美女。如：名～淑女。提示：这个意义不读yuán。再查：《现汉》第1678页［媛］见147页"婵媛"。（第147页［婵媛］chán yuán〈书〉①形容词，婵娟即姿态美好。②动词，牵连；相连：垂条～。）第1681页［媛］yuàn（书）美女。由上可知："媛"作形容词、姓氏名词和动词时读yuán，作名词如美女时读yuàn。像这样完全正确的注释，绝然不能更改。

只有读者和编者良性互动、共同努力，教材的选文、课文的注释等才会规范、严谨和权威。

［注释及主要参考文献］

[1]《外国小说欣赏（选修）》（人民教育出版社2007年2月第2版）

[2]《普通高中课程标准实验教科书·语文（必修3）》（人民教育出版社2007年3月第2版）

[3][4][7]《普通高中课程标准实验教科书·语文（必修4）（必修2）（必修5）》（人民教育出版社2006年11月第2版）

[5]《中国文化经典研读（选修）》（人民教育出版社2006年10月第1版）

[6]《中国古代诗歌散文欣赏（选修）》（人民教育出版社2006年11月第2版）

2011年9月4日

注：

①此文发表于2011年第22期《现代语文》八月上旬刊《学术综合》（国内统一刊号为CN37-1333／G4、国际标准刊号为ISSN 1008-8024）。

②《现代语文》执行主编桑哲教授收到稿件后、教师节前9月9日16:54电邮问候：

陈老师好，大作收到，拜读，谢谢您的关注与支持，我拟安排刊发。在一线教书，能这么认真地搞科研，是名副其实的教育家，而非教书匠啊！如您的特级教师，是大家希望的，是能作为同行的引路人、导师的。祝节日快乐，身体健康！

③发表此文的同期《现代语文》封二"杏坛学人风采"以彩照配文字的形式把本人置于首位向全国予以重点推介。

④此文还发表于2011年第12期《语文世界·教师之窗》（国内统一刊号为CN11-3388／H、国际标准刊号为ISSN 1005-3778）。

⑤在2012年12月中国教育改革研究会、中国教育改革论丛编委会举办的"2012年度全国教育改革优秀教学论文大赛暨全国教育改革优秀教师评选"活动中，此文荣获一等奖（编号为17139777768），本人荣获"优秀教师"称号。

规范社会语言应用
应从规范"样本"开始

中新社北京二月三日网上报道：据不完全统计，我国现时报纸的语言逻辑错误，平均每种四十六个，每版五点八个。中国编辑学会会长桂晓风称问题的严峻性到了"令人瞠目结舌、不可容忍的程度，说是新中国成立以来最为严重的阶段，恐怕也不为过"。事实上现今社会语言的应用，确实严重不规范。

我这里不说纸质报刊，更不说电子传媒，单说作为"学习语文的样本"（叶圣陶语）的现行人教版高中语文教材的课文，尽管它既重视内容的科学性与艺术性，又突出语文学科的人文性与工具性，受到社会的较高评价，但在语言应用的方面，同样存在诸多不规范的地方。下面主要从三个方面仅举二十个错误明显的例子（涉及六册教材，十五篇课文），来说明问题存在的严峻性。

一、词序不当

1. 因此提到了死去了的翠翠的母亲。（第二册P18～19沈从文《边城》）此句有歧义，可以有两个不同的理解：一是死去的人是翠翠的母亲，二是死去的人是翠翠。根据文中所写，死去的人应是翠翠的母亲。应改为："因此提到了翠翠的死去了的母亲。"

2. 面刺错误，指陈弊病，不仅言者无罪，反而重赏。（原第三册P39臧克家《纳谏与止谤》）"反而重赏"缺少主语。若承前省略了，前后分句的主语相同，则关联词"不仅"必须放在主语"言者"后，且"言者"也不是"重赏"的施动者。"不仅言者无罪，反而重赏"，应改为"言者不仅无罪，反而该受重赏"。

3. 联语的对仗既工稳，造意又豪迈，用之于理发师，更是想象诡奇，出于意表，妙不可言。（第二册 P52 何满子《剃光头发微》）关联词语"既"的位置不当，应改为"联语既对仗工稳，又造意豪迈……"

4. 她来找我又不想让我发觉，只要见我还好好地在这园子里，她就悄悄转身回去，我看见过几次她的背影。（第一册 P42 史铁生《我与地坛》）"看见过"后带补语"几次"是可以的，再带上宾语"她的背影"就不顺当了。应将"几次"移到"看见过"之前。

5. 一个人夹在苏州上海杭州，或厦门香港广州的市民之间，混混沌沌地过去，只能感到一点点清凉，秋的味，秋的色，秋的意境与姿态，总看不饱，尝不透，赏玩不到十足。（第三册 P50 郁达夫《故都的秋》）"尝"的是"味"，"看"的是"色"。为既能符合先"看"后"品"的一般习惯，又使前后内容对应一致，应将其改为："秋的色，秋的味，秋的意境与姿态，总看不饱，尝不透，赏玩不到十足。"

6. 孤寂的海上的灯塔挽救了许多船只的沉没。（第三册 P82 巴金《灯》）"挽救"的意思是"从危险中救回来"，其对象自然是人、事、物之类。"沉没"不是挽救的对象，应改为："孤寂的海上的灯塔挽救了许多险些沉没的船只。"

二、语义重复

7. 有多少喧闹而美丽的鸟儿路过这儿，在河边栖息和休憩。（第一册 P53 乔治·桑《冬天之美》）栖息：停留，休息（多指鸟类）。休憩：休息。显而易见，"和休憩"三字应删去，或将"栖息"改为"栖身"。

8. 北京城内的大茶馆已先后相继关了门。（第四册 P90 老舍《茶馆》第二幕）"先后"与"相继"，应删掉一个。

9. 我却不期而遇地晤见了鲁迅先生。（第一册 P42 唐弢《琐忆》）"不期而遇"与"晤见"不应连用，应改为"我却与鲁迅先生不期而遇了"。

10. 他又叹了一口气,想动身凯旋回府。(第四册 P24 高晓声《陈奂生上城》)"旋":回来。"凯旋"与"回府"只能保留一个。可改为"想动身打道回府"。

11. 现在许多国家的罪犯也剃光头,但那并非是刑罚,恐怕多半出于习惯……(第二册 P53 何满子《剃光头发微》)"非"就是"不是","并非"之后再用"是"不妥。

12. 秋蝉的衰弱的残声,更是北国的特产;因为北平处处全长着树,屋子又低,所以无论在什么地方,都听得见他们的啼唱。(第三册 P51 郁达夫《故都的秋》)"处处"与"全"重复,应删去一个。(另外,"啼"指的是鸟或兽的叫声,蝉是虫子,"啼唱"应改为"吟唱"或"鸣唱"。)

三、使用错误

13. 这几位晚归的种地人,还把他们那粗朴的短歌,用愉快的旋律,从山顶上飘下来。(原第二册 P232 茅盾《风景谈》)"把字句"的谓语"飘"虽是及物动词,但它没有表示处置或影响的意义。

14. 如果现在我们的某个部门或机关,也来个"悬赏纳谏",那该是"门庭若市",批评、建议,雪片飞来。(原第三册 P40 臧克家《纳谏与止谤》)"悬赏"的意思是:用出钱等奖赏的办法公开征求别人帮助做某事。如悬赏寻人、悬赏缉拿等。"悬赏纳谏",所悬之赏给的对象是"纳谏的人",显然意思弄反了,"悬赏纳谏"应改为"悬赏进谏"。

15. 随着诸侯们剑锋的残忍到极致,他的笔锋也就荒唐到极致;因着世界黑暗到了极致,他的态度也就偏激到极致。(第五册 P16 鲍鹏山《庄子:在我们无路可走的时候》)"极致"的意思是"最高的造诣",而句中的"极致"是指程度上不能再超过的界限,应改为"极点"。

16. 两条腿残废后的最初几年,我找不到工作,找不到去路,忽然间几乎什么都找不到了,我就摇了轮椅总是到它那儿去,仅为着那儿是可以逃避一个世界的另一个世界。(第一册 P38 史铁生《我与地坛》)"为着"即"为了",表示目的,而"那儿是可以逃避一个世界的另一个世界"是表示原因的,应把"为着"改为"因为"。

17. 沙子进入眼睛，非要泪水才能把它冲洗出来，难怪奥尔珂德说，"眼因多流泪水而愈益清明"了。（第三册 P60 琦君《泪珠与珍珠》）句中"非"要么与"不可"组成"非……不可"结构，要么换成"定"。"非"应改为"定"。

18. 而其中的错误、疏漏、粗糙之处，后来在文人再创作的《三国演义》中都得到了改正与润色、丰富，从而取得了更高的艺术成就。（第五册 P26 吴组缃《我国古代小说的发展及其规律》）这句话前一分句的主干是"错误、疏漏、粗糙之处得到了改正、润色和丰富"。错误之处可以得到改正，疏漏之处只能得到补充或充实，粗糙之处应是得到润色。为修正用词错误并考虑对应关系，全句可改为："而其中的错误、疏漏、粗糙之处，后来在文人再创作的《三国演义》中都得到了改正、补充和润色，从而取得了更高的艺术成就。"

19. 以上所讲，可见语言与文学的关系非常密切。（第六册 P35 王力《语言与文学》）这是一句用在篇末起总结全文作用的话。这样性质的句子，通常用"由此可见……""由此看来……""综上所述可见……"等来表达。"以上所讲，可见……"显然别扭。宜改为："由（从）以上所讲，可见语言与文学的关系非常密切。"或："综上所述，可见语言与文学的关系非常密切。"

上面十九例全是错误相当明显的例子，有些应用错误不仅明显而且集中，如：

20. 著着很厚的青布单衣或夹袄的都市闲人，咬着烟管，在雨后的斜桥影里，上桥头树底一立，遇见熟人，便会用了缓慢悠闲的声调，微叹着互答着的说："唉，天可真凉了——"（这了字念得很高，拖得很长。）（第三册 P51 郁达夫《故都的秋》）这短短的一段话就有四处错误。一是"很厚"不能修饰"青布单衣"；二是不能说"上树底"，应去掉"上"字；三是"微叹着互答着的说"中应去掉"的"字；四是"这了字念得很高"中的"了"字须加引号。

关于语言应用问题，在我看来，就是因为语文教材是"学习语文的样本"——使今天的学生、明天的公民，特别是明天从事应用、研究和管理工作的公民，形成判断是非的正确认识，养成甄别优劣的良好习惯，提高识别修正应用错误的实际水平，培育遵守并捍卫应用规则的思想意识的"样本"，所以在规范方面，它起着其他任何书报杂志、电子传媒无法替代的作用。尽管教材选自名家的名作，编者有因尊重作者意愿、保持原作原貌而不便更易的苦衷，但与时俱进地根据应用规则，对有明显错误之处适当地加以规范，这样做于先作者和后学者及至社会，都是有百益而无一害的。因此，要想规范社会语言的应用，在规范统一辞书（"样本的样本"）的基础上，首先应从规范"样本"——教材开始。

2007 年 2 月 8 日

注：此文发表于 2007 年第 9 期《现代语文》三月下旬刊《语言研究》（国内统一刊号为 CN37-1333 / G4、国际标准刊号为 ISSN 1008-8024），转载于《书馨园》第二十一期第三版（2007 年 6 月）、《教研与实践》第十期（2007 年 7 月）。

在消长转移中发展 在约定俗成中规范

——谈现代汉语词义的继承、发展和规范问题

随着历史时间的推移、社会生活的变化、科学技术的进步、人们认识的更新，语言在不同的历史时期之内和之间都在不断的渐变中消长、转移、更新、规范。词义在这消长转移中发展，在约定俗成中更新并规范。现代汉语词义继承着古代汉语（以下简称为现汉、古汉）词义，其继承和发展、渐变和规范主要表现为两大类别：消长和转移。笔者下面通过典型例证解析古今词义渐变的情形，并主要就第 6 版《现汉词典》、第 2 版《现汉规范词典》和 2006 年版《新华成语词典》（以下分别简称为《现汉》《规范》《成语》）等辞书的义释，谈谈个人关于现汉词义继承、发展和规范问题的意见。

一、意义的消长

意义的消长，是指词的义项或义素的消减和增长，包括意义范围的缩小和扩大。

（一）范围的缩小

范围的缩小，指义项的消减或同一义位内限制的义素增长。

限制的义素增长的词如：臭：古义为气味，缩小为恶气。即：古义＝［＋气味］，缩小＝［＋难闻＋气味］。还如：金：先秦时期泛指金属（如铜、铁、银等，也包括后世所言的黄金），今为黄金。祥：古义凶吉的预兆，今专指吉兆。坟：古义为用土堆积成的高地，今义为掩埋尸体的土堆。丈夫：古指成年男子，今指女子的配偶。小说：古指街谈巷议之类的异闻、琐记等，今指文学作品的一种体裁。报复：古为报答恩和怨，今为报怨，对批评自己或损害自己利益的人进行打击。

义项消减的词如：商。查看并比较《辞海》《现汉》《规范》三辞书，从中可以看出，漏刻的度数、部落或地名、五音之一名、二十八宿之一名、商朝朝代名等义项或已经消失或正在消减；继承并发展着的只有《现汉》"商1"所列举的义项：①商量：协～｜面～｜有要事相～。②商业：经～｜通～。③商人：布～｜～旅。④除法运算中，被除数除以除数所得的数。如 10÷2=5 中，5 是商。⑤用某数做商：八除以二～四。

成语如：间不容发（jiān bù róng fà）。《成语》：①中间容不下一根头发。言空间距离极小。②形容极为精密或精确。③比喻时间紧迫，情势危急。《现汉》《规范》《百度词典》（以下简称为《词典》）：①的本义都同《成语》。②的解释基本相同（见下）。上四辞书中后三者一致消减了《成语》义释中的第②项，共同规范现今应用中只是②即"形容与灾祸相距极近，情势极其危急"的意思。这是一个历时更新、规范义释的典型例证。

（二）范围的扩大

范围的扩大，指义项的增长或同一义位内限制的义素消减。

限制的义素消减的词如：颠：古义是人头顶，扩大为任何事物的顶部。即：古义＝［＋人＋头＋最高处］，扩大＝［＋最高处］。还如：睡：古义为坐着打瞌睡，今义为睡眠。色：古义是脸色，今为颜色，色彩。焚：古义为放火烧田进行围猎，今泛指一切焚烧。裁：古义为裁衣，今为裁断。

义项增长的词如：老巢：由指鸟的老窝增长到指敌人、匪徒、团伙盘踞的地方。残年：由指称一年将尽的时候增长到指人的晚年。下海：《规范》：动词。①出海：～捕鱼。②戏曲界指票友转为职业演员。增长了：③指原来不是经商的人员改行经商。打造：《规范》：动词。①用手工制造（多指金属制品）：～农具。②创建；营造（环境、局面等）：～和谐的氛围。增长了：③培育（人才、队伍等）：～百万软件人才。④创立（多用于抽象事物）：～城市形象。忽悠：《规范》：动词。晃动；摇摆：杂技演员在钢丝上～个不停。当下增长了：本在东北方言中指"能言善谈"，后经赵本山《卖拐》《卖车》等小品的推广，还指"欺骗、蒙骗，使人上当"。

还如：极致。《辞海》：最高的造诣。《现汉》：名词。最高境界；最大程度；极限。《规范》：名词。最高的境界；顶点（最高点，最高限度）。《百度百科》②：最高程度的；最典型的。从上四辞书的义释看，"极致"的义项明显增长；从社会应用的实际看，词性有扩大为形容词的趋向，意义主要集中在"极限""顶点"上。如互联网上的极致耳机、游戏、软件、点击、优品、情缘等；媒体使用中的做到极致、达到极致、推向极致等。下面第①句就是"极限""顶点"的意思，第②句是"最典型的"意思。①随着诸侯们剑锋的残忍到极致，他的笔锋也就荒唐到极致；因着世界黑暗到了极致，他的态度也就偏激到极致。（鲍鹏山《庄子：在我们无路可走的时候》）②什么是权力通吃，什么是扎堆腐败，在这起事件中，能得到极致的诠释。（单士兵《"厅级合伙人"私吞国有电站，岂能不查》）

词义有些社会应用已经成熟或基本成熟、辞家共识也已经形成或基本形成；而有些还处在是是非非的发展变化中，说不准是否成熟而认识不一致。社会应用已经成熟、辞家共识也已经形成的如成语：巧夺天工、鬼斧神工。《现汉》《规范》《成语》三辞书对其义释高度一致，概括起来分别是：人工的精巧胜过天然。形容建筑、雕塑等技艺高超奇妙。其中第1版《现汉》只有"巧夺天工"缺少了"形容技艺极其精巧"的揭示，第1版《规范》却是一字不差。社会应用基本成熟、辞家共识也基本形成的如成语：美轮美奂。《成语》：形容房屋高大华美而众多。《现汉》《规范》都增扩了：现也形容景色、装饰、布置等非常美好漂亮。还处在是是非非的发展变化中，说不准是否成熟而认识不一致的如词语：

倍受、倍感，备受、备感。《现汉》：既没有"倍受、倍感"词条，也没有"备受、备感"词条。《规范》：既收有"倍受"（动词。更加受到；格外受到：连日高温，空调～青睐。跟"备受"不同）词条，也收有"倍感"（动词。更加感到；格外感到：异地重逢，～亲切）词条。虽收有"备受"（动词。深受；受尽：～赞赏｜～煎熬。跟"倍受"不同）词条，也没收"备感"词条。笔者认为，"倍"是"加倍、更加"的意思，除上面例举的倍受青睐、倍感亲切外，还有倍受质疑、倍感伤心等。"备"具有各方面、周遍性的意思，除上面例举的备受赞赏、煎熬外，还有备受关注、优待、欢迎、争议，备感关怀、疑惑、惊诧、兴奋等。辞家坚守"一慢二看三通过"的原则不错，但上述四词似乎应用率比较高而且成熟，词义已稳定，辞书理当全部收录。《规范》于此堪称睿智的"严格、严肃和严谨"。

二、意义的转移

意义的转移，一是指词义由甲义转到乙义，甲、乙词义虽然都有一定的关联，但有的已分属不同的范围。二是指感情色彩的转移。

（一）意义的转移

有关联的词如：走：古义为跑，今义为行走。货：古义为财物，今义为商品。诛：古义为责求，今义为杀。狱：古义为案件，今义为监狱。中原：古指原野，今指中原地区。布告：古为宣布、公告，动词；今指机关团体张贴出来通告大众的文件，名词。分属不同范围的词如：快：古义为高兴，今义为快速。贼：古义为害，今义为偷东西的人。闻：古义为用耳朵听，今义为用鼻子嗅。穷：古义为困厄、处于困境，今义为没有钱。烈士：古指有操守抱负的男子，今专指为革命事业献身的人。牺牲：古指祭祀用作祭品的猪牛羊等，名词；今指为了某种目的而舍去自己的生命或权利，动词。

有关联的成语如：察颜观色→察言观色。《成语》：察颜观色：颜、色：脸色。观察对方脸色，以摸清其真实的意图。察言观色：色：脸色。揣度对方的话语，观察对方的脸色，以摸清其真实的意图。《词典》：基本同《成语》。《现汉》《规范》："察言观色"的义释基本同《成语》，但都消减了"察颜观色"的词条。"察颜观色"中"颜、色"都指脸色，而"察言观色"中的"言"指"言语"、"色"指"脸色"。后二辞书两词中"颜""言"一字之换，使意义发生了转移，也客观地反映了词义的消（消减了同义的"颜"）长（增长了异义的"言"）。

还如：空穴来风。《成语》：比喻自身存在弱点，流言蜚语等得以乘隙而入。也比喻传言没有根据。《现汉》《规范》基本相同的义释是：原比喻出现的传言都有一定原因或根据，现多用来指传言没有根据。该词义项在消减、意义的方向在转移，这说明其用法的基本统一和人们更新的共识已形成。

七月流火：《成语》《现汉》：无此词条。《规范》：农历七月，大火星每日黄昏出现在天空上的位置由正南逐渐西降（火：指大火星，即星宿；流，这里指向西下移）。借指农历七月暑热渐退，秋凉渐至；现也形容公历七月天气炎热似火。说明该词古今意义相反并共存，并可能趋向于转移。

（二）感情色彩的转移

感情色彩转移的词如：贿：古义指财物，中性；今义指受贿，贬义。谤：古义为议论，中性；今义为诽谤，贬义。锻炼：古义对人的诬陷，贬义；今义体育锻炼，中性。客气：古义指虚骄之气等，贬义；今义有礼貌、谦让，褒义。谣言：古义歌谣，中性；今义流传的无事实的根据的话，贬义。吹嘘：古义替人宣扬，中性；今义说大话，贬义。成语如：明目张胆：古义无所畏避，褒义；今义公开大胆地做坏事，贬义。相濡以沫：古义泉水干涸，鱼靠在一起以唾沫相互湿润，中性；今义比喻同处困境，相互救助，褒义。咬文嚼字：《成语》《现汉》《词典》基本相同的义释是：过分地斟酌字句（多用来指死抠字眼而不注重实质内容）。《成语》还有：后也指故意卖弄自己的学识。也指十分认真地斟酌字句。《规范》：认真推敲字句的意义和正误（有时含贬义，指过分注重文字而不去领会精神实质）。上述四辞书的义释，说明该词义项在消减，而后二辞书还明示其感情色彩正趋向于中性甚至是褒义。也许这更切合词用的实际，属于规范之释。它使朱光潜创作必需"咬文嚼字"的力倡、《咬文嚼字》杂志取名的用心和千千万万人"咬文嚼字"的工作，得到了肯定的回应。

其实，因为词义始终处于不断的发展中，所以意义消长（缩小与扩大）

和（意义与感情色彩）转移也是曲折多变的。其中，除"扩大"的词义可能因不断累积而增加，可以不涉及不同历史时期之间和之内的比较外，其他都必须作同一词的历时性的意义的比较，否则很难区分其是缩小或是转移并形成共识来规范。

如：同志。最早是相同志向、志趣，再引申为志向、志趣相同的人，范围扩大，褒义。魏晋唐宋后特指夫妻即同心的人。明清之际指同性即性质相同，意义转移，中性。进入现代先为有共同奋斗目标的人，特指同一政党的成员，褒义；新时期以后为我国公民之间的一般称呼，中性；二十世纪九十年代以来甚至有人把它称为同性恋者，贬义。范围缩小。还如：其他、其它。《现汉》其他：指示代词。别的。其它：同"其他"（用于事物）。《规范》其他：代词。①指示别的人或事物。②代替别的人或事物。其它：现在一般写作"其他"。上述二辞书，前者指出"其它"同"其他"但只用于事物；后者则明确"其它"现在一般写作"其他"，即"其他"既包含"其他"的意义也包含"其它"的意义。这属于扩大。"其他"和"其它"最初只有"其他"，"他"是"另外的"（"他邑惟命"）"别的"（"岂有他哉"）的意思，如"他人""他乡""他日"等，"其他"既指人又指事物。后来出现了"其它"，起始不规范之后习非成是、约定俗成，但只限于指物。五四前表示第三人称的"他"兼称男性、女性及一切事物。到了二十世纪，为了便于区分造出了"她"和"它"字。这又属于缩小。实际上，"其他"是古汉中就有的，应该被看做是一个固定的双音节词，不能拆开重新组合成表示事物的"其它"和表示女人的"其她"。同时，现今两词使用比较混乱，而主流媒体一般只用"其他"而不用"其它"。所以笔者建议采用《规范》回归本源、因势规范，既符合历时理性义又符合现时主流义的义释，把辞书统一为：继承"其他"，消去"其它"。这对使用者而言，是一件省时省力更省心的大好事。

2013 年 9 月 26 日

注：此文发表于 2014 年第 1 期《语文知识》（国内统一刊号为 CN41-1041/H、国

际标准刊号为 ISSN1003-6210）。发表时删除了范围扩大的"下海""打造"，社会应用基本成熟、辞家共识也基本形成的"美轮美奂"，词义转移的"七月流火"和曲折多变的"其他、其它"几例及其剖析。

"词序颠倒"摭说

词序颠倒，是指词语相同、顺序颠倒的一种修辞现象。如词语"编选"与"选编"，"洗白"与"白洗"；成语"异曲同工"与"同工异曲"，"如日中天"与"中天如日"；短语"知而行"（王阳明"知是行之始，行是知之成"）与"行而知"（陶行知"行是知之始，知是行之成"），"不得见人"与"见不得人"；诗词"黄河入海流"（王之涣《登颧雀楼》）与"黄河流入海"，"四十三年，望中犹记，烽火扬州路"（辛弃疾《永遇乐·京口北固亭怀古》）与"犹记四十三年,望中（原）扬州路（上）烽火"；文章"甚矣，汝之不惠"（《列子·愚公移山》）与"汝之不惠，甚矣"，"一手交钱，一手交货"（鲁迅《药》）与"一手交货，一手交钱"；广告"看《买卖世界》，做世界买卖"（《买卖世界》），"是名家写的好看小说，非名家写的看好小说"（《上海小说》），等等。

如上所例，词序颠倒在词语、成语、短语、诗词、文章和广告中，俯拾即是。这是一种很有趣、很有用的修辞现象。下面主要从意义与效果（作用）这些层面，考察词语、成语等的颠倒现象。

词序颠倒后，从意义方面考察，一般有以下几种情况。

一是基本相同。词语如：讲演—演讲，并吞—吞并，煎熬—熬煎，除去—去除，询问—问询，开放—放开，积累—累积，觉察—察觉，依偎—偎依，别离—离别，登攀—攀登，代替—替代，试探—探试，挖掘—掘挖，蔬菜—菜蔬，夜半—半夜，力气—气力，容颜—颜容，语言—言语，情感—感情，样式—式样，兄弟—弟兄，整齐—齐整，和平—平和，奋发—发奋，质朴—朴质，痛心—心痛，悲伤—伤悲，缓和—和缓，空虚—虚空，寂静—静寂，久远—远久，互相—相互，等等。成语如：大名鼎鼎—鼎鼎大名，一团漆黑—漆黑一团，得意洋洋—洋洋得意，高深莫测—莫测高深，春风满面—满面春风，英姿飒爽—飒爽英姿，既往不咎—不咎既往，熙来攘往—攘往熙来，千呼万唤—万唤千呼，百孔千疮—千疮百孔，千方百计—百计千方，融会贯通—贯通融会，光明正大—正大光明，荣华富贵—富贵荣华，单枪匹马—匹马单枪，心惊肉跳—肉跳心惊，耳濡目染—目染耳濡，烟消云散—云散烟消，口诛笔伐—笔伐口诛，天造地设—地设天造，魂飞魄散—魄散魂飞，心灰意冷—意冷心灰，心猿意马—意马心猿，胆战心惊—心惊胆战，窗明几净—几净窗明，鬼使神差—神差鬼使，山穷水尽—水尽山穷，龙腾虎跃—虎跃龙腾，海誓山盟—山盟海誓，离乡背井—背井离乡，翻江倒海—倒海翻江，调兵遣将—遣将调兵，称兄道弟—道弟称兄，堆金积玉—积玉堆金，咬文嚼字—嚼字咬文，追亡逐北—逐北追亡，殚精竭虑—竭虑殚精，丰功伟绩—伟绩丰功，奇珍异宝—异宝奇珍，奇装异服—异服奇装，横征暴敛—暴敛横征，海角天涯—天涯海角，泰然处之—处之泰然，等等。

　　二是相近或相关。如"急救"和"救急"，前者是指紧急救护，后者是指帮助解决突然发生的伤病或其他急难。"学科"和"科学"，前者指按照学问的性质而划分的门类，如自然科学中的物理、化学等，也指学校教学的科目，如语文、数学等；后者指反映自然、社会和思维等的客观规律的分科的知识体系，如社会科学、自然科学等，还有符合科学的内涵，如科学学习。它们之间的联系虽然相近或相关，但意义却因词序颠倒而有差别。再如：泪流—流泪，问责—责问，向导—导向，维和—和维，质变—变质，爱情—情爱，智育—育智，少年—年少，蜜蜂—蜂蜜，焰火—火焰，水井—井水，黄金—金黄，轮椅—椅轮，痴情—情痴，火烛—烛火，雪白—白雪，毒蛇—蛇毒，虫害—害虫，油菜—菜油，色彩—彩色，云彩—彩云，好友—友好，报刊—刊报，航空—空航，报喜—喜报，上网—网上，王国—国王，子女—女子，书包—包书，美人—人美，明天—天明，富豪—豪富，打假—假打，测试—试测，说明—明说，说话—话说，搞笑—笑搞，鸡蛋—蛋鸡，牛奶—奶牛，猪肉—肉猪，教育创新—创新教育，教育兴国—国兴教育，焦点访谈—访谈焦点，做大做强—做强做大，美的发现—发现的美，"文化大革命"—大革文化命，顶得住的站不住—站得住的顶不住，（今天）工作不努力—（明天）努力找工作，等等。

三是完全不同或相差甚远。如"学力"和"力学",前者指在学问上达到的程度,后者指研究物体机械运动规律及其作用的科学。"计算"和"算计",尽管都含有根据已知数通过数学方法求得未知数、考虑、筹划的内涵,但前者侧重一种数学上的运算,后者侧重讲一种计谋。"火急"和"急火",前者意为非常紧张;后者或是指烧煮东西时的猛火,或是指因着急而产生的火气。再如:生产—产生,发挥—挥发,现实—实现,面相—相面,气节—节气,故事—事故,画笔—笔画,工人—人工,等等。还如:带领—领带,错过—过错,当家—家当,哨口—口哨,海上—上海,文盲—盲文,情人—人情,处长—长处,子弟—弟子,名人—人名,北京—京北,形象—象形,法国—国法,乡下—下乡,力量—量力,得了—了得,一把手—把手一,青藏铁路—藏(葬)青(青春及生命的)铁路,等等。这些由两个及以上个意思相近的字组成的词语,或由意义不相近的字组成的词语,词序颠倒以后,意思就会完全不同或相差甚远。

四是密切相关又恰好是其用途。如一些生活用品和生产用具:铺盖—盖铺,床罩—罩床,风扇—扇风,锅盖—盖锅,瓶塞—塞瓶,牙刷—刷牙,手套—套手,口罩—罩口,鞋垫—垫鞋,门锁—锁门,羊圈—圈羊,铁锤—锤铁,水车—车水,鱼网—网鱼,等等。

从上述众多例子中可以得出一个结论——这类在相同或不同具体语言环境中可以颠倒使用的词语、成语等,从结构上看,前后词语之间往往是或并列式或主谓式或动宾式或偏正式的。它们词序的位置颠倒后,其本身的意义大多是有变化的,而其作用或效果也是有差别的。

颠倒使用的词语、成语和诗词等,它们的差别主要表现在以下几个方面。

一、表意的差别

如果我们口头或书面有意识地追求准确地表达,有时可以收到意想不到的效果。有一个故事说,从前有个恶棍闯进了一家农舍,看见一个病妇卧床不起,顿时起了歹心,揭开被子就将病妇戴在手腕上的玉镯子捋了去。病妇呼天抢地地求救,恶棍才被村里人扭送到了官府。病妇的丈夫请来个先生拟写状子,以其"揭被夺镯"问罪。状子写好以后，拿去请一位讼师看，讼师思考很久之后，将"揭被夺镯"改成"夺镯揭被"。这一词序的颠倒，不仅说明了恶棍抢劫镯子，而且还想揭开被子来奸污病妇。前者罪轻，后者罪重。结果，恶棍被判坐牢十年。

二、效果的差别

这最突出地表现在能娴熟地运用词序颠倒辞格的诗歌上。诗歌运用词序颠倒手法，或因音节，或因押韵，或为平仄，或为对仗，追求的是特殊的表达效果。唐代优秀诗歌中词序颠倒手法的运用，收到了化平淡为神奇、避呆板成精句的点石成金的特殊效果。

如刘禹锡的《石头城》诗句："淮水东边旧时月，夜深还过女墙来。"前句的原序是"旧时淮水东边月"，意即"在旧时很繁华的淮水东边有月亮升起来了"，像这样读起来味同嚼蜡，赏起来平淡无奇，但颠倒词序后不仅与下句平仄对应，在音节上呵成一气，抑扬顿挫，而且故国萧条、苍莽凄凉的意境也尽含其中。又如白居易的《长恨歌》："行宫见月伤心色，夜雨闻铃断肠声。"它的原序是"行宫见月色伤心，夜雨闻铃声断肠"，读起来不仅音节低缓，而且拗口不畅，颠倒词序后就行如流水，音律优美，琅琅上口了。最让人称奇的是被誉为"诗圣"的杜甫，他运用词序颠倒的辞格自然得体，毫无牵强斧凿之痕。如"露从今夜白，月是故乡明"，原意不过是"今夜露白，故乡月明"罢了，但经他颠倒词序后，意境深邃了，诗味醇厚了，感情浓烈了，真令人爱不释手，百读不厌。又如他的《秋兴八首》中有"香稻啄余鹦鹉粒，碧梧栖老凤凰枝"，更是妙用词序颠倒的范例。原序是"鹦鹉啄余香稻粒，凤凰栖老碧梧枝"，诗人提宾为主，将"香稻""碧梧"提前，使后面组成"鹦鹉粒""凤凰枝"。鹦鹉象征可爱，凤凰借喻美好。这样，句意就强调了香稻粒的宝贵，突出了碧梧枝的优美，引起了读者美妙的想象，开掘了诗意的深度，实在叫人拍案叫绝。

三、思想的差别

词序的颠倒，有时会使语义产生思想方面的质的飞跃。

我国古代有一句诗叫"非人磨墨墨磨人"。正因为作者把后三字中"人"

与"墨"的词序颠倒了，就把时间易逝人易老的哲理写得十分形象而触目惊心，成为使人过目不忘的千古名句。马克思"批判的武器不能代替武器的批判"，将"批判"与"武器"颠倒一下，精神不能代替物质的思想表达得就贴切而又深刻！

彭德怀在《致巴金的信》中说，他是"伟大人民的儿子"，从来不愿做"人民的伟大儿子"。"伟大"和"人民"的词序一颠倒，使人深切地感受到了一个伟大的无产阶级革命家的那种虚怀若谷、甘做人民儿子的崇高的精神境界。

传统和现在倡导的"教书育人"的教育理念，表述与强调的是教书为主，为重，为本，为先，为上，为大；育人为次，为轻，为末，为后，为下，为小。这一传统和倡导与当代科学教育理念完全相悖。有专家提出如将这一词语的顺序颠倒过来，即"育人教书"，那在它的这种教育理念指导下导致的教育结果将与传统和现在会完全两样。词序不同，教育理念迥异的典例还有："教育即生活"（杜威）与"生活即教育"（陶行知），"学校即社会"（杜威）与"社会即学校"（陶行知），等等。

四、结果的差别

昆明有一著名楹联："南浦绿波，西山爽气；春风落日，秋水长天。"有人将它改为：南浦绿波，春风落日；西山爽气，秋水长天。原联改后遭到不少方家批评。为什么呢？因为原联上联从地理角度、下联从时间角度组合内容，一方面阔大气派，尽收眼底；一方面四时风物，各臻其妙。而改联呢，上联只写一南浦，下联单写一西山，而且各自只点出一个节令，似乎只有春之南浦、秋之西山两时之两景可赏而已，何其零碎单调。这是文学涵养结果迥异的差别。

大家耳熟能详的曾国藩将李元度报送朝廷奏折中的"屡战屡败"改为"屡败屡战"一事，就语言而论，堪称神来之笔：屡战屡败，是无用的废物；屡败屡战，则是英勇的斗士了。就结果而言，简直匪夷所思：无用的废物，成了英勇的斗士；该处的将军，成了盖世的英雄。这是事件处理结果迥异的差别。

还如1949年9月，云南解放前夕，蒋介石令沈醉带领大批军统特务窜到昆明，逮捕了 90 多名民主爱国人士。正准备起义的国民党云南省主席卢汉连急忙拍电报给蒋，为这些民主人士说情。蒋的复电是："情有可原，罪不可逭（huàn，逃避）。"卢接电文后，给协助他筹划起义的李根源先生看，以征询办法。李先生看后，提笔将电文词序颠倒为："罪不可逭，情有可原。"这样一来意思完全变化，由情有可原但"罪"不能宽恕，变成了"罪"虽然不能宽恕，但于情却可以原谅。于是 90 多名民主爱国人士便得救了。这是人命关天结果迥异的差别。

综上所述，词序的颠倒决非雕虫小技，它反映着人们娴熟的技巧、成熟的动机和深刻的思想。恰当的语序，具有准确的表意性、高超的技巧性、强烈的趣味性和哲理性，充满着意趣、智趣、情趣和理趣。阿·托尔斯泰曾说："语言艺术家的技巧，就在于寻找需要唯一词的需要的位置。"我们在写文章和说话时，如能充分利用汉语由于词序颠倒而形成表达上的灵活性的这一特点，在词序的推敲上下一番功夫，那么就能不断地提高自己的写作能力和处事能力。同样，利用它们帮助我们阅读也大有裨益，如学会理顺被颠倒的词序，像读整诗使用了颠倒辞格的《游园不值》，如果能够梳理为"应怜苍苔印屐齿，小扣久不开柴扉。满园春色关不住，红杏一枝出墙来"，那么对诗歌的准确理解、品析鉴赏就不知容易了多少。

但是，词序也是不能随意颠倒的。尤其应该提醒的是，不是所有的词序都可以颠倒的，如"城市""自然"就没有词序相反的"市城""然自"，"关怀""提案"也无"怀关""案提"的说法；"绝对权力，导致绝对腐败"（梅生《绝对权力》）可以颠倒成"绝对权力，绝对导致腐败"，但不能颠倒成"绝对权力，腐败绝对导致"；"张冠李戴"不能"李戴张冠"，"闭门造车"不能"造车闭门"，"自强不息"不能"不息自强"；"诞生""民生""和谐"和"毒品"，能分别说成"生诞""生民""谐和"和"品毒"吗？随意颠倒词序，不仅因为或习惯不合或语法不通或事理不成或语意不明令人不好甚至难以接受，而且还会闹出许多笑话来。

2007 年 3 月 26 日

注：此文发表于 2007 年第 21 期《现代语文》七月下旬刊《语言研究》（国内统一刊号为 CN37-1333 / G4、国际标准刊号为 ISSN 1008-8024 ）。

例说基于积累迁移的文言实词
词义推断的方法

文言实词 90% 以上具有多义性，如《邹忌讽齐王纳谏》中"朝"：①早晨（朝服衣冠），②朝廷（于是入朝见威王），③朝见（燕、赵、韩、魏闻之，皆朝于齐）；《促织》中"责"：①索取、寻求（每责一头，辄倾数家之产），②责备、责罚（当其为里正，受扑责时，岂意其至此哉）③责令、要求（因责常供）；《廉颇蔺相如列传》中"使"：①派遣（秦昭王闻之，使人遗赵王书），②让（相如……乃使其从者衣褐），③出使（秦王……引赵使者蔺相如），④使臣（大王遣一介之使至赵）；等等。《考试说明》要求考生"理解常见实词在文中的含义"。因此在掌握足够数量的实词后，我们的重点应放在理解词语"在文中的含义"上，要学习并掌握理解推断实词词义的一些技巧。

下面例说在学习、应试"推断"的实践中较为有效的七种方法。

一、语境推断法

语境推断法也叫因文定义法，即根据句子本身或上下文意来推断文言实词在文中的含义，也就是在理解实词的意义时要把准"词不离句，句不离篇，篇不离境"的原则。

如高中教材：

《祭十二郎文》：汝时犹小，当不复记忆。句中的"犹"有人把它释为"还"。初看也可以，但联系上下文语境就错了。因为作者与十二郎虽为叔侄，但年龄相仿，不会这样说话，释为"更"才合理。

《石钟山记》：①郦元之所见闻，殆与余同，而言之不详。②而渔工水师虽知而不能言。①句根据前文语境可知，郦道元对石钟山的命名，有自己的认识，只是在观点表述上说得不够详细，由此推断这句中的"言"为"叙述"义。②句联系全文及背景看，渔工水师虽知石钟山命名的真正原因，但因文化水平低，不能用文字记载下来，因此这句中的"言"可以推断为"记载"，而不能理解为"说"。

再如高考试题：

2006年北京卷：委之百姓。委：任命。从前文"寡人请奉齐国之粟米财货"可知，齐景公是要把粮食财物"委"之百姓，选项中讲成"任命"显然不通。它其实是一个省略句，"委之"后面省略了一个介词"于"。原意是请求晏子把这些粮食财物交给百姓。根据全文语境，"委"在句中应是"交付、交给"义。

1997年全国卷："我为子不孝；以至是"中的"是"指代的内容有四个选项：A.悲泣不自胜，命杀之；B.大怒，命促刑；C.以数株小柏而杀大臣；D.我为子不孝。根据上下文语境分析推断，唐高宗此话是对狄仁杰"奈何以数株小柏而杀大臣"的回答，因此应选C。

1999年全国卷：A.人灾，绝食者千余家。绝食：断了粮。B.广之将兵，乏绝之处，见水。 将兵：将领和士兵。C.青欲上书报天子军曲折。 曲折：指行军的弯曲道路。D.如是三年，国衰，诸侯谋之 谋：为……谋划。例A考查"绝食"，现代汉语中"绝食"指断绝饮食，以示抗议或自杀；而本段前文已交代"天保中，郡县大水、人灾"，下文又写太守苏琼"贷粟以付饥者"，那么这个"绝食"当指水灾后断了粮食。今义是主动地断绝饮食，此处则是被迫无奈断了粮。例B将"将兵"释为名词并列短语，但在文言中"将兵"也可释为动宾短语即"统领士兵"，联系后文所说的"士卒不尽饮，广不近水""士卒不尽食，广不尝食"，可推断是指李广对待部下的关爱，当然是说李广领兵的情况，而非指李广手下的"将领和士兵"。例C"曲折"一词有实指虚指两类用法，实指意为"弯弯曲曲"，虚指意为"错综复杂的情况，事情的曲折经过或复杂而不顺当的情节"，联系前文看，这是李广迷路以致部队落在卫青之后，卫青要向皇帝汇报事情经过时说的，当然不可能是指弯曲的道路，而是指事情的复杂经过。因而该项解释也是错误的。至于例 D，可根据上文"昔赵文王喜剑，剑士夹门而客三千余人，日夜相击于前，死伤者岁百余人，好之不厌"及下文"太子悝患之，募左右曰：'孰能说王之意止剑士者，赐之千金'"，推断此"谋"是"图谋"，而非"为……谋划"。正确选项应是 A。

二、字形推断法

许慎的《说文解字》主要是依据字形来说明字的本义。例"引"——"开弓也，从弓从丨。"如："君子引而不发。"（《孟子·尽心下》）开弓像是把弓弦拉长了，"引"又有"延长"义，如："引而伸之。"（《易·系辞上》）开弓是把箭导向后方，"引"又有"引导"义，如："以引以翼（引，导；翼，扶助）。"（《诗经·大雅·行苇》）开弓既是向后拉，"引"又有"引退"义，如："秦军引而去。"（《战国策·赵策》）。

许慎是运用字形推断法的大师。字形推断法又称形训法，即通过字形结构分析解释词的本义。分析字形能说明字的本义，有助于我们理解词的本义，推断词的引申义或其他义。

汉字中形声字占 80% 以上。形声字的字形特别是"偏旁"即"义符"与字义联系十分密切。有些字能直接从字形分析出词义，有些字虽不能直接分析出词义却可以划定出该字的意义范围，为进一步推断词义提供有利条件。如：《过秦论》"振长策而御宇内"中的"策"，从"竹"，字义与竹条有关，据此可推断"策"义是"（竹质）马鞭"。《念奴娇·赤壁怀古》"樯橹灰飞烟灭"中的"橹"是木制的船具，"樯"也从木，与"橹"联合成词，可推断"樯"也是木制的船具；联系全句，便可以以局部代整体的修辞方法推断出"樯橹"是战船。《魏源集上·学篇二》中有：谈沧溟之广以为知海，不如贾客之一瞥；疏八珍之谱以为知味，不如庖丁之一啜。"沧溟"两字都有"氵"，其义应与水有关，联系后面"知海"二字，可推断"沧溟"为"大海"义；"啜"字口旁，与吃、喝、叫有关，联系前面的"知味"，就能推断其义是"吃"或"尝"。《左传·僖公三十三年》中有：（先轸）免胄入狄师，死焉。狄人归其元，面如生。"元"字由上下两部分组成，下部"儿"指人，上部"二"指明字义所指部位在人体顶部。故"元"是表示"人头"义。又如"冠",字形由"寸（手）"、"冖（帽）"、"元（人头）"组成,表示手拿帽子戴在人头上。"寇"由"宀（房屋）"、"攴（手持棍棒）"、"元（人头）"组成,表示手持武器入屋击人头部,因而"寇"指"盗贼"。

这样的例子很多：①金就砺则利。（《劝学》）"砺","石"旁,推断它可能与一种"石"有关,查字典得知"砺"："磨刀石"。②骐骥一跃,不能十步。（《劝学》）"骐骥","马"旁,可能是一种"马",准确义项为"骏马"。③邹忌修八尺有余,而形貌昳丽。（《邹忌讽齐王纳谏》）"昳","日"加"失",结合上下文"形貌昳丽",联想到"昳"可能表现的是一种美丽,这种美丽让"日"失掉光彩。④两涘渚崖之间,不辩牛马。（《秋水》）"涘",水旁,当与"水"有关,"水边"义。⑤生而眇者不识日。（《日喻》）"眇",从目从少,联想到少目的含义,可推断为"眼盲"。⑥君径造袁所寓之法华寺。（《谭嗣同》）"造"的义符为"辶",联系下文"袁所寓之法华寺",推断与处所关联的词义应是"到、去","造"的它义"制造""成就"显然与文意不符。⑦若少屈,冀得一归觐。（《宋史·李若水传》1998年全国卷）"觐"的义符为"见","归"是回家,可推断"觐"应释为"拜见（父母）"。⑧夫子将焉适？（《吕氏春秋·士节》2003年全国春招卷）"适"字的形旁是"辶",它与"走""到""往"有关,联系上下文,可推断为"到"。⑨王乃使玉人理其璞而得宝焉。（《韩非子·和氏》）"理"的形旁从玉,本义与玉石珠宝有关,可推断"理"义是"治玉、雕琢"。我们常见的形旁如："禾"与五谷有关,"贝"与金钱有关,"言"与说话有关,"隹（zhuī）"与鸟雀有关,"歹"与死亡有关,"月"与肉体有关,"页"与头颅有关,等等。掌握这些对推断词义很有帮助。

有些象形字、指事字、会意字也可以通过分析字形来推断其词义。如"襟三江而带五湖"（《滕王阁序》）的"带"是象形字,上半部分像带纽和左右佩,下半部分像垂带形,本义是腰带,这里是"以……为腰带"义。"刃"是指事字,刀上一点表明为锋,可推断"是以十九年而刀刃若新发于硎"（《庖丁解牛》）中的"刃"用其本义。"信而见疑,忠而被谤"（《屈原列传》）中的"信"会意字,一个"人"一个"言",意为人言真实,此句中的"信"就释为"真实"。1999

年全国卷中有"启听淮北取籴",其中"籴"就是一个会意字,联系同样是会意字的"粜"是"卖出粮食"义,"籴"与"粜"相对,就可推断"籴"是"买进粮食"义。

三、结构推断法

句子的结构是固定的,其组合是有规律的。文言文与现代汉语相比,词义的差别很大,但句子的语法结构基本一致。除了倒装句以外,文言文中的句子也是按"主+状+谓+定+宾"的顺序排列的,所以其相应成分上的词的词性也与现代汉语相一致。如主语、宾语常由名词、代词充当,谓语大多由动词、形容词充当,状语大多由副词充当等。结构推断法也叫语法分析法,就是分析所要解释的词在句中充当什么成分,然后根据成分推断其词性,进而推断其意义。

例如:A.烟涛微茫信难求。B.今以蒋氏观之,犹信。C.楚王贪而信张仪。D.信义著于四海。E.范增数目项王。A句"难求"是谓语,而"信"修饰了"难求",作状语。状语一般由副词和形容词充当,结合语境可推断出"信"是"实在"义。C句中"信张仪"是个动宾结构,因而断定"信"为"相信"义。B句中"信"也是"相信"义。从D句中可看出"信义"是句中的主语,主语一般由名词、代词充当,由此可推断"信"是名词,是"信用"义。E句"范增数目项王"中"目",前有状语后带宾语,用如动词。因此,既不能理解为"眼睛",也不能仅理解为"看",应理解为"用眼睛示意"。

再如《劝学》的一道练习,解释下面各句中"绝"字的意义:①忽然抚尺一下,群响毕绝。②自云先世避秦时乱,率妻子邑人来此绝境。③以为妙绝。④佛印绝类弥勒。⑤假舟楫者,非能水也,而绝江河。①句中"绝"前面是主语"群响"和一个"毕"字,此"毕"不可能是谓语而只能是修饰"绝"的状语,否则结合上下文讲不通,由此可推断此"绝"在句中的语法成分应当是谓语,是动词,释为"停止"。②句中"绝"字修饰的是宾语"境",可知"绝"在此应作定语,是形容词,释为"与世隔绝的"。③句中"绝"字前面是形容词"妙",句中成分应当是副词作补语,释为"到了极点"。④句中"绝"修饰的是谓语动词"类"，应当是副词作状语，释为"非常"。⑤句中"绝"字后面跟的是宾语"江河"，推测可能是动词作谓语，释为"渡过"符合上下文的语境。

这样的例子也多：①"假舟楫者，非能水也"中的"水"受助动词"能"的修饰，并处在谓语位置，可推断它是动词"游泳"义。②"仆诚以著此书"中的"以"应为通假字，本字为"已"，作副词"已经"解。因为本句中"仆"为主语，"著"为谓语，"诚"为状语。③"每闻琴瑟之声，则应节而舞"句，"应"搭配对象为节拍之"节"，"应节拍"即为"随着节拍、和着节拍"，据此释为"随着，和着"。④"指衡山公主，欲以妻其子叔王"中的"妻"字，因"妻"与"其子叔王"均为名词类，根据两名词并列前者多为动词的规则，故推断"妻"为"嫁"或"给……为妻"义。⑤"俄有吏袖空牒窃印者"，句中"吏袖空牒"之"袖"处于谓语动词位置，是名词活用为动词"袖藏"义。⑥"籍吏民，封府库，而待将军"，句中"籍"后面跟了"吏民"作宾语，"籍"是动词，释为"登记"。

运用结构推断法，还有助于认识词类的活用，我们判断一个词是否活用主要就是依据语法结构。例如：

名词充当谓语后面带了宾语、补语，那它就活用为动词了，如："吾见申叔，夫子所谓生（使复生）死而肉（使长肉）骨也。"（《左传·襄公二十二年》）名词放在动词前且非主语，那它就活用作状语了，如："而相如廷（在朝廷上）叱之"（《廉颇蔺相如列传》），"群臣后应者，臣请剑（用剑）斩之"（《霍光传》）。

动词、形容词在句中充当宾语或主语，那它们就活用为名词了，如："殚其地之出（出产的东西），竭其庐之入（收入的东西）。"（《捕蛇者说》）这是动词活用为名词；形容词活用为名词，如"将军披坚（坚硬的铠甲）执锐（锐利的武器）"（《陈涉世家》）。

四、对应推断法

古人在诗文中常用并列短语、对偶句、排比句和互文，在这些语言结构中，处于对应位置上的词语，往往在意义上有相近、相同，或者相对、相反的特点。

根据此特点，只要知道其中一个词的意义，我们就可以推断出另一个词的意义，这就是对应推断法，或称对仗推断法。

例如：彼竭我盈，故克之。（《曹刿论战》）"彼竭我盈"是由两个主谓短语构成的并列短语，处于相同位置的"竭"和"盈"是两个意义相对的词，已知"竭"是"枯竭"，可推断"盈"是"充盈"。据崤函之固，拥雍州之地。（《过秦论》）该句为对仗句，"据"对"拥"，"固"对"地"，"地"是"地方"，名词，那么"固"也是名词，据此推断"固"为"险固的地方"。良将劲弩守要害之处。（《过秦论》）借助"良"推断"劲"应为形容词，进而解为"硬的、强有力的"。变姓名，诡踪迹。（《〈指南录〉后序》）借助"变"推断"诡"应为动词，释为"隐蔽"。戴朱缨宝饰之帽，腰白玉之环。（《送东阳马生序》）借助"戴"将"腰"释为"腰上佩戴着"。忧懈怠，则思慎始而敬终。（《谏太宗十思疏》）依据"慎"推断出"敬"也作"谨慎"解释。灭六国者六国也，非秦也；族秦者秦也，非天下也。（《六国论》）由前文的"灭"可推断后文的"族"也是"灭亡"。亡国破家相随属，而圣君治国累世而不见。（《屈原列传》）"圣君治国"对"亡国破家"，前者是由两个偏正结构短语组成的并列结构短语，是"圣明之君，治平之国"义；后者是由两个使动主谓结构短语组成的并列结构短语，是"使国家灭亡，使家庭破裂"义。"春省耕而补不足，秋省敛而助不给"（《孟子·梁惠王下》）句中讲"春""秋"两季之事，"春耕"对"秋敛"，可推断"敛"即"收割"；"补不足"与"助不给"相对，"助"即"补"，"给"即"足"，成语"家给人足"可资佐证。"选置师傅，铨简秀士"（《孙登传》2002年全国春招卷）两句结构对称，"选置"是"选拔"义，可推断"铨简"也是"选拔"义。再如成语"求全责备""化险为夷"，"求"与"责"相对，"全"与"备"相对，还可以判断它们是同义关系；"夷"与"险"相对，还可以判断它们是反义关系，"夷"就是"不险"，就是"平坦、平安"之意。"忠不必用兮，贤不必以"句，既是对仗句式又是互文辞格，借助"用"推断出"以"也作"被任用"解释。

这样的例子更多：①"无父何怙，无母何恃"（《诗经·蓼莪》）句中，由"怙"对"恃"且意义相近，可推断"怙"为"依靠、依仗"。②"振困穷，补不足"（《战国策》）句中，"振"对"补"且意义相近，可推断"振"为"救济"。③"忧劳可以兴国，逸豫可以亡身"（《〈伶官传〉序》）句中，"忧劳"与"逸豫"构成对比，与"忧劳"相反的"逸豫"是"安逸享乐"。④"梅以欹为美，正则无景"（《病梅馆记》）句中，借助对应位置上的"正"可以理解它的反义"欹"为"不正"或"倾斜"。⑤奉之弥繁，侵之愈急。（《六国论》）⑥通五经，贯六艺。（《张衡传》）⑦栗深林兮惊层颠。（《梦游天姥吟留别》）⑧惠文、武、昭襄蒙故业，因遗策。（《过秦论》）⑨时浓雾半作半止。（《游黄山记》）⑤⑥⑦中加点的词意思相同，可互为释义。它们的义项分别是⑤更加⑥精通⑦使……战栗、震惊。⑧句中"蒙"和"因"的意思相近，"因"解释为"沿用、沿袭"，由此再结合"蒙"的上下文可以推断"蒙"为"继承"义。⑨句中"作"和"止"的意思应该相反，"止"是"停止"义，那么可以反向推断"作"当释"起来"义。

五、联想推断法

联想推断法也称温故知新法，它是一种以夯实课内基础为前提的依据"已知"推断"未知"的释词方法，更是一种解决"题在课外，功在课内"问题、培养知识迁移能力的释词方法。

如高考试题：

1998年全国卷：指出"其罪当与童贯等"和"帝殊有难色"两句在文中的正确含义。联想到《陈涉世家》中"等死，死国可乎"里的"等"，便可推断"等"义为"相同、相等"；联想到《触龙说赵太后》中"今者老臣殊不欲食，乃自强步"里的"殊"，便可推断"殊"义为"十分、非常"。

2000年全国卷：文言阅读第四小题A项："食毕，复随旅进道——吃完饭后，跟随旅伴上路。"推断这句翻译是否正确，联想到《岳阳楼记》中的"商旅不行"里的"旅"即"指旅客"，便知A项是正确的。

2001年全国卷：文言阅读第一题，对下列句子中加点的词的解释，不正确的一项是：A.城之不拔者二耳。 拔：被攻取。B.齐人未附。 附：归附。C.使老弱女子乘城。 乘：巡视。D.齐人追亡逐北。 北：指败逃者。本题应选C。

因为 A 项，"拔"释为"攻取"无误，可联想到《信陵君窃符救赵》中的"拔二十城"，《廉颇蔺相如列传》中的"其后秦伐赵；拔石城"。B 项，"附"释为"归附"无误，可联想到《赤壁之战》中的"荆州之民附操者，逼兵势耳"，《论积贮疏》中的"怀敌附远，何招而不至"。D 项，"北"释为"败逃者"无误，可联想到《过秦论》中的"追亡逐北，伏尸百万，流血漂橹"。而 C 项的"乘"应释为"登上"，因联想到《涉江》中"乘鄂渚而反顾兮"、《氓》中"乘彼垝垣，以望复关"和《殽之战》中"超乘者三百（乘）"的"乘"，它们都是"登上"义。

2005 年重庆卷："富人不占田籍而质人田券至万亩 质：质问。""质"字，已学过的有"做人质""做抵押品"的义项，《触龙说赵太后》"于是为长安君约车百乘，质于齐，兵乃出"即为明证，全句意为"有富人不占有田籍却以别人的田券作抵押霸占土地万亩"。据此推断把"质"释为"质问"是错误的。还如"崔杼相之"（《吕氏春秋·慎行》）的"相"，在《训俭示康》中有"季文子相三君"，解释为"辅佐"是正确的。"始而相与，久而相信"的"与"解释为"结交"也是正确的，在《烛之武退秦师》"失其所与，不知"的"与"就作"结交"解释。

另外，在成语中保留了大量的文言词语，联想我们平时掌握的相对应的成语的意义、用法，对判断文言实词的词义帮助尤著。如：至丹以荆卿为计，始速祸焉。（《六国论》）——不速之客（速：招致）。举类迩而见义远。（《屈原列传》）——退迩闻名（迩：近）。其文约，其辞微。（《屈原列传》）——微言大义（微：精微，含蓄）。腥臊并御，芳不得薄兮。（《涉江》）——日薄西山"（薄：靠近）。敌则能战之。（《孙子兵法·谋攻》）——势均力敌（敌：相当、匹敌）。设五寸之的，引十步之远。（《韩非子·外储说左上》）——有的放矢（的：箭靶）。以兵胁涣。（《三国志·魏志》）——短兵相接（兵：兵器）。百骸、九窍、六藏赅而存焉。（《庄子·齐物论》）——言简意赅（赅：完备）。金人曳出，击之败面。（《宋史·李若水传》1998 年全国卷）——弃甲曳兵（曳：拖、拉）。庆封出猎，景公与陈无宇、公孙灶、公孙虿诛封。（《吕氏春秋·慎行》2005 年北京卷）——口诛笔伐（诛：讨伐）。在官清恪，未尝闻私。（《隋书·列女传》1995 年全国卷）——恪守不渝（恪：谨慎而恭敬）。吾亦望汝副其此心。（《隋书·列女传》

1995 全国卷）——名副其实、名不副实（副：符合）。取诸县以给，敛诸大谷者尤亟。（《郭永传》1996 年全国卷）——自给自足（给：满足）。善才绳之。（《大唐新语》1997 年全国卷）——绳之以法（绳：依法处置）。

提请注意的是，对某些词的词义要真正理解准确，不仅要回忆它在那些已学过的课文中出现过的义项，还要特别研究哪种含义与现在这个语境更切近，再由此推断它在此处的含义。如：2003 年全国卷判断下列选项的正误：A. 讽帝大征四方寄技　讽：劝告。B. 咸私哂其矫饰焉　哂：讥笑。C. 恐为身礼品，每遇人尽礼　遇：优待。D. 太宗初即位，务止奸吏　务：致力。该题四个常见实词，或在课文中学习过，或在成语中使用过，完全可以运用联想法去比照理解：A项"讽"可比照《邹忌讽齐王纳谏》中的"邹忌讽齐王纳谏"，B项"哂"可比照《子路、曾皙、冉有、公西华侍坐》中的"夫子哂之"，C项"遇"可比照《信陵君窃符救赵》中的"遇臣甚厚"，D项"务"可比照成语"除恶务尽"等，它们各自与课文中的这些句子或成语相同词的意思一样。但并不完全一致，像C项中的"遇"释为"优待"似乎也正确，无论是"遇臣甚厚"还是"每遇人尽礼"，"遇"字都有"优待"之意，但是如果从两个角度入手加以辨析，就会发现：一是"遇"这个词本身不含"优"义，只是"对待"；二是联系原文段上下文来看，后半句"遇……尽礼"合在一起为"以礼善待"义。所以"遇"应为"对待"义，由此推断 C 项的解释是不正确的。再如："及之而后知，履之而后艰"（韩愈《答李翊书》）句中的"及"，学过的义项有"赶上""到达"等，陶渊明《桃花源记》"及郡下，诣太守，说如此"即是依据。这里的用法与"到达"相接近，但不确切。"到达"可引申为"接触"，由此再引申为"实践"。该句中"及"即为"实践"义。"履"字，学过的有"鞋子"义。如成语有"郑人买履""如履平地""如履薄冰"等，其中"履"都释为"以足踏地"义，这是"履"的本义。此句中的"履"应是在本义的基础上引申为"走过"、"经过"或"实行"的意思。

六、通假推断法

通假是古人用甲字来代替乙字的一种用字方法，其基本特点是"同音替代"，有完全同音,如"惠"通"慧","畔"通"叛";声母相同(双音通假),如"亡"通"无","胡"通"何";韵母相同(叠韵通假),如"信"通"伸","所"通"许"三种类型。还有字形也相近的特点,如"禽"通"擒","距"通"拒"。通假推断法也称声训推断法,是运用声训原理以本义去释借义的方法。如:"欲信大义于天下"(《五人墓碑记》)中的"信"就只能释为"伸",文意才畅通。"今若遣此妇,终老不复取"(《孔雀东南飞》)中的"取"字,释为"争取、夺取"都讲不通,以"娶"代之则通,可推断为"取"通"娶"。还如:"甲兵顿弊而人民日以安于佚乐"(《教战守策》),句中"顿"与"钝"读音相近,字形相似,"钝"义是"不锋利","甲兵顿弊"就是"甲弊兵钝",意即长期放弃战备,铠甲破弊,兵器也不锋利了。"顿"通"钝"。"昌期少年,不闲吏事。 闲:空闲"(《资治通鉴·唐纪》2004年湖北卷)。句中"闲"与"娴"通假,"熟悉"义,"娴于辞令"即为明证,"不闲吏事"就是"不熟悉吏事",因此把"闲"释为"空闲"是错误的。

这种例子相当多。①师者,所以传道受业解惑也。(《师说》)"受"通"授",义为"教授"。②徐公来,孰视之,自以为不如。(《邹忌讽齐王纳谏》)"孰"通"熟",义为"仔细"。③翼日进宰,宰见其小,怒呵成。(《促织》)"翼"通"翌",义为"次于今年、今日的","翼日"就是"翌日",即"第二天"。④便要还家,设酒杀鸡作食。(《桃花源记》)"要"通"邀",义为"邀请"。⑤倍道而妄行,则天不能使之吉。(《荀子·天论》)"倍"通"背",义为"违背","倍道"就是"违背自然规律"。⑥以身徇国,继之以死。 乃是天子报尔先人之徇命也。(《隋书·列女传》1995年全国卷)"徇"通"殉",义为"为了某种目的而死",联系上下文,可以推断两个"徇"属同一义项,即"为……而死"。⑦或至涂而反。(《资治通鉴·卷六十》2001年上海春招卷)"涂"通"途",义为"路途""道路",联系上下文,可以推断"涂"义为"道路"。⑧伯王之业,不从此也。(《战国策·吴起与武侯浮于西河》1989年全国卷)"伯"通"霸","伯王之业"即称霸称王的功业。

特别提醒的是,并非所有同音字都能够通假。如:"进住夏口"(《赤壁之战》),"住"通"驻"。如果是"柱""注""炷"等字就不能够通假;另外,"住"通"驻"之间,也不能反向通假。

七、代入推断法

代入推断法也称代入检验法，即把解释的意思代入原文句，通过翻译比较甄别，推断出词义的正确判断。例如2000年全国卷：对下列句子中加点的词的解释，不正确的一项是：A.威自京都省之 省：探望 B.不审于何得此绢 审：知道 C.自放驴，取樵炊爨 樵：打柴 D.后因他信，具以白质 信：使者 可把各解释代入原文中，如果读来顺口、听来悦耳，文意贯通、不悖原文，解释准确即为正确判断。根据上下文意和平时的积累推断，A项把"省"释为"探望"，联想"省亲"，正确。B项把"审"释为"知道"，联想"当局者迷，旁观者审"，正确。D项把"信"释为"使者"，联想"自可断来信，徐徐更谓之"，正确。C项把"樵"释为"打柴"，关键看是名词还是动词，从"取樵"这一动宾结构看，"樵"应是名词"柴"，所以本题选C。再如1996年全国卷：世方雷同，毋以此贾祸。 贾祸：消除祸患。"贾"字在此读作"gǔ"。考生一般知道它有"买进"与"卖出"两个义项。由"买进"可引申出"招致""招惹"等义，由"卖出"可引申出"消除""除去"等义。但把题中所给的解释代入原文，结合上下文意来看，原文中显然是指有的人劝诫郭永不要"招惹祸患"，而非"消除祸患"。如此检验，正误分明。

实词词义推断的方法还有今古推断法、修辞推断法、常识推断法等。

尽管从古代汉语到现代汉语，变化最大、数量最多、理解最难的是实词，但只要我们能够在平时的文言阅读、复习中，注重有效积累、系统归纳，善于寻找规律、运用推断，对文言实词的意义理解能力、知识迁移能力就会逐步提高。

2007年10月1日

注：此文发表于2008年第2期《现代语文》一月中旬刊《教学研究》（国内统一刊号为CN37-1333／G4、国际标准刊号为ISSN 1008-8024）；2009年10月荣获中国教育改革研究会、中国校园文学杂志社"2009年度全国教育改革优秀教学论文大赛暨全国教育改革优秀教师评选"论文二等奖，本人荣获"优秀教师"称号。

把准压缩一法 抓实辨改四环

——以 2012 年高考辨析和修改病句题为例

病句辨析和修改是多年来高考的必考内容之一，也是多年来反映语文教学"（题数）多（速度）快（效果）差"的试题之一。由于小学、初中阶段课标、教材、考纲和教学对语法知识及其应用的淡化，加上学生因课业负担过重而课外阅读太少，使得学生有关词法、句法等语法知识匮乏、语句感悟迟钝，致使病句辨析和修改的水平低下。进入高中特别是高三以后，不少教师病句辨析和修改的教学与复习例题重数量不重质量，教学重速度不重效果，教法重题海战术不重科学训练，所以尽管题目做了很多，时间花了不少，但是教学效果却很差。因而绝大多数高中毕业生，仍然过不了病句辨析和修改这一关，高考该题得分率很低就是明证。

根据长期的教学实践，笔者认为实施把准结构、意义压缩这一关键方法，抓实类型建模形成系统、压缩辨改掌握方法、变形训练巩固强化和综合运用灵活应对这四个环节的教法，可有效地改变病句辨析和修改"多、快、差"的教学现状。

一、类型建模，形成系统

首先要教给学生基础的、必需的词法、句法等常用的语法知识。词法如词类、词能、词用等；句法如单句中主谓宾定状补的功能、位置等，复句的类别、关系、组合规则与习惯等。

其次要教给学生病句的主要类型，并要求学生形成系统，烂熟于心。病句有很多变化形态，但只要掌握它的主要类型，就可以促使学生触类旁通。病句的主要类型，教师应通过典型的例句去引导学生有效地牢记。有的典例必须一字不错地识记住，如多层定语"我们学校的两位有三十多年教龄的优秀语文教师也当上了代表"，多层状语"许多代表昨天在休息室里都热情地同他交谈"等。

1. 搭配不当。包括主谓、动宾、主宾、关联词语、修饰语与中心语、一面与两面等搭配不当。如四川卷 C.1999 年～2011 年间，我国造林 6643.36 万公顷，人工林面积位居世界第一，但是土地沙漠化、植被覆盖率和森林病虫害等依然十分严重，令人担忧。句中"植被覆盖率"与"十分严重"主谓搭配不当。（成分残缺，应在"但是……森林病虫害等"后增加"问题"或"现象"）

2. 语序不当。包括多层定语、多层状语、定语和状语、虚词、主客语词、并列词语、分句等的位置不当。如安徽卷 B.中南大学特批大三学生刘路硕博连读，为其专门制订培养方案，将其作为后备人才，进入侯振挺教授的研究所从事研究工作。句中修饰语语序不当，"为其专门制订培养方案"应调整为"为其制订专门培养方案"。

3. 成分残缺或赘余。

（1）成分残缺。包括主语、谓语、宾语、中心词、必要的虚词或附加成分等的残缺。如浙江卷 A.加强和改进艺术评论工作，引领艺术创作和群众艺术鉴赏水平，纠正不良创作倾向，是艺术评论家必须承担的职责。句中谓语动词残缺，应在"群众"前增加"提高"。

（2）成分赘余。包括主语、谓语、宾语、中心词、附加成分等的赘余。如天津卷 B.来自全国各地的捐款已经达到 20 万元，这笔善款将全部用于这个孩子的生理以及心理康复的治疗费用。句中"善款"与"费用"重复，"费用"应删去。

4. 结构混乱。包括句式杂糅、中途易辙、藕断丝连等。如北京卷 B.依据欧洲银行已完成的压力测试结果显示，各国接受测试的 91 家大小银行，只有 7 家未能符合规定的 6% 的一级资本比率。句中把"依据……结果"和"……结果显示"两句话糅成了一句话，任意保留一句即可。

5. 表意不明。包括因动词的施动方向与管辖范围、介词的管辖范围的不确定而产生歧义，因修饰两可而产生歧义，因同音词、停顿而引起语音歧义。如山东卷 D.日本在野党强烈指责财务大臣"口无遮拦"、公开谈及政府去年入市干预日元具体汇率的行为是极不负责任的。句中"公开谈及"和"极不负责任的"主语是"在野党"还是"财务大臣"存在歧义，表意不明。应根据实际情况予以修改。

6.不合逻辑。包括并列不当、自相矛盾、否定失当、强加关系、不合事实等。如江西卷 A.贫困市民和下岗职工不再把干个体看作是丢脸的事，他们已经坦然地加入到个体户行列中来。句中"贫困市民和下岗职工"两个概念的内涵关系交叉，不能并列。

二、压缩辨改，掌握方法

首先要教给学生基础的、必需的词病、句病等常用的辨析方法，如压缩法、搭配法（习惯法）、审读法、分析法、识记法、推断法、造句类比法、标志规律法等。

其次要选择典型病例引导学生去具体分析、辨认，抓住病点对症下药地进行简要修改，从有效训练的实践中体悟、总结适合于自己的方法。特别要科学引导学生从实践中不断学会、牢固掌握结构、意义压缩法和抓住病点简要"调换、删除、调整、增加、修改、综合"等修改方法。

结构、意义压缩法是指在辨析病句过程中，通过压缩句子的基本结构，来理解句子的基本意思，为保留原意、有的放矢地简要修改病句提供可靠保障。通过先压缩句子结构的主谓宾再理顺句子结构的定状补，就可明白地知道搭配是否恰当、语序是否合理、成分是否残缺或赘余、结构是否混乱，表意是否明确、句意是否合乎逻辑等一系列问题。辨析和修改单句如此，辨析和修改复句亦然。它是辨析和修改病句最关键——最基础、运用得最多、最有效的一种方法。

1.搭配不当——用压缩法、搭配法（习惯法）辨析，用"换"和"删"修改。如：

在学校师资不足的情况下，他主动挑起了为请假的老师代课的任务，获得了大家的一致好评。（江西卷 D.）

据悉，一种新型的袖珍电脑将亮相本届科博会，它采用语言输入、太阳能供电，具有高雅、时尚、方便、环保的功能和作用。（北京卷 A.）

工作压力、环境污染、睡眠不足、缺乏运动等因素都会影响到人的身心健康，不健康的生活习惯、饮食习惯同样不容忽视。（天津卷 D.）

对涉及百姓健康和公共利益的研发活动能否进行科学伦理的评价把关，是防止技术滥用、纠正科技应用偏差的重要保证。（安徽卷 D.）

上例中江西卷 D. "挑起……任务"动宾搭配不当，应换为"挑起……重担"或"承担……任务"。北京卷 A. "具有高雅、时尚、方便……的功能和作用"修饰语与中心语搭配不当，"高雅、时尚、方便"不属于"功能和作用"而属于"特点"。天津卷 D. "不健康的……习惯、……习惯"修饰语与中心语搭配不当，"不健康"应换为"不良"。安徽卷 D. "能否……是……重要保证"，两面对一面搭配不当，"能否……是"应换为"……是"，删去"能否"。

像上述句子，我们只要运用压缩法并辅之以其他辨析法，通过结构、意义的科学的压缩，病点和病因就立刻显现在眼前，病句辨析考题的答案就准确无误地得出来；如果要修改，也就简单容易了。为节省篇幅，下面对病例中病点和病因的辨析，不再一一具体详细地展开，只作直接简洁的辨析和修改。

2. 语序不当——用压缩法、识记法（多层定语、状语）辨析，用"调"修改。如：

欧债危机爆发之后，欧洲现在面临的最大困境是如何解决失业问题，严峻的形势将巨大的挑战带给了欧洲各国的经济复苏。（全国新课标卷 D.）

一个省的文化系统如果能肩负起继承当地文化传统的使命，那么这个省的文化底蕴就会得到保持，而不至于中断和流失。（辽宁卷 B.）

我国首座自主建造、设计、开发的第六代深水半潜式钻井平台，在我国南海海域正式开钻，标志着我国海洋石油工业深水战略迈出了实质性步伐。（四川卷 A.）

上例中全国新课标卷 D. 修饰语语序不当，"严峻的形势将巨大的挑战带给了欧洲各国的经济复苏"应调整为"严峻的形势给欧洲各国的经济复苏带来了巨大的挑战"。辽宁卷 B. 关联词语序不当，应把"如果"调至"一个省的文化系统"之前。四川卷 A. 并列词语语序不当，"建造、设计"两词应互调位置。

3. 成分残缺或赘余。如：

（1）成分残缺——用压缩法、搭配法（习惯法）辨析，用"增"和"删"修改。如：

当今已经很少有人会像以前那样的闲情逸致，拿出一本小说，从头到尾地阅读一遍，欣赏其委婉动人的故事。（湖北卷 C.）

大型情景剧音舞诗画《天安门》，一开始就采用"幻影成像"与舞台真人的互动，营造远古"北京人"穿越时空向人们跑来。（北京卷 D.）

《深化普通高中课程改革方案》要求推进普通高中多样化和特色化发展，为每个学生提供适合的教育，以满足不同潜质学生的发展。（浙江卷 B.）

今年 5 月在北京举行的大学生文艺汇演，展现了新时代大学生的多才多艺创造活力，具有民族特色的各类歌舞表现了民族团结和热情奔放。（四川卷 D.）

关于《品三国》，粗粗一看，似乎与其他同类的书没有多大的区别，但反复品读，就会发现其意味深长。（江西卷 B.）

上例中湖北卷 C. 句中缺少谓语动词"有"，应增加"有"字删去"像"字，改为"很少有人会有以前那样的闲情逸致"。北京卷 D."营造"残缺宾语中心语，应在"向人们跑来"之后增加"的氛围"之类的词语。浙江卷 B. 句中宾语残缺，应在句末增加"的需要"。四川卷 D. 并列连词和宾语残缺，应在"多才多艺"与"创造活力"之间增加"和"；在"热情奔放"之后增加宾语中心语。江西卷 B. 滥用虚词"关于"致使主语残缺，应删"关于"。

（2）成分赘余——用压缩法、审读法辨析，用"删"修改。如：

全国新课标卷 A. 凡事若不问青红皂白，把自己心中的愤怒发泄到臆想对象身上，很可能造成对毫不知情的或有恩于己的善良的人遭到伤害。句中"造成、遭到"词语赘余，应删"遭到"。

4. 结构混乱——用压缩法、识记法辨析，用"改"修改。如：

本市国税局绘制出"税源分布示意略图"，解决了税源管理辖区划分不清、争议扯皮等问题的发生。（山东卷 B.）

300 多人只能睡在阴湿的地上，没有铺的就找来谷草，盖的除个别人有大衣可充当被子外，绝大多数人挤在一起和衣而睡。（辽宁卷 A.）

这本书精心选配了 10 多幅契合文意的图片与版式设计有机结合，为读者营造了一个极具文化魅力的立体阅读空间。（浙江卷 C.）

上例中山东卷 B. 句中把"解决……问题"和"避免或防止……发生"两句话糅成了一句话，任意保留一句即可。辽宁卷 A. 句中把"盖的除个别人有大衣外"和"除个别人有大衣可充被子外"两句话糅成了一句话，任意保留一句即可。浙江卷 C. 句式杂糅，应删去"有机结合"。

5. 表意不明——用压缩法、词句意义分析法辨析，用"综合"修改。如：

江苏（2011 年）卷 D. 为纪念建党 90 周年，"唱支山歌给党听"歌咏比赛将于 7 月 1 日举行，届时校长和其他学校领导也将登台参加比赛。句中"其他学校领导"是指"校内的"还是指"校外的"存在歧义，表意不明。应根据实际情况予以修改，如调整为"学校其他领导"。

6. 不合逻辑——用压缩法、事理逻辑推断法辨析，用"综合"修改。如：

今年广东天气形势复杂，西江、北江可能出现五年一遇的洪水；省政府要求各地要立足防大汛、抢大险、抗大旱，做到排查在前、排险在前、预警在前，确保群众的生命财产安全。（广东卷 D.）

近视患者都应当接受专业医师的检查，选择合适的眼镜，切忌不要因为怕麻烦、爱漂亮而不戴眼镜。（山东卷 A.）

现代文明不仅带来了理性化、工业化、市场化、都市化、民主化和法制化这些美好的社会制度，而且创造了前所未有的物质财富。（湖北卷 D.）

次贷危机引发的全球性金融危机带来的影响还在持续，随着经济全球化的日益深化，如何缓解就业压力已成为世界各国最大的难题。（全国大纲卷 D.）

建立监督机制非常重要，企业对制度的决策、出台、执行到取得成效的每个环节都纳入监督的范围，就能切实有效地增强执行力。（全国大纲卷 B.）

上例中广东卷 D. 句中短语并列顺序不当，应调整为"预警在前、排查在前、排险在前"。山东卷 A. 句中"切忌不要"否定失当，应将"忌"换为"记"或删去"切忌不要"中的"不要"。湖北卷 D."不仅……而且"所管辖的内容不合逻辑，"创造了前所未有的物质财富"和"带来了理性化、工业化、市场化、都市化、民主化和法制化这些美好的社会制度"应对调。全国大纲卷 D. 强加关系，"经济全球化的日益深化"与"就业压力"无关联。全国大纲卷 B. 不合事实逻辑，"制度的决策、出台、执行"应修改为"酝酿、出台、执行"。

三、变形训练，巩固强化

通过选择典型的病例主要运用压缩法进行辨析和修改训练，可以引导学生构建并形成病句类型的模块进而触类旁通地形成系统，可以促使学生抓住病点快速简要地"换、删、调、增、改、综合"。但还不够，还不仅要帮助学生巩固类型模块的知识，更要组织学生进行变形巩固强化的训练，促使学生把知识转化为面对非典型的复杂病句能够游刃有余地辨析其病在何处并大胆准确地予以修改的能力。如：

专家认为，我国人均饮茶量每天不足 10 克，加之大部分农药不溶于水，茶叶中即使有少量的农药残留，泡出的茶汤中也会农药含量极低，对人体健康影响不大。（广东卷 C.）

句中因关联词语"即使"的位置不当，造成全句的主语为"茶汤"，而前一个分句的主语却为"茶叶"的中途易辙的错误。应将"即使"调整到"茶叶"的前面，使之成为让步状语。

坐上画舫游清江，如行画卷之中，江水清澈，绿树蓊郁，自然与人，和谐相依，随风生长，好一派如诗如画的风光！（湖北卷 A.）

句子因"自然与人"与"随风生长"主谓搭配不当，造成不合逻辑。应将"随风生长"调整到"绿树蓊郁"的后面。

她的创新设计投入生产仅三个月，就为公司带来了丰厚的利润，为这项设计付出的所有努力和取得的成绩终于得到了回报。（全国新课标卷 B.）

句中"取得的成绩"与"得到了回报"搭配不当。

他在英语国家工作一年，不但进一步提高了英语交际能力，还参加过相关机构组织的阿拉伯语培训，掌握了阿拉伯语的基础应用。（全国大纲卷 A.）

该句强加关系，"不但……还……"联结的内容无关联性且这组关联词一般表递进关系，而本句中后面的内容与"他在英语国家工作"也无直接关系。

昨日本人遗失饭卡于学校饮食服务中心，恳请拾者高抬贵手交还，万分感激。（湖南卷 D.）

"恳请拾者高抬贵手交还"搭配不当，表意错误。"高抬贵手"是一个动宾式结构作谓语、不能携带成分的成语，是恳求别人宽恕或通融的话，意思是您一抬手我就过去了。如：能斟时事～，善酌人情略拨头。（宋·邵雍《伊川击壤集·谢宁寺丞惠希夷》）娘是小的一个主儿，娘不～，小的一时儿存站不的。（明·兰陵笑笑生《金瓶梅词话》）请～，饶了他吧。

四、综合运用，灵活应对

对同一个病句，可以从不同的角度、用不同的方法去辨析它的病因，修改它的病点。同时，当今的媒体特别发达而不规范的词句也同样发达且更复杂，往往一小段话语中就可能有许多个别扭的不典型的病句，甚至是一句话中有几个病点包含其中。因此，我们还要引导学生综合运用病句辨析知识，灵活应对各种复杂病句，不断提高修改病句的能力。如：

责任感是沉甸甸的，为我们社会所需要，每个人都应该具备，在所有价值中它处于最高的位置是毋庸置疑的。（辽宁卷 D.）

该句既可说是因语序不当造成表意不明，也可说是因搭配不当造成表意不明。应把"责任感是沉甸甸的"调整为"沉甸甸的责任感"。

规划提出把合肥建设成为区域型特大中心城市为目标，打造以合肥为核心，包括马鞍山、芜湖、铜陵等城市的大合肥都市圈。（安徽卷 A.）

该句既有句式杂糅的语病，把"以……为目标"和"把……作为目标"两句话揉成了一句话，任意保留一句即可；又有成分残缺的语病，应在"等城市"后增加"在内"。

中国科学院最近研究发现，喜马拉雅山冰川退缩，湖泊的面积扩张，冰湖溃决危险性增大，引起了研究者的广泛关注。（广东卷 A.）

该句既可说是句式杂糅，因为"研究发现"的宾语是后文的三种情况，而"引起广泛关注"的主语是前文中的三种情况，此"三种情况"既已作"研究发现"的宾语，就不能再作"引起"的主语，可删去最后一句；也可说是主语残缺，可在"引起了研究者的广泛关注"前增加"这"或"这些情况"等类似的词语。

如何更好地传承民族文化？有学者提议，应倡导全民重温中华经典，对弘扬民族文化更具积极意义。（天津卷A.）

该句既可说是句式杂糅，"应倡导……更具积极意义"显然是把两句话揉成了一句话；也可说是主语残缺，可在"对弘扬民族文化更具积极意义"前增加"这"一类的词语。

最后看《庆建国先锋模范大会邀请函》中的一段话：

在迎接伟大祖国建国六十一周年之际①，为大力弘扬各界先锋人物的崇高品格②，大力宣传先锋模范精神③，充分发挥他们的示范和导向作用④，以他们的先进事迹感召社会⑤，树立"学习先锋、尊重先锋、崇尚先锋、争当先锋"的社会风尚⑥，进一步加强中华民族的凝聚力⑦，激励社会各界爱国人士积极投身到我国改革开放的伟大事业中来、共同建设社会主义和谐社会⑧。

该段话只有8个语句158个字，但却有以下诸多语病：①"伟大祖国建国"知识错误，我们的"祖国"已有五千多年的历史，她不是1949年"建国"的。应修改为：在迎接中华人民共和国建国六十一周年之际。或干脆改为：在迎接建国六十一周年之际。②"弘扬……品格"动宾搭配不当，综观第②、③句短语也搭配不当。应调换为：为大力弘扬各界先锋人物的模范精神，大力宣传各界先锋人物的崇高品格。⑥语序不当。应调整为：树立"崇尚先锋、尊重先锋、学习先锋、争当先锋"的社会风尚。⑦"加强……凝聚力"动宾搭配不当。应调换为：增强中华民族的凝聚力。⑧句中的"、"号，应改为"，"。整段话"为"的目的是什么，意思没有表达完。应把最后的"。"改为"，"再加上"特举办本次'庆建国先锋模范大会'"。

在病句辨析和修改教学与复习中，我们如果能够真正把准结构、意义压缩这一关键方法，抓实类型建模形成系统、压缩辨改掌握方法、变形训练巩固强化和综合运用灵活应对这四个环节，真正做到例题重质量、教学重效果、教法重科学训练，使学生真正掌握了基础的必需的词法句法等常用的语法知识、词病句病等常用的辨析方法和修改方法，那么无论是应试还是学习、工作，解决病句辨析和修改这样的问题，自然就是一碟小菜了。

当然，教学有法但无定法，辨析和修改病句的有效教学法、复习法还有很多，笔者在此仅是抛砖引玉，疏漏或不当之处还望方家批评指正。

2012 年 7 月 6 日

注：①此文发表于 2012 年第 22 期《现代语文》八月上旬刊《学术综合》（国内统一刊号为 CN 37-1333/G4、国际标准刊号为 ISSN1008-8024）。②继 2011 年第 22 期《现代语文·学术综合》"杏坛学人风采"以彩照配文字的形式把本人置于封二首位向全国予以重点推介后，发表本文的 2012 年第 22 期《现代语文·学术综合》再次以彩照配文字的形式把本人置于封二向全国予以重点推介。

动宾搭配不当现象及其成因浅析

上网看新闻、读时评，发现语逻修标点错误比比皆是，尤以语法为最。即使像《人民日报》、《中国青年报》和新华网、人民网等知名媒体，组词造句不合语法规范的现象也不少，其中搭配不当中的"动宾搭配不当"出现频率最高（下列病例的出处，限于篇幅一律略去）。

一、写编应用欠沉静

因求速、草率、急就，写作、编审未用心检查与修改导致错误。如：

①我们广东公安选择开微博，实际也是顺应信息化技术发展的浪潮。

②×××强调，必须抓好八个方面的重要任务。

③相关部门要加快主动反腐力度，起码要做到"有举报必查，有举报必有回复"，同时加快制定官员财产公示办法。

④深圳率先开始推行公务员聘任制，被公众认为是打破了公务员体制"能进不能出、能上不能下"的弊端。

⑤这是我第一次领教日本右翼政客的嘴脸，从外表到谈吐，我很惊讶日本作为一个世界上有影响的大国，怎么会有这样的政治家？

⑥我们知道，×××本身就是越秀区的区委常委，现在再由越秀区做出调查，从程序上来说，确实值得商榷。因为"自己人查自己人"的公正性，很值得质疑。

⑦"兰新高铁"，目前正在紧张建设中。然而，这样一条投资过千亿的高速铁路，其部分设备的招标却遭到诸多质疑。

上述句子只要运用压缩法一压缩，"动宾搭配不当"的问题就暴露无遗了：例①"顺应……浪潮"，例②"抓好……任务"，例③"加快……力度"，例④"打破……弊端"，例⑤"领教……嘴脸"，例⑥"值得质疑"，例⑦"遭到……质疑"。前五例应分别修改为"顺应……潮流"、"落实……任务"或"抓好……工作"、"加大……力度"、"破除……弊端"、"见识……嘴脸"。"质疑"是"提出疑问，要求解答"的意思；"置疑"是"怀疑（虽然多用于否定如'毋庸置疑'，但却并非全用于否定）"的意思。所以例⑥、例⑦似应分别修改为"值得置疑"或"值得怀疑"，"遭到……置疑"或"遭到……怀疑"。

二、功能认知欠全面

不及物动词不能带宾语。及物动词带宾语时要注意两点：一是带两个及以上宾语时，要顾及到与每个宾语的合理搭配；二是所带宾语有固定和习惯的搭配规范。认识不到这些功能，应用时容易出现错误。如：

⑧他们逢中必反，鼓吹暴力，……进而达到他们的境外主子分裂中国、衰落中国的险恶目的。

⑨另外一种声音认为，网上充斥着不实言论和极端情绪，容易误导公众，撕裂社会。

⑩大数据在2012年成为炙手可热（用法错误）的名词，在2013年还会继续"发光发热"，展现出在生产生活各方面的改造能力和加速潜力。

⑪王陇德院士建议，科技部和中国工程院都要反省评审工作的相关规定，复议谢剑平的科技进步奖和院士资格，并完善评审中的问题和规范。

⑫"群众利益无小事",政府要转变工作作风和方法,开展风险评估,提前化解矛盾,让悲剧不再发生。

⑬昨天,北京市人社局会同市财政局下发了《关于印发的通知》,将扩大用人单位的岗位补贴和社保补贴的范围和额度。

⑭现实社会中诸如尊重人格、保护隐私、诚实守信、张扬正义等基本行为规范,仍需一如既往的坚定恪守。不能因为"看不见"和"摸不着"而放纵人们固有的劣根和弱点。

⑮加大反腐力度,是中央一以贯之的坚定决心。增强社会信任、筑牢民意资源,这是促成中国进一步前行的"反腐红利"。

⑯每一次灾难都如一面镜子,在目睹山河破碎亲人离别的痛苦时,我们也看到了患难相恤、守望相助的民族精神,感受到了宝贵的人性光辉和向上力量,正是这些给予我们战胜灾难的勇气。

⑰2010 年 5 月,武汉电视台曾经举办过一期 1 个小时的特别节目,其中播出的 7 个与民生问题相关的新闻短片,让现场 5 位局长和 44 个公开承诺过要整治的部门、行业负责人感到压力。

用压缩法一压,上述句子"动宾搭配不当"的问题同样即刻显现:例⑧"衰落中国"中的"衰落"是个不及物动词,不能带宾语,可修改为"催落中国"。例⑨、⑩、⑪、⑫、⑬、⑭都是动词配带两个宾语时顾此失彼的典型例子,它们分别可以是"充斥……言论"、"展现……能力"、"完善……规范"、"转变……作风"、"扩大……范围"、"放纵……弱点";却不能配搭成"充斥……情绪"、"展现……潜力"、"完善……问题"、"转变……方法"、"扩大……额度"、"放纵……劣根",应分别修改为"充满(充溢)……情绪"、"反映……潜力"、"解决……问题"、"改变……方法"、"加大……额度"、"助长……劣根"等。例⑮"筑牢……资源"、例⑯"目睹……痛苦"和"看到……精神",不仅与固定和习惯的搭配要求相悖,而且也不合情理,应分别修改为"广集(广积)……资源"或"筑牢……基础"、"目睹……状态"和"感受(体验)……精神"等。而例⑰的"感到压力",则涉及心理动词的搭配规则与习惯用法问题。"感到"所带的宾语,可以是一个形容词,如感到委屈、困惑、迷茫等;也可以是一个动宾短语(词组）如感到有压力、有难度等，主谓短语如感到压力大、事难办等，却不能是一个名词或名词性短语。

三、新构组创欠严谨

当今中国，事物在瞬息万变，生活在"日新"，社会在"月异"，语言及其表达也在发生着迅速而深刻的变化，这给组词造句的语言应用提出了新的挑战——要有新构造，要有新规范。在新构组创的过程中，有像回应关切、推进公开、分享"红利"、痛打"老虎"、释放"正能量"、唱响"中国梦"等准确、鲜明、形象并极具时代色彩的规范新构应运而生，自然也会有不规范而需要研究后再规范的新构裹挟其中。如：

⑱过去，政府可以很容易通过主流媒体塑造强大的舆论，构成主流表达。但是，网络时代则有更多的声音出现，这使得舆情态势发生了很大变化。

⑲（中美）双方同意不断加强两国在经贸、投资、能源、环境、人文、地方等领域务实合作，深化全方位利益交融格局。

⑳×××18日表示，中美应通过加强互利合作、提升互信、管控分歧和深化非传统领域协作来提升两军关系。

上述句子中例⑱"塑造……舆论"，另如"重塑……政策"、"重塑……生活"，属于不规范的搭配新构，可分别修改为"形成……舆论"、"调整……政策"、"创造……生活"等。而例⑲"深化……格局"、例⑳"深化……协作"和"提升……关系"的不当搭配，则是有欠严谨的新构，应分别修改为"深化……格局的认识"或"促使……格局的形成"、"强化……协作"和"提升……关系档次"，才合情理、规范。类似的动宾搭配新构，在目前我国的时事新闻、网评新作中不断地涌现，亟需研究并规范。

如果作者、编辑在组词造句的应用、审定过程中，能应用沉静些、认知全面些、组创严谨些，那么，在知名媒体上就不会出现如此之多的错误了。反过来，它会对其他媒体不断修正、减少语逻修标点等错误起到示范作用，促使整个社会语言文字的规范应用。

2013 年 7 月 10 日

注：此文发表于 2013 年第 10 期《语文天地·高中版》（国内统一刊号为 CN23-1367/G4、国际标准刊号为 ISSN1007-8665）。

浮躁、急就、草率，病句形成之主因

——以新闻、时评的"成分残缺或赘余"为例

现今，一点开网页或打开电视或翻开书本，所见语逻修标点错误比比皆是，尤以网上新闻、时评的语法病句为最，即便像《人民日报》、《解放军报》和人民网、新华网等知名媒体，也不例外。

从对网上新闻、时评成分残缺或赘余病句（下文限于篇幅，略去出处）的研究中，笔者发现，作者急就、编者草率即两者浮躁，是形成病句的主要原因。

一、成分残缺

成分残缺，主要表现为主语、宾语、谓语、必要的虚词、配套的关联词语等的残缺。如：

①随着黄浦江死猪事件的曝光，引起了人们对病死动物如何善后这个重要话题的热议。

②在伟大复兴中国梦的激励下，使他重新鼓足了创业的勇气，扬起了打拼的风帆。

③女公安局长任长霞的事迹，强烈地震撼着读者的心弦，在不知不觉中受到了深刻的教育。

④风儿掠过麦田时，恰似黄河的滚滚波涛上下起伏。

⑤要充分开发利用国内国际人才资源，以更大力度推进"万人计划"。

⑥同工不同酬的用工双轨制，背后隐含的实质是一种身份歧视。应摒弃以身份定薪酬福利，消除各种或明或暗的同工不同酬的现象。

⑦值得欣慰的是，在价值取向多元化的今天，中国人对诚信高度共识，衷心期盼。

⑧清华大学女教授杨燕绥因为是清华大学延迟退休方案的主要参与者而被广大网民所熟知。

⑨要在前段工作的基础上，做好伤员救治、次生灾害防范、善后安抚，同时彻查事故原因，依法依规严肃追究相关人员的责任。

⑩公务标准的有令不行，一方面表明体制内对公务标准的漠视，另一方面也折射出公款报销还是听领导而非标准说了算。

⑪只有将网络反腐纳入制度化、法治化进程，与传统防腐反腐手段互动，形成合力倒逼官员清廉从政。

上述例句的成分残缺，只要作者写作时稍微用点心思，编者审定时稍微动点脑筋，是完全可以避免的。因为只需用压缩法一压缩，其问题就暴露无遗了：例①～例④主语残缺。其中例①和例②因句首滥用介词和介词及其连带的方位词所导致，应分别删去"随着"和"在……下"。句首滥用的介词常有"随着、通过、经过、对于、为了"等，滥用的介词及其连带的方位词常有"在……下、当……时、从……中"等。例②同时是因滥用使动句式所导致，应删去"使"。例③因暗中更换施动对象所导致，应"在不知不觉中"前加"读者"。例④因不恰当的省略所导致，应在"恰似"前加"麦浪"。例⑤和例⑥宾语残缺。其中例⑤谓语"推进"句后应加"的实施"或"的落实"等，例⑥谓语"摒弃"句后应加"的做法"或"的意识"等。例⑦和例⑧谓语残缺。其中例⑦应在"高度共识"前加"具有了"或"形成了"。例⑧应在"延迟退休方案"前加"起草"或"制定"。例⑨则一是谓语残缺，谓语"做好"之前还应加谓语"继续"以照应上句的"基础上"；二是宾语残缺，谓语"做好"句后应加"等工作"。例⑩必要的虚词残缺，"还是听领导而非标准说了算"中"听领导"后应加"的"或改"听"为"由"。例⑪配套的关联词语残缺，应在"形成"前加"才能"。

二、成分赘余

成分赘余，主要表现为修饰限制成分、词语或短语中成分、省略号或"等"字等的赘余。如：

⑫"知识改变命运"这句读书口号给了无数莘莘学子阳光一般的温暖，让人们知道努力读书可以改变我们的命运。

⑬三亚市国土环境资源局有关负责人介绍，施工土地确实属于三亚学院，面积大约有 1000 亩左右。

⑭奥数为何屡禁不止，反而愈演愈烈？原因无外乎在于当下奥数证书与升学挂钩，成为进入名校的"硬通货"和"敲门砖"。

⑮教育中的许多悲剧常常源于教育行为的简单粗暴、缺乏教育艺术的原因。

⑯这个危险期应该在 7 到 10 天以上。

⑰不知他携带的"乾坤袋"里装着哪 300 多件有毒食品，——报道只披露了其中的两种，真希望他能把 300 多件有毒食品都一一公诸于众。

⑱我认为对于目前网络上的鱼龙混杂和众多的暴力言语，都是值得关注的问题。

⑲由于种种历史原因，当前我国服务业税种主要是以营业税为主，营业税自身的种种弊端在一定程度上影响了服务业的发展。

⑳教育、就业、社会保障、医疗、住房……等关系群众切身利益的问题较多，部分群众生活比较困难。

上述例句的成分赘余，只要作者，编者稍微用点心思、动点脑筋，弄清楚所用词语以及由它组成的短语的意思，是根本不可能出现的。例⑫修饰限制成分赘余。"莘莘"就是"无数"的意思，任留其一即可。同类的如"平凡普通的芸芸众生"、"颇多的高频句"、"今天的亚洲早已今非昔比"和"现在的当务之急"等。例⑬～例⑲词语或短语中成分赘余。其中例⑬表估计的副词"大约"与表概数的名词"左右"不能前后同时使用，任留其一即可。同类的如"大约15 分钟左右"、"约 50 公斤左右"、"约在 300 元 / 吨左右"和"大概 7.8% 左右"等。例⑭"无一例外的是"的"无外乎"与相当于"就是"的"在于"的意思重复，任留其一即可。例⑮"源"是根源的意思，应删去"的原因"。例⑯"7 到 10 天以上"就是 7 天以上，可据实际删去"到 10"或"以上"。例⑰"诸"即兼词"之于"，"公诸于众"，应删"于"或改"诸"为"之"。同类的如"见诸于"、"放诸于"和"置诸于"。例⑱"对于"不仅赘余，而且还因它而导致了句中的主语残缺。例⑲"主要是以营业税为主"，既可说它是赘余，可删去"主要是"或改为"主要是营业税"，也可说它是杂糅。例⑳"……等"则是省略号与"等"重复，二者只能任留其一。

朱光潜先生在《咬文嚼字》中指出："在文字上推敲，骨子里实在是在思想情感上'推敲'。"郝铭鉴先生在接受龙源期刊网专访时回忆："一篇千字文，我会改得面目全非。一个词语，如果发觉有不妥之处，我会连夜查找资料，否则寝食难安。我……经常为一个开头、一个转折，弄得痛苦不堪。"（蔡凛立《〈咬文嚼字〉主编郝铭鉴访谈录》）鲁迅先生在《答北斗杂志社问》中强调，他每次"写完后至少看两遍，竭力把可有可无的字、句段删去，毫不可惜"。这些前辈名流，他们对待写作如此沉静、认真、慎重，用心"推敲"，反复修改，不惜"删去"，因此其作品无论是思想情感还是语言表达，都经得起读者研究，以及历史无情的检验。如果现今的作者和编者，在写作、审稿中都像他们那样心存敬畏、态度谨严，那么还会出现上文例举的如此简单的成分残缺和赘余的病句吗？当下网页、电视、书本上的语逻修标点错误还会比比皆是吗？所以笔者认为，浮躁的作者急就、编者草率，是病句形成之主因。要想减少或消灭病句，必须从找回敬畏之心、重树谨严态度开始！

2013 年 10 月 30 日

注：此文发表于 2014 年第 4 期《新校园》(中旬刊，国内统一刊号为 CN 37-1458/C、国际标准刊号为 ISSN 1672-7711。标题被改为"浅析病句形成之主因"，删减了第⑩、⑪和⑳例)，2014 年第 20 期《现代语文》七月中旬刊《教学研究》(国内统一刊号为 CN 37-1333/G4、国际标准刊号为 ISSN 1008-8024)。

找回敬畏之心 重树谨严态度

从对网上新闻、时评的语法研究中，笔者深切地感觉到，浮躁的作者急就、编者草率，是形成病句的主因。下面例举的语序不当、结构混乱、表意不明和不合逻辑等病句（限于篇幅，略去出处）典例，就是明证。要想减少或消灭病句，必须从找回敬畏之心、重树谨严态度开始。

一、语序不当

语序不当，主要有主语、定语和并列词语的位置不当等。如：

①老毕对于观众并不陌生，爱搞怪，很幽默、很随和、很亲切，个性鲜明。

②凡民警违法办理假户口，一律开除；构成犯罪的，坚决依法严惩。

③被科研人员最多提及的"人头费"问题，我国的规定这部分费用只能占整体经费支出的 10% ～ 15%。

④只有每个党员彻底摒弃特权思想，时时刻刻慎权、慎欲、慎微，坚守精神家园，永葆政治本色，我们党才能始终走在时代前列，始终得到人民群众的支持和拥护。

上述病句中，例①、例②主语位置不当。其中例①"老毕对于观众"主客颠倒，应换位为"观众对于老毕"。例②"凡民警违法办理假户口"应换位为"凡违法办理假户口的民警"。例③"最多"应为定语却成了状语，"最多提及的"应换位为"提及最多的"。例④因并列词语位置不当造成不合逻辑，"支持和拥护"应换位为"拥护和支持"。

二、结构混乱

结构混乱，主要有句式杂糅、中途易辙和结构混乱等。如：

⑤全国许多城市在大规模整治交通不文明行为，遏制"中国式过马路"现

象，但主要采取罚款为主的手段。

⑥所有这一切，其源头就是取决于你的品德。

⑦华人在海外的这一不太光彩的形象，既是因为外国人固有的偏见很容易放大华人言行的不当之处，也是由于华人自身确有欠缺所致。

⑧"变性证书"8年难改，听来有点天方夜谭，却绝非荒诞不经的黑色幽默，它呈现出的是有些政府部门服务意识缺失的现状亟待改变。

⑨记者昨天询问国家工商总局、质检总局了解到，旗下的食品流通监管司、食品生产监管司目前都在正常运行中。

上述例句中，例⑤～例⑦句式杂糅。其中例⑤"主要采取罚款为主的手段"，应改为"主要采取罚款的手段"或"采取以罚款为主的手段"。例⑥"其源头就是取决于你的品德"，应改为"其源头就是你的品德"或"都取决于你的品德"。例⑦"由于华人自身确有欠缺所致"，"由于"与"所致"二者只能保留其一。同类的如"最根本的原因……所致""主要原因……所致"等。例⑧中途易辙。"它呈现出的是……的现状亟待改变"中，作者要表达的是："它呈现出的是……的现状"，"这种现状亟待改变"。例⑨结构混乱。"昨天询问……了解到"中，记者要表达的是："昨天到……询问"，"从……了解到"。应换"询问"为"从"。

三、表意不明

表意不明，主要有因修饰多可、主谓不当或停顿不同产生歧义甚至误解等。如：

⑩天一出生于1996年4月，父母系知名歌唱家李双江和梦鸽。

⑪7月29日，华北某机场，碧空如洗，战鹰列阵。9时56分，我军首批歼击机女飞行员余旭，身着新式飞行装具，跨入歼十战机座舱。

⑫公车改革堪称顽疾，自上世纪末启动公车改革以来，历经十多年至今仍在路上，有的地方甚至在开"倒车"。

⑬夫妻双贪把家败，反腐权力家庭化。

上述病句中，例⑩～例⑪修饰多可。其中例⑩"知名歌唱家"修饰的是"李双江"还是"李双江和梦鸽"？事实是梦鸽仅为一般歌手。同类的如"华人科学家高锟、韦拉德·博伊尔和乔治·史密斯三人"中,"华人科学家"只修饰"高锟"。例⑪"首批"修饰的是"歼击机"还是"女飞行员",还是既是"歼击机"又是"女飞行员"？从历史事实和全文表述看,修饰的应是"女飞行员"。例⑫、例⑬主谓不当。其中例⑫"公车改革堪称顽疾"容易使人误解。客观事实是：公车耗费巨大、私用普遍、滋生腐败等是顽疾,而公车改革则是历时很长、收效甚微、举步维艰。例⑬是被改动的一篇文章的标题,后句"反腐权力家庭化"既因主谓不当又因停顿不同而容易产生歧义甚至误解。原标题表意却非常准确：权力家庭化已成反腐重点难点。这是"点金成铁"的一个典例。

四、不合逻辑

不合逻辑,主要有因用词不当或成分残缺造成前后矛盾和不合事实或事理等。如：

⑭美国的中小学规模都不大,我们参观的学校,大约都只有 300～400 人。班额也比较小,公立学校平均每班约 25 人。

⑮王志勇说,就他记忆来讲,鲁迅这篇《风筝》在初一教材中出现已经很长时间了,起码 10 年左右。

⑯畜禽加工企业属于劳动密集型企业,一些大的加工厂有 4000 到 5000 平方米的大车间,车间内动辄三四百人以上。

⑰作为一家历来重视形象的跨国企业,这么小气这么不厚道,确实有些让人想不到。由此也说明一个道理：诚信从来就不是天生的,没有约束,即使跨国企业也可能幸免。

⑱陕西省决定从一线工人、农民中选拔党政干部,这样有利于打破一线工人、农民与干部之间的"隔离门",形成了人才流动通道。

⑲贫困县界定上的乱象,表面指向一些具体机制,更深层的,还在于二次分配的公平与正义,在于财税政策如何更好地雪中送炭。

⑳记者追踪这起重庆警方近期查获的"高价网购论文"案,发现"论文买卖市场"混乱无序、缺乏监管的尴尬现状。

上述病句中,例⑭～例⑯因用词不当造成前后矛盾。其中例⑭"大约都只有 300 ～ 400 人" 中，又是 "大约" 又是 "都" 又是 "只有 300 ～ 400 人"，前后矛盾。例⑮ "起码 10 年左右" 中，"起码 10 年" 表示 "至少 10 年"，与 "10 年左右" 前后矛盾。同类的如 "至少 100 万元以上" 等。例⑯ "三四百人以上" 中，"三四百人" 是个约数，"以上" 是指 "三百人以上"、"四百人以上" 还是 "多少人以上"？例⑰因成分残缺而导致意义表达的前后矛盾。"……可能幸免" 应改为 "……不可能幸免"。同类的如 "近千名学生每天只有一盆水可以用"（应改为 "……每天每人只有一盆水可以用"）等。例⑱～例⑳因用词不当造成不合事实或事理。其中例⑱刚 "决定" 何以 "形成了"？同类的短语如 "会……抹杀了……" 等。例⑲ "乱象" 怎么 "在于……公平与正义"？例⑳ "论文买卖" 还能允许有 "市场"？上述病句的修改，可根据具体的实际情况去进行。

古今中外，优秀的文章都是靠用心修改得来的，就像璞玉必经精雕细琢才能成为美玉一样。我国宋代作家欧阳修常把写完的文章挂在墙上，认认真真地吟读，从头到尾地修改，有时甚至把通篇文章改没了后重新再来。现代文豪鲁迅在生命的最后所写的仅有 2600 多字的《因太炎先生而想起的二三事》，修改竟达 53 处之多。十九世纪法国作家莫泊桑每当写完作品，总要反反复复地细看，一字不落地修改，如《羊脂球》的修改稿摞起来几乎和他本人一般高。这些都在说明修改是成就优秀文章的必备环节。方家尚且如此，凡辈更当重视。如果作者不急于 "一挥而就"，编辑不忙于 "一目数行"，在写作、编审时都能心存敬畏、字斟句酌，态度谨严、推敲修改，那么还会出现上文例举的如此简单的语法病句吗？当下网页、电视、书本上的语逻修标点错误还会比比皆是吗？

2013 年 11 月 8 日

注：此文发表于 2014 年第 29 期《现代语文》十月中旬刊《教学研究》（国内统一刊号为 CN 37-1333/G4、国际标准刊号为 ISSN 1008-8024）；荣获中国教育管理学会等单位主办的第三届全国素质教育教研成果奖一等奖（编号 24494110），本人荣获 2015 年 "全国素质教育先进工作者" 称号。

学校标语应温馨、进步与科学

因学习与工作的需要,我到过全国各地一些著名的初、高中学校,每到一校,都深深地被学生强烈的求知欲望、校园浓郁的学习氛围和学校鲜明的文化特色感染着、浸润着。通过参观、考察,学到了不少知识,接受了不少教育,借鉴了不少经验,受益匪浅。但毫不讳言,不少学校的标语,警告恐吓威胁人,捡起落后当经典,片面荒唐不科学,不同程度地违背了学校标语应温馨、进步和科学的基本要求。

下面仅择几个典例稍作分析,以求教于大方之家。

一、警告恐吓威胁人

我到过的很多学校,教育质量主要指升学率确实芳名远播,但警告恐吓威胁人的标语,也比比皆是。如公共场所到处张贴着"不准喧哗(剪贴、乱丢饭菜等),违者罚款"的标语;校园内到处竖立着"不准踩草(摘花、折枝、高攀等),违者罚款"的标牌,用警告并罚款的方式去惩处学生的不文明行为,长此以往,会给学生形成一种什么样的意识和心态呢?再如"流汗流血不流泪,掉皮掉肉不掉队"。为了警示学生抓住学习的分分秒秒,尽自己最大的努力,去温课迎考,去获得理想成绩,其良苦用心能够使人理解,但作为标语张贴在高三学生每时每刻都看得到的教学大楼,委实让人恐怖。"高天厚土作证,考当笑看风云。"这是在逼着学生赌咒发誓,"比学赶超",恐吓威胁真的到了家。还如几乎每所学校在高三(或初三)下学期的每个班级的教室里,都张贴着醒目的"离高考(或中考)还有××天"的倒计时标语牌,这种标语人为地制造紧张气氛,加重了学生焦虑、急躁和易怒的心理情绪,实在让人毛骨悚然!"一举一动皆样板,一言一语是师范。"校园的每一幅标语都在潜移默化地影响着学生,作为教育、培养人的学校,为什么不可以把标语拟写得温馨感人,使人在阅读、诵咏之后自觉地把学校的要求变成自己的实际行动呢?

二、捡起落后当经典

有好些学校,一进校门就豁然看到高高悬挂着的"知识铺就富贵路,能力叩开幸福门"的横幅标语。也有好些学校,一进教室就看到赫然写在宣传栏里的对联:"今日吃得苦中苦,明天方为人上人。"临近高考前,有的班级的黑板侧沿居然写着"破釜沉舟冲刺百日,光宗耀祖唯此一搏"的标语。这样的标语,完全承袭了历史传统中落后的那些"富贵"、"人上人"和"光宗耀祖"的追求目标,与当今社会的时代要求背道而驰。现代社会的基础教育,理应是提高整个民族的文化素质,为每个人将来能为社会作出应有的贡献打基础,同时使每个人在为社会作贡献的过程中,实现自己的人生价值。社会职业的分工,理应没有高下、贵贱之分。学校不应捡起落后当经典,在标语中对学生宣扬传统的落后思想和职业歧视的观念。学校的宣传标语,应与新时代、新社会和国家的教育方针,保持进步文明、正面引导的一致性。

三、片面荒唐不科学

不少学校都有自己拟制的宣传标语,都能突出地反映各自学校的办学理念、目标追求和文化修养。其中的不少标语,恕我直言,是片面、荒唐、不科学的。如"为学生发展而教,为学子一生奠基"。教育首要的一个目标应是为国家培养德、智、体、美等全面发展的社会主义建设者和接班人,怎么仅仅就是为了"学生""学子"这样一个目标呢?"学习改变命运,高考决定人生。"学习确实能够改变命运,像恢复高考制度后,改变了一大批"文化大革命"中埋没的人才的命运,使他们今天能在各行各业的社会经济建设中充分展示自己的才华、发挥不可替代的作用,但是说"高考决定人生",显然就片面而不妥当了。"世界因高考而美丽,人生有拼搏才精彩。"这幅标语的前一句真是荒唐透顶!世界有那么多的国家,中国有那么多的朝代,它们根本就没有高考,那不就都不美丽了?更何况像今天这样规模庞大、竞争残酷的应试高考,有人还在诅咒它呢,不是有"黑色的六(七)月"之说吗?怎么美丽呢?"只有学习知识,才有美好未来。"我国的"四化"建设，既需要知识型人才、科技型人才，更需要技术型人才和普通劳动者，难道"只有学习知识，才有美好未来"吗？这幅标语否定"行行出人才""实践出真知"，把学习的重要性说得太绝对化、太不科学了。"学习知识的痛苦是暂时的，没有知识的痛苦是永远的。"新课程改革大力倡导以人为本，轻松、快乐学习，可这幅标语却公然提出要"痛苦学习"，要学生承受无法承受的压力，完成无法完成的作业，参加无法考完的考试。这就既不科学，更不符合国家提出的新课程改革的教育要求了。

学校是教育、培养人的地方，标语的拟写不能警告恐吓威胁人、捡起落后当经典、片面荒唐不科学，而应温馨、进步与科学，要与时俱进，要符合新时代、新社会和国家教育方针的基本要求。

2010 年 7 月 19 日

注：此文发表于 2010 年第 9 期《空中英语教室·社会科学版》（国内统一刊号为 CN22-1347/G、国际标准刊号为 ISSN1001-4128）。

语言与生活和社会发展刍议

语言与生活和社会相互依赖与促进，共同进步与发展。社会的发展、生活的变化促进着语言的发展和变化，产生着具有鲜明时代特征的新称谓、新词语、新短语，极大地丰富着语言的表达，方便着人与人之间的信息交流与思想沟通，从而也反映着群体文化水平的提高，表现着同仁思想认知的进步，折射并促进着社会发展的文明、进步和科学。

日常生活中称谓的更换和改变，反映着群体文化水平的提高。

如某地区对父亲（母亲）从嗲馳（diā jiē，娭馳 āi jiē）→爹（娘）→爸（妈）到老爸（老妈）等称谓的不断更换，突出地反映着随着各个时期社会经济的发展，我国群体文化水平的不断提高：解放前及解放初，那时绝大多数人是文盲，他们沿袭祖祖辈辈的习惯称谓，只知道对人用方言称呼却不知道如何用汉字书写。解放后特别是普及义务教育后，这时全国适龄公民基本上上了学、读了书，有了文化人识字断句、理解词语内涵与外延以及感情、语体色彩等的能力，他们不仅懂得了怎样用普通话称呼，怎样用规范字书写，而且还懂得了在特定时间、对象、场合下怎样选择用口头语还是书面语、传统语还是时髦语等去表达。改革开放后尤其是加入 WTO 后，中国已经融入了世界，无论是政治、经济、军事、文化还是日常生活的思想、物质和语言等，方方面面都烙下了丰富多彩的、群体文化水平不断提高的斑斓印记。

再如某地区对年轻未婚女子从女孩→小姐→同志→服务员→小姐→服务员到美女等称谓的不断改变，更能反映群体文化水平的提高。本来二十世纪前期，"小姐"照旧是对年轻未婚女子的礼貌称谓。在茅盾（《子夜》）、巴金（《爱情三部曲》）等名家的作品中，像张小姐、李小姐之类的称谓比比皆是。新中国成立后，随着社会的变革，观念的更新，公民认知水平的提高，旧时的许多称谓在日常交往中已经使用得很少，尤其是"小姐"等，几乎没有使用。人们似乎已经习惯地将"小姐"同小资产阶级自然地联系起来，如果哪位女士稍微讲究穿着打扮，便被看成是"资产阶级小姐"作风。改革开放后，又出现了戏剧性的变化，"小姐"这个被废弃了半个多世纪的称谓再次骤然时兴，以至在商店购物时再把"小姐"称"同志"会遭到莫大的冷遇。近几年来，虽然风尚没有变化，但"小姐"却同"三陪"有了密切的关联，假如仍称人家为"小姐"，则往往受到抢白"你叫谁小姐？"最好称呼对方为"美女"。

行业表述中词语的更换和增删，表现着同仁思想认知的进步。

关于此的典例莫过于对外出务工农民这一群体内涵与外延认知的进步：农民打工仔→农民工→外来人员→异地务工人员→新××人。据 2011 年 8 月 1 日人民网报道：广州市市长在广州市委九届十一次全会上提出"新广州人"的概念，指出"新广州人"有五大内涵：新身份、新服务、新地位、新认同和新家园，他建议用"新广州人"取代原有"打工仔""农民工""外来人员"等概念，促使这些人更好地融入广州，并表示将这些人纳入广州市的公共服务体系，让他们逐步享有越来越多的市民待遇和公共服务。2012年4月12日，广东省人力资源和社会保障厅在汇报文件中首次正式用"异地务工人员"取代原有的"农民工"等概念。又据悉，今年广东省将从这些人中招录3317名基层公务员，并加快建立他们享受基本公共服务的制度。从"农民工"到"异地务工人员"到"新广州人"，它不仅仅是一个词语的更换，更是管理行业同仁对这一群体思想认知的真正进步。

再如管理行业对安全生产的认知：安全第一，生命至上→责任第一，生命至上；对食品及其安全的认知：民以食为天，食以安为先→民以食为天，食以安为先，安以质为本，质以诚为根。教育行业对语文性质的认知：工具性→工具性和思想性→工具性和人文性；对知识作用等的认知：知识改变命运，拼搏辉煌人生→教育改变命运，知识创造财富，学习辉煌人生；对办学目标的认知：为国家发展施教，为学生终身奠基→为学生全面成长施教，为国家持续发展育人。社会各界对文艺团体发展的认知：文艺界→演艺界（圈）→娱乐圈。不胜枚举的词语的更换和增删，确实表现着各行各界同仁思想认知的不断趋向准确和真正进步。

社会用语中短语的更换和修订，折射并促进着社会发展的文明、进步和科学。

如行车安全：保持车距，咬尾危险！→请勿吻我！禁止玩火：焚火烧山，株连九族！→为了您的家人和家庭，请勿玩火！男女平等：生男固然好，生女更可靠！→优生优育，男女平等！爱的教育：爱我家乡，爱我祖国！→我爱家乡，我爱祖国！治国思想中对社会矛盾主要问题的用语：阶级斗争→内部矛盾→民生问题；等等。上述社会用语中短语的更换和修订，折射并促进着社会发展的文明、进步和科学。

还如从毛泽东要求共产党人要"全心全意为人民服务"→江泽民"三个代表"（"代表先进社会生产力的发展要求、代表先进文化的前进方向、代表最广大人民的根本利益"）→胡锦涛"权为民所用、情为民所系、利为民所谋"到"科学发展观"（以人为本、统筹兼顾、全面协调可持续发展），这些现当代不同领袖人物对相关用语中短语的更换和修订，之所以被写入不同时期的党章，成为中国共产党不同时期的政治纲领和战略思想，是因为它们鲜明地折射并有力地促进着不同时期社会发展的文明、进步和科学。

经过不同时期、各界同仁更换和修订的短语，往往因其折射和促进着社会发展的文明、进步和科学，而给人以温馨、健康、积极的或生活或学习或工作或思维或智慧等的启迪和警示。如网吧"鼠标闪闪抒心语，键盘声声送文明"；社区"文明你的语言，优雅你的形象"；景点"把美的记忆带走，把爱的心灵留下"；面对自然灾害"风雨同舟，众志成城"和"灾害无情，人间有爱"；等等。至于像"多读书以养才气、为群众以养底气、薄名利以养正气、负责任以养大气"这样的集合短语，它不恰恰就是当今时代各界同仁共同创作的激励每个公民都必须加强的修身养性吗？它不恰恰就是文明、进步和科学发展的社会所迫切需要人们努力追求的人生境界吗？

2012 年 7 月 24 日

注：此文发表于 2013 年第 4 期（下）《课外语文》（国内统一刊号为 CN 21-1479/G、国际标准刊号为 ISSN1672-0490）。

与时看广告 俱进学修辞

现今的中国，在报纸、杂志、广播、电视等主要传媒中，广告无时不有、无处不在。只要我们愿意，从看广告中学修辞，既方便，又容易。如若不信，请看数例。

1. 比喻。如某防晒霜广告："随身的绿阴。"再如有则学生广告把所喜欢的旧 Tape（磁带）比作"再次见面的初恋情人"。比喻能把深奥的道理说得通俗易懂，将抽象的事物表现得具体明白，把陌生的概念变成熟悉的事物，将平淡点化为生动。

2. 双关。如一学生广告："各式发夹、头花、挂件，让你美丽从'头'开始。"

这里的"头"字就具有字面和字里的两层意思。再如："龙牡壮骨冲剂，宝宝口服，妈妈心服。"（龙牡壮骨冲剂）"口服心服"中的"服"在通常意义下是"服气"的意思，而在此，"口服"字面指"服用"，实际隐"服气"。在特定的语言环境中，借助语音或词意的联系，故意使语言关联到两种事物，使语句构成双重意义，这就是双关。双关可以使广告简练、含蓄、形象、幽默。

3. 飞白。即利用谐音或其他方式将词语故意读错或写错，并有意地仿效。其形式有字音飞白、字形飞白、语义飞白三种。字音飞白、字形飞白，如："随心所'浴'。"（神州热水器）"'骑'乐无穷。"（金狮自行车）"后来'锗'上。"（有机锗饮料）"灵机一动，'码'到成功。"（四通打字机）"让你的心情'靓'起来！"（饰品）"'闲'妻良母。"（台湾海龙洗衣机）另如："东港打印纸，不打不相识。"（东港打印纸）"实不相瞒，天仙的名气是吹出来的。"（天仙牌电扇）飞白构成双关，在特定的语言环境中同时关顾两层意思，而且这两层意思相差得越远，幽默简练的效果就越明显。如"打字"与"打架"、"吹风"与"吹牛"是那样地互不相干，码放到一块却又含蓄、又自然。

4. 引用。如法国一香水广告："香水中的文艺复兴。"文艺复兴是欧洲一次文化领域的伟大进步和变革，巧妙地引用这个历史文化用语，以暗示其超凡脱俗的产品质量，十分精妙。再如一则卖花的学生广告："春天花会开，鸟儿自由自在，我们在等待，等待……流星花园。"这则广告省略号之前的几句全是任贤齐的歌词，省略号之后的四个字则是台湾偶像剧《流星花园》的片名。还如湛江佳能复印机广告："百闻不如一印。"（百闻不如一见，改动词字）美加净颐发灵广告："聪明不必绝顶。"（聪明绝顶，添加字词）某企业广告："不怕货比货，只怕不识货。"（不怕不识货，只怕货比货。颠倒词序）

5. 夸张。如老蔡酱油广告："味道鲜眉毛掉下来。"泻痢停广告："别看广告啊！那看什么？看疗效！"还如一则学生广告，有这样一个场景：一个头发稀疏的男人夸张地宣称要将"你的口水飞扬起来"。把看见美好事物流口水夸张到倒流以至飞扬起来，确实新奇。

6. 对偶。如潍坊计算机广告："活字印刷古代显威，华光照排今日称雄。"安酒广告："银河倒挂三千吃，安酒开坛十里香。"黄山头酒广告："喝遍天下酒，独恋黄山头。"六神花露水广告："六神有主，一家无忧。"某职院广告："技能改变命运，时代成就未来。"武汉金城花园大厦广告："巨贾风范，气度不凡。"对偶广告，看起来醒目，读起来顺口，听起来悦耳。

7. 排比。如佳乐·菲尔克空调器广告："看着顺心，买着放心，用着舒心。"新飞电冰箱广告："春季给您带来沉醉，夏季给您带来欣慰，秋季给您带来甜美，冬季给您带来回味。新飞，新飞，与您四季相随。"排比是指用三个或三个以上的结构相同或相似、字数大体相等的一组词语、句子或段落，来表达相似、相关意思的修辞方法，它能以情感人、以气慑人、以势推人。

8. 反复。它是一种运用连续、间隔、顶真、回环、叠音等手法，让关键字词反复出现，对受众形成多次刺激，以强化其注意的修辞方式。如广州陈李济药厂的血宝肠溶胶囊广告："血宝血宝，补血之宝，贫血越多，收效越好。"上海家化厂露美化妆品广告："焕然一新的露美，将使您的容貌焕然一新。"深圳赛格集团的广告："世界有个东方，东方有个中国，中国有个赛格。"丰田汽车的广告："车到山前必有路，有路就有丰田车。"长城电扇广告："长城电扇，电扇长城。"武汉商场广告："武汉商场，购物理想；购物理想，武汉商场。"某丝绸展销广告："款款新潮，丝丝真情。"雪碧饮料广告："晶晶亮，透心凉。"长虹彩电广告："新技术，新设计，新奉献，新感受。"

9. 比拟。或将人比成物，或将物比成人。拟人能赋予事物以生命，使描述更具活力，别开生面。如南方大厦百货商店建成 38 周年庆贺广告："南方大厦祝福万家，带着 38 岁的成熟，满怀更加灿烂的憧憬。"学生广告："当美食进入 your 胃中，我们的心也由衷地感谢你的胃！"再如："飞扬的心需要烟花来点缀。"后者将"心"拟作了一只飞翔的鸟，烟花则是鸟羽上的挂饰。

10. 对比。如桂林 FY4085 复印机广告："美不尽桂林的山清水秀，好不过桂林 FY4085 复印机。"还如："广告做得好，不如新飞冰箱好。"对比是指把不同的事物，或事物不同的方面放在一起作比照，以使需要说明的对象和含义更加突出。

11. 图示。它是指在行文中有意地插用图像符号，以其形象的直观性来代替语言文字拟形状物而示意。图示在大中学生的广告中运用得非常普遍。如有的广告，"……♡动了吗？"将"心"字用心形来代替，笑脸用"☺"或"︿_︿"来替代，金钱则用"￥"或"＄"来表示。这些图像符号的应用使广告语言更为直观、形象、生动，增强了语言的表现力。

生活处处有学问，处处留心皆学问，这是真理。

2006 年 2 月 8 日

注：此文发表于 2006 年第 21 期《现代语文》七月下旬刊《语言研究》（国内统一刊号为 CN37-1333 ／ G4、国际标准刊号为 ISSN 1008-8024），转载于《教研与实践》第十期（2007 年 7 月）。

直接引用标点亟待导正和规范

标点符号由点号和标号组成。引号属标号，形式分前引号和后引号。引号主要表示引用部分（含话语、诗文、成语等）、着重论述的对象、特殊含义、特定称谓、否定和讽刺等，其中最基本的用法是引用。引用包括直接引用和间接引用，直接引用又包括完全引用和不完全引用。直接引用的两类，可互相转换，可综合应用。

下面仅就横行文稿的直接引用，在引号及其相邻点号基本用法使用中表现集中突出的问题，依据新《标点符号用法》的规定（以下简称为"新规"），主要结合现今知名媒体的典例（限于篇幅，略去出处），谈谈笔者认为亟待导正和规范的意见。

一、完全引用

完全引用是指全句、全段甚至全部地把某人所说的原话或所写的原文，完整地一字不误地记录或抄写下来，放在自己文中的引用。完全引用的内容完整且具独立性，后引号应放在句末点号之后。

1. 记叙、描写中把说话人所说的话完整地记录下来。误用的如：

（1）1994 年 1 月 3 日冰心在巴金画像旁题写赠言："人生得一知己足矣，此际当以同怀视之"。①（①处后引号应放在句号之后）

（2）"好！朱先生，好哇！" 随之转头呼叫儿子子霖和长工刘谋儿：②"回去套牲口吆犁，进地把烟苗犁了！"（②处冒号应改为逗号）

（3）"恩爱，恩爱，有恩才有爱"，③李安说，"拍电影不能像婚姻，婚姻必须专一"。④（句中两个后引号应分别放在③处逗号、④处句号之后）

（4）"我在蒙育瓦矿工作这么多年，从来没有听到过有人抗议环境污染，现在有些人拿环保当借口，谋求自己的利益，这对铜矿是不公正的"，⑤吴登梭对本报记者说。（⑤处逗号应改为句号并放在后引号之前）

2. 议论、说明中把某人所说的原话或所写的原文，完整地引用下来。误用的如：

（1）在去年 9 月众议院选举中，安倍曾表态："要建设一个强大日本，就是要不惜一切维护领土、必须打破战后体制，完成修宪"。①（①处后引号应放在句号之后）

（2）法学家德沃金曾说，②"法院是法律帝国的首都，法官是王侯。"（②处逗号应改为冒号）

（3）钱钟书三十五岁生日诗里有一联："书癖钻窗蜂未出，诗情绕树鹊难安"，③正是写这种兼顾不来的心境。（③处逗号应改为句号并放在后引号之前或删去句中的冒号）

（4）"从今年开始公务员工资将逐步进入上涨周期"，④针对收入分配改革问题，财政部研究员张鹏日前表示，"收入分配改革则是当前最根本性的改革"。⑤（句中两个后引号应分别放在④处逗号、⑤处句号之后）

（5）"工作失误就是失误，我们就要认账"。⑥正如杨成毅自己所说。（⑥处后引号应放在句号之后）

二、不完全引用

不完全引用是指一个词语、一个短语或一个句子地把某人所说的原话或所写的原文，不完整地、随语意有机地组合在自己文中的引用。不完全引用的内容不完整或完整而不具独立性，后引号一般应放在句末点号之前（问号、叹号保留）。误用的如：

（1）徐韬的毕业论文初稿也遭导师否决，原因是"未达到学术要求。"①（①处后引号应放在句号之前）

（2）"一种思想有多种语言身份"被恩格斯称之为"一中有多，"②这是通过数学证明的科学结论。（②处后引号应放在逗号之前）

（3）用作者自己的话说，他的理想是要表现"优美，健康而又不悖乎人性的人生形式"，"为人类'爱'字作一度恰如其分的说明。"③（③处引文末后引号应放在句号之前）

（4）宗教作为"现实苦难的抗议"④"无情世界的感情"⑤"装饰在锁链上的"⑥"虚幻的花朵"⑦，就是人类追求崇高的一种表征，又是崇高的一种异化形态。（句中四处引文之间的句法关系是：④、⑤和⑥⑦是并列关系，⑥与⑦是修饰关系。④、⑤处如不用顿号，引文之间的句法关系就会混乱。按"标有引号或书名号的并列成分之间，通常不用顿号。若有其他成分插入，宜用顿号"新规，④、⑤处应用顿号，⑥与⑦之间不用顿号）

（5）常言说得好⑧"人往高处走，水往低处流"，⑨长远来看，开放户籍限制，允许人口自由流动及实行国民待遇，才是解决地区间经济社会发展不平衡的根本出路。（⑧处应加冒号，⑨处应将逗号改为句号并放在后引号之前。或⑧处加逗号，⑨处将逗号改为句号）

（6）归营，团长和教导员对我说，一文化首长来访，我未能迎候，他听说是巴金请我吃饭去了，撂下了一句"不知道黄宗江今后会怎么发展。"⑩（本句是间接引用和直接引用中不完全引用的结合体。这种情况下，间接引用部分不用引号，"说"后用逗号；不完全引用的⑩处后引号应放在句号之前）

三、转换引用

不完全引用和完全引用是相对而言可以互相转换的，引号及其相邻点号也是随之与其对应搭配的。尽管表提起下文的"问、答、说、想、认为、指出、宣布、证明、发现、透露、表明、例如"等动词之后通常用完全引用，但有时却可以转换成不完全引用。需注意的是，转换时因引文时代和字数的不同，引号及其相邻点号的用法也有细微差别。如议论文、说明文、新闻特别是新闻中，有两种基本情形：

1. 古代诗文引文内容完整独立而字数较少的，既可用不完全引用也可用完全引用；但字数较多的，不宜用不完全引用。正误的如：

（1）古人说，①"未思进，先思退"②。对督导组来说，就是从一开始就把困难估计得更充分一些，把督导措施考虑得更周密一些，研究取信于民的举措，警惕失信于民的危险。

（2）"志合者，不以山海为远。"③中非关系经受住了时间和国际风云变幻的考验。

（3）"其身正，不令而行；其身不正，虽令不从"④。革除沉疴痼疾，实现气正风清，一把手责无旁贷。

上述例（1）是正确的不完全引用；可改为完全引用，即把①处逗号改为冒号，②处后引号放在句号之后。（2）是正确的完全引用；可改为不完全引用，即把③处后引号放在句号之前。（3）不宜用不完全引用，应用完全引用，即将④处后引号放在句号之后。

2. 现代诗文引文不论字数多少，完全引用和不完全引用都可以互相转换。如：

（1）一位研究儿童问题的专家说：①"不是独生子女容易带来问题，而是独生子女本身就是问题。"②

（2）离开时，记者看到一块牌子上写着：③"畅起来、亮起来、美起来、敞起来、净起来、火起来"。④

（3）正在调查斯诺登案件的一名美国官员表示，⑤"调查者清楚知道斯诺登下载了多少文件，也知道通过哪个服务器进行下载"。⑥

（4）公司德籍研发人员卢茨米谢里斯也观察到，⑦"中国大多数孩子缺乏创意。这个国家需要创造发明。"⑧

上述例（1）是正确的完全引用；可改为不完全引用，即将①处冒号改为逗号，②处后引号放在句号之前。（2）是错误的完全引用，④处后引号应放在句号之后；可改为不完全引用，即将③处冒号改为逗号。（3）是正确的不完全引用；可改为完全引用，即把⑤处逗号改为冒号，⑥处后引号放在句号之后。（4）是错误的不完全引用，⑧处后引号应放在句号之前；可改为完全引用，即将⑦处逗号改为冒号。

四、综合引用

说话、写作尤其是写作实践中，经常会在几句或一句话中既用完全引用、又用不完全引用，这就是综合引用。误用的如：

（1）"内举不避亲，外举不避仇。""亲"、①"仇"之外，唯有出色的个人能力才是服众的关键筹码。古人云：②"唯才是举"，③就是这个道理。（①处顿号必须删，②处冒号必须删，③处逗号可删可不删）

（2）"你还年轻，还有很长的路要走。"8日，韩清华多次询问记者是否有录音，并表示④"我希望咱们都不要互相伤害。"⑤（④处应加逗号或将⑤处后引号放在句号之前）

（3）"'星光大道'⑥上综合频道啦！"他满怀欣喜地伸出大拇指，道：⑦"多才多艺善逗乐的毕姥爷，牛！"（⑥处按"电视节目、报刊栏目名用书名号"新规，引号应改为书名号；⑦处冒号应改为逗号）

（4）杨菊三说："父亲说过，⑧'知识是一把钥匙，有了知识，就算是七把八把锁都能打得开。'⑨这句话，我至今铭记于心。"（⑧处逗号应改为冒号或将⑨处单后引号放在句号之前）

（5）他却一脸的无所谓，⑩"顺其自然吧！中国人不是有句老话：⑪'船到桥头自然直嘛'⑫。"（⑪处冒号删除，⑫处单后引号放在"嘛"之前、双后引号放在句号之前；或⑪处冒号删除，⑫处"嘛"删除、双后引号放在句号之前。或者：⑩处逗号改为冒号，⑪处冒号删除，⑫处单后引号放在"嘛"之前；

或⑩处逗号改为冒号，⑫处"嘛"删除、单后引号放在句号之后）

上例（5）属引中引，外面一层用双引号，里面一层用单引号；如里面还要引用，最里面一层用双引号，依次类推。另新规明确：独立成段的引文，如果不止一段，每段开头用前引号，只在最后一段末尾加上后引号。这种情形极少用和见。

上文直接引用中引号及其相邻点号误用的例句全部源于当下的知名媒体，问题集中突出，所以笔者认为亟待导正和规范。

1.关于导正。错误的用法亟待引导修正。导正的态度是总怀敬畏之心，认真推敲规范使用。关键是判定引文的内容是否完整且具独立性，能否独立引用。方法是：前引号前如是冒号，引号里面又是一句或几句完整而独立的话，就可视为具有独立性、能独立引用（用完全引用），后引号要放在引文末的点号之后。前引号前如是逗号或无标点，引文又不完整或完整却不独立，就可视为不具独立性、不能独立引用（用不完全引用），如在句中就不保留引文末的点号；如在句末，后引号则放在点号之前。无论引文是否完整且具独立性，引文末的问号或叹号在句中要保留，在句末要放在后引号之前。

2.关于规范。导正的依据当是用法规范。对新规，要全方位地大力宣传，如列为编辑必读、编入学生教材、附于主要辞书、公布于主流媒体等。目前媒体之所以并列引号间要不要用顿号、电视节目和报刊栏目名是用引号还是用书名号等用法基本统一，就是因为2012年6月起施行了新规范。还要继续与时俱进、理性科学地加以修订，尽管已修改、完善了不少。

2014 年 8 月 6 日

注：此文发表于 2015 年第 1 期《课外语文（下）》（国内统一刊号为 CN 21-1479/G、国际标准刊号为 ISSN1672-0490）；荣获 2015 年 5 月"第二届全国教育理论与实践研究成果一等奖"，本人荣获"全国教育科研教坛新秀"称号。

大力开展课外阅览 全面提高读写能力

近三年来，我们安仁一中语文教研组在开展语文教研教改方面，坚持课内打基础、课外练功夫的原则，探索着提高语文教学质量的种种途径，其中指导学生开展阅览活动，已蔚为大观，成绩令人鼓舞。具体表现在：

在写作上创作投稿，数量惊人，质量上乘。每个学期，校刊《苗地》出刊六期十二版，每期刊发至少 12 篇（首），约合 140 篇（首），来稿 1400 篇（首）；其他文学社团所办的小刊《青春》《中学生评论》《星梦》《鹿鸣》发表大约 240 篇（首）；县广播电台采播 30 篇（首）。仅 1993 ～ 1994 学年度，学生习作就在《安仁文艺》上发表了 12 篇（首），在省级以上书、报、刊物上发表了 24 篇（首），其中侯桂新同学就发表了 8 篇（首）；参赛获奖作品共 9 篇："华夏杯" 4 篇，"课本作文大赛" 3 篇，"全国中学生夏令营征文赛" 2 篇；参加文学之旅、夏令营的有 3 人：高中郭振华参加了张家界"冬季文学之旅"、侯桂新参加了北戴河"文学夏令营"，初中周晓飞参加了韶山"冬季文学之旅"。

在学习成绩上，中考高考，语文成绩逐年提高。1992 ～ 1994 年，中考连续三年人平成绩居全县榜首，与第二名相比的距离越拉越大，显示着阅览功用的锋芒；高考连续三年人平成绩稳居全区重点中学前茅，有的科目组还取得了第二的好名次（仅次于区内省重点中学），这得益于写作能力的提高。

我们是怎样开展阅览活动的呢？具体做法是：

一、提高认识，统一思想

过去，我校师生对开展阅览活动有着十分模糊的认识，因而也就很不重视。老师认为带学生每周花两课时进一次阅览室，相应地每周减少了一个课时，因而会完不成教学任务，会影响教学质量；学生也担心这样做会贻误功课，影响考试成绩。老师只重视对教材的深透钻研，对课堂的精心组织，对基本知识的悉心传授；学生只重视啃本本，接受老师传授的点点滴滴，其结果不仅学生语文知识水平难以提高，作文语言干瘪，文字晦涩，材料枯竭，结构单调，语感也很差，而且从长远的角度看，还严重遏制了语文教学的继续发展。因此，我们提倡大语文观，走课内与课外相结合的语文教学必由之路，积极组织开展阅览活动。为了提高师生对开展阅览活动的认识，统一思想：1. 在教研组内开展激烈的讨论，形成统一的观念；在学生中举办大型讲座，进行宣传发动。教务主任陈石林老师《为什么要进行课外阅览》从根本上消除了师生的模糊认识。2. 积极向学生提建议，争取得到领导的全力支持，学校为此先后开设了阅览室，开辟了阅报亭，设置了板报廊，着力解决了阅览的场地问题。3. 改造校刊《苗地》，组织起了各种文学社团。一时间校园内红火起来，语文教学局面也为之一新。起初师生担心把有限的课时抽出一些来，用于学生集体阅览，会影响教学进度、教学质量，事实证明这种担心毫无必要，也十分不该。

二、具体计划，宏观调控

1.教研组计划中明确要求：①教师组织学生集体阅览每学期不得少于10次20个课时。②教师要通盘考虑，定出具体计划，对每学期乃至整个初中或高中阶段的阅览内容、阅览目标等作出详细的规划部署。③教师一方面要了解学生的阅读动态，腾出时间阅览，学些新知识，了解新信息，以便更有针对性地开展阅览课教学活动，切实将阅览活动抓出成效来；另一方面要写出阅览课教案（阅览内容、阅览方法、阅览要求、阅览评议、阅览基本情况），具体指导学生作好阅览笔记，写好阅览体会。④学生也要对每个学期乃至整个初中或高中阶段的阅览内容、阅览目标等，针对自己的实际，制定出具体规划，并自觉有计划地选取读物，摸索方法，总结阅览经验，提高阅览效率。2.教务处对全校阅览课教学活动进行宏观调控，对各年级各班阅览的次数、时间总体调节，以避开阅览时多班"撞车"。

三、加强指导，教给方法

叶圣陶先生曾明确指出：“教师能引导学生俾善于读书，则其功至伟。”如果只要求学生阅览、博览，而不有目的、有计划地进行阅览指导、传授阅览方法，就达不到“俾善于读书”的目的。因此，我们特别注重：1.介绍阅览经验。向学生介绍怎么浏览，怎么精读，如何摘录，如何做卡片；还介绍老师自己读书从不懂到懂的过程，这样使学生有一种亲切感，并从中学到一些方法，悟出点滴道理。2.推荐阅览书籍。讲明推荐书籍、推荐原因以及阅读要领。3.指导阅览方法。注重三点：①有选择。多选择与求知做人有关的书籍，不断提高自己的文化素养与思想素养；引导学生逐步完成由猎奇或纯消遣型阅览向剖析欣赏的求知思考型过渡。②多动脑。看完一篇文章或一本书，不仅要能复述作者的思路或观点，还要充分领会全文或全书的精神，并提出自己的见解，将书文读懂、读通、读活。③找规律。指导学生阅览了一定数量的书籍后，进行回顾，总结阅览方法、读书收获，从中找出适合自己特点的带规律性的阅览门径，以便今后有效地阅览。4.强调做好笔记，加强速读速记能力的培养。学生阅览的一大缺点是只看不记，结果书看得不少，而知识蓄积得不多，使用材料时，或记不起，或记不准。为了加大单位时间内的阅读量，速读速记能力必须培养。为此，我们指导学生借鉴他人的“七步阅读法”（即“程序阅读法”：文题、作者、出处、资料和数据、基本内容、文章特点、新思想以及在实践中贯彻的可能性），开展计时阅读，加快了阅览速度；借鉴他人的速记法如“索引式”“浓缩式”“符号式”“首尾式”“提纲式”等，加快了记录速度。5.举行大型讲座，从理论和实践上指导学生。吴章华老师《怎样选择课外阅览书籍》，张金奎老师《怎样进行课外阅览》，李琼林老师《怎样写作课外阅览笔记》，对学生阅览进行了较系统的指导，传授了极好的方法。

四、创设环境，“美化”阅览

赞科夫说：“人具有一种欣赏和创造美的深刻而强烈的要求。”为激发学生阅览兴趣，使他们乐于读书，不仅乐于课内也乐于课外，不仅乐于欣赏美更渴望创造美，我们创设阅览环境，营造美的氛围，让学生在一个富于美的环境中进行阅览。1.学校阅览室内悬挂名人画像，张贴名言警句，摆放各种辅导读物、各类书报杂志。教师置身于学生当中，不再像站在讲台上那样居高临下、气势凌人。这样给学生创设了一种积极进取的学习环境，平等宽松的学习心境，和谐宁静的学习氛围。2.教师经常带领学生到美术展室、书法展室、摄影展室、阅报亭前、演讲赛场、电影院去领略当今世界：生活美发出缤纷诱人的光芒，自然美展示旖旎多姿的情态，知识美震撼了莘莘学子的心灵，艺术美牵动着少男少女的情愫，把美融入阅览里，让学生痴情于"维纳斯"，钟爱于阅览欣赏，产生"像从一种清幽境界呼吸一种清风来呼吸它们的好影响，使他们不知不觉地从小培养起对美的爱好，并且融美于心灵的习惯"（柏拉图语），也给语文教学带来了勃勃生机和闪光生辉的教学效果。

五、组织交流，共同提高

只顾埋头读书，只强调博览，其结果不是收获有限，就是使学生成为书呆子；学生若经常跟老师、跟同学交流读书体会，了解别人读了些什么书，是怎样读的，有哪些地方值得自己借鉴，便会有更大的收获，便会促使大家共同提高。因此，我们一方面组织学生举行阅览方法恳谈会，如"怎样阅读散文""怎样琢磨文章构思的方法"等，组织学生开展多向交流的活动，如师生交流、优差生交流、阅读心得的交流、阅览经验的交流等。另一方面，在教研会上，组织教师特别是老教师和在此方面有成效的教师，介绍自己指导阅览的先进经验，以纠正各自存在的问题，或者推荐别人指导阅览的成功做法，以形成我们自己的特色，多向交流，扬长避短，集思广益，共同提高。

六、以读促写，尝试创作

"读书破万卷，下笔如有神。"读是基础，是吸收；写是运用，是创作。读能促进写，只读不写永远出不了成果。因此，我们在组织学生博览厚积后，鼓励他们大胆尝试创作。尝试创作分三步进行：1.写好读书笔记。要求学生在揣摩所读书的基础上，"从无法之中求得法，有法之中求其他"（郭沫若语），将阅览所得的素材，所读之书的写作技巧、体会、感受整理成文章。2.摹拟仿照作文。摹仿是学习写作的最佳形式之一，要求学生从摹仿中形成安排文章框架、丰富文章内容、驾驭材料语言等的能力。3.进入创作尝试。①定任务。每学期除8大8小作文、周记、日记之外，要求学生创作投稿4～6篇。②定重点。按照《大纲》规定的写作能力应达到的具体要求，安排专题创作。③定路子。让学生按照"牵着走""沿着走""放手走"的道路大胆地尝试创作。

七、总结经验，规范活动

近三年来，我们师生边阅览实践边探讨总结，一步步地规范了阅览活动，越来越注重"两化""两性"。1."两化"：①程式化。一方面把阅览要求固定为七项内容：标题，作者，出处及发表时间，基本内容，文中涉及到的重要事实，文章的特点以及有争议之处，文章的新观点新思想以及读后启示。另一方面将阅览过程固定为三个步骤：阅前常识性辅导与要求，阅中巡回性点拨与指导，阅后重点性检查与总结。②多样化。阅览方法因人而异，因目的而异，百花齐放，如"聚焦阅读法"（将自己的精力集中在若干阅读点上）、"油点阅读法"（采取扩散的方式阅读，举一反三，以点带面）和"比较阅读法"、"迁移阅读法"、"精读泛读结合法"……阅读方法多样化。2."两性"：①目标性。完善阅读者的阅读能力要素（阅读知识、阅读技能、基本智力技能），非智力因素（道德观、审美观、阅读动机、阅读兴趣、阅读意志等心理品质）；培养阅读能力，形成良好的阅读习惯；以读促写，读为写之厚积，读的落脚点在写上。②实用性。有益、有用、有利相结合，求知、为文、做人相结合。

勇于实践，深化探索，借鉴吸收，总结升华，规范阅览活动，提高阅览质量，这是我们努力的方向。

1995年4月

注：此文（与周邦清合著）荣获全国教育教学论文大赛二等奖（1995年5月），发表于郴州地区教科室所编《活动课学习资料》（1995年10月），转载于《教育教学论文选编》第一集（1997年10月）。

浅谈小说阅读探究鉴赏的能力培养

人教社 2006 年第 2 版高中语文第四册教材中，选编了《柳毅传》《促织》《药》《项链》《陈奂生上城》《守财奴》《林黛玉进贾府》《林教头风雪山神庙》《失街亭》《杜十娘怒沉百宝箱》（根据教学计划按散文→小说→戏剧的顺序施教，下文书名简化为一或三个字）等古今中外的十篇经典小说，占了全册二十四篇课文的近一半。可见它是高中语文教学中的一个重点，必须教好学好。学生普遍喜欢小说，但只会乐道故事（尽管这是阅读的基础），至于如何全面阅读、深入探究、重点鉴赏却大多不知所以与所以然，因此谈论、写作鉴赏话题，往往或着手茫然或浅尝辄止或大而不确。这又说明它是高中语文教学中的一个难点。选择并实施良好的教学方法与程式，是高中语文教学中突出重点、解除难点的一个关键点。因为教学方法与程式的优劣，直接影响对学生阅读指导的成败，决定对学生能力培养的效果。所以，如何教会学生掌握阅读、探究和鉴赏小说的方法，提高学生阅读、探究和鉴赏小说的能力，是我们高中语文教师必须研究与解决的一个课题。本文结合自己的教学实践，就此课题谈些个人的粗浅认识。

教学第四册十篇小说前，可首先用 1 课时专门教授小说的概念、要素、特点等常识，一般阅读、探究和鉴赏的方法；然后用三种方法与程式来循序渐进地组织教学，其中穿插两大一小赏析写作；最后再用 1 课时回过头来印证、巩固、深化、迁移并形成能力。三种方法与程式如下。

一、程序阅读法——根据小说的整体特点，按照一定的程序全面阅读

小说是通过完整的故事情节和具体的环境描写，来塑造人物形象、反映社会生活的一种文学体裁。人物、情节、环境是小说的三要素，三要素中人物形象是核心，故事情节和环境描写都是为塑造人物形象服务的。小说的这

些特点，决定了阅读"三环节"（"三步骤""三部曲"）的程序：理清故事情节（线索、情节、结构及特点等）→分析人物形象（人物描写手法、人物性格特点、典型形象意义等）→鉴赏艺术特色（环境描写、艺术特色及背景作者、主题思想等）。

如教学《柳》《促》《药》三篇，可依次按篇严格、规范地循照"三环节"进行：首先理清故事情节——《柳》：请求传书→允诺传书→洞庭传书→传书结果。《促》：征虫→觅虫→卜虫→得虫→失虫→化虫→斗虫→献虫→议虫。《药》：明线——华老栓买"药"→华小栓吃"药"→茶客谈"药"→华大妈上坟；暗线——夏瑜就义→夏瑜的血被吃→茶客谈夏瑜→夏四奶奶上坟。其次分析人物形象，主要指导学生抓住作者塑造主要人物所使用的主要描写手法（外貌、行动、语言、心理、细节等）进行分析：明确用的是什么描写手法，这些描写对人物性格的刻画、形象的塑造起了什么作用——《柳》：凝练生动、极富表现力的语言和想象、夸张描写；柳毅是一个见义勇为、扶弱锄强的青年形象，龙女是一个美丽善良、追求幸福而又有反抗精神的女子形象，钱塘君是一个剪除恶暴、伸张正义、敢作敢当的勇士形象。《促》：细腻、变化的心理和神态描写；成名是一个老实迂讷、受尽欺凌和迫害的下层百姓的形象。《药》：精湛的细节、动作、语言、心理、外貌（画眼睛）等描写；华老栓是一个既勤劳善良又愚昧麻木的旧社会农民形象，夏瑜是一个既英勇不屈又严重脱离群众的年轻的资产阶级民主革命者形象，康大叔是一个凶狠贪婪为统治阶级效劳屠杀革命者的刽子手形象。再次鉴赏艺术特色，重点指导学生抓住作者为塑造人物、表现主题而运用的环境描写和艺术手法进行分析——如《药》：老栓买"药"、小栓吃"药"、茶客谈"药"等场面描写，既刻画了人物的性格，也推动了情节的发展。景物描写的作用，如华老栓去刑场途中：渲染了夏瑜就义时沉寂而肃杀的气氛，反衬出华老栓"爽快"和充满希望的心情；华老栓刑场归来：这是在兴奋中表现他的愚昧麻木，越兴奋越愚昧麻木；墓地丛冢：揭露反动派血腥镇压革命者的罪行；结尾坟地：更是渲染了悲凉、死寂的气氛，也增强了白发人送黑发人的悲哀和母亲不知儿子死因、不理解儿子的悲哀。至于小说开头写夜景和茶馆的环境气氛，就既交代了自然环境，又交代了社会环境，"月亮下去，太阳未出"

是最黑暗的时候；还交代了作品主人公和故事发生的地点；创造了悲剧气氛，阴暗、凄清，恐怖、麻木的人们像昏睡着的一样。刑场的环境描写：点出了当时的社会环境。勾勒了阴森可怖的气氛，表现出华老栓的胆小和善良；整个过程在无声中进行，场面寂静得令人窒息；这个场面是华老栓眼中所见，看得具体真切，显示他的麻木不仁、愚昧落后的思想状况；像他这样的看客不止一个，形成一个无声的海洋，革命者夏瑜便是在这无声的海洋中被吞没的，控诉了封建统治者的罪恶。

程序阅读法对初学者或是尽管学过但对小说到底如何全面阅读、深入探究和重点鉴赏还很茫然的学生，尤其重要。这种方法，教师如能严格、规范地循序进行，对学生的指导意义非同小可。为什么呢？因为它能教会学生按照什么程序阅读，它能教会学生在"三环节"中阅读什么、怎么阅读，它能教会学生循序思考、发散思维、收敛表达。运用这种方法指导学生阅读时，教师一定要起主导作用，速度要慢一些，时间应多一些（《柳》《促》《药》三篇，可依次安排2、3、4课时，并组织一次2课时的情节赏析大作训练），效果会实在一些，它对后面的教学有示范作用。程序阅读法是阅读探究鉴赏小说求全面、示范奠基的方法。

二、问题探究法——根据小说的个体特点，带着设定的问题深入探究

明确并掌握了要严格、规范地按照"三环节"进行小说的全面阅读并形成牢固的认知和熟练的技巧后，就可以根据小说的个体特点，带着设定的问题进行深入的分析、有目的的探究了。

如教学《项》《陈》《守》三篇，可首先指导学生浏览每篇小说，初步了解各篇小说的大体情况（宏观把握）；然后根据学生对各篇小说的理解，分解出若干问题，让大家思考研究并讨论交流（中观分析）；最后鼓励学生畅所欲言，尽量获得一致认识，如有异议也完全允许存在，但一定要言之有据、有理和能自圆其说（微观探究）。如对《项》，可设定下面问题：1.马蒂尔德是个什么样的人？2.谁害了马蒂尔德？3.情节发展为何这么巧？4.玛蒂尔德的未来如何？5.马蒂尔德是否可爱？6.细节决定命运吗？对《陈》，可设定的问题有：1.开

篇第一段"'漏斗户主'陈奂生今日悠悠上城来",有何作用？ 2.第二段中"一次寒潮刚过，天气已经好转，轻风微微吹，太阳暖烘烘"一句的作用是什么？ 3.怎样理解第五段中陈奂生在"漏斗户主"帽子不翼而飞后"非买一顶帽子不行"，而且"打算买一顶簇新的、刮刮叫的帽子"的情节？ 4.小说结尾的意义应如何理解？ 5.陈奂生在物质生活改善后，对精神生活也有所追求，这种精神生活带着小农经济的烙印，表现在哪里？ 6.陈奂生住招待所花了五元高价，内心感受十分复杂，这既表明农民节俭的本质，又说明他的狭隘、为个人生活患得患失和封建等级观念。这些分别表现在哪里？ 7.陈奂生身上的进取心和落后面，与他所处的社会环境有什么关系？ 8.陈奂生与闰土、阿Q相较，有什么异同？ 9.小说的主题该如何概括？ 10.小说在描写刻画人物方面最突出的特点是什么？ 11.用《陈》的第一、二段和《项》的第三、四段进行比较，它们揭示人物内心的手法有什么不同？ 对《守》，设定的问题可以是：1.守财奴是怎样的一个人？课文第一段中有哪些语句表现了葛朗台的性格？ 2."那简直是抹自己的脖子"具体指什么？可他为什么又要向女儿屈服？ 3.为什么葛朗台见到金匣子就忘了一切？作者是怎样描写葛朗台的动作和语言的？ 4.为什么太太晕倒，葛朗台态度就变了？是不是他关心怜爱妻子？ 5.太太死后，葛朗台有哪些变化？为什么会有这些变化？ 6.在骗取继承权的过程中，葛朗台又有哪些"精彩的表演"？ 7."人生就是一件交易"反映了什么样的思想观念和社会现实？ 8.欺骗欧也妮在文书上签字以后，葛朗台为什么"抓"起欧也妮的手在自己的手中一"拍"？ 9.葛朗台风瘫后的性格有没有改变？有哪些动作和细节能反映他的性格？ 10.葛朗台在临死前又有怎样的表现？从中可以反映什么？ 11.葛朗台形象的特点及典型的意义是什么？ 12.本文刻画人物最突出的方法是什么？ 13.葛朗台太太是个怎样的形象？作者对她是怎样的态度？我们该怎样认识？

运用问题探究法探究的问题，可以小，也可以大；可以是平行的，也可以是层递的；可以是独个的，也可以是很多并连锁的；更应该联系实际、结合热点。但不管怎样，都要扣住小说的个体特点和三要素来设定，都要有利于全面阅读、深入探究、重点鉴赏，拓展思维、收敛表达、培养能力。问题探究法对已经入门且具备运用程序阅读法熟练进行小说阅读的学生很管用，往往可以引导他们对小说进行深入分析，激起他们对小说进行发散思辨，培养他们对小说的独到认识。运用这种方法指导学生探究，一定要让学生成为真正的主体，相对程序阅读法的指导，课堂教学的速度可快一些，时间可少一些（《项》《陈》《守》三篇，可每篇安排 2 课时，并组织一次 2 课时的人物赏析大作训练），但课外学生所花的时间肯定不会少，效果一定比教师独霸课堂好，尤其是隐性、终生效果会很好。问题探究法是阅读探究鉴赏小说求深刻、巩固提高的方法。

三、特色鉴赏法——根据小说的个体特点，选择突出的地方重点鉴赏

全面阅读、深入探究的认识形成、方法掌握后，教师要指导学生根据小说个体的主要的特色，选择鲜明的、有争议的地方进行重点鉴赏，以能重点突出地、独具慧眼地发现并表达自己的见解和理由。

如教学《林黛玉》《林教头》《失》《杜》四篇，就完全可以不面面俱到地全面阅读，而只抓住它们各篇最主要的一二特色来重点鉴赏。《林黛玉》：1.在迎客声中众多人物登台亮相，作者是如何详略有致、虚实相间地进行描写的？ 2.小说是怎样运用精彩的外貌描写，既有同更有异地表现林黛玉、贾宝玉、王熙凤、贾母、"三春"等人物的性格的？《林教头》：1.作品对风雪等景物的描写，起着渲染气氛、刻画人物、揭示主题和推动故事情节发展的作用，何以见得？作品对风雪等景物的描写，确实既写出了大雪的气势，也衬托了林冲这个落难英雄的处境。以风雪的变化层层推动故事情节的发展：正因为风大雪紧，林冲才要喝酒，才会在沽酒途中见到山神庙；正因为风大雪紧，草厅才会被摇振、压倒；正因为草厅被压倒，林冲才会到山神庙安身；正因为在山神庙安身，林冲才会暗中听到陆谦三人的对话，促使林冲杀敌报仇，走上反抗的道路。2.林冲具有什么样的性格特点，是平面、静态的吗？显然不是，林冲的性格是立体的、随着情节的发展而动态变化的：逆来顺受、随遇而安→大怒杀敌，逼上梁山。《失》：作品在塑造人物形象方面鲜明的特点是什么？ 1.运用对比和衬托的手法刻画人物性格。如将诸葛亮的知己知彼、

小心谨慎，同马谡的纸上谈兵、狂妄自大对比；用次要人物王平的正确建议，衬托主要人物诸葛亮部署的正确。2. 通过生动的情节和人物的语言、情态刻画人物性格。如马谡的三次"笑曰"（①"笑"诸葛亮"多心"，②"大笑"王平"真女子之见"，③"大笑"司马懿"彼若有命，不来围山"），表现了马谡狂妄自大、麻痹轻敌的性格和思想。3. 通过揭示人物的心理活动刻画人物性格。如"斩马谡"以诸葛亮的"三哭"（"挥泪""流涕""大哭不已"）揭示出诸葛亮复杂的心理活动，表现他执法严明、忠于蜀汉、严于自责、体恤部属等多方面的性格。《杜》：杜十娘是个什么样的人物，其典型意义何在？杜十娘美丽热情、心地善良、聪明机智、颇有心机、刚强坚定、有胆有识，是反抗封建礼教和世俗观念的一个典型的妇女形象。这个典型形象的意义在于揭示了封建礼教和世俗观念，是酿成下层女子悲剧的根本原因。

鉴赏小说艺术上的特色，还包括谋篇布局、语言锤炼、对比衬托、抑扬技巧等，只有认真品味，才能发人之未发，于细微处鉴赏出小说的韵味来。

运用特色鉴赏法，教师要重点指导学生不求全贪多，不浅尝辄止，不大而不实，以能够抓住个体的主要的特色，选择鲜明的、有争议的地方进行点式鉴赏，并善于发现和表达自己的见解、理由为目标。运用这种方法指导学生鉴赏时，速度可更快一些，时间可更少一些（《林黛玉》《林教头》《失》《杜》四篇，每篇只需安排 1 课时，并最后组织一次 1 课时的特色赏析小作训练）。特色鉴赏法是阅读探究鉴赏小说求独到、标新立异的方法。

教学有法但无定法。到底怎样指导学生阅读探究鉴赏小说才能减时省力效果好，真正抓住关键点以突出重点、解除难点，还望方家赐教。

2007 年 5 月 8 日

注：此文发表于 2007 年第 32 期《现代语文》十一月中旬刊《教学研究》（国内统一刊号为 CN37-1333 / G4、国际标准刊号为 ISSN 1008-8024）。

高考古代诗歌鉴赏应试策略

古代诗歌鉴赏，高考年年必定要考，各区或 5 或 6 或 7 或 8 分；考生年年得分偏低，或 2 或 3 或 4 或 5 分。是什么原因呢？我认为，主要是鉴赏应试的策略有问题。

高考古代诗歌的鉴赏，如能按照科学的策略去应试，完全可以提高得分率。

一、消除理解障碍，宏观整体把握

高考古代诗歌鉴赏在理解上的障碍，主要有作者情况不熟悉，写作背景不清楚，个别典故、字词的内涵拿不准。一般情况下，成熟的命题者在选择诗歌材料时，对作者和背景，会考虑考生实际的知识和水平的，估计考生较陌生，就会加注释，只要阅读注释障碍就消除了。至于个别典故、字词内涵的理解，也不会为难考生，估计你在通读全诗中，结合语境进行联想和想象，就能比较准确地把握好。作者、背景和个别典故、字词内涵的障碍消除后，就是宏观整体把握的事了，如标题（诗歌标题是判断诗歌的题材类别的重要依据，而同一类的题材常常与特定的表现手法、意象、思想感情相联系，我们据此可以找到理解诗歌的方向以及明确答题的思路。2007 年高考安徽卷的《醉落魄·咏鹰》，重庆卷的《海棠》《惜牡丹花》，看题目即知它们都属于咏物诗，而咏物诗的惯用手法也是写作目的即"借物抒情"和"托物言志"，根据所咏对象，又可明确前者为"言志"，后二者为"抒情"。2007 年高考江苏卷的《鹧鸪天·送人》则显然是送别诗，我们可联系送别诗的常见主题进行分析）、意象、诗眼等的把握。宏观整体把握的要义，是阅读全诗，抓准意象，体悟情感。因为诗歌是最凝练的语言艺术，作者要抒发的情感和表达的思想，往往寄寓在意象——所描写的景或所叙的事中。如：

【2008年高考四川卷】阅读下面这首元散曲，然后回答问题。（8分）

[双调]雁儿落带过得胜令（吴西逸）[1]

春花闻杜鹃，秋月看归雁。人情薄似云，风景疾如箭。留下买花钱，趱[2]入种桑园。茅苫[3]三间厦，秧肥数顷田。床边，放一册冷淡渊明传；窗前，钞几联清新杜甫篇。

注：[1]吴西逸：生平不详，曾当过小官，终看破红尘归隐。此曲为归隐前后所作。[2]趱：赶快。[3]苫：用草覆盖。

命题者对作者吴西逸、写作背景和个别字词的意义，都用加注的办法给考生作了明确提示，只要考生关注注释的阅读，应该说鉴赏中的理解障碍就消除了。

重要的是宏观整体把握："雁儿落"写向往归隐的缘由。第一、二句写的是，春暖花开不久，杜鹃鸟就来送春了。秋月正好时，飞燕却要回去了。这一联表现大好时光之短促。动词"闻""看"，反映作者的触景伤情。第三、四句写人情世态变化之快，令人不可捉摸。前四句，概括地写了岁月流逝，人生无常，人情冷暖，世事沧桑，集中地表达了作者的内心苦闷，也隐约地反映了作者对元代不合理社会的不满情绪。同时，也为后面的正面主张归隐提供了依据，作了有力的铺垫。"得胜令"写田园隐居生活。主要是歌颂村居生活，渲染归隐的乐趣。不再付出买花的钱，赶紧走入种着桑树的田园。住的是茅草盖顶的三间大屋，吃的是数百亩肥沃田里长出来的粮食。床边放着书，悠闲地躺在床上阅读……其中表达了作者对陶渊明、杜甫的仰慕之情，流露出作者处于异族统治下未能积极用世，不得已退居田园的痛苦心理。

这首元散曲一般的选本都有一个题目《叹世》。"叹世"类题材的元代散曲，往往包含着感叹人生和赞美归隐两个内容。此曲正是如此。在前四句中，重点是写人生短暂、世途崎岖。其表现手法是赋中有比，一、二句借物起兴，直陈其事，看似写景，实则在于暗喻。三、四句用的是明喻，以自然之物作比，形象鲜明。另外，全曲尽管都用对偶句，但衔接紧密，转换自然。还要注意其中运用了夸张，如把"风景"比为"箭"。此曲运用白描手法，平易浅近，流畅自然。无一典故，无一华艳文词，纯用白话口语，读之纯乎天籁，自有其天然淳真之美。

宏观整体把握中诗歌意象的景和事抓准了，基本内容和写法就有"谱"了，因而不管试题怎么命制，解答都会轻而易举。2008年四川卷的试题和参答是这样表述的：

（1）从归隐角度看，这首元散曲写了几个层次？请简要分析。（4分）

答：写了两个层次。前四句为第一层次，主要写向往归隐的理由。由春花秋月引起光阴如箭之叹，由鸟啼雁归生出人情淡薄之慨。后几句为第二层次，主要写向往中的隐居生活。其中又分为两层，"留下"句至"秧肥"句为第一层，写归隐后的物质生活；"床边"之后的几句为第二层，写归隐后的精神生活。

（2）这首元散曲主要运用了哪些修辞方法？试作赏析。（4分）

答：①对偶，如"秋月"句对"春花"句等；②比喻，如将"人情"比作"云"，"风景"比为"箭"等；③夸张，如将"风景"比喻为"箭"的同时又兼用了夸张的手法。

宏观整体把握是古代诗歌鉴赏的基础和关键，这一步如果出了"错"、离了"谱"，那答题的结果往往是不堪设想的。

二、运用基本知识，按照要求思考

古代诗歌的鉴赏，必须具备并运用一些古代诗歌及其鉴赏的基本知识，如：（1）表达方式（记叙、描写、抒情、议论等）；（2）修辞手法（比喻、借代、拟人、对偶、对比、夸张、反复等）；（3）表现手法（比兴、象征、衬托、渲染、对照、想象、联想、照应、正侧结合、虚实结合、借景抒情、寓情于景、情景交融、托物言志等）；（4）意象、意境（意象指的是诗歌中寄寓着作者情感的物象，如人、物、景等；意境指的是由许多寄托作者思想情志的意象，艺术地组合到一起，形成的诗歌的基本的整体情境。如孤独凄凉、激情飞越、闲适淡泊、清新飘逸、沉郁顿挫等）；（5）表达的思想感情（迷恋、忧愁、惆怅、孤独、寂寞、伤感、烦闷、恬淡、闲适、欢乐、仰慕、激愤、坚守节操、忧国忧民等）；（6）表达的作用（意境优美、意境深远、言近旨远、深化意境、升华主旨、意味深长、耐人寻味等）；（7）表达的基本内容（离情别绪、怀古伤今、思乡怀远、个人情志与山水田园、咏史咏物与讽喻抒怀、春恨秋悲与人生际遇、出世的山林之趣与入世的庙堂之志等);(8)反映的创作风格（朴素自然、清新飘逸、沉郁顿挫、淡雅高远、华妙艳丽、雄健高昂、悲壮苍凉、严谨细腻、清丽婉约等);(9)作答常用的表述方式（"这首诗采用〈某种表达方式、修辞手法、表现手法〉，写出了〈某个意象的某种〉特点，表现了〈突出了〉某种思想、感情，起到了某种作用"）；等等。

答题之前要看清题目的要求，运用古代诗歌及其鉴赏的基本知识去定向思考，这也是准确答题的必要前提。不审准题目的问题角度，不明了题目作答的具体要求，不运用古代诗歌及其鉴赏的基本知识，答题时就会或无从下笔，或答非所问，或片面残缺；明确题目要求并按要求去定向思考，方能做到有的放矢，快捷并准确。审题时要特别注意，题目要求是就诗的整体而言，还是就某一联、某一句或某一词要求而言。根据考纲要求，形象、语言、表达技巧和观点态度是古诗鉴赏题的主要考点。考生应问什么答什么，务必找准角度、切入点后再动笔，力避答题的盲目性和随意性。还要弄清楚，题目是直接提问，还是变式提问。像2007年宁夏卷问作者为什么要写琴棋二物，目的在考表达技巧；山东卷问考生喜欢哪一种版本，目的在考查语言，希望考生由语言入手分析诗歌的主题。

运用基本知识，按照要求思考，请看下例：

【2008年模拟湖南卷】阅读下面这首唐诗，然后回答问题。（5分）

渡湘江（杜审言）

迟日园林悲昔游，今春花鸟作边愁。独怜京国人南窜，不似湘江水北流。

1.吴乔《围炉诗话》云："情能移境，境亦能移情。"本诗的前两句即为情境互移佳例，请简要析之。（3分）

2.这首诗通篇用反衬、对比手法，如果说前两句是今与昔的衬比、哀与乐的衬比，以昔日对照今春，以园游对照边愁，那么，后两句是怎样衬比的呢？（2分）

鉴赏古代诗歌必须运用一些基本知识，如要懂得一首诗在整体上采用的抒怀言志方式，即诗人是借助什么来把自己的感情表达出来的。如不借物——直抒胸臆；借物——托物言志；借事——叙事、议论、抒情结合；借景——情景交融；借古迹——借古讽今。另外，还有虚实明暗、虚实结合、化静为动、动静结合、对比映衬、含蓄委婉、用典、象征等表现手法。

　　杜审言在唐中宗时曾被贬到南方极为偏远的峰州。这首诗当是他在这次流放途中写的。他在渡湘江南下时，正值春临大地，不禁对照自己的遭遇，追思昔游，怀念京国，悲思愁绪，一触而发。显然，这是一首即景抒情之作。而两道题目都是考查诗歌表现手法的。要准确答题，就必须仔细审清题目的要求，按要求运用古代诗歌及其鉴赏中表现手法的基本知识去定向思考、筛选答题信息，进而组织答案。第1题，要分析诗的前两句的"情境互移"，就要寻找诗中前两句的"境"和"情"，再联系思考二者的关系。"迟日园林"是境，"悲昔游"是情。春日迟迟，园林如绣，游目骋怀，本该心旷神怡，然而，一个"昔游"，把喜悦的情感一下子拉到了过去，不免生悲。由今天的不得意想起昔日的美景，想起昔日的游乐，更增添今日的悲情。鸟语花香本来是令人欢乐的，但这景物却使诗人想到自己的身份和处境，是去边地的不得意之人，面对美景，也无心观赏，越美越触动自己的哀愁。这就是用现在的情移过去的境，乐景反衬哀情。第2题明确告诉我们是要用反衬、对比手法的内容，并且题目为降低难度，还举了前两句的例子，我们就应该仿照题目的例子来寻找答案了。从诗句中，找到"人南窜""水北流"的对比、反衬和"京国""湘江"的比衬，再仔细寻找对比映衬的事物特点、所寄寓的情感内涵，就可以得出正确答案了。

　　参考答案为：

　　1. 诗的前两句在今天的情景中，忆昔游而生悲，见花鸟却成愁，乐境衬出哀情，喜物引出悲意。

　　2. 后两句是人与物的衬比，南与北的衬比，京国逐客与湘江逝水的衬比，在衬比中，把一腔悲思愁绪表现了出来。

三、斟酌专业术语，准确简要作答

　　古代诗歌鉴赏题在阅卷时实行踩点给分。因此，把握了全诗，审准了问题，找到了答题的切入口，最后就要用专业、准确、简要、有条理的语言组织答案，答案切忌外行、模糊、啰嗦、思路混乱。力争使用专业术语，因为它可以有效提高答题的简要性、准确性和科学性。如：

【2008 年高考全国卷Ⅰ】阅读下面这首宋诗，然后回答问题。（8 分）

江间作四首（其三）（潘大临）[1]

西山通虎穴[2]，赤壁隐龙宫。形胜三分国，波流万世功。沙明拳宿鹭[3]，天阔退飞鸿。最羡渔竿客，归船雨打篷。

注：[1]潘大临（约 1057～1106 年）：字邠老，黄州（今湖北黄冈）人，善诗文。曾随苏轼同游赤壁。[2]西山：在湖北鄂州西，山幽僻深邃。[3]拳宿鹭：指白鹭睡眠时一腿蜷缩的样子。

（1）第三联两句中各有一个字用得十分传神，请找出来，并说说这样写的好处。

答："拳"和"退"。用"拳"字形象地表现出鹭鸟在沙滩上栖息时的神态。用"退"字别致、生动地表现出鸿鸟在天空中飞行的状态。这样写构成了作者江边所见的一幅静动结合的画面。

（2）从全诗看，作者向往一种什么样的生活？请简要分析。

答：向往一种隐逸的生活。①诗的前两联，作者从眼前之景，转入怀古，遥想当年赤壁之战时的人事，而今安在？从而发出了"波流万世功"的感叹。②诗的后两联，作者赞叹宿鹭、飞鸿的闲适，接着又仿佛看到了渔翁的扁舟，联系到"波流万世功"的感叹，于是提出"最羡渔竿客"，想驾一叶小舟在烟雨蒙胧中归去！

高三师生在进行古代诗歌鉴赏教学与训练时，如能严谨、规范地依据"消除理解障碍，宏观整体把握；运用基本知识，按照要求思考；斟酌科学术语，准确简要作答"的策略，去一次一次地实践诗歌鉴赏，一次一次地动笔组织答案，并形成良好的习惯，那么学生在高考应试时的得分率一定会大幅度地得到提高。

2009 年 2 月 26 日

注：此文发表于 2009 年 10 月第 21 卷第 10 期（总第 168 期）《中国教学与研究月刊》（国内统一刊号为 CN15-3591/G、国际标准刊号为 ISSN 1623-7629）。

鼓励个性化欣赏 引导创造性解读

"一千个观众就有一千个哈姆莱特。"对这句名言，笔者有三个维度的理解：一是文学作品本身的意蕴、人物具有多向性、多元性；二是观众的欣赏、解读具有多样性、差异性；三是观众对文学作品的欣赏、解读的过程，往往是一个再创作的过程，具有共鸣性、批判性和不确定性。

因此，教师在阅读教学中指导学生欣赏文学作品时，应根据其意蕴、人物多向性、多元性的特点，尊重学生个性差异的多样性欣赏，鼓励学生参与文学作品的再创作，并由此科学地引导学生进行"作品视界"范围内的创造性解读。这对学生发展个性思维、培养独立思想、鼓励再续创作、促使创造发展、引导快速健康成长，都具有现实而深远的意义。

鼓励学生个性化的欣赏、解读，是因社会人本身就具多样性、差异性。

首先，体验个体不同，欣赏、解读自然不同。

众所周知，学生个体之间因受性别、年龄、家庭背景、生活经历、学习情况乃至南北地域、东西文化等影响而形成的识见、习惯、性格、情感、思想、观念等，都存在着或多或少或大或小的鲜明的多样性，因而导致学生对同一文学作品产生欣赏、解读方面的或多或少或大或小的鲜明的差异性。如同样欣赏一篇关于"0"的文学作品，孩子会欣赏它的直观义、想象性，大人则会解读它的理性义、象征性。同样欣赏一部关于"家"的文学作品，无家的同学会渴望得到家并珍惜它、守护它；有家的同学则会思考更好地建设它并对此"家"与自己心目中理想的"家"进行更多的想象与追求。与此同时，无论是无家者还是有家者，他们对"家"的联想、想象和感悟，都会带上鲜明的与自己家庭、地域、文化等的体验、体认和体知相一致的烙印。至于在共同欣赏关于"幸福"的文学作品时，更有可能一千个读者就有一千种关于

"幸福"的解读的答案。

如对刘义庆《世说新语》的寓言《管宁割席》的欣赏、解读。作品的大意是：管宁和华歆同坐在一张席上读书，有个坐着华贵车辆的官员从门前经过，管宁还像原来一样读书，华歆却放下书出去观看。管宁割断席子分开坐，说："你不是我的朋友了。"如何欣赏、解读文本中通过管宁、华歆见轩冕过门时的不同表现所反映出的主题与人物的个性呢？不同的主题可能有：①学习要专心致志。②朋友要志同道合。③道不同不相为谋。④要同坏友绝交。⑤近朱者赤，近墨者黑。交好友对进步有益，交损友对发展有害，择友要谨慎。⑥既要做好自己，还要教育别人……不同的个性可能有：①读书用心的不同：管宁专心致志，华歆心猿意马。②个人德行的不同：管宁不慕权贵，华歆羡慕权贵。③交友原则的不同：管宁因朋友品行不佳断绝情意的脱"俗"和华歆的"俗"。④对"俗"的理解的不同：管宁似乎为脱俗而去脱俗因而少了生活的气息，而华歆则有率直真实之美。

其次，体认角度不同，欣赏、解读自然不同。

同样对"文学"的解读，古往今来，正如蔡镇楚在《中国古代文学批评史》中所述：从哲学的角度看，文学乃是克服异化，使人性暂时获得复归的一种艺术手段。从价值学的角度看，文学就是人学，是人的心灵学、性格学，是人的思想感情与人格精神的艺术表现。从心理学的角度看，文学是苦闷与欢乐的象征，是人的内心活动的升华。从历史学的角度看，文学在特定的时代背景和社会环境中，乃是阶级斗争、民族斗争、政治斗争的工具。从审美学的角度看，文学是真善美的艺术结晶，是有缺陷的现实世界中的一种理想之光。从民族学的角度看，文学是民族心灵的展示，是民族文化性格的历史积淀，文学的民族化是文学的世界化的主要标志。

而文学本身因"言有尽而意无穷""言在此而义在彼""形象大于思想"等而具多向性、多元性，加上读者体认角度的不同，人们对它欣赏与解读的答案就更丰富多彩。不同的人从不同的角度，对同一作品会有不同的解读。如《论语》，儒学家总结其核心就一个字"仁"；教育家则概括其核心是两个字"教育"，因为它体现了儒家以人为本、以生为本的教育取向，有教无类的教育情怀，以教为政的教育追求，终身学习的教育思想，自由讨论的教育模式，因材施教的教育方法，全面发展的课程建构，慎独正己的修身方法，积善成德的德育路径等。如《红楼梦》，王国维说它是充满神秘色彩的悲观主义的作品；胡适说它是自然主义的作品；柳恩铭说它有人性却没价值，把男人教痴、把女人教傻、把常人教废；鲁迅则说从《红楼梦》中"经学家看见《易》，道学家看见淫，才子看见缠绵，革命家看见排满，流言家看见宫闱秘事"。同一个人从不同的角度，对同一作品甚或其中的某一词句也会有不同的解读。如《江南逢李龟年》[1]，有教师就其中的"落花时节"的意蕴进行着多角度的解读——从时况角度：联系"江南好风景"可以说杜甫遇到李龟年的时间当是春天，当时春光正好，百花早已盛开，有的已开始凋零。从比况角度：联系第一、二句，可以认为李龟年过去是"岐王""崔九"等王公大臣宠幸的歌手，如今流落江南，这说明他盛期已过，到了"落花时节"了。从自况角度：联系杜甫少年时在文坛崭露头角，十四五岁就出入岐王宅里、崔九堂前，但满怀抱负无法施展，辗转漂泊垂垂老矣，"落花时节"是其自身不幸的感叹。从世况角度：联系时代社会背景，可以说唐室天下经过了安史之乱，开元时代的升平局面一去不复返了，所以"落花时节"还包含着对国破家亡、民生凋敝的慨叹。

再次，体知资源不同，欣赏、解读自然不同。

关于李商隐《锦瑟》[2]的主题，历来众说纷纭，宋有刘颁"令狐青衣"说，清有朱彝尊"悼亡"说、何焯"自伤身世"说、程湘衡"自序诗集"说等；此外，宋有黄朝英等"咏瑟"说，清有杜诏等"政治影射"说、屈复等"寄托不明"说等等。

不同时期的不同的专家学者，之所以对同一首诗竟然有如此之多且不同的欣赏和解读，就是因为至今我们还对作者是在何时、何地、何种境况下写的这首诗不甚了了，对作者的生活、经历、仕途等及其由此而形成的情感倾向、政治理想等也知之不多，也即关于欣赏、解读这首诗的体知资源严重缺乏。还因

---

[1] 杜甫《江南逢李龟年》：岐王宅里寻常见，崔九堂前几度闻。正是江南好风景，落花时节又逢君。

[2] 李商隐《锦瑟》：锦瑟无端五十弦，一弦一柱思华年。庄生晓梦迷蝴蝶，望帝春心托杜鹃。沧海月明珠有泪，蓝田日暖玉生烟。此情可待成追忆，只是当时已惘然。

作者现存的部分诗作往往过于隐晦迷离，难于索解，正所谓"诗家总爱西昆好，独恨无人作郑笺"。鉴赏诗歌"知人论世""知世论诗""知世论人"等"体知"方法，在此全然失去了它应有的效力。

但个性化欣赏不等于自由化欣赏，更不是学生化、随意化欣赏。因此，教师必须发挥主导作用，防止学生欣赏的快餐化、娱乐化、动漫化，杜绝学生无依凭的曲解甚至误解。作为被欣赏的文本尽管具有多向性、多元性和不确定性等的特征，但定然有许多显性的、鲜明的、共识的价值导向性，有个"作品视界"的范围。

在文学作品的阅读教学中，教师不仅要根据学生多样性、差异性的特点鼓励他们的个性化欣赏，还要科学地引导学生的创造性解读。教师应该如何科学地引导学生进行"作品视界"范围内的创造性的解读呢？

首先，不管个体、角度、资源等如何不同，解读必须尊重文本的本身。创造性地解读首先必须尊重文本本身。因为文本是教学的起点，是学习的载体，只有尊重文本、立足文本，才能准确有效地解读文本。架空、脱离甚或抛弃文本的解读，必然成为无源之水、无本之木，丝毫谈不上创造性。

如持"自伤身世说"的何焯认为，《锦瑟》"乃自伤之词,骚人所谓'美人迟暮'也"。但作者伤的到底是什么，是否与爱情有关，仅靠一句"美人迟暮"是不能使反对者信服的。假定你认为作者伤的是怀才不遇，与爱情无关，那么你就应该尊重该诗文本的词句，通过逐字逐句的解读找到对应的持之有据、言之有理的证明，使自己的解读与该诗词句的意蕴浑然一体，并能自圆其说。解读示例如下：首联以锦瑟起兴，引起对"华年"的追忆，有无限伤感之意。颔联以庄周和杜宇的典故比喻自己道路坎坷，往事如梦幻一般。所遭遇的不幸无处倾诉，只好如望帝托杜鹃诉说春心，自己托诗篇诉说不幸。颈联更以怀才见弃、理想破灭的切身感受，来抒发难言的隐痛。尾联慨叹一生遭遇，怅惘失意，心潮难平。

其次，因为个体、角度、资源等的不同，欣赏的结论自然可能有是非优劣深浅新旧的差异，所以必须进行"作品视界"范围内创造性解读的科学引导。创造性地解读，首先要尊重作品文本的原意、契合作者当时的心迹，其次要引导正确的价值取向。强调后者，能使学生在欣赏、解读的过程中获得实事求是地求异创造的熏陶，进而逐步形成创造的个性和健全的人格，促使自己的快速健康成长。

如把巴尔扎克《欧也妮·葛朗台》的主题解读为"人生就是一场交易"，那纯属断章取义；把裴多菲《我愿意是急流》的诗意解读为"爱情"或"政治抒情"，那后者显然有违文本原意和创作初衷。这都不是创造，教师必须进行具体分析和科学引导。再如对鲁迅小说《祝福》主题的解读，典型的有三种：一是揭露"四权"（政权、族权、神权、夫权）对中国妇女的迫害。二是"揭露封建礼教吃人的本质"。三是感叹"鲁镇社会"式的中国传统腐朽伦理文化的坚固，表现唤醒愚昧进程中的彷徨，在强大的"鲁镇社会"式的伦理文化浸染下抒发对所有麻木的病态灵魂的绝望之情。针对上述三种解读，教师必须引导分析并使学生明确：第一、二种解读都以鲁迅作为一个伟大的战斗者和启蒙者为前提，以政治学和社会学的目光来定向透视《祝福》的政治意义和社会意义，而不是将鲁迅作为一个感情丰富的文学家，从文学创作动机和接受美学的角度把《祝福》当做一篇小说来解读。如果反复研读《祝福》，认真审视《彷徨》创作前后作者思想情感的历程，大家就会发现：《祝福》的主题不是侧重于揭露和呐喊，不是侧重于以启蒙者的姿态去唤醒沉睡的人们，而是侧重于抒发因为多次的呐喊不见回音，多次的奋力前行不见光明的焦虑和绝望情绪。这是一位成长中的伟大战士在四处碰壁之后情感历程的自然流露，也是一个伟大革命家在寻求疗救社会良方的过程中"独上高楼""望断天涯""衣带渐宽"时真实的迷惘和绝望。因而第三种是既尊重作品文本原意、契合作者当时心迹，还符合正确价值取向的创造性的解读。

笔者认为个性化、创造性地欣赏和解读文学作品，符合学生生理、心理和文本欣赏、解读的规律，符合语文《新课标》阅读个性化的主张，是一种有利、有效的培育学生个性化、创造性品质的阅读教学法，无论是对教师还是学生，都应予以尊重与鼓励；由此教师对学生进行"作品视界"范围内创造性解读的科学引导，也应予以关注与重视。

2015 年 7 月 30 日

注：此文发表于 2015 年第 10 期《语文教学之友》（国内统一刊号为 CN13-1044/G4、国际标准刊号为 ISSN1003-3963）及 2015 年第 11 期《中学语文》（国内统一刊号为 CN42-1021/G4、国际标准刊号为 ISSN1000-419X）。发表时，前者删去了欣赏解读中"幸福"、《红楼梦》、《欧也妮·葛朗台》和《我愿意是激流》的四个例据，后者删去了开头的第一、二自然段。并于 2016 年 4 月获中国教育管理学会等主办的第四届全国素质教育教研成果奖一等奖，本人同时获"全国素质教育先进工作者"称号。

我们的倡导与追求

——《脚步铿锵一路歌》后记

《苗地》诞生于 1984 年，定名于 1989 年，已经历了 21 度春秋，走过了近 8000 个日程，共出版发行了 118 期。

"苗地文学社"，她创造了骄人的成绩：郴州市文学社团一等奖，湖南省首届优秀文学社团，湖南省十佳中学校报刊，二十世纪九十年代中期《语文报》就对她作过报道。她曾吸引着作家王跃文题词"'苗地'有好苗"，诗人袁柏霖礼赞"幸运'苗地'慰平生"，学者吴明春鞭策："'苗地'是作家最好的摇篮。"

《苗地》、"苗地文学社"，她由弱小到强大，曾发生过几个质的飞跃：主体由教师而学生，形式由报纸而杂志，编作由刻板油印而打字快印到电脑胶印，版面由 8 开 2 版而 4～6 版到 16 开 20 版，队伍由几人而几十人今至几百人，发行由县而市并扩大到全省示范性高中，影响面越来越宽，名气也越来越大……她实现了"定刊词"中的希冀："但愿寂寞、荒芜不复存在！但愿日后开出七彩奇葩！"

几乎可以说，"苗地文学社"，她一步一个脚印，步步铿锵；《苗地》，她一期一个乐符，声声悦耳：她确实是"脚步铿锵一路歌"。

《苗地》的逐步发展，离不开历届总（主）编、老师们呕心沥血的策划与耕耘，谭超宇、吴章华、陈石林、陈春知、陈爱红、吕庆平等老师，他们选稿、刻板、油印，编辑、校对、快（胶）印，作者编者和读者对此都记忆犹新；"苗地文学社"的苗壮成长，离不开社长、主编以及"主力军"社员同学们苦心"孤意"的组织与经营，李治国、陈伟、周晓飞、周飞、樊丹、刘美花、张一叶、李庆元、周凌林、刘丽娜、陈春艳、谭南林、段星宇、阳苏丽等，就是其中的典型代表。这些师生的名字和业绩，将和《苗地》共载安仁一中史册，同显光辉。

为了记录"苗地文学社"这段发展的辉煌历史，为了展示《苗地》这份报刊的优秀作品，更为了激励现在和将来的师生员工，进一步做强《苗地》、做大"苗地文学社"，学校的领导和语文教研组的同仁们，早就有一个"奢想"：集众人智慧，聚集体力量，作为"校本教材"将她们的精华编辑成一本书！今天，终于如愿以偿。

编辑学生创作"选萃"这样的工作，就我们而言，还是第一次。因而，我们主观上力求"选文质量高，点评水平高，出版品位高，社会效益高"；客观结果如何，诚请读者最终裁判。我们选编、点评的原则是：宁精勿滥，可读性强，尊重历史，保持特色。为了保证质量，我们邀编的全部是本校优秀的语文教师，并在点评的文字后署上真实姓名。

选编工作进展得迅速和顺利，因为她有顾问周邦全校长（省督学、特级教师）的大力支持和科学指导，有主编陈石林副校长（中学语文高级教师，郴州市中语会副理事长）的精心策划和严密组织，更因为她有编辑的慧眼功夫和有效合作，有大量的令人心动的难以割舍的丽构佳作。在选编过程中，我们深切地感觉到，中学生中不是没有文学人才，而是我们缺失发现、认可文学人才的慧眼、态度；中学生中不是没有称得上大作的名篇，而是我们喜欢老是把眼光盯在别地、别人或所谓的"名作"！我们倡导"关注社会，聚焦生活，写好身边的人事景物，悟出生活的酸甜苦辣"；我们追求"说真话，诉真情，高品质，高品位"。翻一翻、品一品我们的这本《选萃》，读者或许会有同感。

最后，衷心感谢中国传媒大学出版社的编辑们为我们这本《选萃》所付出的辛勤劳动！

2005 年 1 月 15 日

注：此文发表于本人主编的约 40 万字的校本教材《脚步铿锵一路歌——〈苗地〉文学作品选萃》，中国传媒大学出版社 2005 年 1 月版。书号为 ISBN7-81085-457-7/K·268。标题为"后记"，署名为"编者"。

继承·创新·发展

——写在《苗地》第 124 期出版之前

继承，是为了创新。

苗地文学社的始兴、发展、不断壮大，融注了几代师生的心血；《苗地》文学刊的诞生、崛起、声名远播，彰显了几代师生的风采。

苗地文学社和《苗地》文学刊，它有着许多光荣而优秀的传统：为了社的队伍的壮大和刊的质量的提高，历届编辑和作者们紧密团结，满怀着信心决心和恒心，克服着各种各样的困难；不懈地倡导"关注社会，聚焦生活，写好身边的人事景物，悟出生活的酸甜苦辣"；执着地追求"说真话，诉真情，高品质，高品位"；长期地形成并保持着主体的学生性，作品的文学性，内容的真实性，形式的多样性……所有这些，我们都须继承，都须弘扬并光大。

创新，是为了发展。

苗地文学社和《苗地》文学刊，取得了许多辉煌而骄人的成绩：郴州市文学社团一等奖，湖南省首届优秀文学社团，湖南省十佳中学校报刊，二十世纪九十年代中期《语文报》就对她作过宣传报道。她曾被作家王跃文、诗人袁柏霖、学者吴明春题词、礼赞、鞭策过。完全可以说，"苗地文学社"，她一步一个脚印，步步铿锵;《苗地》文学刊，她一期一个乐符，声声悦耳:她确实是"脚步铿锵一路歌"……所有这些，都只能说明过去，我们要发展，更要创新——内容的、形式的，以创新来求得更大的发展！

继承，是为了创新；创新，是为了更大的发展！

我衷心地希望着，热切地期待着。

在第 124 期出版之前，主编江河山、新任副主编黄芳两位老师，都约我为《苗地》说点什么，那就只强调吧，因为这些早已说过。

2006 年 10 月 18 日

注：此文发表于 2006 年 10 月出版的《苗地》总第 124 期。

运用"三步八法" 激发写作兴趣

——"快速作文训练"初探

快速作文是信息社会发展的迫切需要，快作训练（40 分钟 800 字）是当前语文教学界研究的重要课题。快速作文重要，快作训练重要，激发兴趣更重要。心理学研究表明，兴趣是指一个人努力追求认识、掌握某种事物或从事某种爱好活动，具有积极情绪色彩的心理倾向。它是推动学生观察生活、感知事物、发展思维、写好作文的动力。要想短时间内快速成文，教师就必须按照写作规律、运用科学方法、创造最佳条件，以激发学生兴趣，使之"有话写""乐于写""懂得写"，最终"写得好"。近几年，我从指导学生材料积累、快作训练、技巧学习三个步骤入手，运用指导积累、命好题目、创设氛围、互批自改、讲评存疑、写作后记、组织竞赛、授以技巧等八种方法（简称"三步八法"），去进行快速作文训练，效果显著。它是一种充分调动学生作文积极性、快速提高学生作文质量的有效方法。

一、指导积累激趣，使之"有话写"

1.指导积累

要快作必须有话写。学生"无话写"的根源在于忽视生活，不善观察分析；盲目阅读，懒于录记整理。对于前者，我告诉学生学校是社会的缩影，生活是写作的源泉。课堂上，指导学生留心班校人事的方法；假期里，布置学生调查社会生活的专题；在平时，要求学生写"观察日记""分析周记"，不定期地命题写作，检查学生观察、分析的情况，督促学生长期坚持、形成习惯。对于后者，我用本人经历现身说法，指出不动笔墨不读书，不会记录整理的人成不了大气候，尔后开列阅读书目，如著名书报杂志和《写作材料精编》等，让学生课外有计划、有目的地阅读，每学期用16个课时带领学生到阅览室集中阅读，同时指导学生摘抄笔记，剪报辑录，按爱国主义、集体主义、奉献精神、自强自立、勤奋好学、兴趣追求、理想信念、道德品质、科学力量、辩证认识、社会丑恶等分类整理，还利用课前时间在班上组织"三五分钟时事演讲""每天记一句名言"等活动，帮助学生积累材料，加强记忆消化。通过这一系列指导，学生积累材料、写作作文兴趣大大提高，自发地办起了《中学生评论》和《鹿鸣》小报，所评主要是热门话题，所写全部是身边人事，如此而来，学生感到不是"无话写"，而是"话太多，报太小"。

二、训练过程激趣，使之"乐于写"

快速作文的本质特征是"快"，它要求训练过程中能快速行文、快速批改、快速反馈。作为控制操练过程的教师，必须抓住"快"的特征，精心地设计题目，积极地创设氛围，科学地引导批改，及时地进行讲评，督促学生认真写好后记，并适当地组织一些竞赛，使训练形成一个快节奏、高效率的系列网络，让学生体味到训练的乐趣，以激发学生快作的兴趣。

2.命好题目

命题激趣是指教师将题目出在学生心坎上、认知内。记叙文主情，贵在以情动人，我便命出《他（她）在我心中》《美，就在我身边》等。议论文主理，贵在以理服人,我或结合课文,如学了《赤壁之战》后,命《智与力的较量》,或针对生活矛盾,如学生希望写好作文又不屑修身养性,命《作文与做人》,或紧扣时代脉搏,如根据目前中学生流失现象严重,举办小记者采访会,命《奇怪不奇怪》写问题评论。说明文主知,贵在能给人以知,我便提前命《笔的自述》,让学生观察比较各种笔,参阅介绍笔的有关文章,再写作。这些题目,贴近学生生活、思想、知识的实际,能引起学生情感、认识、经验的再现,激起学生写作的兴趣,感到作文言之有物,从而产生强烈的写作欲望和为之奋斗的毅力。这种欲望与毅力,又恰恰是激发下次写作、推动下次成功的动力。

3. 创设氛围

写作是需合适的情境气氛、有趣的问题争辩等氛围的,它可集中学生的兴奋思维,催化学生的写作兴趣,教师应积极予以创设。

写景游记、抒情散文,讲究情与景的交融,境与情的凝聚。进行此类快作的训练,我先创设情境,使学生历境赏景,入情明理。如在教学《荷塘月色》时,先简介写作背景、反复放录音、再评析课文精髓,创设一种朦胧、淡雅、清幽的情境,让学生进入作品淡淡的喜悦与淡淡的哀愁的意境,体味作者"这几天心里颇不宁静"的心境,领会文章诗情画意、情景交融的写景。之后,要求学生根据"校园、秋月、草树、斜阳"四个词语及其所包蕴的情景,展开联想与想象的翅膀,以《校园秋色》为题,写篇600字以上的散文。结果,学生写作兴趣盎然,"思风发于胸臆,言意流于笔端",40分钟内写出不少情景交融、文采斐然的佳作。

爱争好辩是青年人的特点。我在教学中,经常将自己设计或学生提出的有趣问题供给学生,先引起讨论,讨论到争辩的火候,便命题让学生写作,开展争鸣。如在教学《邹忌讽齐王纳谏》时,有学生提出,邹忌的所言所行近乎奴才,有话不敢讲、拐弯抹角。我及时转告给大家,并设置一个问题:"药苦言逆"好吗?让学生各抒己见,"百花齐放"。写后一查,绝大多数学生认为"良药甜口利于病,忠言顺耳利于行",并由此及彼地联系教育实际进行论证,持之有据,言之成理,令人信服。讨论常促人思考质疑,争辩易让人学知明理,进而迸发智慧的火花，激起写作的兴趣。

4. 互批自改

互批自改作文既是快作训练的客观需要，更是学生更多地接触同学习作、取长补短的有效途径。学生经过自己思考、领悟、修改、判分，能直接体验失败的教训或成功的喜悦，更能激发自己克服缺点、"更上一层楼"的写作兴趣，将比学赶帮超的热情推向高潮。只要教师指导具体、引导得法，学生的互批自改绝不比教师的批改逊色，甚至更实用有效，更能开发学生的潜能，催化写作的兴趣。正如一学生在日记所写道的：

互批自改妙极了，它不仅提高了我们批改作文的能力，而且还促使我们学到了课堂内学不到的许多知识和观察社会、思索人生的方法，极大激发了我们自觉练笔、积极写作的兴趣。

5. 讲评存疑

讲读课文是门艺术，讲评作文更然。我讲评的方式主要有两种，一是优作示范，正面引导；一是差篇剖析，反面教育，常侧重后者。做法主要是根据当次训练的具体目的，选择一二篇典型习作，抓住一二个甚或一个问题的某一侧面条分缕析，评出规律，讲出方向，而对其中存在的其他问题，则或轻描淡写点到为止，或只指出还有问题，到底有什么问题，为什么和怎样解决，却留给作者本人和其他学生去思考、讨论，等到了关键时刻再画龙点睛几语道破，"不愤不启，不悱不发"。这样讲评，一是重点突出针对性强，能激起学生"这篇不行，下次再来"的兴趣，二是有意存疑促其深究，能催发学生遇疑求解、寻根究底的智力因素。

6. 写作后记

作文后记，可简说作文的构思或行文过程，可详谈写作的艰辛或喜悦，可记下自己的经验或教训，更可反驳互批中的错改或误评。只要实事求是，写出认识，不拘形式，长短皆宜。事实说明，它可以充分调动学生自己学习写作理论、领悟写作奥妙、激发写作兴趣。请读下面一篇后记：

《十年后的我》是一个培养想象与联想能力的好题目。批改者说我想得周全，富有激情，判为甲下，使我大为汗颜。因为本文有两大问题，一是有激情却不合道理，文章想象自己读完大学后只两年就在生物防治研究方面有实质性突破，结束了中国用烈性农药防虫的历史，根除了危及人畜生命安全的隐患，并使农作物产量大幅度提高，这太出格了；二是构思有讲究但欠严密，采用梦境形式入题自然妥贴，中间材料组合也还顺当，然结尾却缺乏交代，很易给人错觉。另外，批改者说该文很有文采，我更不敢接受。我作文的致命弱点之一就是语言平淡寡味，既无丽词佳句，又少追求修辞，正如本篇后记，哪有文采？不过，这也许是批改者的善意暗示吧，我坚信"前文之鉴乃后文之师"，只要肯花工夫，作文的问题将会一一被我克服、消灭。

7. 组织竞赛

争强好胜也是青年人的特点。有计划、适当地组织一些写作竞赛活动，既能加深和巩固写作知识，更能激发学生积极写作的兴趣，促使快作训练效果的优化。我曾组织全体学生在班内开展"看谁日记写得多""看谁周记写得好""看谁作文写得快""看谁作文能打甲""看谁作文批改准"等比赛，参加学校举办的各种作文竞赛；组织部分学生参加全国性的"芳草杯""金箔杯""华夏杯"等作文大赛。通过组织竞赛，大多学生进步非常显著，个别学生获得较好名次，仅1993年上期，所教两个班学生就在县级以上电台、报纸、刊物上发表文学作品45篇，其中有9篇分获《苗地》一、二、三等奖，1篇获"芳草杯"优秀奖，4篇分获"华夏杯"三等、优胜奖。一次次竞赛就像一根根金线穿起了一串串热爱写作的珍珠，学生们在竞赛中写作，在兴趣中提高。

三、授以技巧激趣，使之"懂得写"

8. 授以技巧

达尔文说："最有价值的知识是关于方法的知识。"写作是有方法技巧的。一味地强调多写，而不进行技巧指导，授之以法，老师良好的训练愿望会成为泡影，学生浓厚的写作兴趣将难以保持，造成"想写好而写不好"的苦恼。因此，教师在学生"有话写""乐于写"之后，要从技巧上给学生以指导，在实践中促学生以运用，使之"懂得写"，进而"写得好"。如我在训练学生写完一事一人后，进入到写几事一人时，及时地向他们介绍快速构思法中"线索贯串法""片断组合法""侧面拼贴法"等，使学生迅速地解除了苦恼，激发起"懂得写"的兴趣、"写得好"的信心，出现了一批优秀作文，如上文提及的五个大奖获得者的习作，就全部写作于技巧介绍之后。

作文是块神秘而肥沃的园地，只要我们面对现实，肯动脑筋，遵循写作规律，运用科学方法，创造最佳条件，激发学生写作的兴趣，和学生一道勤奋耕耘，精心浇灌，切实将教师的理想与学生的实际有机地统一起来，定会拂去它那神秘的色彩，开发它那肥沃的土地，绽出它那绚丽的花朵！

1993 年 10 月

注：此文荣获全国写作教学论文大赛二等奖（1993 年 12 月），发表于《教海拾贝》第 9 期（1993 年 10 月），选编入《教育教学论文选编》第一集（1997 年 10 月）。

"中学短周期作文教学"实验报告

安仁一中短周期作文教改实验从 1994 年下期开始，时至今日，历时三年，已完成一个实验周期（其中"深化阶段"已由 161 班、150 班分别进行过实验），取得圆满成功。

一、课题目的

传统作文教学的弊端是周期长、效率低，学生主体地位不突出。近年不少老师的作文教改在某些方面有所突破，但或者忽视难度与速度的要求，或者淡化质量意识，且不成体系。为了打破传统作文教学模式，弥补近年作文教改的不足，开辟一条全新的作文教学路子，而实施短周期作文教改实验。

二、实验的理论依据与理论假设

以接受美学为借鉴，以维果茨基"最近发展区"和赞可夫教学三原则为基础，综合借鉴其他作文教改先行者经验教训，而设计本实验。

短周期作文教改实验的特征是：以科学理论作指导，以培养学生高速度、高质量作文素质为目标，以统编教材作文训练基点为序列，以发挥学生主体作用为重点，以老师的点拨调控为保证，按"扶着走—看着走—放开走"的思想进行，向 45 分钟要效益。

三、实验对象与基本情况

高 150 班（45 人，男 30 人，女 15 人）与对照班 149 班（51 人，男 35 人，女 16 人）都是文科班，是高三时学校按成绩搭配分成的平行班，学生水平相当。班主任水平、科任老师水平及其他外部条件相仿，可比性强。

高 161 班（56 人，男 40 人，女 16 人）与对照班 160 班（51 人，男 36 人，女 15 人）都是高一新生班，是学校按学生初中毕业会考成绩搭配编成的平行班，学生水平相当，其他外部条件相仿。

初 138 班（58 人，男 40 人，女 18 人）与对照班 137 班（58 人，男 37 人，女 21 人）都是初一新生班，是学校按学生小学毕业会考成绩搭配编成的平行班，学生水平相当，其他外部条件相仿。

四、实验方法与步骤（略）

五、实验变量的确定及评价方法

由课题组分阶段进行专项测试，此外：

1. 前测：150 班根据学生分班情况，161 班、初 138 班根据学生入学会考情况确定相关参数（学生成文时间、作文质量、语文整体水平、课外延伸情况）。

2. 中测：分阶段比较期末反映出来的各种参数情况。其他参数由专项测试补充。

3.终测：依会考、高考情况比较各种参数，得出相应的结论。（毕业前举行一次专项测试，补充各种参数。）

六、实验结果及分析

（一）实验结果与结论

表1 实验班与对照班各阶段作文专项测试情况统计表

时间测试项结果班级	前测（94.9.15）			中测									终测		
				起始阶段（94.12.20）			发展一（95.6.19）			发展二（96.6.20）			深化阶段（97.6.16）		
	参测人数	人平速度	人平分数	参测人数	人平速度	人平分数	参测人数	人平速度	人平分数	参测人数	人平速度	人平分数	参测人数	人平速度	人平分数
161班（实验班）	56	650/55	74	56	720/40	75	55	710/32	80	55	740/31	82	31	760/30	83
160班（对照班）	51	640/55	75	51	640/55	76	50	650/54	75	50	680/52	78	30	710/50	79
初138班（实验班）	58	450/45	75	58	550/45	77	58	600/45	81	58	615/45	83	58	655/40	85
初137班（对照班）	58	445/45	75.5	58	490/45	76	58	550/45	77	58	580/45	78	58	600/40	80

说明：

①前测情况，由课题组在新生分班时考试测定，其余各阶段情况由课题组分别在各阶段结束时考试测定。

②速度项参数为：人平字数／人平时间。质量人平分数为百分制。

③人数变异情况：1994年下期161班休学1人，1995年上期160班转出1人；深化阶段参测人数；高三文理分科后，161班参测人员为分班前后皆在实验班的学生，160班参测人员为分班前后皆在对照班的学生。

④结论：实验班学生成文速度稳步提高，对照班虽有提高，但幅度不大；成文质量：实验班在初始阶段略低于对照班，说明有一个适应过程，发展阶段、深化阶段则大大高于对照班，优势十分明显。

表2 实验班、对照班期末语文综合成绩对比表

时间／成绩／班级	前测情况	一年一期	一年二期	二年一期	二年二期	三年一期	会考	高考	本科上线或上重点中学人数
150班（实验班）	78.1					81	81.3	92	12
149班（对照班）	78.7					78	76.8	84.9	2
161班（实验班）	76.1	74.5	68.9	71.4	75.3	78.4	83.4	88.7	10
160班（对照班）	75.9	75.2	67.1	69.8	71.9	73.7	79.1	83.7	3
138班（实验班）	75	76.5	76	78	79	81	80.8		26
137班（对照班）	76	76	74	76	77	78	77		9

说明：

①前测情况：150班、149班为文理分科时成绩；161班、160班为初中毕业会考成绩；初138班、137班为小学毕业会考成绩。

②结论：实验班综合成绩呈飞跃性上升，深化阶段后，最少可提高一个分数段，甚至可达到两个分数段。相比之下，对照班明显落后。此外，本科上线人数的反差，说明本实验不但能提高学生语文水平，而且能提高学生综合素质。

表3 实验班与对照班课外延伸（作品发表）情况统计表

时间／作品篇数／班级	前测情况	一年一期	一年二期	二年一期	二年二期	三年一期	三年二期
150班（实验班）	10					28	17
149班（对照班）	10					7	4
161班（实验班）	6	10	15	16	20	25	16
160班（对照班）	6	4	9	10	11	8	3
138班（实验班）	8	5	7	12	13	15	16
137班（对照班）	9	3	5	7	9	7	9

说明：

①表内数据为：各班各时段在县、市、省、国家级刊物发表作品或作品获奖的总数。

②前测情况，为进入本班前作品发表、获奖情况。

③一般深化阶段有一个作品发表的高潮。如150班1994～1995年度，学生在县级以上报刊发表作品45篇，其中在省级以上报刊发表作品的有贺同祥、郭振华、侯桂新、陈卓、段晓华、唐解霞。突出的有贺同祥《野嫂》获全国中学生首届"太阳树"作文竞赛一等奖，郭振华《享受月夜》获全国中学生"太阳树"作文竞赛二等奖，侯桂新《错色的钮扣》获第七届全国中学生夏令营蓓蕾奖。

④结论：实验班学生从沉重的学业负担中解放出来，能够拓展视野，且能激发创作欲望，并获得显著成效。她充分发展了学生个性，体现了素质教育的特征，而对照班情况变化不大。

以上情况显示：

1.实验班作文水平明显高于对照班（含成文速度、作文质量）。

2.实验班学科综合成绩明显高于对照班。

3.实验班课外延伸情况优于对照班。

4.实验班学生兴趣得到激发，参与意识增强。

5.实验班师生负担明显减轻。

6.随着认知条件的改变，高三阶段实施本实验效果明显优于高一、高二。这说明此实验有利于解决学生重负、高压的难题。

（二）结果分析

1.向改革要效益，是中学语文教育的唯一出路。

长期以来，语文教学一直在低效性的简单重复的怪圈中徘徊，以至有人以为：语文课多上或少上一节、一周甚至一学期，影响不大，这就难怪外界对语文教学的非议。要改变这种局面，必须通过改革，向改革要效益。本实验将作文教学的写作——批改——讲评几个环节进行科学的组合，使之一体化，缩短了作文周期，节省了大量时间，大大提高了作文教学效益，为语文教学的改革作出了成功的探索。

2.主体意识的强化，是当代教育改革的大势所趋。

传统语文教学（包括作文教学），以灌输式为特征，强调知识的传授，学生的主体地位没有得到必要的重视。当今语文教学改革以钱梦龙的"三主"原则（老师为主导，学生为主体，训练为主线）为代表，强调学生的主体地位，由此引出了问题教学、情境教学等突出学生主体地位的教改实验。本实验让学生的活动贯穿始终，到"深化阶段"老师只起组织引导作用，其余均由学生完成，这不能不说是一种大胆的尝试，幸而获得了成功。

3. 正确估价，充分相信，全力激活，是强化主体意识的关键。

改革是否成功，学生主体地位能否得到合理的体现，关键在于对学生是否有一正确的估价，在此基础上充分相信、全力激活。

本实验步骤的划分，就具体反映了这一点：起始阶段（一年一期），基于学生的年龄特征、认知条件，对实验目标（写作速度、写作质量、评改目标、讲评目标）作出了切合实际的安排；发展阶段的过渡期、发展阶段的常规期、深化阶段对目标作出了循序渐进的调整。当然，所有目标的设计体现了赞可夫"高难度""高速度"的原则，尽可能使之接近学生的"最近发展区"——这就是对主体的充分相信和全力激活。

4. "减轻负担"与"提高成绩"并非一组无法解决的矛盾。

教学成绩的提高当然是施教者、受教者追求的共同目标，然而为了实现这一目标，教育主管部门以及教育主体，大多是以加重师生负担为代价的；老师或者独占课堂，或者钻进作业堆里，苦不堪言，又必须"以苦作乐"，学生更是受到课堂上的耳提面命、课后作业（作文）的狂轰滥炸，这样憔悴了老师，呆滞了学生，如此"成绩"的取得，实在是得不偿失。

本实验以老师的点拨调控为手段，实现了主导作用，学生所有练习都在课堂中完成，把减轻师生负担落实到了行动中，并以此为前提大幅度提高教学成绩——这条路子应继续走下去。

5. 领导支持，破除陈规，是改革成功的重要保证。

县教研室、学校领导对实验老师予以了充分的理解和支持；实验初期的波折，没有影响实验的继续推行。作文"自批""互改"方法的推行，开始受到过人们的非议，但却一直有领导的理解和支持。以陈石林副校长为课题组长，以教学骨干为实验老师、以课题组成员为主体的组织方式更是领导重视的具体化。这一切是本实验成功的重要保证。

[注释及主要参考文献]

[1]《教育学》(中南工业大学出版社 1986 年版)

[2]《心理学原理与应用》(中南工业大学出版社 1992 年版)

[3]《文艺研究新方法探索》(华中师范大学出版社 1985 年版)

[4] 刘朏朏:《实验课本教学研究》

[5] 杨初春:《实用快速作文法》《求异作文技巧》《快速作文方法运用 70 例》

[6] 赞可夫:《教学论与生活》《教学与发展》

[7] 叶圣陶:《教育论集》

[8] 奥斯本:《创作论》

1998 年 5 月

注:此实验 1999 年 12 月荣获郴州市教改实验成果一等奖,报告(与张金奎合著)发表于《教育教学论文选编》第二集(2000 年 6 月)。

怎样写多种关系的议论文

【写法指导】

题目中有两个以上的概念,概念之间的关系就更为复杂,写作难度也就更大。比如有这么三个文题:①《立志·工作·成功》②《活源·清流·"四化"》③常言道——"春雨滋润禾苗壮"。春天雨水充足,田野里禾苗长势益然。但与此同时,杂草也竞相生长,与禾苗争夺水分和养料。请根据上则材料,以"春雨·春苗·春草"为题,写篇议论文。

要写好这类题目,需要注意下面四点:一是明确概念内涵。如设例②中的"活源"与"清流",源于朱熹《观书有感》,意思是:只有不断地学习,努力吸取新的营养,才能有所长进,有所成就。写作前,如果这两个概念内涵不明确,甚至理解错误,那么写作的结果便不想可知。二是辨析相互关系。如设例①,"立志"与"工作"是并列相关关系，它们与"成功"构成条件关系，要求作者论证的是：立志与工作是成功的条件，要成功，既要立志，又要实干。三是揣摩命题意图。如设例③，它要求作者所写的绝不是题目本身这样的自然事物，而要作者写与此类似的社会现象，揭示其深刻道理。又如设例②，命题者的意图也不仅仅是要求作者论证朱熹诗中反映的"读书学习"问题，而更要求作者论证：要通过不断学习别人、别国，吸取先进的科学技术、管理方法，来早日实现"四化"。四是找准恰切话题。如设例③，要写好它，必须寻求与题中自然事物相对应的社会现象，如"政策·成绩·问题"等，否则就会乱套、偏题、跑题。

【范文简评】

范文一：活源·清流·"四化"

安仁一中高二 侯桂新

每次读到"黄河之水天上来，奔流到海不复还"，心中总少不了一丝酸楚。为何黄河之水黄而不清？因为其"源"不活——黄土高原的水土流失太严重了。

"问渠哪得清如许？为有源头活水来。"朱熹的诗句告诉我们：只有源活，才能流清。古往今来，无论是自然还是社会，莫不如此。

古有"江郎才尽"，任你江淹才华满腹，一旦停止学习，便只能"源"枯"流"断。又有神童仲永，立笔写就几首好诗后，其父"不使学"，结果"泯然众人"，天才之花夭折了。今天，很多青少年刻苦学习，探求新知，出现了不少"小发明家"——十五岁的女中学生杜冰蟾发明了"汉字全息码"，它在检字上比现行任何字词典都要优越，就是一例。

牛顿和瓦特是两位科学巨人。在前半生中，他们刻苦钻研科学，为人类作出了巨大贡献。但晚年呢？牛顿沉湎于神学，相信上帝存在；瓦特非但自己不再向前发展，还以权威身份压制他人的新发明。他们头脑中的科学、创新之"源"一旦陈腐，便再也做不出任何成绩。

有源才有流，源活才能流清。忆昔思今，我们对"活源"的重要性就会认识得更深刻。

早在清代，泱泱大国却闭关自守，国门一关，新思想、新科技无法传入；

国家的腐朽落后遭致了被欺压凌辱，一个个丧权辱国的条约压得中华民族直不起腰来。如今，为了加快"四化"建设的步伐，我们打开了国门，开始引进学习别人、别国一切先进的有用的东西。一项项先进科学技术引进来了，一种种有效经营管理方法我们也学到了手。于是，中国人的科技眼界开阔起来，管理水平提高不少，"四化"事业蒸蒸日上，综合国力不断增强。这就好比打开窗户流进新鲜空气一样，窗外的清新空气正是我们需要的"活源"。

在引流窗外空气的同时，还要对室内空气进行净化处理。建设"四化"，对内改革和对外开放一样不可缺少。我们的改革取得了巨大成就，然而也应该看到，我们还有一些企业不能合上市场经济的节拍，改革不力，机制不活，因而正面临倒闭的危险。"变则通，通则久"，我们应当顺应历史潮流，积极支持改革，勇敢投身改革。

开放是引进"活源"，改革是将自身更新转化为"活源"，二者都离不开先进科技，这也是"四化"的内在要求。作为青少年，我们理当"学不可以已"，应该认真学习新知识，三峡工程、"四化"大业正向我们招手呢！

看到"源"与"流"，想到"四化"，我的思绪又回到了黄河，何日方能见它"清如许"呢？可以预见，黄土高原所在之源绿化之日，便是黄河水流澄清之时，"四化"大业功成之时！

[简评] 本文是一篇写得相当成功的多种关系的关系议论文。

准确。作者对题目概念内涵的把握、相互关系的理解是准确的：有源才有流，源活才能流清，"源活流清"即实行开放改革，"四化"才能早日实现。对命题意图的揣摩也是准确的：通过论证"源活流清"来证明要想"四化"早日成功，必须实行开放改革的政策。

鲜活。材料新鲜思路活。文中杜冰蟾发明"汉字全息码"，牛顿、瓦特晚年的科学、创新之"源"陈腐等论据，既新鲜又典型，能有力地证明观点。文章的思路十分明晰：由自然的黄河水源与水流而人类个体的学习与成就，再国家的开放改革与"四化"建设，这样一步一步地、自然顺畅地得出最后结论：黄土高原所在之源绿化之日，便是黄河水流澄清、"四化"大业功成之时。同时，这个结尾一箭三雕：收束全篇、照应开头和标题。

范文二：墙·民族·世界

安庆一中高一　方可成

中国似乎是一个与墙有缘的国家。中华民族引以自豪的万里长城就是一段很长的城墙。虽然不知道墙是否起源于中国，但我相信中国是墙最多的国家之一。许多饱经沧桑的古代城墙保留至今，成为文物古迹。北京四合院那高高的院墙，是北京人心头抹不去的回忆，即使在大规模拆除围墙的今天，仍是常常可以观赏到的建筑。在中华民族的历史上，更有一段筑起高墙、闭关锁国的屈辱记忆。

事实上，每个民族都有属于自己的墙，或将自身分割，或与其他民族隔开。然而历史的发展表明：这些形式各异的墙最终都将被拆除，未来的世界是一个没有墙的世界。

二十世纪，德国人为我们做出了表率，他们推倒了东德与西德之间的柏林墙，组成了统一的德国。尽管历史上德国臭名昭著——曾发动了两次世界大战，但德意志民族仍是一个优秀的民族，大家有目共睹，比如它对战争的认罪态度，消除民族隔阂的举动。

二十世纪末二十一世纪初，我们又欣喜地看到另一堵墙将要被推倒——那就是朝鲜与韩国之间的"三八线"。这两个同根生的国家，理应走上统一的道路。

然而，当今世界上还存在许多没有被推倒的墙，比如巴勒斯坦与以色列之间的墙，中国与日本之间的墙。有时候，回想起侵华日军的暴行，我们真想把这堵墙筑得高些再高些，但这是违背历史发展潮流的，不同民族间的墙终将在趋于大同的世界中消失。

"9·11"美国遭袭等事件，更表现出拆除这些墙的必要性。当时全班同学一起收看新闻，当看到轰然倒塌的大楼时，竟爆发出热烈的掌声！我无法判断这是在向恐怖主义致敬还是别的。美国的确做过许多令中国人感到屈辱的事，但在面对恐怖主义时，所有的民族都应该站在一起。美利坚的哭泣也应该是中国的伤痛！狭隘的爱国主义必须拒绝。从某种程度上说，横在各民族之间的高墙是恐怖主义等一切恶势力的温床。当各民族心连心手牵手时，有什么真善美营造不了，有什么假恶丑消灭不了呢?

拆除这些墙吧，每个民族都不需要它，我们的世界更不需要它!

（注：该文选自《作文成功之路》2003年第4期P47。）

[简评] 这同样是一篇写得相当成功的多种关系的关系议论文。

一是多种关系把握准确。"墙·民族·世界"，三个概念中既有属从关系，更含因果联系。因为中华民族的"墙"，而使其曾"闭关锁国"，"记忆""屈辱"；因为民族之间的"有形""无形"的"墙"，而使其相互"仇恨""隔阂"。所以"每个民族都不需要它，我们的世界更不需要它"!

二是层进思路安排妥贴。中华民族各式各样的"墙"→各民族之间的"墙"："有形"的如柏林墙、"三八线"，"无形"的即历史仇恨和民族隔阂→滋生成长的根源：恐怖主义等一切恶势力之"墙"。

三是整篇文章立意高远。全文视野开阔，胸襟博大，明白晓畅的文笔正触历史沧桑、世纪风云，忧患激愤的内心直指相互仇恨、民族隔阂，它表达了作者"拆除""推倒"影响民族团结、破坏世界大同的"墙"的热切呼唤。

【思考和练习】

1. 请以《球星·集体·冠军》为题，写一篇议论文。

2. 在美国阿拉斯加涅利英自然保护区，人们为了保护鹿而把狼消灭了。鹿没有了天敌，终日无忧无虑地饱食于林中，十几年后，鹿群由四千只发展到四万只，但鹿的体态蠢笨，没有了昔日的灵秀，植物也因鹿群迅速繁殖和践踏而凋零了。鹿由于缺乏充分的食物以及安逸少动所带来的体质衰弱而大批死亡。人们只好把狼再请进来，鹿又四散奔逃了，但却恢复了蓬勃生机。请根据上则材料，联系社会实际以"鹿·狼·生态平衡"为题，写篇千字左右的议论文。

2004年5月30日

注：此文发表于2004～2005学年第1辑《读写训练（高中版）》（2004年9月，书号为ISBN7-80696-924-4），转载于《教研与实践》第九期（2005年10月）。

文具真情实感 笔能生津添花

——话题作文"回报"题解及构思示范

【引子】

文具真情实感,笔能生津添花。情,个个皆有,但有真假之分,深浅之别;感,人人都具,但有是非之理,软挺之论。中学生,要写好作文,要写好情感作文,要写好感恩、报恩的"回报"类话题的情感作文,关键不在外显的文字,不在写作的技巧,而在潜有的认识修养、亲历实感、发自内心、出乎挚爱的真情实感上。当今社会,价值观念多元,人生天平失衡,情感变化莫名,传统道德掉价,连"滴水之恩当涌泉相报"也遭到无端非议,连"子女回报父母之恩"也列于"重新审视"![1]正是从这个意义上讲,《中共中央国务院关于加强和改进未成年人思想道德建设的若干意见》颁布得多么及时、正确、英明;正是从这个意义上讲,我们深切地感受到,中学生作文要"关注社会,聚焦生活,写好身边的人事景物,悟出生活的酸甜苦辣",要"说真话,诉真情,高品质,高品位"。要让真真实实的健康情感回归到十三亿中国人的口中、心中和行动中!

【文题】

请认真阅读 2004 年 11 月 4 日《中国青年报》刊登的《辛酸父亲一封信:咱俩谁是儿子》后,以"回报"为话题写一篇文章。要求:①主旨自定。②体裁自选(除诗歌外)。③标题自拟。④不少于 800 字。⑤不得抄袭。

亲爱的儿子:

尽管你伤透了我的心,但你终究是我的儿子。虽然,自从你考上大学,成为我们家几代里出的唯一一个大学生之后,心里已分不清,咱俩谁是谁的儿子。从扛着行李陪你上大学报到,到挂蚊帐缝被子买饭菜票甚至教你挤牙膏,这一切,在你看来是天经地义的事。

你考上大学,爸妈确实为你骄傲。然而,你的骄傲是不可理喻的。在你读大学的第一期，我们收到过你的 3 封信，加起来比一封电报长不了多少，言简意赅，主题鲜明，通篇字迹潦草，只有一个"钱"字特别工整而且清晰。你说你学习很忙，没时间写信，但同院里你高中时代的女同学，却能收到你洋洋洒洒几十页的信，而且每周一封。每次从收发室门口经过，我和你妈看着你熟悉的字，却不能认领。那种痛苦是咋样的，你知道吗？

当时正值你妈下岗，而你爸微薄的工资，显然不够你出入卡拉 OK、酒吧、餐厅。在这样的情况下，你不仅没有半点安慰，居然破天荒来了一封长信，大谈别人的老爸老妈如何大方。你给我和你妈心上戳了重重一刀，还撒了一把盐。最令我伤心的是，今年暑假，你居然偷改入学收费通知，虚报学费。两个月里，我一想到这事就痛苦，就失眠。不知在大学里，你除了增加文化知识和社交阅历之外，还能否长一丁点善良的心？

【题解】

根据上则材料来写作，可从三个角度去思考：

子女：要珍视父母的言行挚爱，珍惜父母的劳动成果，不能无视父母的"寄托"，更不能欺骗父母的"感情"。（"慈母手中线，游子身上衣。""滴水之恩，涌泉相报。"）

父母：从小就要有意识地培养子女的爱心、同情心和孝敬心，让他们懂得爱人、同情，懂得感恩、孝敬。（"养不教，父之过。"）

社会：应加强和改进对未成年人的思想道德教育，培养他们感恩、报恩、孝敬的道德品质和独立生活的能力。（"子不教，政府过。"[2]）

本文仅从第一个角度抽象出三个问题，即要不要回报、用什么形式回报、从哪些方面去回报，提供三种构思示范。

【构思】

【示范一】

要报三春晖

安仁一中高一 247 班　何立新

烟云弥漫的黑暗岁月，曾有多少有志之士抒出"长夜漫漫何时旦"的心曲。

而我，一个新时代的青年，却苦于未能摆脱"何时方报三春晖"的惆怅。

"望子成龙，望女成凤"是父母常情，我对此更是深有感触。

风儿飘着我的记忆回到了清晰而难忘的一幕。

我、母亲迎着夏风来到安仁一中，这里，女贞平畦，梧桐高拔，松柏苍劲……然而我们却未眼顾及这幽雅而清静的环境，因为，我们是来交超招费的。

我跟着母亲不知不觉地来到一间陌生的房子里：雪白的四壁，柔和的电扇风和整洁的摆设。可我感觉不出半点舒适和清新，反而觉得有一丝莫名的凉意涌遍全身，双眼盈泪的我可怜今地盯着母亲手中那只灰黑色的鼓鼓的提包。灵魂无声地告诉我：这里装着一种寄托无限挚爱的温馨，那就是母亲的血，父亲的汗，外婆的情，爷爷的爱……

片刻，母亲微颤地把钱从提包里取出来，小心翼翼地放在桌上，我看着她那张清瘦蜡黄的脸庞和那双盈满泪花的眼睛，呆愣了：心，激烈地颤抖，加速地跳动，似在超速运动。风也凝滞了。我突地冲出了这间房子，无力地斜靠在一棵老松树上。但脑海中却总浮现那足足有二十厘米高的钱。要知道，这钱凝聚了多少人的心血——父母的，祖母的，靠捡拾破烂为生的外婆的……

走在回家的路上，脚如灌满了铅一般沉重，一种巨大的压抑敲击着我的心扉。我感觉眼前是一片朦胧，唯一清晰可见的是母亲手中那只瘪瘪的灰黑色提包……

事后，父母仅对我说了这么一句话：现在就看你的了！

而今，蓦然回首，就如一股巨大的力量在推动着我，使我时刻醒悟：只有不懈地奋斗，取得优异的成绩，才能弥补那超负荷的爱心，才能报答那阳春三月晖。

一声叹息，我油然想起了那些与我境遇相同或相仿的同胞来，他们同样也有父母的慈爱，而我只是其中一个小小的缩影。我想借我自己去提醒、鞭策与我处在同一境况的同胞，使大家都不要忘却那份爱心，那一泓阳春三月晖。

【点评】

这是一篇直接以受爱者——"我""应该回报亲人"的角度写作的优秀习作。她真实：写自己的亲历之事、亲眼之见、亲身之感，细腻、深刻、形象、生动，任何瞎编乱造都难以比肩。感人：刻骨铭心的"交费"细节，魂悸魄动的心灵"醒悟"，尤其是交费前的"那只灰黑色的鼓鼓的提包"和交费后的"那只瘪瘪的灰黑色提包"，给人留下无法忘怀的印象。"说真话，诉真情"，这是"文具真情实感"的基础，这是"笔能生津添花"的根本。

【示范二】

聆听落叶欢声

安仁一中高二 242 班 秋香

终于将作业赶完了，我轻轻地吁了一口气，心情格外的舒畅，起身，倚在栏杆上，贪婪地欣赏着这周边的秋景，呼吸着这秋天所特有的气息，迎接着这秋天所独具的清风，接受着大自然的洗礼。

眼前有几棵大枫树，干粗枝密，枝头上独有些摇曳的红叶。一群麻雀追逐着，站在枝头上休息。她们清清嗓门，发出欢快、清脆的笑声。好一群无忧无虑、潇洒快活的空中精灵啊！咦？她们低着头在干什么呀？一阵秋风微微掠过，带下了几片红叶。红叶潇潇洒洒地落下，没有一丝对枝头的留恋，没有一丝对离开枝头的悲伤，没有一丝对于这种选择的后悔之意。唯有那潇潇洒洒的身影，那欢欢快快的舞姿，就像那天鹅湖畔的天鹅一般。咦？那是什么？原来是一片带有绿色的落叶！

绿色？"为什么还有绿色就离开枝头呢？"我接住一片落叶，问她。她只是笑笑，笑声是那么的欢快与自豪。"离开枝头的依托，为什么还这么高兴？"我继续问道。她说："因为我终于有机会报答哺育我的大树父亲，滋养我的大地母亲啦。""报答大树父亲和大地母亲？""对，大地给了我灵魂，大树给了我生命。""所以你牺牲自己，化作春泥？""这不叫牺牲，这是我的义务，化作春泥是我履行义务的唯一途径。""你不后悔吗？""后悔？为什么要后悔呢？我叫鸟儿啄下我，为的就是离开枝头，不要拖累大树，为的就是完成我滋养大树的义务。""你是叫小鸟啄下来的？""对呀！"……我无言以对了。

我放下这带有绿色的落叶，因为我感觉到了自己的些许躁动。看着她潇洒地继续她的光辉旅程，看着她那优美的天鹅舞姿，看着她依然落在树脚下的弱小的身影，我沉默，沉默……我思索，思索……

顿时，脑海里浮现了大量的爱国将士，忠臣孝子。岳飞，保家卫国，驰骋沙场；诸葛亮，鞠躬尽瘁，死而后已；沉香，劈山救母，孝惊天地。然而，接下来出现了一幅令人痛心的画面。一个中学生，手持菜刀，满脸狰狞，对面的双亲，面容憔悴，忧心忡忡。问那中学生，为什么要手持菜刀面对父母，他说因为想以此威胁父母，因为他要钱，因为他要上网，因为他要娱乐，因为他要玩耍。他知道他的父母对他的爱，可是他却无耻地利用了这种爱。呜呼！可怜天下父母心，你们望子成龙、望女成凤，图个什么呀？是为了让孩子有出息，有作为，对社会有益吗？你们呕心沥血地把孩子抚养大，含辛茹苦地不断劳作，是希望子女能成为对别人、对家庭、对国家都有用的人吗？呜呼！可怜的同龄人啊，你为什么要用这样的行为来报答你的父母呢？不错，父母是不忍心你受半点伤害的，可你却忍心伤你父母的心吗？噢！真希望你能看到这满地落叶，看到那片带有绿色的落叶！

也许，说到这，你会发些牢骚，说自己是一时冲动，说不知如何去报答。这还要我说吗？作为中学生的我们，当然是好好学习，当然是温良恭谦，要用满意的成绩、满腔的爱心去回报，而不是钱网玩乐和菜刀！噢！说到这，我的脸蛋不由得发红，羞愧不已。赶完了作业，我心情愉快，因为我可以暂时摆脱学习的压迫，学习对我来说，有时是一种压力，所以我宁愿牺牲这宝贵的学习时间，来换取所谓的自由。看到小鸟们欢快、自由地追逐着，我向往，但更多的是对那枯燥无味的学习的厌倦。噢！太不应该了，我太不应该了！学习是枯燥无味，但那又却正是乐趣。人生道路上，不如人愿的事情多的是。落叶要报答大树，化作春泥，还需经历着春雨的淋漓，夏日的暴晒，秋风的打击呢！就连离开枝头的前一刻，她还要忍受小鸟的痛啄呢！你，我，难道就不能忍受学习的压力与所谓的枯燥无味吗？

再次看那枫树，干粗枝繁，因为它有落叶的滋养。而我，也应该回到教室，做那有趣的习题。

【点评】

这是一篇借绿色落叶尚知回报"哺育""滋养"自己的"大树""大地"，作为中学生则要"用满意的成绩、满腔的爱心去回报"，以批评某些只要"钱网玩乐与菜刀"的同龄人的优秀习作。她构思巧妙：首尾写做习题，中间嵌入欣赏绿色落叶、"人叶"问答，进而展开联想、议论升华，自然顺畅、组合严谨。针对性强：针对现今不少人所缺失的对父母不感恩、报恩甚至伤害、报复进行形象化的教育，感染力强。"写好身边的人事景物，悟出生活的酸甜苦辣"，本文为我们提供了范例。

【示范三】

请常来敲敲我家的门

安仁一中高一 248 班 谢迪航

经过一系列的考核，我成了这个小区的管理员。

我所管理的这个小区里，住的大多是七八十岁的老人，所以我不像其他的弟兄们，每天为处理纠纷和打架斗殴而忙得焦头烂额，甚至我还有空和老人们下下棋、打打扑克，或者窝在管理员办公室里看书。

日子一直这样安逸地过着。直到有一天，一件事扰乱了小区的宁静。

那天，我正在看报纸，403 的孙大爷过来对我说："小张啊，你去管一管 503 的王老头，他家的小龙头一直没关，都几天了，吵得我几天都没睡好觉了。"

我一听，就和孙大爷一起来到 503，敲了好一阵子的门都没开，这王大爷大概是被儿女接去住几天吧，怎么龙头也不关呢？又敲了一阵，门还没开。于是我又跑到办公室，拿着 503 的钥匙来开门。

门开了，里面的景象吓了我一跳：王大爷倒在地上，屋子里也有一股怪怪的味道。我连忙拿起桌上的电话打 120 和 110。

不一会儿，救护车和警车都来了。医生检查完之后，告诉我："老人死于心脏病暴发。他在病发后大概想求救，可惜未来得及。如果你们早点发现的话，可能还有救，可是，现在太晚了。"

发生这样的事后，老人们都便少下楼来了，大概是王大爷的死带给他们很大的打击吧。

一天上午，三楼的李大爷来到办公室，对我说："小张啊，你以后能常来敲敲我家的门吗？万一哪一天我也像老王一样……唉，多好的一个人啊，怎么就这样走了呢？"

看着老人难过的神情，我的心情也不好，于是我答应以后每天去敲敲老人家的门。

没想到，下午魏老爷子和周大爷也来了，他们说了一些和李大爷差不多的话。几天后，小区里的另一位老人也给我说了同样的话，连平时一向十分乐观的刘奶奶和张大爷都这样说。

住在这个小区的老人的儿女，大多是有钱人，他们为老人们提供了优裕的物质生活和舒适的住宿条件，却忘了他们最想要的——亲生儿女的本质上的关心——精神和安全的孝敬。如果他们真的关心孝敬老人的话，就应该常来看看他们、陪陪他们，使他们不再有那种"岌岌可危，不可终日"的担心。

希望发生这样的事以后，他们能常来敲敲老人的门，诚请天下所有做儿女的，都能常常敲敲父母的门。

【点评】

这是一篇以故事形式寓"回报"真意——仅仅"回报""优裕的物质生活和舒适的住宿条件"属于重要方面，但还远远不够，更重要的是精神和安全的优秀习作。她是一个真实感人的故事，她是一篇呼唤"精神回报"的作品。不矫饰润色，多繁笔反复，刻意求之而不露痕迹，娓娓道来真撼人心魄。"高品质、高品位"源于对事物的正确认识，对情感的理性把握。如此"关注社会、聚焦生活"，文章自然会流露汩汩滔滔的"真情实感"，笔下自然会生发融融乐乐的"美好明天"！

[注释及主要参考文献]

[1] 郑州改革初中生综合素质评定标准:《孝敬父母成中招录取依据引争议》(《人民日报》2005 年 1 月 11 日第 11 版)

[2] 莫纪宏:《子不教，政府过》(《中国青年报》2005 年 1 月 15 日第 A2 版)

2005 年 1 月 28 日

注：此文发表于《书馨园》第十七期第三版（2005 年 3 月）。

回顾、归类而内化

——高三临考前写作指导之一招

高三的写作迎考复习，一般是穿插在语文知识专题讲授训练中，边组织单项认知、边进行单项训练，即实施单项的边理论指导、边实践训练的策略，这样复习效果也还可以。但从认识论、接受学和高考实际得分看，这个过程中缺失了两个尤其是后一个重要环节——复习前的宏观综合把握和复习后、临考前的回顾归类而内化，还有很大的效果提升的空间。

复习前一定要有一个花时极少但纲要明晰的宏观的综合的全面把握，对此本文不予讨论。下面仅就复习后、临考前的写作指导谈些个人做法与粗浅认识。

复习后、临考前，如果老师能指导学生对进入高三复习以来的单项认知和训练，进行一番认真科学、指向明确的回顾、归类，从而使其在思想、认识和技巧上达到内化，那么高考成绩就会有较大幅度的提升。

在2008届高三单项复习后、高考临考前，笔者所做的写作指导提要如下。

一、回顾归类试题，内化升华思想

教师把进入高三之后（师）讲过的、（周）练过的、（月）考过的、（市）监测过的、（08预测《六大主题方向 十六试题命制》）印发过的试题，目录式地、选择性地加以回顾、归类，并进行针对性很强却又非常简要的或列目或提要或启发的指导，让学生回顾总结经验教训特别是教训，归类形成写作系统特别是小类，内化升华正确认识特别是辩证思维，从思想、认识和技巧的源头上，解决写作中必须解决的每一个试题应该写什么、怎么写、如何出彩的问题。这是写作成功的基础、关键。

（一）词语型（补充型）

1. 名词类（概念类）

（1）底线→（做事做人都得有）底线

（2）气→（低头要有勇）气或（昂头要凭底）气或（上进要靠志）气或（不屈谓之骨）气

（3）心灵→（我们要有心念苍生悲天悯人的）心灵，（拒绝心胸狭窄自私自利的）心灵

（4）幸福→幸福（是一种感觉）

（5）礼→（我们要发扬光大中华民族的传统美德）礼（做人讲究彬彬有礼、谦虚礼让，交往重视礼尚往来、有礼有节），（摒弃送礼行贿等不义之）礼

（6）心态→心态（决定状态、一切）

（7）共生效应→（我们要充分发挥）共生效应（的作用）

2. 动词类

（1）沉潜→（做学问、干事业都需）沉潜（的定力）

（2）坚持→坚持（就是胜利）

（3）承担→承担（是一种义务、责任和美德）

（4）感动→（冰冻不住的）感动

（二）短语型（补充型）

1. _____ 之争→（乌龟与兔子，自然与人类）之争

2. 夜读→（我在深）夜读（书、名著，人、人生，社会、无字书）

3. 把心唤醒→（我们要用悲悯情怀）把（某些人的良）心（从沦丧中）唤醒

4. 为他人开一朵花→（我们要）为他人开一朵（奉献、救助、宽容、大度的璀璨夺目之）花

5. 因为大爱→（这次抗震救灾所以能众志成城，是）因为（有全国人民风雨同舟血肉相连、一方有难八方支援的）大爱

6. 靠近终点→（我们要用不懈的拼搏、扎实的准备和良好的心态）去靠近（迫在眉睫的高考的）终点

7. 搭一座桥→（我们以生命的名义，和汶川灾区的同胞们手牵手心连心，

共同）搭（起）一座（战胜震灾、重建家园的兄弟姊妹）桥（我们要用宽容、理解）搭（起）一座（消除隔阂、相互信任的友谊之）桥

（三）句子型（论点型）

1. 证明自己（"我是一株百合，并不是一株野草。唯一能够证明我是百合的办法，就是开出美丽的花来。"）

2.（1）学习必须勤苦（2）学习应该快乐

3. 学会感恩

4. 站直了做人

5. 相信自己

（四）关系型（辨证型）

1. 行走在消逝中（提要：本题要求在"行走"〈发展、前进、进步等〉与"消逝"〈消失、湮没、逝去、舍弃等〉之间的关系中选择自己的作文内容。审题的关键在于准确把握"行走"和"消逝"的关系，可以提炼出社会的发展变迁、人的成长历程、观念的时代性更新、事物的发展与衰败、历史的进步与倒退等内容；同时也要表达出对"消逝"的情感态度〈喜怒哀乐等〉。）

2. 大灾与大爱

3. 远与近

4. 助人与助己

5. 付出与回报

6. 静与噪（丽江与周庄的过去与现在）

7. 巧劲与蛮力

（五）比喻型（喻义型）

1. 每天都是一份礼物（提要："无论何时，只要有可能，生活都该是一种享受，而不是忍受。""如果值得去看，值得去听，值得去做，我马上就会去看、去听、去做。""我不再拖延，不再举棋不定，不再珍藏任何能给生活带来欢笑和希望的东西。""我要把每天看成是一份礼物，每天早晨睁开眼睛时，我会告诉自己'今天是一个特别的日子'，每一天，每一分钟，每一次真实的呼吸……都是上天赐予我们的礼物。"注意：不要把"每天都是一份礼物"误解为"太阳每天

都是新的"。）

2.生命的芳香（提要：生命如花，芳香四溢。当你的生命为他人开一朵花，灿烂一片心地，增添一份温暖，你生命的芳香就会沁人心脾。一声关切的问候，一句温馨的祝福，一次跌倒后的搀扶，一次碰撞后的微笑……当这一切在你的心田荡漾着涟漪的时候，你一定会感受到一种温情关爱的芳香。当你凝视那些普通的生命，你会发现他们的生命正在静悄悄地开放，把芳香留给了世界。当你追想那些远去的生命，你会发现虽然斯人已逝，芳香依旧弥散……让我们感悟芬芳的人生，绽放生命的花朵，追求生命的芳香！）

3.迎向风雨（提要："最危险的地方往往是最安全的地方。台风中心是没有风的。"冷静、顽强、迎向挫折、挑战困难是每一个跋涉在人生旅途的人必须谨记的箴言。迎向风雨会带来暂时的困难，这却是成功的保障。逃避只能自取灭亡。）

4.如何除掉杂草（哲学家教育弟子的故事。提要：欲无必有，欲有必无。要远离假恶丑，心中必需真善美。）

5.要找准自己努力的位置（保险丝）

6.花开不只在春天（提要："花"可指事业、学业、科学、艺术之花等，也可指精神、美德、幸福、爱情之花等。"春天"则可指通常意义上有利于人生之花盛开的生命阶段、成功条件、工作环境、人生处境等。有位哲人曾经说过："一年既然分为四季，是鲜花，不一定非在春天盛开。"）

7.成长在春风春雨中（提要："春风春雨"可指家长的呵护、老师的教育和同学的帮助等。）

8.幸福的柴门（提要：柴门的特点是朴素、简陋，甚至是寒酸。但朴素、简陋、寒酸又如何？幸福的笑容从来没有因身份的尊卑贵贱失去它明媚的光芒。幸福比金子还珍贵，这是生活的真理。）

9.心目中最美丽最稀罕的贝壳（提要：那孩子心目中最美丽、最稀罕的贝壳，比喻、象征着人们心中一个悬空的目标。在人生的海滩上，晶莹璀璨的贝壳散布在我们的四周。然而，当我们被那唯一的、悬空的目标所眩惑，我们将如那孩子一样，无视于海滩上闪亮如繁星的贝壳，也失去了捡拾贝壳过程中的乐趣。当别人快乐地哼着生命之歌，提着充实的篮子走向归途时，那一心向往着要找到最完美贝壳的人，将怅惘地提着空空的篮子，拖着长长的身影，在夕阳中孤独地寻找。）

（六）哲理型（寓意型）

1.阅读爱德华·斯托勒小诗《境》（在枫叶上／露珠红红地闪烁／在荷花上／露珠有着泪滴似的苍白的透明／……），根据要求作文。

启发：（1）找准实现自我价值的位置。可拟题《生命闪光的位置》《位置与价值》。（2）提供人才成长的土壤，营造和谐的社会。可拟题《请给"露珠"一片火红的"枫叶"》《环境与人才》。（3）用人问题。可拟题《请把"露珠"放在"枫叶"上》。

2.阅读小诗《泥土》（老是把自己当作珍珠／就时时有被埋没的痛苦／把自己当作泥土吧／让众人把你踩成一条道路），根据要求作文。

启发：这首哲理小诗，它通过泥土与珍珠的对比，善意地告诫人们，不要自视为"珍珠"闪闪发光，而孤芳自赏，要甘为"泥土"，永远谦虚谨慎，投入到人民大众的事业中去。我们就是要甘为泥土，再为珍珠。

3.阅读小诗《星星》（仰望星空的人／总以为星星就是宝石／晶莹，透亮，没有纤瑕　飞上星星的人知道／那儿有灰尘、石渣／和地球上一样复杂），根据要求作文。

启发：（1）距离产生美。（2）透过现象看本质。（3）理想和现实。（4）借力"发光"。（《2008 年高考作文预测》第十四题：距离可以让你获得，距离又或许会让你失去。）

二、回顾归类错误，内化规避认识

在整个高三的写作指导与训练中，教师会真切、准确地发现学生存在的普遍性错误，尽管在过程中会一一指辨并助改，但往往难以一次或两次就能彻纠，因此必须在复习后、临考前再做一次回顾归类，以内化规避认识，使得到明显突破。

1.既要审准题目或（和）材料的本意，还要揣摩命题的意图，写作时要紧扣本意和意图特别是意图的要求。如有一试题所供材料说明：（1）学习必须勤苦。（2）学习应该快乐。但提示的命题的意图却是：（1）历史和现实的事实证明学习必须勤苦，但在实施素质教育的今天，我们应该提倡快乐学习。（2）快乐学习是素质教育和现实发展的需要，我们应该提倡快乐学习。

2. 诗歌的寓意往往含蓄、丰富。因此，要抓住各个意象，多角度地全面综合地赏鉴、审析，特忌顾此失彼、偏离方向、曲解误解、无中生有。如《境》《泥土》《星星》等小诗寓意的理解。一般材料里面的带有寓意性的审题，同样要注意，如"如何除掉杂草"等。

3. 认识人、事、物、理，要运用历史的、发展的、联系的、辩证的、全面的观点，否则极易犯逻辑、哲学错误，就如上面"一"中所例举、所示要，仅是一或两种理解、思路，并非全部。

4. 文章合为时而著。任何内容、文体的写作，都跟时代、年代的热点、特点密切相关，像 2005 年、2006 年、2007 年十大感动中国的人物，今年的抗击冰灾、暴灾、病灾、震灾等尤其是抗震救灾和奥运等，都要引起高度关注。

三、回顾归类亮点，内化出彩技巧

高考是一种国家级选拔性考试，除了内化升华思想、规避认识外，还有些亮点出彩的技巧，教师在复习后、临考前应提示、点拨、强化，以期写作水平的全面提高。

1. 思路的框架要明晰、严谨，选用的材料（事或例、理）要典型、时代感强。

2. 亮点的出彩要显豁，语句主要在开头、结尾，方法主要是恰当地运用修辞。

3. 文章不管用什么文体、写什么内容，都要把自己摆进去，要有真情实感，记叙文要以情感人，议论文要以理服人。

事实证明，复习后、临考前科学地指导学生回顾、归类而内化升华思想、规避认识和出彩技巧，无论对其应对高考还是将来发展，都是行之有效的。就眼前而言，湖南高考的写作试题"请根据自己阅读唐代诗人韩愈名句'天街小雨润如酥，草色遥看近却无'所体会到的意境与哲理，联系现实生活，写一篇不少于 800 字的议论文或记叙文"，就是"阅读小诗《星星》，根据要求作文。

启发:（1）距离产生美。（2）透过现象看本质。""远与近""距离可以让你获得，距离又或许会让你失去"的翻版、印证。本校考生一下考就高呼"我们中了"，"中"在哪里？"中"在高三全程的全面、扎实的单项认知和训练，"中"在高考临考前科学有效的指导和融会:哲理的理解（审题立意）不偏,常犯的错误（脱离现实）没犯,亮点的出彩（开头结尾）有辙。其实,对照今年全国十多套高考写作试题,笔者的"回顾、归类而内化"还真的"中"了不少,确属高三临考前写作指导一高招。

2008 年 6 月 12 日

注：此文发表于 2008 年第 3 期《中国教师与教学》（双月刊，国内统一刊号为 CN43-1348/G、国际标准刊号为 ISSN1811-105/01X）。

中学写作教学主客观反差巨大问题的思考

对于中学生的习作指导与批改，我国教育界讨论的时间长，存在的分歧杂，形成的正确共识虽多，但真正推行的难度至今还颇大。这是一个知行相悖的反差。

写作教学，教师从课前准备到课堂指导到课后批改再到课堂讲评，如果"精批细改""全批全改"，假定教两个 60 人的班级，一次大作要花 2.4 个工作日；一次小作则要花 1.2 个工作日。学校一般要求每期写作 8 大 8 小 16 次，那么全期则要花 28.5 个工作日，等于 5.7 周的时间。语文教师仅此一项就占去了整个学期时间的 1/3。[1]教师耗时费力如此，但学生每次拿到习作本后，除极个别可能翻一翻总评、给分外，其他却几乎看都不看就塞在课桌里去了。这又是一个耗时费力不讨好的反差。

写作学习，学生从小三起就开始了，但到高三毕业时，兴趣大多由浓而淡，习作大多很少长进，成绩往往中不溜秋，高考满分 60 分得 40 分左右的人比比皆是，得 36 分以下即不及格的也不少。这更是一个耗时最多、效果最差的反差。

写作教学，中学课程安排的时间多，教师耗费的时间多，学生习作的得分却少，这确实是一个主观愿望与客观效果严重背离的反差。

因上种种主观愿望、做法与客观效果、水平的巨大反差，引起了学生、家长、学校和社会，还包括教师的强烈反响，甚至于问责。为什么会有这样巨大的反差？问题出在哪里？我想，关键问题大概出在以下两个方面。

一、主要问题出在一线教师指导上的唯我独尊和批改上的越俎代庖

中学生的写作教学，是培养学生观察、思维、想象和表达能力的过程，特别是发展其创造性思维，鼓励其自由地、有个性地、有创意地表达的过程。中学生的习作是一项综合反映学生对世界、对自我的观察、思考、评价、表达和修正能力的实践性很强的用脑、动手活动。中学生写作的教与学，绝非仅仅的各种技巧的传与受，而是思想认知、道德情操等的教育与熏陶；绝非仅仅的鹦鹉学舌的应付考试，而是独立思考、良好习惯的修养历练；绝非仅仅的笔墨游戏的耍弄，而是情感表达、能力习得的锻造……在这一教与学的过程中，教师只是组织者、指导者、参与者，学生才是主体、主人、实践者。

诚若如此，那么教师的写作指导就应该：力避独霸课堂、唯我独尊，要在指导学生课外积极参与生活、体验人生、关注社会问题、激发写作欲望等的基础上，把每一次写作指导当作一个思想认知或道德情操等的教育熏陶——熏陶教育的过程。指导课上，教师要与学生平等地对话、讨论和交流，让学生、学生和学生都互动起来，充分发表自己的意见、看法，尽情倾诉自己的感受、认知，"百花齐放，百家争鸣"；既鼓励歌颂真善美、光明和健康，也允许暴露假恶丑、黑暗和灰色；不怕意见分歧，不怕看法参差，不怕与教师感受相左，不怕与政治认知相悖。经过这样长期的课堂教育熏陶——熏陶教育，学生慢慢地就会敢想敢说敢创造，就会在习作中敢于畅所欲言、各抒己见，那么发表真知灼见、抒写真情实感也就会逐步形成恒动和习惯。其实，中学生正处在一个思想活跃但不成熟、认知很多但难正确，意见偏激常或片面，世界观、人生观、价值观都在逐步形成并不断完善的发展阶段。在这个阶段里，教师如果能正确

引导、科学启发，下点功夫、计以时日，那么学生不仅能形成正确的思想认知、高尚的道德情操等，而且能形成判别正误、分辨高低的评价标准、思辨能力，更能实现在习作中真实、准确地表达自我、抒写自我、倾诉自我——哪怕是错误的、片面的、低俗的奋斗目标。

毋庸讳言，在时下学生的习作里，我们很难看到抒写自我真情实感、发表自我真知灼见——"说真话，说实在的话，说自己的话"[2]——的文章，记叙文瞎编乱造情意虚，议论文人云亦云假大空，即便像高考中的优秀作文，随意"填涂"名人、开涮古人或吟咏诗词、啊呀修辞等无病呻吟的例子也数见不鲜。

诚若如此，那么教师对习作批改就应该：杜绝精批细改、越俎代庖，要把每一次习作的批改，当作一个修养学生独立思考、历练学生良好习惯的过程；当作一个让学生准确表达真情实感、切实锻造能力习得的过程。要通过这个过程达到上述目标，最经济、最切实、最有效的策略，就是教师在与学生平等地对话、讨论和交流，师生、生生都互动——重在讲评的前提下，主要采用宏观流程上的教师示范→同学互批→自己修改、同学互批→自己修改、自己修改的训练步骤，操作过程中根据实际情况或教师示范→同学互批→自己修改，或同学互批→自己修改，或自己修改，辅之以、穿插着有针对性的部分浏览、小组轮改、个别面批、典型剖析和优（劣）作印发，一次一个要求（单项）、一步一个脚印（多项）、一轮一个阶梯（小综合）、一体（体式、体裁）一个跨越（大综合），循序渐进、稳步扎实地推进，最后达到全面实现学生每次习作都能自我修改、自我评价的目标。

中学生习作批改必须走在教师指导下的学生互批自改的路。直接好处有五：一是还原了学生认知、表达的主体地位；二是落实了理论、实践的有机结合；三是激活了思想、情感的积极生成；四是缩短了作改、到手的周期；五是减轻了老师脑力、体力的负担，相应地增加了老师学习、研究有效的指导学生写作和互批自改习作的时间。经过科学有序、扎实到位的学生习作互批自改的训练后，学生习作最显豁的表现是，思想活跃了，认知多元了，情感真实多了，表达个性化了；随便拿到一篇文章，能够说出优点的一二三四、不足的子丑寅卯来。学生在这一过程中，又潜移默化地、自然而然地培养了阅读、自学的良好习惯，提高了阅读、自学的各种能力。以写促读、以读促写的循环，一旦形成良性，其功效不可估量。这些都是教师指导下学生互批自改的间接收获。

当然，现今写作教学效率、学生习作水平的低下，还与教师指导学生认知人事的水平，指导学生互批自改的能力，以及自身的工作态度和敬业精神密切相关。

二、根本问题出在批改要求上中、基层教育管理者督查的不当干预和宣传工作者榜样的舆论误导

写作指导的"百花齐放，百家争鸣"，现在已经得到管理者和社会的普遍认同，一线的教师早就在积极主动地努力实施。但学生习作采用多形式、多渠道的主要让学生自己来"互批自改"，却遭到了中、基层的教育管理者督查的不当干预和宣传工作者榜样的舆论误导。例如，中、基层教育管理部门制定的《教学督查条例》《教学工作细则》等，明文规定教师对学生的习作要"全批全改""精批细改"；有的学校领导甚至把习作批改是否"全、精、细"作为衡量语文教师工作态度的尺码，与评先评优、晋级晋职、奖金福利直接挂钩。宣传工作者在组织进行此类事迹报道、典型宣传时，有意地正面突出、放大了教师对习作"全批全改""精批细改"的肯定与颂扬。这样做，从规定上和舆论上，都束缚了一线教师的思想，捆绑了一线教师的手脚，使得一线教师明知"徒劳无功"却不得不去"不可为而为之"。

实际上，学生的写作由学生自己来完成，学生的习作由学生自己来"互批自改"，这是顺理成章的事，是由无数正确理论和实验实践反复验证了的真理，更是新《语文课程标准》"法定"要求教师必须施行的。

对于学生的习作，语文教育界的名老们早就有过否定教师"精批细改"、倡导学生"互批自改"的精辟论述。叶圣陶在《大力研究语文教学，尽快改进语文教学》中对教师"精批细改"明确地说"徒劳无功"，认为"作文教学着重在培养学生自己改的能力……养成了自己改的能力，这是终身受用的"。"改与作关系密切，'改'的优先权应该属于作文的本人。""从来读书人笔下有通有不通，因教师给改通了的究竟占百分之几，当然没有统计过。"他指出教学的最终目的是："自能读书，不待老师讲；自能作文，不待老师改。"[3] 吕叔湘也说：

"教师'精批细改'……的辛勤劳动收不到应有的效果。"提出要"培养学生自己改的能力"。[4]张志公则不止一次地说："'精批细改'……为批而批，硬'做'文章，于教师是件苦事，批出来的必然不痛不痒，于学生毫无益处。这种事情，何必去作？"[5]他进一步提出"应当养成学生自己修改作文的习惯"。[6]

语文教育改革家魏书生，从来不批改一篇学生习作。他发动全体学生采用互批、自批、自改的形式，从易到难、由简而繁，形成了一整套自行批改作文的做法，收到了显著的效果。"快速作文法"创立者杨初春老师，提倡"评阅浏览自改法"，要求学生在极短时间完成后，教师立即抓紧时间把全班作文浏览一下，发现普遍性和倾向性的问题，及时进行全班讲评和个别指导，之后让学生互改或自改。他认为这样缩短了作、改周期，不但能把老师从繁琐、无效的作文批改中解放出来，而且能有效地加大习作的训练量，提高学生的写作水平和鉴赏能力。学生间的互批具有转换角色，诱发作文评改的浓厚兴趣；增加压力，激发健康向上的成就动机；创设情境，培养独立思考的自信力；体验甘苦，培养为人办事的责任心；逐步养成自改作文的好习惯等作用。魏书生、杨初春两位名师习作批改的改革实验和长期实践，"北南呼应"，获得了极大的成功，赢得了普遍的赞誉。

新《初中课程标准》明确要求：学生要"养成修改自己作文的习惯……能与他人交流写作心得，互相评改作文，以分享感受，沟通见解"。教师要"重视引导学生在自我修改和相互修改的过程中提高写作能力"。"要注意……通过学生的自改和互改，取长补短，促进相了了解和合作，共同提高写作水平。"新《高中课程标准》要求学生："养成多写多改、相互交流的习惯，对自己的文章进行审读、反思，主动吸纳、辩证分析他人的意见。乐于展示和评价各自的写作成果。"

学生习作，无数正确理论和实验实践都反复验证了应施行"互批自改"，新《课程标准》更"法定"要"互批自改"。因此，每所中学的领导、每个中基层教育管理者和宣传工作者，都该主动为一线语文教师解除束缚、松掉捆绑，积极支持他们认真执行新《课程标准》，真正推行学生习作"互批自改"的作文教学改革。

我完全相信，如果一线语文教师、中基层教育管理者和宣传工作者，在写作指导和习作批改问题上，都能解放思想、与时俱进，形成共识、合力出击，那么改变写作教学效率和学生习作水平低下现状、形成教师教学和学生习作都"百花齐放，百家争鸣"的崭新局面，就一定能够实现！

[注释及主要参考文献]

[1] 2 个班 ×60 人＝ 120 人。以最快速度、最少时间计算：一次大作要花 2 课时（备课）+1 课时（指导）+960 分钟（精批细改，每篇习作 8 分钟）+1 课时（讲评）＝ 1140 分钟＝ 19 个小时 ≈ 2.4 个工作日。一次小作则要花 1 课时（备课）+0.5 课时（指导）+480 分钟（全批全改，每篇习作 4 分钟）+0.5 课时（讲评）＝ 570 分钟＝ 9.5 小时 ≈ 1.2 个工作日。每期写作 8 大 8 小 16 次，全期则要花 8 周 ×19 个小时 +8 周 ×9.5 个小时＝ 228 个小时＝ 28.5 个工作日 ＝ 5.7 周 ≈ 整个学期时间的 1/3。

[2] 叶圣陶 1979 年给《学作文报》的题词。

[3]《叶圣陶语文教育论集》（教育科学出版社 1980 年 8 月第 1 版）

[4]《吕叔湘论语文教学》（山东教育出版社 1987 年版）

[5][6]《叶圣陶吕叔湘张志公语文教育论文选》（开明出版社 1995 年第 1 版）

2008 年 6 月 20 日

注：此文发表于 2008 年第 4 期《中国教育探究》（双月刊，国内统一刊号为 CN13-3729/G、国际标准刊号为 ISSN 1726-1698）。

关于教师写作指导与训练的反思

写作教学，的确是中学语文教学的一大短板，学生作文的抄袭套作、胡编乱造和语句不通等就是明证。这固然跟阅读教学对"写了什么生活和是怎么写生活的"引导与强化严重不足、写作教材指导与训练的杂乱无序和朝令夕改有关，但教师写作的指导与训练更值得认真与深刻的反思。

当前，笔者认为中学的写作指导与训练应以发展学生为根本，以写作生活为核心。生活是人和动物在生存和发展的过程中进行的各种活动。生活是写作的源泉，写作离不开生活。学生要写好作文，教师必须科学地指导他们积累生活、认知生活，还要有序地训练他们的语言表达、自改互批，使他们在科学指导和有序训练的习作实践中逐步地提升水平和能力。但现状却并非如此。

一、指导的目的问题

人，吃饭是因需充饥、饱肚和延命，穿衣是因需御寒、遮羞和饰美，睡觉是因需休息、舒活和续作。这一切，都主要是因为人的生存的客观、物质、生理的需求。那么学生，写作是因需什么呢？当然是学写生活应用文，如请假条申请书、书信通知启事、计划海报调查报告等以维持必需的正常的生活；反映生活现实，如写人、叙事、绘景、说物等以表达所见、所闻、所思的生活；抒写生活性灵，如抒情、议论、评价等以展示个性、扬弃文化、创新生活。这一切，又主要是因为人的发展的主观、精神、心理的需求。既然这样，教师指导学生写作的目的是什么？主要就是为了满足学生发展的主观、精神、心理的需求，主要就是为了学写生活应用文，反映生活现实，抒写生活性灵。基于此，教师对学生写作指导的目的是：真正教会他们写作生活应用文，重点指导他们用心观察、积累和思考、认知生活，努力提高他们对社会人事物景等生活的语言表达能力。但事实却是：初、高中学历段的绝大部分教师，无论是思想认识还是指导操作，都在非常片面地理解并落实为仅仅为了写作应试作文并获高分。本末倒置地专注于不厌其烦地灌输文体知识与写作技巧，千方百计地训练背诵范文与仿作套作；却不重视科学指导学生去社会去阅读以积累与认知生活，不重视通过反复训练学生写作生活与自改互批以提高他们的语言表达能力。如此严重背离教师写作指导的本来目的、严重脱离学生生活实际和认知水平的结果，是学生写出来的作文或抄袭套作或胡编乱造或语句不通或几者兼具，自然不可能得高分。

二、指导的内容问题

指导学生写作什么？回答是：学写生活应用文，反映生活现实，抒写生活性灵。要言之，就是写作生活。要写作生活，前提则是重点指导学生用心观察、积累和思考、认知生活。解决了这个问题，学生就不会索然无趣而"抄袭套作、胡编乱造"地作文了，可能会兴味盎然地写出自己的生动逼真的生活佳作来。

指导学生写作生活，要抓住两个要件。

一是观察、积累生活。首先明确意义：生活中离不开观察和积累，要热爱生活、做生活的有心人，自觉养成勤于观察、乐于观察、善于观察并用心积累的习惯。其次教给方法：①调动五官观察、用心积累。要眼看、耳听、鼻嗅、手触摸、舌品尝，五官并用地观察并用心积累生活。②扩大空间观察、积累。要由课内而课外、由校内而校外地延伸、渗透到日常所有生活中。要到大自然中去观察、积累动植物等生活的各种现象，要到农村、街道、社区、机关、企业等去观察、积累周围社会及人们的各种生活。③参与活动观察、积累。积极参与假期调查、社区服务、社团活动、节日晚会、干部竞选、演讲比赛、写作竞试、读书报告等活动，增加阅历，扩大视野，观察、积累生活。④拓宽渠道观察、积累。要通过读报纸、听广播、看电视等方式，关注时事新闻，了解天下形势，聚焦社会生活。⑤大量阅读观察、积累。要通过博览群书，去观察、积累身边的和身外的、现实的和历史的、中国的和世界的各种各样的丰富多彩的生活。⑥联想想象观察、积累。在躬行、反复直接和间接观察、积累生活的过程中，要突破时间空间、跨越物质精神，多视角地全面联想、全方位地大胆想象。

二是思考、认知生活。要学会运用发散思维具体分析，从平常的社会人事物景等生活中思考不平常的现象，认知不平常的道理。主要的方法如：①辩证地思考、认知：A.思考正误，判定性质；B.一分为二，确定取向；C.区别情况，限定重点。②联系地思考、认知：A.联想比较，由此及彼；B.异中求同，由点及面；C.同中求异，由表及里。③有逻辑地思考、认知：A.就果究因，追溯根源；B.缘因推果，揭示必然。

三、训练的方法问题

心理学认为，写作是一种智力技能。而智力技能的形成，必然经历认知和形成的两个阶段。其中认知是基础，形成是目的且必须经过反复训练才能习得。写作实践也警示：学生对写作的认知，有的是从教师那里学来的，有的是通过各种阅读获得的，有的是在训练中自己感悟的。它们中对写作最有用的是作者自悟出来的，唯有它才最真切，对写作的指导作用最大。因此，教师当然应传授学生文体知识与写作技巧，但更应抓好学生写作能力的扎实训练。

怎样抓才会好、扎实？要突出一个重点，突破一个难点。

一是要有核心的目标、强烈的针对性。教师指导学生写作训练应有两个核心目标即重点的突出：提高学生对生活思考、认知的能力和语言的表达能力。这两个能力是学生写作中普遍缺乏甚至是缺失的，因而又是难点。思考、认知的能力，如上所述，可以通过自己在观察、积累生活的基础上，学会运用发散思维具体分析地去逐步获得并进而形成。但写作的本质是将观察、积累和思考、认知的生活转化为文字，即语言的表达。学生尽管可能有了观察、积累和思考、认知生活的能力，但不一定就能真实、准确而灵动地用语言特别是书面语言来加以表达。因此，教师必须高度重视语言本身两个尤其是后一个要素的训练：语言积累和语言表达。语言积累，通过自己的听说读写是可以去由少到多地自主地获得的；而语言表达，则必须通过教师指导下的循序渐进的适量适当的不断反复的写作训练去逐步地习得。所以，教师必须真正落实每学期有目的、有重点、有计划的课内的"八（次）大（作文）八（次）小（作文）"的训练，并组织学生自改互批；还应要求学生课外自觉、按时、高质地完成观察日记、认知周记和读书笔记等练笔，教师要抽查督促，展示优作以激励先进、鞭策后进。但却有教师，认为作文在应试中所占比分不高只有40%左右，并且所评的分差很小，而质量提高的时间很长、速度很慢、难度很大，因而训练得很少甚至不训练。教师如此错误地指导和训练学生，学生怎能解决"语句不通"的问题？

二是要有科学的序列、渐进的显效性。教师指导学生写作训练还应有个科学的序列即难点的突破：教师要在充分利用教材写作指导与训练序列中合理因素的基础上，把初高中两个学历段、每个学年段、每个学期段作为一个整体来统筹并分期规划，制定与阅读教学配套协调、互相促进，既有固定具体的安排又可动态灵活地调整的长、中、短期计划，把思想认知、情感态度、文章体裁、文学样式、思维方法、表达方式、表现手法等项目，合理、有机、巧妙地整合起来，确定先后顺序、部署课时时间、达成难易目标、强化重点反复、明细交叉提升、衔接分项综合、结合限时限题与宽时宽题等。从指导的实际情况看，绝大部分教师序列模糊，随意性很大。更有甚者"有破无立"，他们以教材写作指导与训练序列杂乱和朝令夕改为借口，在把教材的序列予以否定之后，自己又无法且无力形成新的序列。因而训练往往是跟风中考或高考，随心所欲地信手拈来，本次 A 问题、仿 A 考题，下次 B 问题、仿 B 考题，若干次训练的若干问题或考题，其间常常缺乏序列性更无科学性，训练的难点得不到突破，渐进的显效性也就无法实现。如此一来，学生作文"抄袭套作、胡编乱造和语句不通"等，也就可想而知了。

四、训练的批改问题

最有利于师生尤其是学生的，是在教师指导下的学生自改互批。叶圣陶说：教师"精批细改""徒劳无功"。"'改'的优先权应该属于作文的本人。"学生"养成了自己改的能力，这是终身受用的"。吕叔湘也说：要"培养学生自己改的能力"。学生作文自改互批，并不意味着教师撒手不管，而恰恰需要教师的科学指导，如之前必需明确总体要求、教给具体方法并提供操作标准，之中先多次示范批改再分组抽查批改再随机放手批改，之后每次自改互批都必须检查或抽查并作普遍性、倾向性、典型性问题的简要讲评。遗憾的是，至今仍有不少教师一边抱怨批改作文花时太多、效果几无，一边却还在"勤勤恳恳"、越俎代庖地"精批细改"。如此做法，不仅苦了自己，而且害了学生。

五、指导与训练的其他问题

一是责任问题。教师应该落实素质教育，回归写作传统，以发展学生为根本，以写作生活为核心，引导学生关注社会，聚焦生活，写好身边的人事景物，悟出生活的酸甜苦辣；要求学生说真话，诉真情，高品质，高品位。教师一切为了应试的认识，只是灌输文体知识与写作技巧、训练背诵范文与仿作套作的做法，是失责、背责。

二是能力问题。毋庸讳言，能否科学有效地指导学生写作与训练，本质上涉及到教师的能力问题。如何指导与训练本就属于能力，还如——在布置学生写作之前，教师自己是否胸有成竹：本次训练的重点、难点是什么？要达成的项目、目标是什么？它在整个序列中居于什么层级、地位？在学生训练完成之后，出现了偏差、意外又如何纠正、解决？自己能否"下水试笔"示范学生？

教师写作指导的目的与内容、训练的方法与批改以及指导、训练的责任与能力等问题，都不在教师的课堂教学之内、学生的文章写作本身，而在教师的课堂教学之外即科学有序地指导与训练、学生的文章写作之外即生活的观察、积累和思考、认知以及语言表达的反复训练与习得。所以笔者认为：教师功夫在"课"外，学生功夫在"文"外。

2014 年 7 月 6 日

注：此文发表于 2015 年第 2 期《文学教育（下）》（国内统一刊号为 CN42-1768/I、国际标准刊号为 ISSN1672-3996）。文章被列入"本期要目"，末段被抄录在"本期要目提示"中。

响应中央号召　推行创新学习

《中共中央国务院关于深化教育改革全面推进素质教育的决定》中指出："智育工作要转变教育观念，改革人才培养模式，积极实行启发式和讨论式教学，激发学生独立思考和创新的意识，切实提高教学质量。"江泽民总书记反复强调："知识经济，创新意识，对于我们 21 世纪的发展至关重要。""创新是一个民族的灵魂，是一个国家兴旺发达的不竭动力。"他还在 1999 年第三次全国教育工作会议上系统地阐述了对教育创新的要求："面对世界科学技术飞速发展的挑战，我们必须把增强民族创新能力提到中华民族兴衰存亡的高度来认识。教育在培育民族创新精神和培养创造性人才方面，肩负着特殊的使命。"我们应该而且必须响应党中央、国务院、江泽民总书记发出的号召，推行创新教育，就学生而言，要推行创新学习。

什么是创新学习？

创新学习，就是指学生在学习过程中，不拘泥于书本，不迷信于权威，不依循于常规，而是以已有的知识为基础，结合当前的实践，独立思考，大胆探索，标新立异，别出心裁，积极提出自己的新思想、新观点、新思路、新设计、新意图、新途径、新方法、新点子……的学习活动。这里的"新"，不仅指新发现，也指新发展，因为不可能每个人都能揭示新的原理、发现新的方法，只要把他人已揭示的原理和发现的方法应用于不同的问题上，就是一种创新学习。

为什么要推行创新学习？

一是我国社会主义现代化建设正处在一个关键的历史时期。我国既面临实现跨越式发展的重大机遇，也面临着拉大与发达国家差距的严峻挑战，总体上看，是挑战大于机遇。大家也许知道，在知识经济已见端倪的今天，信息网络技术、生物技术等高新技术对人类生产和生活方式正在产生革命性的影响。有研究表明，在农业经济条件下，人们从学校教育获得的知识基本可以运用一生；

在工业经济条件下，人们从学校教育得到的知识的半衰期可能是 10～15 年，而在知识经济条件下将缩短为 5～7 年。现在，光纤通讯速度每 9 至 12 个月增加一倍，芯片计算能力每 18 个月提高一倍，信息总量则以 10 的 n 次方迅猛膨胀。专家们提出，在这样的形势下，国家综合实力的增强，将从依赖自然资源和资金更多地转向人力资源。人们只有一种生存方式，那就是必须善于学习：要能够判断哪些该学哪些不该学，而且要比"对手"学得更快学得更好。

二是当前我国基础教育还存在许多弊端和问题，转变妨碍学生创新精神和创新能力发展的教育观念、教育模式和教学制度，显得十分紧迫。大家要知道，新中国成立六十多年来，我们的基础教育现状是，课程结构过分强调学科独立性，门类偏多，并且课程与附加课程之间缺乏整合，均衡性与选择性十分薄弱，难以满足不同地区的学校和学生的需要。教学内容偏难偏深，过分强调学科体系内部的严密性，注重经典知识，而与现代经济社会和科技发展及学生生活实际缺乏相应联系。教学方法习惯于满堂灌输、题海战术和死记硬背，过分注重接受学习、被动模仿和机械记忆。我们的各级各类教育现状是，体制上缺乏衔接性、灵活性与开放性，相互之间缺乏沟通、衔接与整合，"你有你的文件，我有我的精神"。这种现状，限制了学生主动参与、交流合作、探究发现等学习活动的普遍开展，抑制了青少年和儿童好奇求知、探索创新的培养形成，必须尽快改变。

创新学习有什么特征？对学生提出了什么要求？

根据创新教育的整体教育的原则：主体性原则、置疑性原则、发展性原则、创造性原则，和课堂教学"四主"：教师主导、学生主体、问题主轴、实践（动脑、动口、动手、动耳等）主线，和教学目标的"一二三四五"：一种精神（创新精神）、二方合作（师与生）、三有（有独立见解，有创新意识，有健康心理）、四会（会观察、会思考、会动手、会交往）、五性（发现问题的敏锐性，思考问题的变通性，表达问题的流畅性，解决问题的独立性，检验问题的周密性），我认为创新学习的特征和对我们学生的要求，可以从两个层面来理解。

一是创新学习的内容。它包括以下五个方面：一是创新意识。要形成推崇创新、追求创新、以创新为荣的观念和意识。只有在创新意识的引导下，才有可能产生强烈的创新动机，树立创新目标，充分发挥创新潜能和聪明才智，释放创新激情。二是创新思维。它要求重新组织观念，养成适合创新学习活动的求新、求异、综合、发散思维方式，以便产生新的产品。三是创新"问题"。要求敢于破除迷信，大胆进行探索，勇于提出问题。四是创新方法与技巧。五是创新情感和人格。要养成强烈的创新动机、坚韧不拔的创新意志和健康的创新情感。

　　二是创新学习的要求。它包括以下六个方面：一是目标学习。学习要有明确具体的目标意识，对自己所要达到的学习要求及其社会价值有所认识，并能主动规划和具体安排自己的学习。二是选择学习。要根据学习的要求有效地选择自己的学习内容，在大量信息面前，具有捕捉信息、分析贮藏信息、灵活感受信息和理解信息的能力，并能根据信息需要进行分类和整理。三是质疑学习。要能够敢于怀疑书本，怀疑权威，怀疑教师，不满足获得现成的答案或结果，对所学的内容能独立思考，并能从多种角度认识同一事物，探索出新的问题。四是整合学习。"学会合作"是教育的四大支柱之一，那种"独善其事""万事不求人"等的以自我为核心的学习、生活模式和行为准则，将直接影响人的社会交往、生活质量，而相互协作、善于交流合作和恪守集体纪律、能乐群合众等品质必将成为新一代人的行为特征。五是实践学习。同学们动手实践就是把通过感知、思维、记忆获得的知识运用到实践中去，以形成相应技能、技巧，掌握的知识在于应用，运用知识也是一个提高分析问题、解决问题能力的过程。毛泽东说"学习学习再学习"，江泽民总书记说"实践实践再实践"，其意义大概也就在此吧。六是反馈学习。同学们对自己学习的动机、学习的策略、学习的行为、学习的结果等，通过自我调控，通过合理反馈，能发现学习中即将出现的问题，及时采取有针对性的措施，进而达到提高学业成绩、形成创新意识的效果。

　　最后我再强调：中学生要有创新思想、意识和要求；中学生要不迷信书本，不迷信权威，不迷信教师；中学生要读书，要发展，要做中国的脊梁！

2000 年 9 月 25 日

　　注：此文发表于《教研与实践》第五期（2000 年下学期）。

试论布鲁纳的"认知—发现说"对教育的启示

布鲁纳是当代美国研究儿童认知发展和认知学习的著名心理学家和教育家。布鲁纳的学习理论，是一种描述和解释学生知识学习过程的学说。他描述了知识学习的过程，阐明了知识学习的条件，提倡知识的发现学习。他强调，知识的习得过程是一种发现人类尚未发现的事物和原理，以及通过独立地阅读书籍和文献资料，独立地思考而获得知识和原理的过程，这两者对于学生来说都是获得新知的过程。他提出，发现学习是要具备条件的，对于学习者来说，最重要的是要具备善于发现学习和训练有素的认知能力。他认为，假设式教学更有利于培养学生的发现学习。

布鲁纳的认知—发现说，强调学生独立地获得知识，强调探索能力的培养，强调形成终身发现学习，具有很强的时代特点，反映了当今时代学习的发展方向，因而它对我们的教育尤其是教学的启示是很多的。布鲁纳认知—发现说对我们教育尤其是教学的启示，我认为主要有下面几点。

一、教师在教学中要培养学生的发现能力和创造能力

布鲁纳把对学生的发现能力和创造能力的培养看得很重，而且人的创新思想和观点的产生确实与已有的知识、经验、观念的结构形式有关。他的这种论述，对当今学习与创造具有指导意义。也正是受到认知—发现说的影响，我国自20世纪80年代以来，有不少有识之士致力于创新教育的研究与实践。在基础教育领域中，上海闸北区和田路小学一马当先，北京市161中学、株洲市二中和长沙市九中紧追其后，以创新教育的奇迹令同行刮目相看，成为了"小明星""小发明家"的摇篮。在高等教育领域中，创新教育也初见奇葩，如大连理工大学就是其中的佼佼者。正像江总书记指出的："创新是一个民族进步的灵魂，是国家兴旺发达的不竭动力……一个没有创新能力的民族，难以屹立于

世界先进民族之林。"这种理论告诉我们教师，特别是中小学教师，要有创新教育观，在具体的教学中，要依据教材的特点，选择发现法去进行教学，以培养学生的创新意识和创造性思维的能力。例如，数学中极限概念的学习：

直观例子：$\dfrac{1}{2}$，$\dfrac{2}{3}$，$\dfrac{3}{4}$，$\dfrac{4}{5}$，…，$\dfrac{n-1}{n}$，… 接近于 1

$1，2，3，4，…，n，…$ 变得越来越大

△ □ ⬠ ⬡…   接近于圆

◯ ◯ ○ ○…   接近于一点

抽象例子：$\dfrac{1}{2}+\dfrac{1}{4}+\dfrac{1}{8}+\cdots+\dfrac{1}{2^n}+\cdots$ 其和接近于 1

$1+\dfrac{1}{2}+\dfrac{1}{3}+\cdots+\dfrac{1}{n}+\cdots$ 无限地增大

上面这个例子，很能说明我们在教学过程中，要充分利用已知的知识、经验和观念去组织教学，以培养学生的发现能力和创造能力。

二、教师要培养学生理解各学科概念和原理的能力

学生的知识学习要注重形成知识结构，而知识结构主要是由基本概念和原理构成的。这样，学习各学科知识的基本概念和原理就成为学生学习的核心内容。

概念和原理是对事物的本质特征和事物间内在联系的概括表达，人们认识事物就是要认识和掌握事物的本质特征和内在规律。任何一门学科知识都是以一些基本概念和原理为核心内容的，而围绕基本概念和原理所列举的一些事例、例证、解释和说明等，都是为了帮助学生理解和掌握基本概念和原理而设置的。学生知识结构的主要成分是基本概念和原理。例如，化学教学中讲原子、分子、离子、物质、纯净物、混合物、化合物、单质等概念时，先实验，让学生观察、分析，然后抽象出概念，最后形成知识结构树：

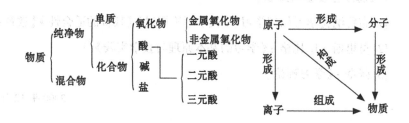

学生掌握了各概念及概念之间的关系，知识的概括性就越强，对今后的学习就越有用。

三、教师要培养学生的自学能力

布鲁纳所说的发现学习，实质上就是我们国家通常所说的"自学"。这种学习方法早已成为人们获取知识的主要途径之一，特别是当今处于知识经济时代，知识更新的速度越来越快，终身教育的意识也日益深入人心，自学就显得尤为重要。布鲁纳提倡发现学习的目的也就在此。他说："我们教学的目的在于：我们应当尽可能使学生牢固地掌握学科内容，我们还应当尽可能使学生成为自主而自动的思想家。这样的学生当他们在正式学校教育结束之后，将会独立地向前迈进。"他的愿望和当今的教育口号——"教会学生学会学习"是一致的。

四、教师要教会学生选择学习

在当今信息传播迅速，新知识、新技术不断涌现的知识社会里，完全独立的发现学习和完全被动的学习，都是不存在的。人们更愿意通过最便捷的途径和最省时、省力的方式尽快地接受知识，并把耗时费力的独立发现用在最能体现个人价值的学习和工作上，聪明的人已经学会了如何根据自己的能力和条件去选择最有效和最有利的学习方式。因此，在教学中教师要教会学生怎样去独立地获取知识和怎样去选择更适合自己的学习方式。这里面，重要的是要让学生学会在什么情况下去发现学习，又在什么情况下去接受学习，从而成为获得知识的真正主人。

[注释及主要参考文献]

[1] 布鲁纳:《学习如何学习》《教学理论探讨》《教育的适合性》《教育过程》

[2] 莫里斯·L.比格:《学习的基本原理与教学实践》

[3] 张奇:《学习理论》

2000 年 12 月 21 日

注：此文发表于《教研与实践》第五期（2000 年下学期），荣获全国教育论文大赛一等奖（2004 年 8 月）。

学习"案例"知识 实践"评析"撰写

学习新知识，实践新技能，是每个教师终身必须继续的事。

关于教育、教学、管理案例的总结与评析的写作，不少专家有过论述，但现在还未看到系统而权威的定论。我在学习与思考专家们的论述，参阅与理解较多的范文后，有一些肤浅的体会，现简说如下，供大家参考，以期抛砖引玉。

"案例"的总结，大体要注意三点。一是范围要限制准确，是教育是教学还是管理，还是其他，要定好位。二是是"案"是"例"，因而要具有代表性、典型性和启发性。三是事实力求真实客观，文字力求简明扼要，还要注意保密。因此，平时要多注意观察、积累并整理、总结，一旦需要形诸文字，便可信手拈来。

"评析"的写作，大体也要注意三点。一是要认真分析案例，善于从案例中发现经验、总结教训、抽象规律。二是要理论联系实际，善于运用教育教学管理心理学等现代理论和国家教育政策法规，去提出、分析问题，并提出解决问题的办法、途径等，能使人从中既学到理论知识，更受到实践启发，具有理论和实践的指导意义。三是分析、评论要客观、公正、辩证，行文要简洁严谨、有条不紊，特别要态度鲜明、是非分明，当然还要力避偏颇和含糊。评析的形式一般分两种，一种是条条式，一种是文章式，写作时可视具体情况予以选择确定。

下面是一篇"下水"评析，供大家参考、借鉴。

教育之大忌——虐待孩子

下面是一段9岁小女孩的作文《长大后，我想当一名教师》（该女孩仅仅因为没有回答出一个问题，就饱受凌辱）：

"假如我是老师，我绝不虐待孩子，如果有的同学做错了事，我绝不动手打他、骂他，而是和他讲道理，让他感到老师怀抱的温暖……如果有的家长向我提意见，我会认真接受；如果有的家长告到学校，我也会同样认真接受，绝不会责问他的孩子，不让同学们整他。我希望我的学生小学毕业后，回想起小学生活的时候，感到很温暖；回想起小学老师的时候，感到很温柔。"

这一段9岁小女孩的作文，其基本内容有二，一是反映她的老师虐待孩子的种种表现：未答出问题则凌辱，做错事情则打骂，家长反映情况则责整孩子；二是因此她真诚地希望：小学生活要温暖，小学教师要温柔，并为改变现实状况她发誓"长大后，想当一名教师"。这是一个很有现实意义和研究价值的问题。

从现实生活中看，虐待孩子的教师只是极少数，但从理论要求上讲，教师虐待孩子确实不应该，犯了教育的大忌。只要受过师范教育、当过教师的人都知道也应该履行教师的职业基本要求，教书——传道、授业、解惑；育人——培育孩子对他人的爱心，对学习的信心，对事业的雄心。我们现在的教师，在履行这两个基本要求的过程中，"教书"受到了应有的重视，但却摆在了不该摆的至高无上的位置，"育人"被不少人忽视、淡漠甚至不屑一顾。有教师公开宣称，我的学生只要他（她）能把成绩提上去，其他不管那么多了，或者宣称，只要我能把学生的成绩搞上去，教育手段、教育方法可"八仙过海各显神通"。而在小学的学生家长中，跟班主任和任课教师打招呼，"只要您让我的小孩把成绩弄上去，您打您骂我都心甘情愿"，不乏其人。殊不知，我们的学生家长这样打招呼，一是出于望子成龙、望女成凤心切，二是因为不懂得教育的基本规律——打骂难出人才，教师的基本要求——打骂有违师德甚至法律，教育的基本方针——学生应德智体全面发展、身心和谐发展、个性充分发展。我们的教师的公开宣称，更应算是不合情不合理也不合法。

教师虐待孩子，究其原因主要有三点。一是认识不够。党的教育方针明文规定，要使受教育者在德、智、体诸方面都得到发展，并且是生动活泼地、主动地得到发展。教师职业要求专门论述，要关心爱护学生，要爱生如子，当孩子学业不进、说错话、做错事甚至于违规违纪时，要耐心教育、反复教育，要相信每一个孩子，要尊重人格，千万不能体罚、惩罚、侮辱或变相体罚、惩罚、侮辱孩子，要通过课堂教学、课外教育和其他各种活动，培养学生对他人的爱心，对学习的信心，对学业的雄心。近几年国务院、教育部三令五申，教师与学生的关系是平等的、和谐的、互动的，反对师道尊严，反对侮辱人格。教师要学高身正、为人表率，是人类灵魂的工程师，只教书不育人或不善育人是教书匠不是教师。所有这些都告诉我们，只抓智育不重其他是片面的教育，教师虐待孩子是有违职业要求的，教师要做"师"不能做"匠"。二是方法错误。教育教育，又教又育，要教"双基"或"三基"，更要育人才或"建设者接班人"。教育的方式允许多样，教育的方法因人因时因地因环境因条件不同而不同，但有一个基本要求，那就是明了年龄特点、个性爱好、具体情况，因人施育、因材施育，绝对不能虐待孩子。9岁孩子反映的那位老师的做法，是学生、家长、社会所不能容忍的，作为教师的我们，也是不能容忍这种现象的存在的。三是考试、评价制度使然。目前的升学、晋职、聘任干部、评价人的制度，催化了"分数第一""唯分是上"，恶化了教师只教书不育人的倾向，逼使教师做了些不该做的事。据此，要根除教师虐待孩子问题，必须从提高教师素质、完善教育方法、改革考试与评价制度着手。

教师虐待孩子是教育的大忌，这种现象再也不能继续下去了。要让9岁小女孩的希望成为现实：学校生活温暖，学校教师温柔。

2001 年 12 月 10 日

注：此文发表于《书馨园》第六期第三版（2002 年 3 月）。

期望与激励

什么是期望与激励？有什么可资借鉴？

按照行为科学理论的观点，期望是指一个人根据以往的经验，在一定时间内，达到目标或满足需要的一种心理活动。它的产生与形成如图所示：

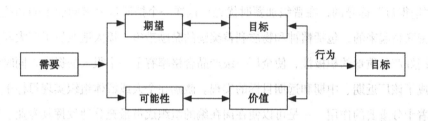

激励主要是指激发人的动机，使人有一股内在的动力，朝着期望的目标前进的心理过程，《期望效价论》《公平论》就是研究动机的形成和行为目标的选择的，也即激励过程的理论。罗伯特·豪斯研究激励综合模式，得出的代表性公式是：$M = Vit + Eia (Via + EejVej)$ [1]。以上两个概念与图示或公式告诉我们，"期望与激励"都涉及期望（达到目标）、激励（内在、外在）及其相互关系，它们是关乎着甚至决定着一个人或单位的生存、发展的，我们必需研究和把握。

树立目标，激发期望心理，对个人或单位都有不可低估的作用。在调动个人或群体的积极性的工作中，我们不仅要了解个人或群体的需要，还要根据个人或群体的需要，适时地恰当地树立起具有一定价值的目标，这是调动个人或群体的积极性的一项重要工作。例如我校 1998 年制定了一个《安仁一中五年（1998～2002 年）发展规划》，当时经校级领导提出、行政会议讨论、职代会通过，确定了"五年跨三步"的规划：1998 年通过"省级重点中学"评估验收并挂牌，2000 年通过"省级现代教育技术实验学校"评估验收并挂牌，2002 年通过"全国示范性高级中学"评估验收并挂牌；并配套制定了一系列的规章制度，如"教职工岗位聘任制""结构工资制""职称低评高聘制""课题研究奖励制""青蓝工程奖"等等。由于目标明确、分步实施、期望激励、切合实际，因而极大地凝聚、调动、发挥了全校教职工和学生的积极性，结果前两步目标如愿以偿，从发展趋势看，后一步"争创全国千强"的目标也可望得到实现。

运用激励，促使目标实现，对个人或单位同样具有不可忽视的作用。例如，某钢锉厂为了提高产品质量，规定一级产品合格率达到85%以上者可获得质量奖金，连续半年获得质量奖的职工可评为"信得过"操作者，连续两年获得"信得过"称号的，在晋级加薪时优先。这样一个把质量要求同职工的利益紧密联系起来的，包括精神和物质利益奖励的激励措施，极大地激发了广大职工搞好产品质量的积极性，使全厂一级产品合格率有了一个很大的提高，同时促成了该厂近期、中期和远期目标的实现。激励在个人或群体组织实现目标中有着十分重要的作用。一是可以使在岗在编的组织成员最充分地发挥其专业、特长才能，还可变消极为积极，从而保持工作的有效性和高质量。二是可以激发所有组织成员最大限度地扬长去短，创造性地工作，提高工作效率。三是可以把有才华的、组织需要的人吸引过来并长期为组织工作。这几点本人感受特深。近几年我校因为短、中、长期目标的制定和实现，一系列同步激励机制的建立和落实，使"优秀教师""课题研究能手""论文专业户"不断涌现，外来"优秀人才"纷纷涌入，学校到处一片生机，质量更上层楼，呈现出一派蒸蒸日上、欣欣向荣的景象。

树立目标，激发期望心理；运用激励，促使目标实现，这是调动个人或群体积极性的两种手段。在具体的操作过程中，我认为应该研究如下几个问题。一是目标的确定要适当，要符合"跳起来能摘到桃子"的理论，即目标过低，使人轻而易举，目标过高，令人望而生畏，这都不能激发个人或群体的积极性。相关的还有一个就是目标价值问题，如果不能满足个人或群体的精神和物质的需要的目标，同样不能起到调动积极性的作用。实践证明，适当地确定目标和目标价值，是调动个人或群体积极性的一个行之有效的方法。二是激励的机制要公正公平，也即要有"价"有"值"要"落到实处"。为实现公正公平，必须遵循如下几条原则：①客观公正（绩效考核要静态与动态结合，短期与长期结合，主观与客观结合，显性与隐性结合）；②公开民主（发动大家评议，能公开的全方位、全过程公开）；③严肃认真（态度端正，标准一致，人人平等，方法多样）；④激励为主，说话算数（按"规定"坚决落实）。三是具体情况具体分析。这一点对许多个人或群体都有实用价值，如任何理论或方案都存在缺陷或不足一样，正是这个缺陷或不足，我们在操作中应不断地反馈与修正、完善，也即要灵活地、实事求是地、不断地"以人为本"去修正、完善理论、方案，以达到最有效地、最大限度地按"期望理论"与"激励理论"去调动每一个个人或群体的积极性。

[注释及主要参考文献]

[1]M 代表某项工作任务激励的水平高低。Vit 代表对该项活动本身所提供的内酬效价。Eia 代表对进行该项活动能否达到完成任务的期望值。Via 代表对完成任务的效价。EejVej 代表一系列双变量的总和。公式中下标的意思是：i—内在的，e—外在的，t—任务本身的，a—完成。

[2]陈虎强：《〈管理心理学〉讲义》

[3]苏东水：《管理心理学（第三版）》

[4]韩延明：《管理学新论》

[5]2001 年：《教育研究》

2002 年 1 月

注：此文发表于《教研与实践》第七期（2002 年 6 月）。

痛心的对话 善意的批评

——谈一则师生对话

近读一则师生对话（见所附材料），对该教师那种强烈的责任感和高分数的追求，尽管有些许敬佩，但总觉它是一次痛心莫名的对话，其话语的不妥、要求的不当、后果的不堪，需要提出善意的批评。

什么是"教育"？"真正的教育决不是'耳提面命'，不是役使，不是教训，甚至也不是'塑造'，更不是任意的'改造'，必须是立足于人与人之间人格平等之上的交流、合作、共同参与、共同协作、共同分享，只有如此，教育才可能成为人的灵魂的教育，教育中的启发诱导才有内在的基础与可能。"[1]该教师与学生的对话，应算是"役使""教训""改造"，役使学生每次考试必须打100分，教训学生记背抄搬，改造学生反映亲历生活、爱动脑筋、别出心裁的秉性和习惯，这不是立足于人与人之间人格平等之上的交流、参与和分享，这是一次在良好的善意目的外显掩盖下的属于恶行内质的对话，是从事中小学尤其是小学教育的教师需要汲取的一次沉痛的教训。

事实上，正常的绝大多数小学生，谁不希望自己得满分，每次得满分？然而，客观事实和教学理论都反复告诉我们，这是一般情况下根本做不到的。希望是一种理想，理想与现实往往存在一段较大的距离。这次对话，教师确实忽略了这一点，并且只关注考试的结果，起先还无视了学生考试中做答的过程（学生做了答案，有很富个体生活意味的切身经历，内容独特、语句通畅，不同于别人的答案，只不过写错了四个字），发现答案不错之后，又错误地诱导学生的学习与考试，扼杀学生的创新意识和成果（答案和上课、作业的答案不同），将教育的价值追求指向死记硬背、照抄照搬，难道我们的孩子需要的是这样的100分，这样的第一吗？雅斯贝尔斯在《什么是教育》一书中说，"教育的过程首先是一个精神成长过程，然后才成为科学获知的一部分"[2]，"创建学校的目的，是将历史上人类的精神内涵转化为当下生气勃勃的精神，并通过这一精神引导所有学生掌握知识和技术"[3]，尖锐地批评"专门技术训练将人制造成最有用的工具"[4]。斯宾塞也提出，真正的教育的目的应放在人的生活实际需要上。蔡元培强调："教育者，养成人格之学业也。""非为过去，非为现在，而专为将来。"我们的教育和学校，必须首先培育人的精神，养成人的人格，而并非是要把学生变成贯彻某种知识的工具，记背抄搬教师、教材、教辅知识的工具，并非仅仅为了考试，像该教师所说的"不要玩新花样，上课老师怎么讲，作业怎么做，考试试卷里就怎么写，而且要挑简单的写"，如"我喜欢小鸟"，尽管"不会写错别字，不会扣分了"，但这岂不是泯灭了孩子的创新精神，影响着孩子的将来发展，误导着孩子远离他们的生活实际，使他们成为地道的由训练而成的标准工具、考试奴隶吗？

　　雅斯贝尔斯把教育分成三个层次，他认为："训练是一种心灵相隔离的活动，教育则是人与人精神相契合、文化得以传递的活动，而人与人之间的交往是双方（我与你）的对话和敞亮，这种我与你的对话关系是人类历史文化的核心。"[5]在教育交流对话过程中，"师生建立起平等、自由、同情、宽容、鼓励、帮助的关系，是平等的人与人之间的互为主体的关系。师生双方互相理解，理解作为一个真实而完整的人的对方，尊重对方的人格，支持对方，激励对方，接纳对方，师生在教学中便产生了真实的人格与精神的相遇相融"。[6]该教师偏离了雅斯贝尔斯、刘铁芳关于教育交流对话的论述与要求，以占优势资源的传授者，扮演着语言与思想的权威，以学生成绩的评价者，扮演着规训孩子的"法官"，对学生提出无据的指责（"是不是骄傲了？"），过高而不正当的要求（每次考100分），致使孩子成为被动者与被迫者，这种不平等的交流对话，没有了同情与宽容。丧失了自由、鼓励与帮助。[7]这从交流对话中师生的话语、行为、神态中突出地感觉得到，好痛心莫名的一幕啊！如果我们再用哈贝马斯话语"三个条件"理论来评判的话，该教师的话语岂止不正当，也不真实，从教师一方论还算真诚，从孩子一方说，甚至不真诚，这样的交流对话，非但无益，反而有害，而且害处很多、很大。

这类对话在中小学中尽管不多，但也并非个别，该教师的话语，尽管也有其产生、生长的时代背景，如教育界师生评价标准的唯一（分数），社会期望目标的飚升（升学），独生子女的日益增多，家长的崇信"严师出高徒"而不顾儿童的承受力（希望教师"高难严"训育）等，但每一位一线教育工作者，都应该从这则对话中汲取教训，说真正的教育的话，干真正的教育的事，为中华真正的教育的到来尽一份自己应尽的责任。

[注释及主要参考文献]

[1] 刘铁芳：《什么是好的教育——学校教育的哲学阐释》（高等教育出版社 2014 年版）

[2][3][4][5] 雅斯贝尔斯：《什么是教育》（三联书社 1992 年版）

[6] 刘铁芳：《教育的价值关怀》（教育理论与实践 2000 年第 4 期）

[7] 田汉族：《交往教学论》（湖南师范大学出版社 2002 年版）

附录："师生对话"材料

师：（严厉地）你考了多少分？

生：（怯生生地）97 分。

师：每次考试你都得全班第一，可这次有十几个同学考了 100 分，而你却只考了 97 分，是不是骄傲了？

生：（泪如雨下，泣不成声）老……师，原谅……我……一次，下次我保证考……考……100 分。

师：你爸爸、妈妈对你期望很大，你一定要为他们争气，次次考最好。好好，别哭了，看看自己为什么扣去了 3 分。

生：造句题错了。

师：哪一句？

生：（不语）……

师：（一把拿过考试卷，读）"过生日那天，姑姑给我买来一只可爱的荷兰鼠，我真是喜欢极了。"唔，这句话造得不错，可是你看"买、荷、鼠、极"四个字都写错了，错别字这么多，能算对吗？教师告诉过你们，考试的时候，应该怎样做题目?

生:(低声地)照上课讲的去做。

师:你用"喜欢"重新造一句。

生:(抹一抹眼泪)我喜欢小鸟。

师:(口气稍缓)你看,如果考试的时候,你写这句话,就可以得100分了。记住,以后考试时,不要玩新花样,上课教师怎么讲,作业怎么做,考试试卷里就怎么写,而且要挑简单的写,这样,就不会写错别字,不会扣分了,记住了吗?

生:(拼命点头)记住了!

2002 年 8 月 5 日

注:此文发表于《书馨园》第九期第三版(2003 年 1 月)。

学习先进理论 改进教学工作

广阔的世界、伟大的时代,蕴育、产生了一大批伟大的教育家,他们的教育思想和教学理论,早已、正在、将还指导着各国、各时的教育、教学、教改工作,譬如布鲁纳的课程结构理论和发现法,布鲁姆的掌握学习理论和教育评价体系,罗杰斯的人本主义教育思想和情意教学法,斯金纳的强化理论和个别化学习倡导,赞科夫的"一般发展"理论,等等。运用伟大教育家的教育教学理论,分析我国现时的教育教学实际,我们发现还存在许多问题,亟待分析、研究、解决。例如,教育一线的教师,他们在课堂教学过程中,普遍存在着不相信学生,不尊重学生,不研究学生;不善于运用强化理论,喜欢消极处罚学生,甚至于侮辱学生的人格;始终扮演传授知识的权威,规训警示学生的"法官",决定学生命运的救世主,如此等等,不一而足。

分析存在以上问题的原因，解决这些要解决的问题，关键之处，我认为主要有下面几点。

一是更新观念。社会在前进，科技在发展，思想在进步，人的观念也应与时俱进、不断更新，而更新当然就需学习。然而中小学教师因为工作忙、时间紧、评估教学标准唯一（分数）的压力大、升学的社会制约因素多，更加上这些人还因图书资料、学习文本的匮乏，除了利用现有条件、资源进行自学（自学是更新思想观念、提高业务水平的主渠道，任何时候都必须坚持并做到）外，极少有时间接受集体培训，更无机会外出考察学习，自然就不明了形势的发展、时代的要求、教改的急需，因而仍然固守原有的教育思想、教学理论、教学方法，沿用着过时的办法、措施和手段。据此，我们应该组织中小学教师集中学习、集体培训，进行"洗脑"式的继续教育，还有必要利用节假日组织他们外出学习考察，以接受新思想，开阔新视野，思考新举措，求得新发展，这是关键的关键。

二是组织学习。要组织教师集中学习世界各地、各个时期大教育家的理论、思想，以理论讲座、案例分析、教学示范等形式，使教师们从认识上解决观念问题，从实践上解决途径问题，从问题中得到启示、反思与反叛，进而真正从思想理论、实践问题中受到教育和实效。譬如，可用理论讲座的形式，简介大教育家们研究了什么、实验了什么、提出了什么、解决了什么，我们应从中借鉴什么、学习什么，等等。可用案例分析的形式，告诉教师们该吸取什么、该弃去什么、该融合什么、该朝什么方向去努力和创新。写到这里，我想起了在湖南师大校长培训班和教科院研究生课程班上，有几位教授提供了十多个典型案例，或由他们运用先进教育教学理论展开分析，或要求我们用理论联系实际的方法进行辩论，结果其收效十分突出，其启发终生难忘。这样的案例分析，我觉得实在、实效，非常管用。可用教学示范的形式，或由培训教师上一至二堂课，或让受训教师上一至二堂课，然后坐下来，请听课的学生谈感受，让受训的教师讲体会，邀培训的专家论得失，这样做也许真正对教育教学教改工作而言，是"瞄准了点，抓到了位"。我们学校是省重点中学，我主管学校的教学教研工作，我是这样做和倡导的，学校的教师们认为这样做，既学到了理论，又结合了实际，使他们真切地感受到了应该怎样，不应该怎样，借鉴有了方向，努力有了回报。借此，我再次感谢湖南师大校长培训班、教科院研究生课程班的专家教授们对我的培育、指导。

三是实践与研究、实际与理论，要科学、有机、和谐地融合起来。要防止不切实际的理论研究、缺乏指导的盲目实践两种倾向的出现与蔓延。理论来源于实践并指导实践，脱离现时现地的理论、落实不下去的研究，对实践意义不大甚至有害；而不运用先进理论去指导，自以为是盲目折腾、循规蹈矩自鸣得意，对教学害处更大，甚至影响一代至几代学生。为了把理论和实践科学、有机、和谐地融合起来，我认为组织课题研究是个行之有效的好办法。譬如，我们学校组织一批教学肯干，由校教科室牵头，运用罗杰斯等人的人本主义教育思想、斯金纳程序教学模式与强化理论、布鲁纳的发现法、布鲁姆的掌握学习理论等，申报并在实施一个课题："教为主导，学为主体，练为主线，张扬个性，全面提高。"通过一学年的课题组成员培训，实验教师研究，被实验学生配合，已初步取得了一大批原始数据和第一手材料，从所获数据和材料中，我们发现了不少极有分析、研究价值的问题，而这些问题有的印证了大教育家的理论，有的还需继续探讨、深掘。在这过程中，我认为最大的收获是提高了教师的专业水平，研究了问题，丰富了理论，使理论和实践融成了一个科学、有机、和谐的整体。我们实在太需要这样的实践问题、这样的理论研究了。

我们的教育确实存在很多问题，我们的教学确实需要先进理论的指导。我们只有正视问题，学习理论，不断在实践中发现问题、研究对策，才能改变教育现状，提高教学质量，才能无愧于我们的教师使命，无愧于我们的伟大时代。

2002 年 8 月 10 日

注：此文发表于《书馨园》第十五期第三版（2004 年 10 月）。

《师生书画选集（第一辑）》序

"注重素质教育，培养四有良才。"这是原湖南省省长刘正同志对我校教育的殷切希望。"全面发展，全员发展，和谐发展。"这是我校办学的指导思想。

"素质教育""全面发展"，要求我们坚决摈弃应试教育，严格按照教育规律，去办学校，去办教育。近十年来，我校一年一次文艺晚会，一年一次田径运动会，一年一次书法美术展，"三小科"（音体美）始终不小，常抓不懈，成绩斐然。单就书画而言，在美术教师的悉心指导下，在特长教师的直接影响下，"课内打基础，课外练功夫"，走向社会，深入生活，书法兴趣小组、美术兴趣小组、书画协会的成员们，在临摹的基础上，创作了油画、水彩、水粉、素描、国画等上千幅，在摹练了之后，书写了楷书、隶书、篆书、草书、金文上万张……它们，饱含着书画师生的艰辛劳动，反映着兴趣成员的艺术追求，标志着我校"素质""发展"的一定水平。

为展示书画师生的丰硕成果，表彰兴趣成员的辛勤劳动，记录素质教育的发展轨迹，并给后人以启示和激励，由学校教务处提供资料，相关教师杷罗剔抉，教科室编辑出版了这本《湖南安仁一中师生书画作品选集（一）》小册子。

册子虽小，意义重大。"素质""发展"，任重道远。

1998 年 8 月 10 日

注：此文发表于《师生书画选集》第一辑（1998 年 8 月）。

《教研与实践（特辑）》序

课堂教学有模式，但需探索与研究。

对课堂教学模式的探索与研究，涉及思想指导，教纲把握，教材分析，学情了解，主题凸现，目标研究，重难点定位，策略选择，训练设置，流程设计，评价拟制等。一种被公认为合理、高效、科学的课堂教学模式，必然在上述要素的处理上有独到、创新之处，必然能使学生学习有收获，能力有提高，发展有信心，创新有底气。为展示我校前些年在此方面的探索成果，进一步推动此项研究工作的深入发展，今年五月份，我们组织了十堂中青年骨干教师课堂教学模式探讨观摩课。它受到了大家的好评，因为至少具有如下特色。

一是探讨意识浓烈。执教老师在课前能围绕课堂教学模式诸要素进行细致的思索，之后精心地设计教案，娴熟地组织教学，在课后能认真地总结成败，结合课前的设想、课中的实施和课后的反思，上升到理论高度，抽象出带普遍规律、有推广价值的课堂教学模式。

二是理论联系实际。执教老师无论是知识传授、能力培养，还是兴趣激发、方法点拨，都能把切入口置放在理论与实际、教材学习要求与学生接受能力的结合点上，没有教学要求的拔高与降低，实验、多媒体的花样与摆设，课堂热热闹闹学生收获甚少的形式主义做法，更不搞早已被人嗤之以鼻的满堂灌、填鸭式那一套，充分利用课堂中有限的45分钟，去扎扎实实地传授知识，卓有成效地培养能力，适时得体地点拨方法，不露声色地渗透创新精神，让学生真正乐学、学会、会学。

三是师生关系和谐。执教老师在课堂教学中，能追求并实践着现代教育思想、教学方法、师生关系，善于运用启发式、讨论式等去营造民主、和谐的课堂氛围，摆脱了传统课堂的那种师道尊严、我讲你听、师生隔膜的局面。从看课中，从总结中，这种感受特别深刻。

课堂教学有模式，但无固定模式。学无止境，教无定法。我们期待着，有更多的教师探索研究教学模式，以使我校的教育教学质量再上一个新台阶。

2000 年 6 月

注：此文发表于《教研与实践》第四期（2000 年上期）。

一个亟待关注与研究的弱势群体

——农村乡镇普通中学校长难当

时下，社会在热切地关注着教育，传媒对教育收费与招生、现状与发展等全方位的评价与讨论，更把教育推到了前所未有的焦点位置。为此我们教育内部的不少专家、学者和部分一线工作者，也积极参与研究探索，企望谨慎大胆地假设应然，基本客观地描述事实，后者像学校的"灵魂"——校长们的"论坛""在线""广角""寄语""访谈"等栏目，雨后春笋般涌现，"百花齐放，百家争鸣"，就是一个方面的典型例子。

不过，笔者却发现，这些栏目里面的"作品"有不少突出的共性，如其作者大多是拥有优质资源的城市和城镇省市级示范性高中、重点初中的那些成功得意的校长，其内容大多是经验型、激情式、理想化、超现实的"粮票故事""空中物""舶来品"，且鲜明的特点是述现在学校面貌翻天覆地、焕然一新，讲将来打造"航空母舰"满怀希望、信心百倍。然而这其中却几乎没有农村乡镇普通中学校长的影子，看不到他们的文字言论，听不到他们的内心声音。

实际上，农村乡镇普通中学的校长们，他们历经的折磨更大，付出的心血更多，但处境却异常的尴尬难堪，有的甚至令人完全意想不到：他们没有机会时间参加培训进修，"洗脑充电"；没有资质权力筹募经费，"招商引资"；没有倾斜政策拔选师生，"呼风唤雨"；就连最起码的基本的学校正常运转的办公开支、教师的工资福利都难以保障，却还在顽强地承受着学生、家长、上级和社会施加给他们的诸如"劝学控流""保障安全""待遇留人""提高教学质量即升学率"的巨大的压力，去"办人民满意的教育"。

农村教育难做，中学校长难当。农村教育中乡镇普通中学的校长，是一群不该遗忘的重要对象，一个亟待关注与研究的弱势群体。

当前，农村乡镇普通中学校长可以用三句话来概括他们尴尬难堪的处境："灵魂"要有自己的办学理念，巧妇"要"为无米之炊，辣椒没肚"多"头受苦。何以见得？请看下面的事实。

一、理论现实矛盾抵牾

扎根于底级基层的农村乡镇普通中学的校长，他们面对主流倡导、社会风行的各种各样的"术出众家"的教育理论、"政出多门"的政策口号，缺乏是非甄别、研究论证、全面理解的基础、内功、眼力，因而对此手足无措、无所适从。其实，这些理论和口号中，自然有不少正确并已经或将会成为经典，但也有一些还需不断斟酌完善，有一些则更要继续让实践、时间去反复检验，有一些却现在就给中国的教育带来了不小的负面影响。如：

教育兴国：战略选择英明，但先决条件是国兴教育。

人民教育人民办：人民教育政府办，这才天经地义。

义务教育：现实是教育在为政府尽义务！添置设备、维修危房、扩建校舍等大笔经费，政府都很牛气地说："我给你'政策'，你们自己去弄吧！"于是乱捐款、乱集资、乱摊派、乱收费的"四乱""义务"，就顺理成章地转嫁给了教育！

再穷不穷教育：农村一线教育工作者最能理解、体会这句口号的出发点、落脚点和含金量。

教育产业化：教育从来就是一项公益事业，一项服务于并有利于百姓公众的功德事业。一旦"产业"，教育必然遭殃；如果还要"化"，农村教育必然毁灭！

素质教育：轰轰烈烈的素质教育"泡沫"繁荣的背后，是来自各方压力的被动的扎扎实实的应试教育的愈演愈烈。

教育平等：高校在选拔人才，上级在攀升指标，学校在分层教学（分科技班、实验班、重点班、普通班），北京早就在搞单独招生。

没有教不好的学生，只有教不好的教师：天方夜谭！坐在办公室里最好创新理论、发明口号。没有米稀饭，就吃肉稠粥吧。

自主、合作、探究式教学：初中学生，基础知识才刚奠基，基本技能尚未形成，基本方法所知无几，怎能自主、合作、探究？

不让一个学生掉队：主观应如此，客观却残酷。因贫穷不想就学而终弃学者，天性好动贪玩学习兴趣全无者，早就认定"读书无用"而厌学者，习惯调皮捣蛋惹是生非而应受严厉处分者，你把他们全都劝请、强留到了教室里，这样能否保证他们不掉队？

教育创新：请先亲自到教育基层，到基层一线去沉下心来走一走、看一看、听一听、住一住，了解客观事实和真实情况，再参照先贤和引进的先进教育理论，然后才有可能创新符合国情的教育体制和机制，切实有效的教学理念和方法。苏霍姆林斯基就是这样成长、成熟并成为世界公认的将现实、理论融为一体的大教育家的。

二、社会教育观念滞后

生活在农村社会的人们，尽管新课改宣传和试行时期已经过去，现今正值推广和攻坚阶段，但他们的改革认识仍然模糊，施教策略确乎幼稚：把启发式教学，操作成简单重复的问答式教学；把机智灵活的体验生成类教学，演化成盲目热闹的表演玩耍式教学；把自主性学习，变味为自由的放羊式学习；把新课改的课程设置，曲解为仅仅加强唱歌跳舞画画打球训练而已……课改课改，改来改去，改到最后，画了一个圆圈，又回到原地上来，质量效果甚至还不如传统的教育教学。这是一种客观、普遍且典型的现实。

农村中学不少教师的教学思想陈旧：一本书（教材），一支笔（粉笔），一张嘴；统一传授，统一考试，统一分数评价。这"三一三统"，就是农村中学由长期滞后的教育观念而形成的典型的"一统"教学模式。

农村里的绝大多数人，他们评判人才的标准是：考上了高一级学校的就是人才，严格说考上了大学的才是人才，否则就不是人才；是农民，当然就更不是人才。这是一种客观、普遍且典型的认识。

在这样的农村社会教育观念的大背景下，农村乡镇普通中学的校长，要组织新一轮课程改革，贯彻新思想新观念，推行并落实教育教学的理念与研究，其艰难的程度，是可想而知的。

三、学校办学条件寒碜

优质资源无法引进：现有的优秀教师都已经和可能远走高飞，新来的城市和城镇学校遴选完之后的新手何以优质？

教学设施严重缺乏：基本的必备实验器材、纸质图书资料都难以齐全，更谈不上现代化的计算机、多媒体和远程教育设备设施的配置。

办学经费入不敷出：正常的办公经费、教师的工资福利都难以保障。

农村乡镇中学尤其是贫困地区的乡镇中学，自 2004 年秋实行"一费制"后，湖南因"标准"计算的人为错误，且转移支付政策中县市部分的"一纸空文"，[1]而造成经费状况艰难到了"掰着指头""数米度日"无以为继的地步。[2]在如此困境下，要求农村乡镇普通中学的校长，去保障办公经费使学校正常运转，添置设备设施改善办学条件，提高福利待遇留住优秀教师，"劝学控流"垫补学费杂费，维修危房保障师生安全，扩建校舍满足学位需求，美化校园营造幽雅环境，他们能做得到吗？教育投入 GDP 的 4% 何时才能实现？他们多艰难，多为难啊！

四、师资整体水平低下

正常情况下，通过考察选拔或公开竞聘而上任的农村乡镇中学的校长们，是志存高远、想干一番事业而有所作为的，但是面对着素质窝囊、水平低下的教师队伍，他们也只好望"师"兴叹，深感力不从心，回天乏"术"。

农村乡镇中学师资的基本现状大体如下：[3]

数量相对不够。有不少人特别是当地政府一些领导有一种错觉，认为他们不但数量足够而且有余，而事实是小学教师有余、高中教师紧缺、初中教师不够，其中英语、信息技术、音体美教师缺编严重。截至目前，有不少普通中学的英语教师，是从小学调过来经过短期培训而拔高使用的；正规师范高校毕业的信息技术、音体美教师从来就没有配齐过。

结构极不合理。绝大部分教师学历不够，有个第一学历为正规师范专科的就是佼佼者了；年龄老化已成普遍现象，不少学校多少年来就没有分配、调入过年轻教师；有的学科成批剩余，有的学科异常不足的情况比比皆是；至于成长并成熟于新时期的思想前卫、方法先进、效果显著的中青年骨干教师，就更是凤毛麟角了。

素质整体不高。道德：因受拜金主义和不正之风的影响，看收入多少的多，讲奉献大小的少，热衷商界、政界，待机弃教经商从政的不乏人在。业务：有思想者寥寥，愿学习者不多，混日子者不少。因没有时间和经费而继续教育和终生学习的意识不强，专业知识陈旧，教育科学知识贫乏。能力：不少教师不愿或不能使用现代化教学手段和教学设备，缺乏教育、教学综合能力。心理：部分教师难以适应教师特殊劳动的需要，情绪不稳定，敬业精神较差，创新意识更为缺乏。

五、教育评价标准唯一

最让农村乡镇中学校长尴尬难堪甚至说是置他们于死地的是：社会升学压力的飙高，教育评价标准的唯一。

为了追求教学质量即升学率，以达到家长、领导和社会对学校、校长、教师和学生评价的唯一标准——中考考得好，你就是好学校、好校长、好教师和好学生；考得不好，你就是差学校、差校长、差教师和差学生，因而教师不能评先评优晋职称，校长别想评先评优晋级别还要降级或撤职！为此，校长、教师和学生不得不被迫执着而疯狂地抓中考，抓分数，抓升学率！

因为这一致命的唯一标准，为了扎实应付中考、刷新升学记录，实现既完成上级不断飙高的指标，又满足家长"成龙""成凤"的期望的"责任承诺"，校长们往往在无力改善客观条件的情况下，违背教育规律，强迫教师任意加多教学时数，增删教学内容，拔高教学要求。教师为了强化"双基"知识技能、培养应试能力，《考标》规定要讲的必须讲，过去考过的当然讲，估计要考的更要讲；白天讲资料，晚上考考试；七天制复习，节假日补课，这样一来：越讲越多，越讲越难，越考越多，越考越难……校长被"标准"逼得执着疯狂，教师被"指标"逼得精疲力竭，学生被"升学"逼得身心憔悴，哪里还有什么素质教育、创新培养、全面发展！一切教育教学行为都在为中考服务，都在被中考的指挥棒指挥着！

多么可怕的片面追求升学率、评价标准只唯一的应试教育，多么艰难而可怜的农村乡镇普通中学校长！

农村乡镇普通中学的校长们，他们所处的地位是教育理论"昏昏"，却要使人实践"昭昭"；所遇到的境况是学校人力物力财力潜力匮乏，但学生要留住，安全要保住，教师福利待遇、学校办学条件、师生教学质量要上去。生存尚且艰难，发展、上去谈何容易？！

确确实实，农村乡镇普通中学校长难当。

农村乡镇普通中学的校长，是一群不该遗忘的重要对象，是一个亟待关注与研究的弱势群体。

[注释及主要参考文献]

[1] 章胜初，陈文炎，何宗焕：《"一费制"后农村贫困地区学校经费状况及对策》（《湖南教育》2005年第15期）

[2] 陈石林：《揪心与疑惑》（《当代教育论坛》（下）2006年第2期）

[3] 邓爱群，蒋施龙，蒋品德：《浅谈教师队伍建设与"率先崛起"战略》（《当代教育论坛》（下）2006年第7期）

2006年8月12日

注：此文发表于2006年第9期《中国教育科学学报》（国内统一刊号为CN04-1007/H、国际标准刊号为ISSN1813-0305，标题为"一个不该遗忘须加关注与研究的弱势群体"），2007年第1期《当代教育论坛·校长教育研究》（国内统一刊号为

CN43-1391/G4、国际标准刊号为 ISSN1671-8305）；全文转载于中国人民大学书报资料中心复印报刊资料 2007 年第 6 期《中小学学校管理》（国内统一刊号为 CN11-4300 / G2、国际标准刊号为 ISSN1009-7686），《教研与实践》第十期（2007 年 7 月）。

稳定·提高·发展

——农村重点高中师资队伍建设实探

综观目前的高中学校，特别是农村重点高中学校的师资，普遍存在着以下几种尴尬情况：一是中年骨干、业务台柱，纷纷不辞而别远走高飞；二是老年教师逐年退休、学校规模不断扩大，初出茅庐的大学毕业生，上十数十、优劣难辨地被引进；三是因地理位置不佳、区域经济落后，优质高校和一般高校的优秀毕业生，根本"请"不进来，只好降低标准，从本地高中学校去"矮选高"，甚至于从初中学校去"低拔高"。结果是，优秀教师稳不住，年轻教师一大批，勉强合格者也不少。

面对这种尴尬局面，我们应该首先是方寸不乱地客观反思、直面正视，其次是头脑冷静地多向思索、正确应对。当今，在教育体制、办学机制和管理模式未变的前提下，我认为，"稳定、提高与发展"，是三个解决师资队伍建设问题的好办法与着力点，尽管它可能缺乏理论性、科学性与创新性，但确是具有实践性、可操作性与针对性。

一、稳定

稳定的师资队伍，是一所学校，特别是一所农村重点高中学校，赖以生存与发展的基本条件与保证。如何稳定？可从以下三个方面去思考。

一是用优雅和谐的环境去稳定。学校环境包括自然环境和人文环境。宏观整体的"形势"满目靓丽，大"笔"小"点"的布局相映生辉，教学、生活、工作区的"景象"既气派又秀美，给人以直观而巨大的诱惑力。室外，花草树木林阴道，绿色弥望，香气四溢，温馨怡人，充溢活力与朝气；亭台楼阁艺术廊，给人心仪激动的遐思，催人健康憧憬，教人向善臻美。室内，教学设备设施完善，现代气息浓郁；文物"古迹"线装书，书报杂志"休闲本"，应有尽有。整个校园，教风学风与校风、文明之风洋溢，愉悦教工耳目，化育学生言行，激励大家向上，催使集体奋进；灵气豪气与人气，争先之气十足，充满师生心中，漫散校园各处，使人发愤拼搏，使人昂扬向上。它能"让年轻的心激荡"，"感受到一种神圣、魅力和诗意"；它是花园、家园和乐园。这是优雅（景气），而和谐（人气）呢？是指领导、老师与学生三者之间的人际关系，他们平等、互信、友爱、和睦、融洽、肝胆相照、荣辱与共，领导"疑人不用、用人不疑"，能充分调动每个人的教学主动性与积极性，让每个人的聪明才智和潜能得到最大限度的发挥与展示。教师之间能对别人的进步、"晋升"不嫉妒，对自己的落后、"缺失"不迁就。教师对有"良好的求学愿望，坚韧的勤学品德，健康的乐学心态"的学生持欢迎、赞赏的态度；对"不愿学、不勤学、不乐学"的学生，也不嫌弃，更不歧视。

二是用充满希望的前景去稳定。无论领导、教师，人人都希望自己的学校，能在全体成员的共同努力下，事业兴旺，前程似锦，进而使自己在这个特定的环境中，心情舒畅地去教书，竭忠尽智地去育人，以充分地展示自己的才华，开发自己的潜能，发展自己的优势，弥补自己的缺陷，最终使自己日趋进步、日臻完善，为自己充实的人生写上辉煌的一笔。因此，学校要根据需要和可能，在客观、周密、科学的论证下，不断地提出和公布近期、中期与远期的规划与设想。这样，一方面能激励大家形成向心力与凝聚力，为实现这些目标去精诚团结、和衷共济、发愤图强地努力拼搏、锐意追求；另一方面也是最重要的方面，它能鼓舞大家形成憧憬力与想象力，为能通过集体的苦心经营、齐抓共管、无所畏惧地戮力攻坚、昂首前进，而感到踏实、自豪，而感到满足、幸福，而感到选择正确、无怨无悔。

三是用相对优越的待遇去稳定。"钱非万能，但无钱万万不能。"在这个市场经济的社会里，"无钱当然不能"，"少钱恐怕也不能"。尽管我们反对拜金主义，但无法否认人们日益增长的物质待遇、文化娱乐、精神享受等方面的正当需求，也不能无视现实生活中人与人之间、单位与单位之间客观存在的，由待遇高低好坏不同而引起的，对干同一工作、处同一岗位的同一个人的截然不同的评价。同时，同一个人因为所在单位和岗位的不同，除了待遇、评价有截然不同的区别外，与个人的发展前途、儿女的将来希望、家庭的稳定和谐，也有密切的关联。当然，待遇如"票子""房子"等这些东西，多少好坏是相对的，只要符合当时、当地的实际情况，并且略微优越一些，教师们也是会感到满足的。

二、提高

农村重点高中学校要生存与发展特别是要发展，必须狠抓教育质量，但却存在着"年轻教师一大批、勉强合格者也不少"的情况，因而必须抓师资队伍的思想、素质、业务等的水平的提高。如何提高？可从以下三个方面去考虑。

一是"校本培训"，"洗脑""充电"。提高的最基本的途径是培训，要强调的是"以校为本"。培训的基本内容主要包括"洗脑"——转变思想与更新观念（这点最重要，此不赘述），"充电"——补充、增加、更换基本功夫、公共常识与专业知识。培训的基本形式主要是组织外出学习考察，参加教研、教改、课题研究、专项培训；组织校内的如"三笔字"、普通话、计算机、电教技术等基本功培训，教育学、心理学、教学法、课题研究、时事政治等公共常识培训，各学科专业知识培训，等等。还有一种很重要的形式，那就是组织各种不同类型的公开课，如骨干教师和"师傅"教师的示范课、优秀教师和特色教师的表演课、中青年教师的比武课、青年教师（含新进教师）和"徒弟"教师的汇报课、带研究与探索性质的公开课等，通过听课、看课、研课与上课，来借鉴、吸取别人的长处、特色，弥补、改进自己的不足、缺陷，增强自己的教学能力，提高自己的教育水平。培训的时间主要安排在集中的寒暑假、分散的周休日。培训的老师，可以是本校的某专项、某专业有特长的教师，也可以请高校或教研机构的专家学者或兄弟学校的领导、老师。这里要强调三点：一是舍得经费投入。只要有利于教师提高和学校发展，如学习考察、各种培训，就要派人或多派人参加。二是要以教育问题为中心，以实际研究为重点，扎扎实实地抓课题研究，通过这种途径来大面积、高质量地培养、提高教师。三是讲究质量效果。如考察、参培，之前要做相关准备，之中要倾力投入学习，之后要及时整理、归纳、传达或推广；一人一期一堂、只有数量形式而无实际效果的公开课似乎可以取消，代之以上面所列的示范、表演、比武、汇报和研究课。

二是"师徒（老新）结对"，"教学相长"。每年秋季新调入或引进教师后，马上根据具体情况，合理、科学地为他们配备精力充沛、经验丰富、教学效果好的"师傅"。一方面要求"徒弟"：①多说课、听课与评课。跟"师傅"说自己的课，听"师傅"上的课，跟"师傅"一起听别人的课，说课、听（看）课后，听"师傅"对自己的课的评价，与"师傅"一起评别人的课。从说课、听课与评课中，吸取别人的长处与优点，克服自己的缺点与不足。②多读教材、教参、"教参的教参"。开卷有益，多多益善，这是讲要多读书。同时还要会读书，即读了之后，要善于思考、取舍、运用。③多琢磨、积累与总结。"世上无难事，只怕有心人。"要善于在日常的教学工作中，对自己与别人的每一堂课，不断地琢磨其优点与缺点，不断地积累其成得与败失，不断地在前面的基础上客观地、全面地、科学地予以总结，并上升到理论高度，归纳出带普遍性的基本规律来。另一方面要求"师傅"：①要无私。即对待"徒弟"要像对待自己的学生一样，把自己所有的理论修养、成败得失与专业积累，毫无保留地传授给他们，并且在日常的教学活动中，及时地、不断地指出、纠正、改进其错误、缺点与不足。②要用心。即在培养"徒弟"的过程中，要舍得花时间、精力与脑筋，如多听他的说课、上课与评课，多辅导他备课、上课与评课，多指导他读书、学习与研究，甚至于生活。教学上多关心，工作上多关爱，思想上多关怀，生活上多关照。③要效果。即要有明确的培养目标：一年"入格"，两年"合格"，三年"出格"。如果"徒弟"达不到这个要求，当然"徒弟"有责任，但"师傅"也有推卸不掉的更大的责任。"师徒"要达到"结对"的真正目的，双方必需制订培养（被培）计划，并且严格按照计划一步一步地落实。一个愿进取、敢争先的"徒弟"，能在"师傅"的精心培育下，明显地提高、快速地成长和健康地发展;一个负责任、有作为的"师傅",会在不断地提高"徒弟"的过程中,自然地提高自己,这都是"教学相长"。

三是"压担委重",激励鞭策。学校要充分信任"师徒",大胆地给"徒弟"压担子、委重任。"期望"与"激励"理论告诉我们,人都有积极向上、不甘人后的期望,如果担子压得合适、重任委得合理,一般情况下,对激励人的成长、鞭策人的进步,是有百益而无一害的。因此我们一要对中青年教师特别是青年教师,多安排班级、课时、任务,使其重负担、高负荷地工作。二要对其中的胜任甚至优秀者,采取分学段一级一级地"直上",即高一→高二→高三,还可此后连续让其教毕业班,使其快速提高、成长、成熟。三要及时地、不断地总结经验,树立先进典型;纠正失误,鞭策相对后进。此中十分重要的是,对中青年教师特别是青年教师,要抱着信任的态度,采用赏识的眼光,去及时发现其闪光点,不断肯定其优秀处,巧妙指出其致弱点,委婉点示其努力处,"用人不疑"充分信任,激励与鞭策共用。

三、发展

一是教师队伍要发展。教师队伍的发展,应注意如下几点:①科学计划。教师过多,是资源浪费;过少,不利于工作。只有不多不少且稍有储备,才符合发展的要求与规律。如何计划呢?现有教师人数加上扩大规模所需人数,再加上应储备的人数,并减去预估正常的减员(退休、调走、"高就"等),即为应计划的教师总人数。这里需说明的是,作为省重点中学,无论从哪个角度考虑,都应有教师的储备,如奥赛辅导教练、课题研究骨干、网络管理人员、流动外籍教师和其他特需的教师等。适当的教师储备,是必需的。当然,国家的编制指标也须考虑。原则是:宁紧勿松,宁缺勿滥。②严格标准。制定的标准,要切合当时、当地和学校的实际,不能太高也不能太低。标准,在依照法律的基础上,可从以下几方面来考虑:表现、学历尤其是学力、素质(基本功)、年龄、特长、健康状况以及长相外表;如是选拔老(相对刚毕业的教师而言)教师,则还应考虑教学效果、师生反映、领导评价等。同时,更要考虑教师队伍的整体结构:年龄、性别、专业、籍贯等。③把好关卡。这是指要根据需要、标准,尽最大可能地保证全面地、全部地满足条件和需求。实在不能在保证质量的基础上完成计划，标准、原则也应不变：宁紧勿松，宁缺勿滥。大家都知道，现今的省重点中学，特别是处在县市的农村重点中学，由于各种各样的原因，教师很易"调"进，却很难"推"走。

二是教师个人要发展。学校发展的根本因素在教师，离开了教师，就不能谈学校的发展。因此，从这一因素来考虑，教师是学校的支撑点和制约者，教师的个人发展，应摆在非常重要的位置。教师个人的发展，应考虑：①自身发展或叫做期望发展。一般情况下，面对目前市场经济、双向选择、优胜劣汰的竞争形势，绝大部分教师的"神经中枢"是十分敏感的，会做出积极的反应。②促成发展或叫做激励发展。就是指学校要拿出科学合理的方案和办法，确定求真务实的原则和标准，激励教师执行"常规"、发愤"进取"、开动"脑筋"、不断"创新"。这里最重要的是教育（学）效果、教研成果等如此这类的硬性的突出贡献。特别要强调的是，不是自封的或"某人""认可"的，而是大家都能看得到的，师生和家长、社会都充分肯定的实实在在的贡献。③特长发展或叫做培养发展。学校要发展，教师重要，教学效果重要，特长发展更重要，这一点在我看来，不仅于老师，而且于学校，都是特别重要的。培养发展，包括三个方面：一是岗位培养。即让教师在自己的岗位上，充分地表现、展示、发展，以使其业务、才华、能力以及其他方面的"能耐"，得到师生及家长、社会的首肯。学校的首肯，包括：口头表扬，书面通报，职称提前聘和任，职务优先荐和用，等等。二是进修培养。例如，从优秀的教师中，选拔一些基本素质好、发展潜力大的教师，到省级、国家级的教育培训机构去脱产进修，"洗脑""充电"，"进修一人，带动一批"。至于个人的学历特别是高学历如研究生的进修，教师自己必须考虑，学校也应在经费与精神上给予充分的支持与鼓励。三是"推出"培养。即在"请进来"（请专家学者和兄弟学校的领导、教师讲学）的同时，还要"走出去"。这个"走出去"，包括两层意思：一是"走出去"考察、学习、取"经"、提高；二是把自己的教师——"育人的名师，教学的专家，科研的带头人""推出去"，让他们到别的学校、教育机构甚至于教研单位，去介绍、推广自己的育人"套路"、教学经验、科研成果。并且利用这些机会，在交流中切磋、互补，开阔视野、增长学识、提高才干；在活动的过程中，既推介教师、扩大教师的知名度和影响力，也推介学校、扩大学校的知名度和影响力。

三是学校整体要发展。学校在发展方面应该考虑三条：第一，规模发展。要坚持：①实事求是的实际（特别是数字）调查、理论论证；②富有胆识的建设调控、和谐发展；③开拓创新的科学前瞻、可持续发展。第二，特色发展。特色，是省重点中学追求"和谐发展""可持续发展"的重要内容。"有特色"，是对省重点中学的基本要求，也是较高要求。要办成一所有特色的著名的重点中学，就必需一支有特色的教师队伍。陶行知晓庄学校的"教学做合一"，上海闸北中学的"成功教育"，华东师大二附的"追求卓越"，张家港梁丰中学的"素质培养"，深圳实验中学的"整体德育"，湖南师大附中的"奥赛培训"，雅礼中学的"英语教学"，等等。这些学校之所以取得成功，就是有一批"特色（特长）教师"。第三，综合发展。一所学校的发展，受制于教师队伍的建设和教师个体的发展。教师队伍的建设和教师个体的发展，还牵涉到配备领导班子、协调各种关系、建设"硬环境"、培植"软环境"等，更重要的还有改革创新，等等。

2004 年 4 月 18 日

注：此文（有删节）是一篇在耒阳二中、安仁一中、茶陵一中、攸县一中四所省重点中学"四校联谊"第四届第二次教育教学管理研讨会暨"校长论坛"（耒阳二中）上所作的专题中心交流稿，荣获一等奖（2004 年 4 月）；发表于 2004 年第 11 期《当代教育论坛》（国内统一刊号为 CN43-1391/G4、国际标准刊号为 ISSN1671-8305）；转载于《书馨园》第十六期第三版（2004 年 12 月）。

揪心与疑惑

——兼与《经费状况及对策》作者商榷

读完《湖南教育》2005 年第 15 期中《"一费制"后农村贫困地区学校经费状况及对策》（以下简称为《经费状况及对策》）一文后，笔者感到十分揪心与疑惑。

一、"学校掰着指头过日子"的"经费状况"使人揪心

农村贫困地区学校自 2004 年秋实行"一费制"后，经费状况确实艰难到了"数米度日"无以为继的地步。慈利县岩泊渡中学就是一个典型的例子。该校有教职工 89 人，教学班 22 个，在籍学生 1192 人，其中寄宿生 1039 人。这是一所办学规模较大、以寄宿生为主的农村中学。按照"经费开支"政策和"开源节流"原则，一学期计算下来，经费缺口就达 8 万元，一学年累计下来竟是16 万元！那么，比岩泊渡中学规模要小、寄宿生要少的农村中学的经费缺口，更可想而知！农村贫困地区学校经费严重匮乏、缺口甚为惊人，这是湖南省的一个十分普遍的现象。

农村贫困地区"学校掰着指头过日子"的根本原因，笔者认为主要有两个。一是省级政府职能部门制定的"一费制""标准"严重错误，人为地造成了学校经费的巨大缺口：湘财教 [2003]20 号自称"按调整收费项目后的标准测算，农村小学年生均公用经费缺口为 34.72 元；农村初中年生均公用经费缺口为40.04 元"。而按县级基层财会人员的实际计算，小学与省测算基本一致，但初中年生均公用经费缺口却是 83.88 元，与省认定的 40.04 元，又有 43.84 元的差额！人为"标准"本身就有 40.04 元的缺口，加上计算口径错误又有 43.84元的缺口，难怪农村贫困地区中学经费入不敷出、无以为继！二是省级政府制

定的转移支付政策过于理想、难以落实，对市（州）、县简直是一纸空文。按照文件规定，"一费制"后，学校经费缺口由省、市（州）、县三级政府分别按50%、20%和30%负担。但事实确是市（州）、县的补助很难指望。这也是湖南省的一个十分普遍的现象。

二、学校"自力更生，开源节流"的"对策"使人疑惑

《经费状况及对策》作者的调查与采访，事实具体而细致，数字真实且准确，为农村贫困地区学校诉了苦处，说了真话，做了一件功不可没的实事和好事，笔者深感敬佩。但读完全文之后更多的是疑惑。

疑惑之一是，农村贫困地区学校经费缺口到底由谁负责。九年制义务教育的办学主体应该是各级政府，这是由中国国情所决定，并经《教育法》和《义务教育法》等早已明确规定的。国家之所以作出科教兴国、经济强国的战略决策，之所以确定西部开发、中部崛起的发展方针，其目的就是想通过解决区域发展失衡、城乡贫富悬殊等全局性、根本性问题，来全面建设小康、和谐发展社会、强力推进进步的。因此，作为义务教育阶段的农村贫困地区的小学、初中教育和学校，其经费缺口必须由各级政府来负担，这是顺理成章、天经地义的。作为农村贫困地区负责教育教学管理工作的义务教育的小学、初中学校，其经费缺口解决的办法也只能且必须依赖政府而"等、靠、要"。可能有人马上会讲到前些年喊得最响的一句口号，即"人民教育人民办，办好教育为人民"。其实它是一句在当时曾经起过缓解教育经费矛盾的正向作用，但造成了教育乱收费且屡禁不止并现在还存后遗症负面影响的口号。现在它却是一个推卸政府责任、转移支付主体（对象）、加重农民负担、办砸义务教育的错误的思想、理念和口号。农村贫困地区的教育和学校，再也经不起这样不切中国实情、违背教育法规的瞎折腾了！

疑惑之二是，农村贫困地区学校经费缺口的对策应该是什么。按照《经费状况及对策》一文作者的意见，是"自力更生，开源节流"，"办好一个食堂，喂好一栏生猪，开好一个小型超市，管好一片学农基地"和"开发校园资源"。笔者认为其主观愿望，可能是善良和美好的，但客观效果，却会是令人不可想

象的。为什么这样说呢？理由之一是"自力更生"和"节流"，这当然正确并且不管经费奇缺还是富余都要不断发扬光大；二次利用食堂的饭菜"喂好一栏生猪"，早已成为"节流""创收"的好途径；至于"管好一片学农基地"，绝大部分农村中小学校，"学农基地"早就或有名无实或根本就不存在了，如何"管好"并"创收"？理由之二是不管"办好一个食堂"也好，"开好一个小型超市"也好，还是"开发校园资源"（利用寒暑假，开放"学校的文艺、体育、信息技术设备设施，乃至于学校的场地"，为学校创收）也好，其开放服务对象的主体甚至可以说是全部都是学生，这岂不有点变着法子、调换形式，往学生即学生家长的口袋里捞钱补缺口的嫌疑？并且还会助长巧立名目乱收费的继续"合情合理却不合法"地发展，同时这些"对策"符合党中央和国务院强力推进义务教育、切实减轻农民负担的政策规定吗？

疑惑之三是，对农村贫困地区学校经费缺口对策的探索、创新的宣传方式、途径如何才合法科学、有理有利。慈利县岩泊渡中学正视学校经费"数米度日"无以为继的现实，敢于探索，敢于创新，其精神其勇气，无论如何都是值得大家学习和借鉴的。《经费状况及对策》一文的作者，深入基层调查实情，联系实际研究对策，及时推介"典型"的工作作风和敏锐的发现力，初衷动机也是应该充分肯定和感谢的。但是，作为湖南省教育厅机关刊物的《湖南教育》，它面向全国发行，覆盖着湖南全省的大中小学校，其发行范围之广、读者人数之多、影响之大，尤其是影响之大，是可想而知的。如果作为情况简报或内部参考下发并讨论，或许要妥当些。因此，对涉及国家的方针政策、攸关民生的大是大非、指导全局的方案办法等重大问题的宣传报道和典型推介，都必须谨慎从事、不可大意。

假定笔者的疑惑恰恰也是广大读者的疑惑，那可能是万幸。如果慈利县岩泊渡中学的做法，恰恰被某些"同病相怜"的农村贫困地区学校的领导和教职工，认为是求之不得的"医治经费缺口"的良方并"照此办理"，我想后果就不堪设想了！当然,笔者对作者写作和编辑发表的主观意图和客观效果的揣测，也许是痴人说梦或者是杞人忧天，但出于对农村贫困地区柔弱劣势教育的怜爱与关注，禁不住说了个人的主要疑惑，与《经费状况及对策》一文的作者商榷，聊供有识之士参考，敬请大方之家鉴正。

2005 年 8 月 6 日

注：此文发表于 2006 年第 2 期《当代教育论坛》（下）（国内统一刊号为 CN43-1391/G4、国际标准刊号为 ISSN1671-8305）；2009 年 3 月荣获中国青年教师协会、中国素质教育报告编委会颁发的第二届"中国素质教育教研成果一等奖"，本人荣获"中国素质教育先进工作者"称号。

信心·活力·希望

安仁一中，依雄峰北麓而汇青山之灵性，傍永乐东滨而聚秀水之精气，办学历史悠久，教学质量上乘，学子遍及天涯，名声远播华夏。1977 年恢复高考制度、1980 年定为地区重点中学后，特别是近些年来，它更充满信心，充满活力，充满希望。

教学质量稳步上升

恢复高考制度二十年来，安仁一中已为国家培养了上万名合格的中学生，其中为高校输送了 1002 名本科生，1402 名专科生，608 名中专生。高考升学人数由 1977 年的 3 人，上升到 1986 年的 137 人，上升到今年的 342 人。1994、1995、1996 三学年，高中毕业会考合格率，分别为 96%、97%、99%；初中毕业会考优秀率，分别为 84%、85%、87%。高初中参加各科各类竞赛，近些年来都"县列榜首，地区前茅，省里有名"。

教研教改蔚成风气

"常规教学保质量，教研教改上台阶。"安仁一中的领导和教师，近年来非常重视教研和教改，一方面自觉继续学习教育教学理论，善于把别人根据新形势新要求创造出来的教改方案和教研成果"引进来"，一方面主动改革呆板陈旧的教学程序和教学方法，勇于把自己从实践中总结出来的成功经验"投出去"，理论与实践、别人与自己达到了和谐有机的结合。因而语文组的快作训练法，数学组的自学辅导法，英语组的阅读教学法，理化科的强化实验法，史地科的愉快教育法，竞相争奇斗妍；上百篇的教改论文，近十部的教研编著，相继发表出版。

师资结构日趋合理

安仁一中现有 28 个教学班，1600 多名中学生，145 名正式教职工，其中教学人员 90 人。90 名教学人员中，科任教师 79 人，实验等教师 11 人。79 名教师中，本科 58 人，专科 17 人，中专 1 人，高中 3 人；高级 22 人，中级 18 人，二级 36 人，初级 3 人；老年 3 人，中年 28 人，青年 48 人，基本构筑了一个以高级、老年教师为核心，中级、中年教师为骨干，初级、青年教师为主体的队伍框架，形成了一个"团结、严谨、务实、创新"，充满信心、活力、希望的教师群体。

规章制度不断完善

"无规矩不成方圆。"安仁一中近些年来相继出台了"教师职业道德规范""教师工作职责""教研组长、备课组长职责""职员工作职责""教师奖惩条例""常规教学实施细则""严格考试管理、严肃考试纪律""六项指标评估方案""教师考核评优量化方案"等一系列规章制度，并打印装订汇编成一本《安仁一中管理规范》，发至全体教职工。它规范了教职工的工作学习，激励着教职工的教书育人，已经并将继续发挥积极作用。

教学条件正在改善

安仁一中已经建有两栋合计 6200 平方米、44 间教室的五层教学大楼，一栋 2000 平方米、20 间实验室的五层实验大楼，一个 24000 平方米的标准运动场。理化生实验设施齐备，能保证所有实验的全部开设；有一个内备 12 台苹果机的微机教学室，有一个 64 座的语音教学室，还有一个主机为 486 的校长办公系统、一台 286 电脑打字机；有一间由一台配套收录放相机、30 台新型教学投影仪、21 台双长收录机等组成的电化教学室；有一个拥有 3 万余册图书的图书室，有两间拥有 150 多种期刊报纸的阅览室。

1996 年 9 月 12 日

注：此文发表于《安仁一中 55 周年校庆特刊》第三版（1996 年 10 月 1 日），署名"教务处"。

中小学校园事故，谁之责？

一看到这个问题，不同的群体会有不同的回答。但过去也包括现在，几乎全国的"行政上司"和"理论专家"，会众口一词地归责于中小学校及其领导、教职工。

中小学校园内出现事故，真的所有责任都是学校及其领导、教职工的吗？

请先看社会乱象：传媒，理论荒唐怪异，舆论是非暧昧，网络淫秽色情，影视凶杀暴力，文化低级庸俗，宣传虚假夸张，口号假大空乱，标语威胁恫吓，广告坑蒙拐骗，娱乐飙奇疯狂；社会，贫富不公，"五难"（办事难、读书难、看病难、就业难、买房难）凸现，赌博风行，道德沦丧，信仰缺失；城市灯红酒绿，农民背井离乡（青壮年男女为了生活都不得不远离家乡、家人外出打工），边穷（老少边穷地区）生计维艰；官场，投机钻营，贪污受贿，为所欲为；家长，言行失范，教育乏术，不闻不问……信仰、道德、世界观、人生观、价值观等的混乱，无以复加！

这些都是不争的客观事实。畸形发展的社会，必然产生同样发展的教育；功利追求的社会，必然产生同样追求的教育；信仰、道德、世界观、人生观、价值观等混乱的社会，必然产生同样混乱的教育。

请再看学生现状：说假话的多了，做假事的多了，抒假情的多了，弃雷锋的多了，谋私利的多了，作弊的多了，偷窃的多了，厌学的多了，逃学的多了；

谈情说爱的增加了，打架斗殴的增加了，沉浸网吧的增加了；相聚赌博的有了，租屋同居的有了，吸毒卖身的也有了……社会上有的，中小学校里几乎都有。

这些，中小学校及其领导、教职工能够教育得了、整治得好吗？难道就都是他们的责任吗？怎一个"学校及其领导、教职工的责任"了得！

请最后看非常惨例：3月23日福建南平市实验小学8死5伤。4月12日广西合浦县西场镇西镇小学2死5伤。4月28日广东雷州一男子持刀砍伤16名师生。4月29日江苏泰兴一男子于幼儿园园内持刀砍伤32人。4月30日山东潍坊一男子于小学校园内用铁锤锤伤5人后自焚。

四十天内发生五起校园惨案后，教育部发紧急通知，公安部开紧急会议，党中央政法机构迅即要求，党政一把手负总责，学校配备安保设施器械，聘任安保专业人员，并实行问责制。教育部长还说："一个没有安全保障的学校，绝对是一所不合格的学校；一个不具备安全意识的老师，绝对是一个不称职的老师。"为了校园安全的标本兼治，有专家开列了一剂处方：一是保障经费，二是建立家长委员会，三是实行问责制。这是在问责社会？学校？家长？学生？但不管是"问责"哪一类，骨子里还是中小学校及其领导、教职工。我们的"行政上司"和"理论专家"们，本质仍然不就是原有定势的思维和不变的定位吗？

近段这四十天内发生的五起校园"非常惨例"，难道就都是学校及其领导、教职工的责任吗？实实在在在怎一个"学校及其领导、教职工的责任"了得！

殊不知，今天的中小学校不是处置于生活的真空（好像早就已经没有生活的"信仰"的真空了）中，今天的中小学校已经不是一片净土绿洲（好像早就已经不是"理想"的净土绿洲）了！今天的中国，早就已经信仰缺失，道德失范，私欲膨胀，名利熏心！经济真的上去了，信仰、道德、世界观、人生观、价值观、法制、安全等，早就已经下去了！

在这样一种社会生活的大背景下、大环境中，即使学校及其领导、教职工们，严格按照国家颁布的《中小学教师职业道德规范》和胡锦涛总书记的"四个希望"呕心沥血地践行并切实恪尽职守了，学校的领导及其教职工们能解决中小学校现实中所存在的诸如上文提到的"学生现状""非常惨例"的问题吗？

解决问题的关键是，根除无以复加的丑恶混乱的社会现象！整个社会、所有公民都来齐抓共管中小学教育！

现在中小学校存在的问题，实际上是社会各种问题在中小学校中的外显反映、"裸体影像"。要解决中小学校存在的各种问题，必须从源头本质上去"综合治理"：不管哪一级、哪一类领导团队，在研究改革开放、经济建设问题时，必须要统筹兼顾，经济建设与文明（物质、政治、精神）建设"两手抓，两手都要硬"；必须要有全面、协调、可持续科学发展的理念；必需全社会的公民都能重新捡拾起先进的政治信仰，构筑起规范的道德标准，树立起正确的世界观、人生观、价值观，要在全社会营造倡公平、谐贫富、惩腐败、肃歪风、法罪人、讲仁义礼智信的氛围；必需在中小学校建立起真正的社会、学校、家庭和学生四位一体的齐抓共管的整个社会都行动、所有公民都参加的大教育模式、机制与体制。

邓小平同志早在二十一年前就指出："我们最大的失误是在教育。"中国现在教育的失误不是知识教育，而是思品教育；不是学生教育，而是公民教育；不是学校教育，而是社会教育！我真佩服老前辈邓小平同志的洞若观火、睿智深刻！由此我也建议词语专家，对"教育"一词的内涵、外延、功能、作用，再作一次既有历史传承遵循又有与时俱进发展、科学、严谨、审慎的研究与诠释。

我真诚地希望我们的最高上司和务实专家们，摒弃传统偏见，能听一听最好能采纳基层一线工作者的意见和建议。不再片面地问责中小学校及其领导、教职工；既治标、更治本，标本兼治！

2010 年 5 月 6 日

注：此文发表于《书馨园》总第三十四期第三版（2010 年 10 月）。

立足教育抓党建 创先争优出成效

近年来,湖南省安仁县第一中学(简称安仁一中)党委确立"立足教育抓党建,抓好党建促教育"的工作思路,通过党建示范点的创建来提升学校的教育教学质量,用教育教学的质量来展示党建的成果,扎扎实实开展创先争优工作。

用先进要求引领人

开展创先争优活动以来,学校党委先后组织召开了 2 次宣传动员大会、2 次中心组学习会议、2 次宣讲学习大会,书记上党课 2 次;策划出版了《创建先进基层党组织,争当优秀共产党员》、《党建示范长廊、示范点创建工作》和《共产党员公开承诺公示》等 3 期高标准的宣传专栏等,按照创先争优的要求,学校明确提出创建先进党支部要努力做到"五个好":一是领导干部好,二是党员队伍好,三是工作机制好,四是教育业绩好,五是师生反映好。争做优秀共产党员要努力做到"五带头":一是带头学习提高,二是带头争创业绩,三是带头服务师生,四是带头遵纪守法,五是带头弘扬正气。

用实效活动凝聚人

结合学校教育教学的实际,学校党委组织全体党员开展教师"五带一创"活动。即带头开展示范教学、带头编写校本教材、带头参与课题研究、带头精读教育名著、带头撰写教研论文,创造一流业绩。活动中,74 名党员教师全部参加了上公开示范课及班主任远程继续培训,6 名党员教师获得教学比武奖,校长周济龙、副校长李成月等编辑出版了德育校本教材 2 部,30 余名党员教师参与了 2 个国家"十一五"课题研究,党员教师获奖和发表的市级以上论文 36 篇。学校党委书记何福汉针对高中学生的政治思想、道德修养、学习生活和心理心态的具体实际,自编心理教材,讲授心理课程,深受学生欢迎;唐树湘老师自制教具《电动气垫式简谐振动图像自动描迹仪》,今年 8 月参加全国第 25 届科技创新大赛获得二等奖；副书记陈石林于 8 月到北京参加了由权威机构、名牌高校 60 余名语言学家、辞书学家、语文教研专家出席的《现代汉语规范词典》（第 2 版）出版座谈会，并作《规范·实用·通俗·臻善》的专题发言。

用优秀同事激励人

学校党委在 11 月初举行了"我身边的优秀共产党员"先进事迹报告会，报告会上周元生、江河山、唐树湘等 3 位老师用朴实的话语，介绍了他们在教育、教学、教研等工作和生活方面战胜病魔、顽强工作，关爱学生、挚爱事业，岗位平凡、业绩非凡的感人事迹。身边同事的优秀事迹彰显了榜样的力量，迅速掀起了全校教职工学先进、争先进的热潮。

周元生在安仁一中兢兢业业工作了近 20 年，长期担任班主任和数学教研组长，多次荣获优秀教师、优秀班主任、优秀共产党员。他任劳任怨，不分白天黑夜，没有寒假暑假，教书育人就是他的一切。尤其是在身患重症以来，没有被厄运击垮，一边忍受着病痛的折磨，一边继续着学校数学教学的工作，还兼任着县教育局教研室的数学教研员，勤勤恳恳地、一如既往地坚持教书育人。

作为一名外地籍年轻的党员教师，江河山把自己的青春和热血都奉献给了安仁的教育。作为班主任的江老师，除了扎实做好常规工作外，最大的特点就是关爱每一位学生，心里装着每一位学生。在他看来，学生的每一件细微小事，都是老师的大事，都应该特别关注。他从平时交往、日常学习、所写作文等一扇扇窗口，探视到每位学生的学习心理，把握住每位学生的思想脉搏；他对学生坚持做到三点：教授一种思想，既做学生求知的带路人，又做学生做人的引导者。

唐树湘是一名物理实验教师，又是一名普通的共产党员。他始终以饱满的工作热情服务于物理教学工作，做到了爱家乡、爱学校、爱岗位、爱学生，勤学、勤思、勤看、勤说、勤干、勤俭。他在平凡的工作岗位上创造了非凡的业绩，先后荣获县级荣誉 9 项；自制教具 8 件获市一等奖，5 件获省一等奖，1 件获全国二等奖。

2011 年 11 月 26 日

注：此文（与刘玉明合著）发表于 2011 年 12 月 21 日湖南省委、省政府网站红网。

近些 小些 实些

——普通高中德育工作有效性探微

德育是学校教育工作的重要组成部分，它对学生的成长起着导向、动力、保障作用。普通高中要想把德育工作做得到位、有效，使其作用发挥得全面、充分，笔者认为，教师必须在近些、小些、实些等方面多动脑筋、多花工夫。

放下架子，倾听学生，关爱学生，感情的距离要近些，再近些。

当代师生关系是民主、平等、合作的关系，共存、共生、共长、共创和共乐的关系。当然，教师在倾听、关爱学生，尊重其人格、平等对待的基础上，还要对他们进行严格要求、正确引导。教师在德育工作中就是做学生的知心朋友，传给他们对待问题的思想与态度，教给他们处理问题的途径与方法，解除他们心中的疑问与困惑，跟他们友好地交流、平等地沟通、民主地探讨、和谐地达成，最终促使他们全面、健康、协调、可持续地成长。

当代高中生生理早熟、心理浮躁，主体意识日益增强，个性化倾向日趋明显，批判欲望逐渐加强，他们在日常学习、生活中，特别是在当同学、师生、异性、亲人等关系的情感处于冷漠、误会、矛盾与冲突的纠结时，往往容易产生片面、冲动、偏向、偏爱、偏激和偏执。基于此，教师要用辩证和发展的思想对待学生，学会耐心倾听、满怀关爱、灵活变通、科学应对，不能用老眼光看待新问题，用老办法处理新问题和有问题的学生。遇到学生的新问题和有问题的学生，既不能看不惯，又不能放任发展，也不能或讥讽或辱骂或罚处，更不能动不动就报告班主任或告状家长或送交政教部门处理。时下，如果教师仍然学究般放不下架子，不能走近学生、倾听学生，不能迅速了解、适应学生思想、意识、情感、行为等的巨大变化，坚守着"师道"，死抱着"本本"，老说着"官话"，则必然造成师生间彼此互不关心、互不信任，遇到误会、矛盾时互不谅解、互不和解，互用不同的言行、方式来发泄心中的不满甚至愤懑，结果形成隔阂、怨恨、对抗甚至对立，那么最终伤害的是教师和学生双方，根本不利于学生新问题的解决和有问题学生的妥善处理。这样的事例，在不少学校的师生中，已经并正在发生着，我们应当引以为戒。

其实，教师与学生"感情的距离近些、再近些"是一种"情感投资"，它是实现同学、师生、异性、亲人等之间情感沟通、碰撞与思想融合、达成不可或缺的重要"纽带"，是处理学生中的新问题和有问题学生的行之有效的策略。

切合实际，贴近现实，回归生活，工作的开口要小些，再小些。

首先，教师必须懂得当代高中生的本质特性。（1）发展性。年龄不同身心发展特点也不同；发展潜能大，可塑性大，变数也很大；知识、能力正在生成，情感、态度正在生长，世界观、人生观和价值观等还不成熟，经常有不足、缺点甚至错误。（2）独特性。因遗传素质、社会环境、家庭条件和生活经历等的不同，其兴趣、爱好、动机、需要、气质、性格、智能和特长等也相异。（3）差异性。学生相互间、与成人间都存在着很大的差异。（4）独立性。不以别人的意志为转移，每个学生都是独立的个体存在；教师不能把自己的思想、意志和知识强加给学生。强加，会事与愿违甚至适得其反。（5）主体性。学生是学习的主体，都有自己的躯体、感官、头脑、性格、意愿、知识和思想基础、思想和行动规律，教师无法替代；学生也是责权的主体。

其次，教师必须了解当代高中生群体的突出问题。时下，少数学生卫生责任意识较淡薄，孝敬长辈、尊重劳动认识不明晰；待人缺乏真诚，缺乏信用；凡事不从自身找问题而怨天尤人；做事缺乏认真、投机取巧，办事没有原则、随心所欲；对学业有成及学后归属问题认识有偏差；对社会热点及钱、权关系认识不足；为人处事缺乏礼让，心胸狭隘，不能宽以待人；有网瘾；个别学生因父母早逝或离异或长期异地务工而缺乏父爱母爱，思想封闭、性格孤僻。

再次，教师必须尊重教育规律和学生身心发展规律，懂得贴近生活的德育才是根基之育。教师只有在明白了高中生的本质特性，了解了高中生的突出问题，才能指向明确地、具体有效地确定德育工作的关键策略与主要措施，尽量使工作的开口小些，再小些。

切合实际，回归生活。如"讲究卫生，人人有责"的教育，可从班级学生轮流打扫教室、寝室等的小事抓起；可从学校把公共卫生区按区域、要求分块承包，"任务到人，责任到人"的小事抓起。"孝敬父母，尊重劳动"的教育，可从在家常为父母端茶倒水、洗衣做饭等小事抓起；可从为班级或同学做一件有益人成长的小事抓起。这些小事教育，有利于学生卫生习惯、责任意识、孝敬美德、劳动观念在互动、互爱、互助的实际生活熏陶中逐渐发展成熟。"谦恭礼让"教育，可重温孔融让梨的故事，先下发问卷进行调查，再组织学生结合自己诚实地回答并自由讨论：（1）孔融让梨为什么广为流传？（2）你在生活中是否做到了谦恭礼让？（3）你今后打算怎样谦恭礼让？然后教师小结。问卷内容可以是：在家吃饭时，你是否把自己喜欢的菜肴一吃而光？吃点心或水果时，你是否给他人多留一些？在家看电视时，你是否给长辈让座？是否跟他人争抢电视频道？家里来客时，你是否主动让座？你有没有在班级或学校为抢一件小物品或一个位子而和同学争得面红耳赤甚至大打出手？在商场购物、医院看病、银行柜台或ATM前取款，你是否自觉排队并主动让位给老弱病残与孕妇？在公共场所，你是否主动给老弱病残与孕妇和他人让座？在大街上，你是否自觉遵守交通规则，不走机动车道、不闯红灯？在人员聚集的公共场所，你是否不抢道、不争先恐后，主动让他人先行？这样的教育，比"你该怎样不该怎样"的说教使人容易接受得多。

贴近现实，回归生活。"讲事实不讲故事"，从现实、身边生活和学习中的正面人事和反面人事来引导学生，让他们权衡、思考什么该做、什么不该做和该怎样做。如"学习目的"教育，可邀请校内学历低却自学成名的教师和发奋努力而成绩突出的学生，虽没考上名牌大学或连大学的门都没进，但通过自己的奋斗拼搏终于成功的校友或当地名流，来学校为学生举行报告会现身说法，谈他们的亲身经历和心得体会。这样的现身说法能使学生真切地明白：明确学习目的，是学好任何学科文化知识的内部动力；一个人的行为目的越明确，所引起的意志力就越大。还能使学生深刻地认识到：一个人的成才、成功并非只是上名牌大学或大学一条路，如果你能目的明确并发奋拼搏，那么就能"条条大路通罗马"。"远离网吧，拒绝诱惑"教育，仅靠教师苦口婆心的危害说教也难获实效，而让学生自主开展"营利性网吧之利弊"的辩论赛，他们才会做出正确的判断与选择。如果与辩论赛紧密配合，还有校内因经常进出网吧而耽误时间、荒废学业、可能影响美好前程的典型学生自愿为同学现身说法，那么教育会更到位、效果会更好。

有人所说的德育工作是务虚的，看不见摸不着，目标是难以达成的，可有可无，就是针对只有宏大叙事和展望的"说教"和阵风式、例行公事式的"活动"那样粗放运作的低效甚或无效的教育而言的。事实上如果教师在教育中认真践行"工作的开口小些、再小些"，那德育就是实实在在的，不可或缺的。又如"关爱他人"教育，教师可组织通学生轮流经常到宿舍、食堂去了解寄宿生同学的生活状况，用组织观看影视、动漫、新闻和开展球类赛、智趣赛、游艺晚会、联欢活动等来丰富他们的周末生活；及时关心单亲生、留守生同学缺乏父爱、母爱的思想动态，每逢他们生日或生病，班团干部可组织全班同学用歌声或书画为其祝福，用班费购买些营养品赠送慰问。这样的教育，既有利于德育又有利于智育，会使学生终身难忘、一生受益。

把准核心，找准问题，切准焦点，目标的达成要实些，再实些。

德育的核心是以人为本，培育学生优良的思想道德品质，构建学生的健全人格和健康心理，而工作的核心是在不断提高教师综合素质基础上的一步一个脚印地落实学生的习惯养成教育。

当代高中生总体上是积极向上、充满自信、顽强进取的，但在价值观念上的困惑与矛盾明显增多，主要体现在三个反差上：道德与道德实践的反差，既崇尚真善美的精神境界和高尚人格，又注重现实讲究实惠和实际，注重物质利益和生活目标；校内外的反差，即实际存在道德双轨现象，校内在提倡高水准的道德规范，而校外一些人低水准的道德行为和意识也在蔓延；理想教育与社会现实的反差。心理发展也呈现出理想与现实、情绪与理智、独立意识与自立能力、竞争与合作、自尊与自卑等困惑与矛盾。还普遍存在着成功理想超过奋斗精神，成才愿望强于刻苦求知，应试成绩重于过程方法，健康观念先于健康行为，抗挫折能力差，德育、艺术、青春期、心理、未成年人保护法律等知识匮乏的问题。

焦点就是问题的关键点。焦点的寻找并确定，需要教师有洞察问题的眼力和判断问题关键点的能力。当代高中生存在的困惑、矛盾和问题特别集中在理想教育与社会现实、知与行的不一致上。解决这个"不一致"问题的焦点是什么？笔者认为是目标的达成要实些，再实些。

育德关注的焦点是教师。解决理想教育与社会现实不一致的目标达成，是教师要提高综合素质。教师不仅要懂得并做到：（1）学会尊重学生，还要反省自己，不断提高自身的人格魅力。（2）不断提高教育教学水平，凝聚学生的"向师力"。（3）要从学生的穿戴、言行等小事中发现问题并开展教育，多用"最美的"、"感动中国的"、学生喜欢的人事感染、教育学生。（4）全面了解学生，朋友式地有针对性地交流沟通，与学生共存、共生、共长、共创和共乐。（5）研究批评方法，善用批评智慧。因材施教，因人而异；宽严兼施，刚柔相济。而且更要懂得并做到：加强学习，解放思想，拓宽视野，动脑用心；理论联系实际，书本结合现实，使课堂走向生活和社会，包涵中国和世界，把德育自然有机地渗透到教学的全过程；根据教育主题需要，利用周末、寒暑假组织学生进农村、社区、企业、工厂和革命圣地、教育基地等开展社会调查、驻点体验、志愿者服务等实践活动。教育是"教"与"育"的并列合成，"教"是告诉学生使学生知道真善美和假恶丑的内涵、外延及其表现，不是隐瞒和欺骗；"育"是培养学生使学生力争趋向并做到真善美，抵制并遏制假恶丑，它可以耳濡目染、潜移默化，但不能立竿见影、一蹴而就。

如"诚实守信"教育，可先让学生借助书籍、网络搜集并整理社会生活中的趣闻逸事，像华盛顿小时候如实地向父亲承认是自己用小斧头砍倒了一棵樱桃树，被父亲称赞其诚实比所有樱桃树都宝贵；江苏大学无人售报摊半年售报两万份不差一分钱；尼克松因在"水门事件"中撒谎败露被迫引咎辞职；克林顿因在不光彩的绯闻案中撒谎而遭弹劾；武科大两大学生不讲诚信助学贷款被撤销；胡长清、成克杰、陈希同、黄瑶、李堂堂、刘志军等高官因背弃"为人民服务""权为民所用"的承诺而进行权钱交易或贪赃腐败或违纪犯规被处死或判刑或免职；食品（如三聚氰胺奶粉）、药品（如问题胶囊）等制假贩假售假的企业、个体因违背"敬天畏民"的商业良心而被公检法查处"严打"。然后利用班（团）会，让学生自主讨论并获得感悟：这些或因诚信而得到赞美和传递、或因撒谎背诺昧心而为民众不齿法律严惩的真人真事，不仅有力地证明着"诚实比一切智谋更好"（康德）、"如果要别人诚信，首先要自己诚信"（莎士比亚）、"生命不可能从谎言中开出灿烂的鲜花"（海涅）、"手莫伸，伸手必被捉"（陈毅）的千真万确。还得出警示：社会生活中自古及今既有诚信的人，也有不诚信的人，但前者始终代表着人民的愿望与理想，代表着社会发展的主流和方向。人，有了诚信才能在社会上站稳脚跟，才能得到别人的赞赏与尊重。诚信是一种做人的基本品质，做事的道德准则，成功的根本基础。作为新时代的高中生，应该培养并具备讲真话、尚诚实、重信用、守承诺等诚实守信的道德品质。"义利观"等教育，可变通方法组织进行。如此的教育，走出了道德与实践、书本与现实、校内与校外等严重脱节的困境，冲出了上不着天、下不落地的教师越教育学生越矛盾困惑、越怀疑抵触和校内校外"双轨"的怪圈，彰显着实事求是的目标达成的实效性。

德育关注的焦点是学生。解决知与行不一致的目标达成，是使学生养成良好的习惯，春来草自青，习惯成自然。师生都应懂得"行为养成习惯、习惯形成品质、品质决定命运"的道理。教师要从学生日常生活、学习、社会实践活动等行为习惯的养成抓起，时下尤其要求真务实、脚踏实地、循序渐进地使学生自觉树立知行一致的意识、养成知行一致的习惯。有人说思想是言行的内核，言行是思想的外显。此话虽讲得不错，但也并不尽然。高中生中表现出的很多困惑、矛盾和问题，有些确实折射其思想道德品质不行，但更多的却反映其不是不知道而是不做到或做不到的知与行等习惯的不良。习惯养成是一个细致的、长期的、艰巨的训练习得过程，要使学生各得其所地成人、成才和成功，教师可如下落实：（1）宣传"规范"，进行"知"的教育。从学生的认知出发，利用升旗、班会、报告、辩论、竞赛、专刊、手册等向学生宣传《中学生日常行为规范》《中学生守则》，使他们有章可循，学有样板，做有标准。（2）引导强化，落实"行"的要求。"百说不如一练"，"练"需要求明确，还需持之以恒地不断引导、不断强化。（3）检查督促，强化"意"的训练。习惯养成非朝夕之功，要在"反复抓、抓反复"的过程中，实施检查评比，健全监督网络，周查比月结评，用反面事实教育学生，用正面榜样激励学生，促使他们的言行受到"规范"，知行得到统一，使他们由勉强执行到自觉遵守，逐步形成条件反射式的习惯。（4）家、校、社会联手，突出"情"的培养。良好习惯必须是在校、在家和在社会都一样。为此要建立以班主任为中心、任课教师为主导、学生为主体、全体教职工和学生家长以及社会相关人士为成员的"教师—学生—家长—社会"四位一体的德育体系。只有形成立体化、整体化的教育网络，"目标的达成实些、再实些"，才能使习惯养成教育落到实处、收到实效。

如"自我反省"教育，可利用两节写作课，教师先印制下发或媒体映示像老子"知人者智，自知者明"、孔子"君子求诸己，小人求诸人""见贤思齐焉，见不贤而内自省也"、曾子"吾日三省吾身，为人谋而不忠乎？与朋友交而不信乎？传不习乎"、孟子"爱人不亲，反其仁；治人不治，反其智；礼人不答，反其敬。行有不得者，皆反求诸己"、朱熹"日省其身，有则改之，无则加勉"等名言警句，要求学生从中选择一两句作为座右铭，联系现实、结合自身写一篇有话则长、无话则短的理解其主旨内容、感悟其意义作用的文章。再组织学生畅所欲言地辩论，达成共识：自我反省，是一种通过经常的、冷静地回顾自己学习、生活等的思想和言行，寻找自己的问题，促使自己能知错敢认错善改错、严律己宽待人不推责勇担当、不断进步和完善的修身养性的智慧。自省的过程就是学习的过程；也是通过对自己道德、品质、言语、行为、思想方法、思维方式等的否定，从而达到对外部世界和内心世界的自然顺应、和谐发展的过程。最后教师先强调：经常自觉地自省对于高中生尤为重要，因为年轻而走过的路短又顺利，经历的事少并简单，遇到的人不多且单纯，为人处事、发现与认识和处理问题等很容易出现失误或偏差；尔后的路还很长、遇到的人事会很多而且复杂甚至难以预料，因此谁能经常自觉地早先自省，谁就能在修养、学识、能力等各方面早先成长、成熟和成功。因此每个学生都要养成每天晚上对照《守则》和《规范》不断反省自己的习惯。再承诺：每个学生都是有独立性、独特性和差异性的生命个体，自我反省的方式、结果及其处理自然会迥乎不同乃至相反。这很正常，它恰恰反映着高中生是具有发展性的心智还不成熟的生命个体。教师一定会对每个学生的反省与发展，都予以充分承认与真诚尊重。"刻苦求知"等教育，可改换形式组织进行。如此的教育，会使所有的生命都能得到健康成长、获得快乐幸福，各美其美，美美与共。这是德育追求的理想状态。

德育工作，不仅要使学生知道现实社会生活中既有真善美并养成习惯趋向与做到真善美，要给他们清纯的心灵浇灌雨露、照耀阳光，使他们对今天和明天的自己和国家充满希望与自信；而且要使学生知道现实社会生活中也有假恶丑并养成习惯抵制与遏制假恶丑，要给他们稚嫩的心灵注入防腐剂、抗毒素，阻止、抵抗假恶丑的浸染、侵蚀，使他们时刻保持高度的警惕，具备忧患意识和民族危机感。教师还要引导学生运用唯物辩证法中的联系、发展、全面、一分为二、对立统一等观点厘清问题、明辨是非，以解决自身在价值观念、心理发展等方面存在的困惑、矛盾和问题，于是心理就会由淡然、坦然到释然、自然。这样的教育，才是到位的、有效的，是空洞的强加式教育所无法企及的。

时下，学校德育工作困难和机遇并存，只有迎难而上、与时俱进，学会并善用与学生感情的距离近些、再近些，工作的开口小些、再小些，目标的达成实些、再实些，才能把普通高中德育工作做得真正到位、有效，进而把我们整个的教育办得真正到位、有效。

2012 年 8 月 12 日

注：此文收录的为原稿。发表于 2013 年第 9 期《学园》(三月下旬刊，国内统一刊号为 CN 53-1203/C、国际标准刊号为 ISSN1674-4810。发表时体现中心、重点的主标题被删除，文中增加了几个与内容不很一致的小标题；词句、标点被作了极少正确、大多错误的删除与修改），获中国教师发展基金会国家教师科研基金"十二五"科研规划全国重点课题组颁发的"优秀学术论文"一等奖（证书编号为 20130519910）；2013 年第 6 期《教书育人·教师新概念》(国内统一刊号为 CN23-1439/G4、国际标准刊号为 ISSN1008-2549。发表时被压短了三个重要的观点句，删除了工作开口要"切合实际、回归生活"的重点论述段），2014 年 5 月获第三届全国素质教育优秀教学论文大赛暨全国素质教育模范教师活动"优秀教学论文"一等奖、个人"素质教育模范教师"荣誉称号（编号为 jy64961848）。

教师言行、教学应注意

——在教研组长会议上的重申

一、注重师表形象

在课堂教学、集体活动、日常生活中，教师的话语和行动，哪怕是毫不经意的一个称呼一句表达，哪怕是毫不起眼的一举手一投足，都会给有好心或有坏意的学生、观众，留下或美好或低俗的印象。因此，我们希望老师们，时时、处处注重自己的言行，塑造为师的形象。

二、落实"三主"原则

课堂教学中，我们要始终坚持并落实以教师为主导、以学生为主体、以思维及其训练为主线的基本原则，希望听不到、看不到教师唱独角戏、学生做看客、理论空对空，教师自我感觉良好，而结果几乎没有效果的课。

三、坚持因材施教

随着办学规模的不断扩大，形成了学生人数众多、成绩参差不齐、学习习惯各异、心理因素复杂等客观事实，因此教师必须根据不同层次、类别的学生，确定教学的起点、难度、梯度和进度、容量等，以使每个学生学有所得，学有进步。希望不要不切实际地盲目赶超进度，追求过大容量，偏爱高考难题……以造成顾了几个人、丢了一大片的严重后果。还有就是教师只顾自己上课，学生是否在认真听讲、动脑、动手，他（她）一概不理不睬，甚至于学生在胡闹也视而不见、充耳不闻。这是典型的教学不负责任、不善因材施教的表现。

四、立足课堂质量

在教学中，我们要真正落实"向45分钟要质量"的基本要求——精心备好课，用心上好课，专心改好作业，耐心做好下班辅导工作。严禁无教案上讲台，无心思上课堂，无耐心去辅导；严禁私自请人代课，有意与人争课，见缝插针补课或拖堂；严禁滥发练习，乱订资料，无效地加重学生的学业负担。

2006年11月17日

注：此文发表于2007年1月24日《书馨园》总第20期第三版。

教研组职能浅说

长期以来，中小学教研组或名不副实徒有招牌，或职责不明工作茫然，其职能作用没有得到应有的发挥。这种现象的存在，除了众多的因素之外，笔者认为主要的是，我们的研究人员、职能部门，忽略了对它的深入研究和明确规定。

顾名思义，教研组是学校教务（导）处领导的一种组织教学、研究教学的业务机构。其中，组织教学是它的基本职能，而研究教学则是它的本质职能。

作为教研组基本职能的组织教学，它有哪些具体工作呢？

1. 进行上传下达。一方面，教务（导）处通过教研组，传达上级和学校制定的有关方针政策、任务规定。另一方面，教研组向教务（导）处，反馈师生教学的有关情况建议、经验问题。这样，就能形成一个上下贯通的信息联系网络，以保证教学工作顺着正常轨道运行。

2. 组织常规教学。常规教学，包括教师的备课、上课、辅导、作业布置与批改等。需要强调的是，教研组在组织常规教学中，必须安排一定的集体备课，以共同解决疑难问题，彼此交流教学经验，在必要的时候，还可组织人力，收编有关文字材料，以丰富"教学资料"仓库。

3. 开展有关活动。配合常规教学，根据学科特点，教研组要开展一些有益活动，如举行讲座、组织竞赛、创办刊物等等。

4. 推介先进经验。一方面，经常地向教师推介外地的成功经验、教学信息；一方面，及时地总结教师的先进做法，推广教研成果。

作为教研组本质职能的研究教学，它又有哪些具体工作呢？

5. 择定研究课题。教研组，在宏观上要把握教学方针、"大纲"，教研动态；在微观上要摸准学校实际、师生水平。在此基础上，要正确地择定教研课题，使全组教师有一个明确的研究目标，统一的行动计划。

6. 协同研究尝试。一方面，要鼓励教师个体尝试，多角度、多层次、多方法、全方位地探索；另一方面，要有目的、有计划、有针对性地组织各种实验课，协同攻关，让执教者汇报研究成果，使听课者受到启发。

7. 集中研究讨论。尝试促人想得专深，讨论引人思得全面，争辩可激起智慧的火花，而比较则可得出科学的结论。如此，集中研究讨论，能取长补短，把感性认识提高到理性认识，进而形成共识，趋向科学。

8. 总结研究成果。一是指个人零星研究成果的总结，如教材钻研心得、施教方法点滴、某课教学新见等；二是指集体专题研究成果的总结。教研组的主要工作，应放在后者。这样，可提高教师整体研究水平，形成教研组教学的风格特色，有利于大面积提高教学质量，同时，又为学校培养特色人才，奠定坚实基础。

教研组基本职能的落实与具体工作的到位，依赖于工作热心肯干、业务水平高、组织能力强、有凝聚力和亲和力的教研组长。这自不待言。

笔者认为，如果大家能有以上共识和规定，并付诸实施，那么，教研组就会名副其实，工作就会有声有色。

1992 年 6 月 30 日

注：此文编入科学普及出版社 1995 年 5 月出版的《当代中国中学教师优秀论文选》。

强化管理　形成特色
不断提高办学质量

近些年来，我校的办学质量在稳步发展中不断提高，中考、高考升学人数逐年增加，受到了学生、家长、领导、社会的普遍赞誉。回顾近些年来的教学教改工作，我们觉得只有强化管理，形成特色，才能不断提高办学质量。下面就此问题谈几点体会，以就教于大家。

一、指导思想要明确、实在

要办好一所示范性、有特色、高质量的重点中学，必须要有明确而实在的指导思想。只有这样，学校建设和发展才有动力，才有方向，才有具体可攀的努力目标。经过多年的反复的学习、摸索、酝酿、讨论、总结、升华，于是1995 年我们响亮地提出了"三个全面""三个一流"的办学指导思想，并将它们纳入规划表，写于计划上，公布校园内，落实行动中。

1."三个全面"：全面贯彻党的教育方针，德、智、体、美、劳一齐抓；全面关心每一个学生，好、中、差生一齐上；全面提高教育教学质量，力争培养更多的优秀人才。

2."三个一流"：建一流学校，育一流人才，争一流贡献。

二、管理制度要系统、实用

重点中学是人才荟萃之地，管理涉及到方方面面，与社会更有千丝万缕的联系。管理的根本问题是人的问题。因而，在管理上，必须有一套系统而实用的、符合人才管理规律而切合学校实际情况的制度、方案、条例与职责等等。为此，近些年来，我们着重抓了三项建设：

1.整理修订制度，汇编而成《管理规范》。这个"规范"，有制度、纪律四个，有方案、细则四个，有条例、规定三个，有岗位职责四十八个，它包容了学校管理工作的所有方面及要求。这个"规范"，渗透了上级教育行政部门的指示精神，融合了兄弟学校的管理经验，采纳了本校教职工的提案建议，结合了我校工作的实际情况，因而具有权威性、实践性、指导性和可操作性。"管理规范"的整理施行，规范了教职工的教学教改工作行为，推动了学校"规范化管理，开放式发展"格局的早日形成。

2.根据学校实际，确定两种基本办公制度。我校因为硬件建设跟不上，长期以来有三分之一的教职工住在校外；办公室严重匮乏。所以，根据这种实际情况，我校确定了两种办公制度：教学人员实行"弹性坐班制"，即在按规定参加必要的、集体的教学教改等常规会议、例会活动等的前提下，由教学人员自由支配时间、自定办公地点，开展有分有合的活动。而非教学人员如行政领导、教学辅助人员、后勤管理人员等，则实行"坐班办公制"，统一到各自处室办公室或指定工作岗位办公。这种因地制宜、因人制宜、因事制宜的办公制度，切合学校实际，受到了教职工的一致好评。

3.不断丰富发展，争取规范先进。我们在提高管理水平方面的基本态度是：虚心学习别人，不断发展自己，结合本校实际，讲究实用实效。如1994年周邦全校长到天门中学考察、张家坤副校长到龙岩一中考察，1995年高三教师到祁阳一中考察后，我们马上根据考察的结果，修订、补充、完善、健全而汇编了一本《管理规范》，特别是考察祁阳一中回校后，我们马上抓了两件事：全校性的"正操风"活动，高三年级的"补差辅优"工作，结果两件事都"立竿见影"，受益匪浅。

三、立足长远，青年教师要培养

希望在青年，国家、民族如此，单位、学校更然。我们觉得，一所重点中学能否经久不衰地保持其旺盛的优势与希望，关键在学校能否重视培养青年教师。在这一问题上，我校的历任领导都花了不少心血，做了不少工作，获得较大成效。

1. 形成共同认识。大力培养、大胆使用青年教师，是重点中学充满活力、充满希望之所在，这就是我们的共同认识。

2. 要有长远目标。我校前任领导和现任领导，一以贯之地制定了这样一些目标：一年早发现——新分配或新调入一个教师后，马上安排一位中老年教师做他的"师傅"，老新配对"老带新"，跟堂听课，当场指导，发现行则上，不行则下。三年看效果——中老年教师带着"徒弟"跟班上，通过三年的教学实践与考察培养，发现行则留，不行则去。着重看素质——一年也好，三年也好，通过较短或较长时间的教学、考察、培养，认定其素质好的，学校安排教师长期指导培养，使之成为骨干教师；认定其素质逊色的，学校则视具体情况斟酌去留或特别安排专人负责指导培养。

3. 制定具体措施。我校的基本做法是，实施"三子工程"，即给青年教师"压担子"，让青年、中老年教师"结对子"，请老年教师"做梯子"。我们通常在重要岗位上实行定向培养，把重要任务交给青年教师，并提出目标和要求，使其感到学校在"委以重任"，尤其是利用高三的工作岗位；同时也确定他拜谁为师，要求他多听"师傅"的课，并要求"师傅"多听"徒弟"的课，提倡互相切磋、"商量"、"研究"，以达到互相促进，使青年教师快速成长的目的。现在，学校十一位教研组长，几乎都是这样一些"目标""措施"下顺利而快速地成长为各学科教学骨干的，其中年龄在 40 岁以下的七位教研组长，都是我校近十年内直接培养出来的。1996 届高三 28 位教师中，35 岁以下的就有 16 人，正是因为他们，才创造了安仁一中本科上线超历史最高纪录的辉煌。1997 届高三 25 位教师中，35 岁以下的又有 15 人，他们都朝气蓬勃，充满活力与希望。

四、形成特色，教学教改要出新

重点中学必须高质量，高质量必须有特色，有特色必须在教学教改方面有新招。基于这样一种思路，我们着重抓了两项工作：

1. 明确教学指导思想

"抓会考，促高考，带动全校工作。""肄业班抓会考，抓合格率，抓优秀率；毕业班抓高（中）考，抓升学率，抓本科上线率。"

2. 明确教学改革目标

①初中：着重培养素质与能力。为适应这一教改目标，我们强调并推行自学辅导法，尤其是数理化生。

②高中：突出强调考—评—练，为提高会考的合格率、优秀率和高考的升学率，实行滚动式的一环套一环教学。尤其在会考阶段，着重狠抓考后评，评后练，练后考，如此反复，稳扎稳打，使知识的复习、能力的培养，都落到了实处，效果是明显的。如1996届高三、1997届高三，就是这样将本来差生面较大的考生群体，扭转为会考合格率分别达95.0%、99.6%，优秀率分别达44.6%、60.5%的局面的。

③高三：全面实施"辅优"工程，使中转良、良转优，以提高本科上线率。为适应这一教改目标，我们学习祁阳一中的经验，在1996届高三六科会考结束后，全面铺开"辅优"工作，获得了喜人的教改效果，达到了绝大多数学生考上大学的目标。

五、要培养和树立一些精神

人是要有精神的，重点中学更要有精神作支柱。近几年，我校已经形成了这样两种精神：

1. "三苦精神"："领导苦干，教师苦教，学生苦学。"我们的前任领导和现任领导，尤其是现任领导更是发挥得淋漓尽致，他们都能身先士卒、勤奋实干，工作踏踏实实，教学兢兢业业，办事公公正正，师生也是这样。正是有了这种"三苦精神"的弘扬光大，我校"三年三个台阶"，成绩斐然，声名鹊起。

2. "奉献精神"：目前我校"校兴我荣，校衰我耻"和"一中光荣我光荣，我为一中争光荣"已蔚成风气。因此，我校各方面条件尽管相对较差，但极少有人言语哀怨，行动懈怠，而是绝大部分人全心全意地拼搏在管理、教学、服务工作岗位上。这种风气的形成，这种局面的创造，源于一中人具有一种奉献精神。

诚然，比起上级领导的期望，我们的工作还有较大差距；比起兄弟学校的管理，我们的体会还相当肤浅。但我们决心按照上级要求，学习兄弟学校，为开创我校新局面、铸造一中新辉煌而努力奋斗。

1996 年 11 月 12 日

注：此文是在宜章一中、永兴一中、安仁一中、汝城一中"四校联谊"首届教育教学管理研讨会年会（宜章一中）上所作的专题中心交流稿，荣获论文一等奖（1996年 12 月）；发表于《教研与实践》第二期（1998 年 7 月）。

面向全体 注重方法 提高质量

我校 1997 届高三毕业生 235 人，其中理科 171 人，文科 64 人。由于招生等原因，这一届少了一个教学班，尖子生少，中上面窄，中下面宽，形成中上缺档的宝塔式结构。根据本届学生的具体情况，我校高三领导小组及全体老师在教学上主要抓了下面六个方面的工作。

一、重视工作领导，加强全面管理

1996 年 10 月 1 日，我校举行建校 55 周年校庆，学校主要领导在这之前、之后，虽然十分繁忙，但对高三工作也抓得很紧。一进高三就成立了以周邦全校长为组长、陈石林副校长为副组长的高三领导小组。领导小组对高三教育、教学、后勤全方位加强领导。一年来为了集思广益，加强管理，召开师生大会共 32 次。同时坚持年级组集体办公制度、高三领导小组成员值日制度、教师下班辅导制度、班主任晚自习延长时间坐班制度。领导既用"力"又用"心"。

二、重视用好教材，形成知识网络

在复习过程中，学生资料繁多，不少学生迷信资料，轻视教材，出现了主次不明、本末倒置的现象。为了纠正这种不利学生形成知识结构体系的做法，我校高三各科备课小组按市教科所《关于高三全面复习阶段形成知识网络的评价检查的通知》的要求，充分利用教材使学生形成纵横串联的知识网络。

1. 引导学生重视教材

纵观近几年的高考试题，无论从命题方向还是从命题原则来看，越来越趋于稳定，其具体表现在以下三个"不变"上：一是考基础、教材、能力不变；二是考基本概念、基本技能、基本方法不变；三是考题不超《大纲》、教材，不出偏题、怪题不变。不少高考试题实际上是教材、习题的"原题""类题""变题"。

2. 引导学生阅读教材

教材是学生获取知识的主要来源，因此，要用好教材，要引导学生阅读教材。如当学生有疑难询问老师时，老师不直接告诉答案，而是指导学生有目的地阅读教材。要求学生在"初读"中整体感知知识内容，在"细读"中全面理解知识层次，在"精读"中准确掌握知识体系，在"熟读"中融会贯通，使学生形成知识网络体系。

3. 引导学生串联教材，简化教材

我们在高三一期，充分利用教材例子、习题之间的相互联系、相互作用、相互影响这一规律，引导学生串联教材，做到融会贯通。对数、理、化三科，我们要求更严、更具体。

高三复习，我们认为不可能也没必要要求学生把什么都记住，而是在复习中要求学生对教材知识提纲挈领，简化变"薄"，做到只要根据目录、提纲，就能横跨一片，纵联一串，以便纲举目张。高三第一学期寒假，我们布置学生对各科知识，运用图表形式，填补"知识网络图"，高三第二学期开学时，我们又组织高三各科教师对学生"知识网络图"进行检查，个个过关。这样，学生的学习收到了"概念越学越清，知识越学越精，教材越读越薄"的良好效果。

三、重视学法指导，提高学习效率

影响学生学习的因素固然很多，但其中最重要的不外乎两条：一是"想学"（目的态度），二是"会学"（方法技巧）。光想学是不够的，还要讲究科学的学习方法，以提高学习效率。

首先，我们要求学生解决以下问题：①学习懒散，不动脑筋；②不订计划，惯性运转；③不会听课，事倍功半；④死记硬背，机械记忆；⑤不懂不问，一知半解；⑥不重基础，好高骛远；⑦不重总结，轻视规律。

其次，我们在具体指导学生的学习方法上，在加强"三基"的同时，特别注意改进教学方式，把理论学习方法、科学思维方法，渗透到教学中去。如数学备课组开展的"'四环一步'学习法"指导，物理备课组的"'曝光式'教学法"的运用。

四、重视教法探讨，深化教研教改

教学既有"教"的一面（知识的传授、能力的培养），也有"学"的一面（思想的教育、学风的养成）。在教学中要注意在知识传授的同时，设计一些学习上的"育人情境"，最大限度地调动学生的一切积极因素，不断提高学生自身的抱负水准，培养优良的学习品德和风气。

我们在教学中主要从以下几个方面调动学生的思维活动。①创设"育人情境"。②创设"偶像情境"，即树立教师的教学威信，让学生在学习中佩服你、喜欢你。如英语备课组采用"情感教育法"。③创设"演示情境"，即教学内容与应用挂钩，与实物图形相联，把实验引进课堂，用活生生的动态图文与实物吸引住所有学生，让学生参与到实际问题中去动脑动手，促使学生进入最佳的思维状态。如物理备课组采用"'曝光式'教学法"。④创设"问题情境"，即教师在教学中营造适当的"问题情境"，调动学生的好奇心，使之产生积极的思维活动。⑤设计"空白"，给学生最佳的思维时空，即在教学中教师创设必要的"空白"（停顿），使之产生"空白效应"，从而让学生展开思维活动，真正加大思维密度和课堂容量，如数学备课组采用"'空白效应'教学法"。⑥设计"挫折"，激起学生最佳思维"浪花"。教学中，学生的思维活动过于顺利，不受一点挫折，其教学效果往往并不理想，因此教学中应设计"挫折"，使之产生"挫折效应"，进而促使学生的思维处于最佳状态。如政治备课组采用"'挫折式'教学法"。⑦设计"铺垫"。教师设计的教学内容对学生应该是"跳一跳能摸到"，因此在教学中针对学生思维的实际，设计"铺垫"解决问题，是一种较好的教学方式。如语文备课组采用的"'铺垫式'教学法"。⑧设计"激励"，即教师在教学中注重及时评价，对学生学习上的成功（哪怕是一点点），进行及时的鼓励与表扬。这样的"激励"设计，会增强学生思维的积极性，通过不断提高学生的追求层次，使他们向更高的目标挺进。高三年级组树立学习标兵（每次月考后树理科 10 人、文科 3 人），发挥榜样的激励作用。

同时，在高三教学上，我们要求"五统一"，即统一思想、统一进度、统一内容、统一资料、统一要求。"四要"，即一要研究"两纲"，紧扣"两纲"；二要把握知识点、考点、重点、难点，形成知识网络；三要革新教学方法，反对"满堂灌"，反对题海战术；四要互相学习，互相听课，取长补短。

五、重视辅优补差，促使共同提高

我校 235 名学生中，由于知识水平、认知能力参差不齐，如果课堂教学不顾学生的个体差异，搞"一刀切"，则会导致严重的后果。若要求过高，只顾尖子生"迅速发展"，必然会影响中、差生的学习效果，造成两极分化的现象；若总是片面强调照顾差生，低要求、低标准，则不能真正地转化差生，更抑制了优生的发展要求。因此，我校高三教师面向全体学生，力求各个层次的学生相互促进，共同发展，差生不差，优生更优。我们主要从下面几个方面进行了尝试：

1. 低起点，显现根源，同时起步。

2. 慢节奏，延迟判断，共同参与。

3. 勤反馈，及时巩固，夯实基础。

4. 巧引导，适度拓展，挖掘潜能。

5. 多讨论，全面理解，共同提高。

6. 重总结，提炼归类，掌握规律。

7. 留余地，延伸课外，发展特长。

8. 上辅优补差课。

高三一期主要是针对学生的薄弱科目补差，高三二期主要是针对学生的优势科目辅优，让学生有两个以上的优势学科得到发展，主要采用全校性讲座形式（全期共上辅导课 26 次）。

六、重视获取信息，严格筛选提炼

高考信息对高三教学来说尤其显得重要。我校高三年级组与湖北黄冈中学、湖南省长沙市一中、北京海淀区西城区东城区都有较密切的联系，同时 6 月下旬派人到黄冈中学等地捕捉高考信息，并组织老师对这些信息及资料进行筛选提炼。整个高三的练习，我们都不是整套地拿来使用，而是采用筛选组编的办法，将外地的两三套题，甚至五六套题组合成一套题。

以上是我校 1997 届高三老师在教学上"面向全体学生，注重教学方法，全面提高质量"的若干做法，还很不完善，更谈不上是什么经验。如何根据教材的特点、学生的状况，灵活地选择适当的方法，大面积地提高教学质量，是我们高三教学研究永恒的课题。

1997 年 7 月 10 日

注：此文是在郴州地区 1997 届高三教育教学管理研讨会上所作的典型经验交流稿，荣获论文一等奖（1997 年 8 月）。

实施"培优辅中"战略 全面提高教育质量

—— "培优辅中"做法举隅

近些年来，高考的竞争，不单单是优秀学生的竞争，更多的是中等学生的竞争。面对这种形势，我们安仁一中高三年级领导、教师，思想上坚信学生"个个有潜力，人人有希望"；教学中坚持面向每个班，面向每个学生，面向学生的每个方面；实施"以课堂为主阵地，以中等生为重点，以优生薄弱学科为核心"的"培优辅中"战略，走出了一条"依靠全员出质量"的强学之路。

一、抓准中等生，实施基础战略

中等生之所以是中等生，一是学科发展较平衡，但无优势科目；二是学科发展不平衡，有薄弱学科；三是基础一般，成绩一般；四是学科发展较平衡，但缺乏刻苦、勤奋精神或者学科发展不平衡而缺乏自信心。根据这种情况，我校在高三年级实施"三中"基础战略，即面向中等生，着眼中档题，扩大中等面。具体做法是：

1. 确定中等生对象。我们把理科各班第15名至第35名，文科各班第8名至第20名，作为中等生对象，在高三第一学期就落实到学生个体，将名单打印给每位教师。

2. 实行包干责任制。根据"相对理论"原则，把各班学生中有相对薄弱科目的中等生分配给科任教师，要求科任教师包干做他们的思想、学习及生活工作，一包到底，直到毕业。

3. 发挥课堂主阵地作用。教师在上课时起点要低，速度要慢，知识要全，全力诱导中等生积极主动参与，保证每个学生心智畅通，使他们产生同频共振的效应。特别是要激发中等生主动学习的兴趣，让每个中等生都有自主学习的机会，以形成每个中等生自主学习的习惯与能力。

4. 抓好中档题训练。教师在选题和组织学生训练时，要特别注重中档题，中档题要占整个训练题的60%以上，要让中等生做到中档题过关，课堂上过关，每个章节过关。

5. 开发"差异资源"，扩大中档面。我们认为，学生只要没有智力障碍，在一定时间内，对所学知识掌握的程度，其实只有进步的快慢之分，而无好坏之别，最终每个学生都能达到学习的目标。据此，我们用"希望生""提高生"来取代"差生"的概念，把学生的差异作为一种资源来开发。具体做法是：教师在课前把学生分成ABC三类，并设计好三类训练题，A类是再现性题，B类是基本巩固型题，C类是巩固拓宽加深题。训练中教师巡回检查，训练后教师分类批阅，并对每个进步慢的学生加以个别辅导。这样，将"希望生""提高生"转化成中等生，以达到扩大中等面的目的。

二、辅导薄弱科，实施主体战略

根据学生的具体情况，我们确定薄弱学科的标准为：①月考低于100分的科目；②相对个体而言，五科中的两个最低分的科目。实施主体战略的目标是：学生薄弱科目上台阶。因此，我们考虑以下四个方面的问题：一是学生心理素质问题，二是学生学习方法问题，三是学生认识态度问题，四是学生目标整体意识问题。针对这些问题，我们的具体做法是：

1. 开展心理咨询。高三年级每周安排一个下午进行心理咨询，解除学生的心理障碍，特别是解决学生对薄弱学科自暴自弃、放任不管的问题，杜绝弱科更弱现象的发生。

2. 进行学法指导。教师对薄弱学科的学生进行跟踪辅导，重点是学法指导，以解决学生学习方法上的问题，防止"变态学习"。

3. 帮助学生结对子。教师要求学生根据自己的薄弱学科，选择一个成绩较好的同学结成对子，互帮互学。要求学生每天安排8分钟在"对子同学"的帮助下，对薄弱学科进行归纳总结，建立知识网络。

4. 明确努力目标。教师要求学生在高三第一学期，对薄弱学科投入更多的精力和时间，花大力气攻关，一次月考一次提高。

5. 灵活组织辅导。对薄弱学科的学生，我们有时采用讲座的形式进行集中辅导（辅导教师不局限于高三教师），以提高整体水平；有时采用题组法进行个别辅导，运用个别答疑、个别面批面谈等方式，以解决个体、个别问题。

6. 强化"水桶原理"教育、"五减一等于零"教育。教育学生高考是以总分划线的，国家对学生要求全面发展，因此作为高考考生，就必须平衡发展，消灭薄弱学科。

7. 探索"教学良法"。具体做法是，继承、吸收和创新传统教学方法。如有些学科采用同堂分组复式教学法，这样可提高学科薄弱的学生的学习兴趣和效果，较快地提高学业成绩。

8. 进行情感交流。即教师在课堂营造宽松、和谐的教学环境，在平时多与学生接触、谈话等，进行情感交流。

三、培育优秀生，实施名牌战略

优秀生具有明显的优势：①学业成绩好，是学习的领头雁；②思品表现好，是集体的标兵；③心理素质好，是学生的楷模。为了使优秀学生的学业成绩更优，我们主要做了以下几个方面的工作：

1. 明确对象，具体规定理科前 20 名、文科前 6 名，力争高考考入一流大学、名牌大学。

2. 统一安排时间和教师，对学生进行题组辅导，每两周组织一次。

3. 由教师对优生进行薄弱学科的跟踪辅导，使之保持健康的学习心态。

4. 对优生在课堂上采用分组教学法，充分提高优生的课堂学习效果。

5. 实实在在地为优生解决学习、生活中的困难：①为优生单独订购资料；②为优生单独开办两周一次的心理咨询；③班主任更多地在学习、生活上予以关心、照顾。

几年来，我们在"培优辅中"方面做了一些工作，也取得了一定的成绩。但比较起兄弟学校来，我们的工作还不够扎实，成绩还不够显著。在此，将这些不成熟的做法和盘托出，目的是抛砖引玉，共同探索，希望大家批评指正。

1999 年 11 月 26 日

注：此文是在郴州市高三教育教学管理研讨会上所作的典型经验交流稿，荣获一等奖（1999 年 12 月）。

志存高远 团结协作 务实创新 着力教研

高三年级是个百花园，高三教师就像园艺师，在肥沃的园地里只有悉心耕耘，才能让梦想变成一片美丽的绿阴；即使在贫瘠的土壤中只要栽桃种李，也能让希望变成一片灿烂的彩霞。在 2000 届高三这一年中，我们品尝到了工作的艰辛、迎战的艰难，也品尝到了春的耕耘辛勤、秋的收获喜悦：高考本科上线 206 人，首次突破了不敢企望的 200 人大关；理科人平总分 524.46 分荣获全市重点中学第一名，罗任煌同学以总分 675 分夺取全市高考状元桂冠；清华大学、北京大学、中国人民大学、科技大学等全国各大名校录取的都有我们的学之骄子。回顾一年来的高三工作，我们认为之所以能够卓有成效、全面丰收，主要是因为"志存高远、团结协作、务实创新、着力教研"。

一、志存高远，目标明确：强大动力

我校 1999 届高三创造了高考辉煌，作为 2000 届高三工作的耕耘者深感责任的重大和艰巨，县局领导多次与我们一道分析 2000 届的形势，并确立了"四个不动摇"的奋斗目标：坚定会考一次性合格率达 98% 以上的目标不动摇，坚定本届高三本科上线人数突破 200 人大关并在全市保三争二的目标不动摇，坚定 60% 以上学生上本科、90% 以上的学生上专科及以上的目标不动摇，坚定清华、北大、人大、科大等名校都有一中的学生考入的目标不动摇。一年来，高三工作沿着"四个不动摇"和"四个高"即发展高速度、工作高效益、育人高品位、教学高质量的目标奋进，提出了"一切为了学生，为了一切学生，为了学生的一切"、"个个有潜力，人人有希望"和"凝聚十年功力，收获人生硕果"等一系列催人奋进的口号，铸就了全新的"高三精神"，即甘守清贫的奉献精神、严谨治学的敬业精神、精心育人的园丁精神、锐意改革的创新精神。高三工作就靠这种精神去"埋头苦干抓落实，卧薪尝胆求发展"，一步一个脚印，一步一个台阶，圆满地实现了奋斗目标，创造了骄人的辉煌。

2000 届安仁一中理科高考科平成绩一览表

学科	省平	市平	人平分	市重点排名
数学	80.19	83.64	96.60	1
语文	92.14	93.75	100.42	1
英语	79.25	82.28	99.95	1
物理	76.64	77.25	97.30	2
化学	111.22	114.12	130.19	1

二、团结协作，尽职尽责：重要法宝

"整体大于部分之和——合力效益"是我校全体高三工作耕耘者们的共同认识；团结务实、乐于奉献、上下一心、群策群力是2000届高三领导班子及工作班子的一个突出特征。本届高三成立了以周邦全校长为组长、陈石林副校长为常务副组长、陈大初（年级）组长等为主要成员的高三领导小组，对高三各项工作进行全面负责和管理，定目标、明职责、抓配合、办实事，环环相扣。高三领导小组成员作为高三的指挥员和战斗员，实干精神强，创新意识浓，他们的一言一行、一举一动都影响着"高三精神"的发扬。高三领导小组用艰苦奋斗、认真负责的实际行动，为"高三精神"的升华进行催化。实行"蹲好一个班，联系一个组（备课组），教好一门课"的包干责任制，定期召开联席会，商量大小事宜，交流、研究、部署工作，认真听取和采纳教师建议，增强决策的科学性和工作的针对性，对教师实施"五心工程"，以"五心"（政治上诚心，业务上关心，工作上放心，生活上尽心，家庭上开心）换"三力"（政治上诚心解决动力，业务上关心、工作上放心解决能力，生活上尽心、家庭上开心解决精力）。广大高三教师能顾大局、识大体，把学校的现实需要当作自己的人生追求，以高度的责任感和使命感投身于高三工作，把自己全部的心血和爱奉献给自己挚爱的教育事业，用辛勤的汗水，滋润着祖国的幼苗健康成长，谱写出一曲曲凯歌，树立起一座座丰碑。177班创造了上线本科41人的班级纪录，确实来之不易。在高三这个群体中，个人与学校之间能荣辱与共，休戚相关；人与人之间能坦诚相待，相互支持，彼此之间有批评、有争论，但这并不伤害感情，因为大家都是围绕一个共同的奋斗目标——创造新世纪高考辉煌，因而形成了一种强大的凝聚力与和谐共进的氛围，大家心往一处想，劲往一处使，知识共产，资料共享。我们深深体会到：团结务实，上下一心，尽职尽责，事事落实的高三教师队伍，是夺取高考胜利的重要法宝。

三、务实创新，强化管理：根本保障

一所学校毕业生质量的高低，关系到学校的社会形象与自身发展。要提高教育教学质量，就必须强化管理，规范化的管理是提高教育教学质量的根本保障。2000届高三管理工作给我们总的感觉是：人人敬业爱岗，事事有人在做，管理规范，务实到位。我们总的做法是"建立一个制度，抓住三个重心"。"一个制度"就是科学完善的目标管理制度，把管理目标化，围绕总体目标，层层分解，落实到每个备课组、每个班级、每个师生的各项计划中，形成目标链锁管理体系。"三个重心"就是教学常规管理（以备课组长为核心，科任老师为主体），学生思想政治工作管理（以年级组长、班主任为核心，学生为主体），学生心理健康教育工程（领导推动、科研先导、全员参与）。

管理重心之一：教学常规管理。

高三教学必须要有一支综合素质高、业务能力强的师资队伍，我们通过给青年教师搭台压担，老教师"传、帮、带"，通过岗位练兵、学习交流、评教评学活动，极大地调动了教师的积极性，激发了教师们开拓进取的创业精神，为提高高三教育教学质量提供了基本保障。

教学常规管理工作是高三教学的重中之重，为此，我们一是坚持了六项会议制度，即一月一次的高三领导小组会议，一月一次的各班科任教师学情研讨会议，两周一次的高三教师会议，一周一次的备课组会议，一期一次的家长委员会及家长会议，一期一次的高三家属慰问会议。二是实行了教师承包责任制，对每个班成绩中下的学生，每个任课教师承包教育4～5人，对其学习、生活、纪律全面负责督导。三是加强了对复习时间的管理，规定各科教师不得在本学科辅导时间之外占用自习时间进行辅导，辅导时间内除进行个别辅导外，不得上课或讲评试卷，保证学生有自由的复习时间。四是强化了对备课组的管理，推行集体备课制度，做到"六统一"，即教学内容统一、目的要求统一、教学进度统一、讲练试题统一、强化实验统一、考试考查办法统一。各学科资料必须经备课组集体研究、精选精编后，才能发给学生。对教师精编的资料，学生必须题题过关，教师必须及时全批全改。五是坚持了每两周召开一次业务理论学习会，每个月举行一次教学研讨会，每两个月举行一次教学经验交流会，每学期每位教师至少上好两节教改公开课、观摩课。六是严肃了考纪考风，对考试舞弊的学生进行从严教育、从严要求，保证了良好学风的形成。七是抓好了教学上的统筹安排。语、数、政三科在会考前，三年一期实际上大都是讲授新课，但我们认为进入高三的新课讲授又不能等同于高一、高二，而应紧扣"教纲"与"考纲"的要求，着力培养学生分析、综合、概括的能力，在提高思维层次上下功夫，学生才会感到学有所获。又如理、化、史等学科，选修教材难度大，教学要求提高较大，而刚刚进入高三的学生能力又难以适应，所以教学中必须循序渐进，逐步提高。会考结束后，则主要按"考纲"要求施教。我们要求教师把"教"与"学"紧密地结合起来进行认真细致的研究，制定切实可行的教学计划，分阶段设计教学方案。在教学实际中，基本上形成了"条条"（从知识的体系上把握）和"综合"（纵横结合，强化训练，提高能力）分阶段的复习教学模式。

管理重心之二：思想政治工作。

"立人先立德，成才先成人"，高三工作必须高度重视学生的思想政治工作。针对高三德育工作中的"高投入低产出"这一共同忧虑的严峻事实，我们不断充实德育教育内容，改进德育工作方法。一是抓学风建设，形成"勤奋严谨"的好学风。高三年级组狠抓了各项规章制度的落实，不因毕业年级而搞特殊化，严格学习纪律，抓好上课、自习、作业、考试等环节，定期召开学生大会，表彰先进，指出存在的问题和努力的方向，根据学生的不同情况，分类指导，个别谈心。二是抓士气、节奏。从现阶段高中毕业年级的实际看，毕业生所承受的学习、心理压力是超负荷的，时间一长就会形成包袱，甚至产生厌学、逃学情绪。因此，我们要求全体教师用自己的热情之火去点燃学生的理想之灯，和学生一起摸爬滚打，用教师严谨治学的言行去鼓舞学生，而对个别学生学习中的失败，坚持做好耐心细致的思想工作，做好后进生的转化工作，力争不让一个学生掉队，因为掉队一个，有时会影响一片。三是构建起家庭、社会、学校、学生自我管理四位一体的德育工作网络，学校领导、教师、家长、学生全员参与管理的工作体系，达到管理一体化，队伍全员化，育人最优化。四是坚持教师值日督察教育制度。每天安排一位高三教师值日，及时了解和掌握各班情况，督察自习纪律，杜绝外来干扰，处理偶发事件，确保有良好的学习环境；实行领导蹲班责任制，高三领导小组成员分班蹲点管理，协助班主任各负其责，各司其职，做到人人头上有指标，个个肩上有压力；实行领导巡查制，发现问题，现场办公，及时解决。五是加强师生情感沟通，分班每期召开两次师生座谈会，师生面对面地交流。在学生面前，教师用自己对人生的热爱、对事业的追求，用自己的人格风范去感染学生，为学生创设一种健康、和谐的学习环境和成才环境。实践证明，心对心的交流、心连心的管理是激励学生上进的一种最成功的方法。一年来，高三年级有13名学生被发展成为中共预备党员，有23人被评为市级以上"三好学生""优秀学生干部"。

管理重心之三：心理健康教育。

"心理"是一方生机勃勃的沃土，不植养花木，就会滋生杂草。教育者的责任在于打开学生心理的壁垒，透视学生的内心世界，为他们分担忧虑，为他们清除"病灶"，把"心理"沃土垦植成"真、善、美"的苗圃。高三随着复习的深入，不少学生因心理压力超负荷而导致心理障碍或产生心理疾病，主要表现在信心不足，包袱过重，对高考结果高度焦虑，而且愈临近高考，焦虑程度就愈重，导致心境不宁，情绪紧张，以致茶饭不思，头晕失眠，其结果使智力活动的水平明显下降，学习效果不佳。还有的学生心理产生了障碍，出于羞涩，出于胆怯，出于难与外人道的种种闭锁心态，常常独吞酸果，又常常因经久未化而积郁成"疾"。于是从1999年下期开始，高三年级全面实施了心理健康教育工程。领导推动、科研开路、全员参与———一个上下齐动、全面推进、立体交叉态势的心理健康教育活动，在如浪前涌，如涛拍进。为此，学校成立了心理咨询室和专家辅导小组，配备了专职咨询人员。通过两条途径对学生开展心理健康教育：一是面向全体学生，通过一定的教育活动提高学生学习、人际交往与社会适应等方面的心理素质，充分开发学生潜能，促进其健康发展。科任教师挖掘教材中的心理因素，结合学科教学进行心理辅导，使教学活动建立在运用心理学规律培养学生良好心理机制的基础上，通过周会讲话、电视传播、大小会议开展心理教育工作。学校领导还举办了心理素质专题讲座，这对调节高三学生情绪，提高学习效率，提高应试能力起到了很好的作用。二是针对有严重心理问题的学生，进行适当的心理治疗，防止心理疾病，使其保持心理健康。我们设置心理信箱，开设心理咨询热线电话，开放心理咨询室，使学生与咨询老师直接面谈，或者是通过心理信箱让学生不具名反映不便启齿的问题，教师则通过讲座、黑板报等手段解决其中典型的问题，激发学生强烈的求知欲和上进心，使学生正确地对待挫折，主动调节情绪。六月份，高三学生"紧张"有加，"放松"不够，通过心理检测，学生产生考试焦虑心理较为普遍，为此，我们在协调任课教师搞好考前复习的同时，还引导学生学会自我"放松"，搞好考前的"战前"指导，让那些焦虑严重的学生的焦虑程度得到了缓解，使绝大多数学生放下思想包袱，心态较为稳定平和。"等闲识得东风面，万紫千红总是春。"一年来的心理健康教育工作，使我们改变了过去那种"老师讲，学生听"和"我要求，你执行"之类的德育模式，对高三学生的潜能开发、意志磨练、性格铸造、品德修养、学习效率、青春期心理保健、考试心理调节和人际交往等问题作了有益的探索，心理健康教育工作卓有成效，为高考的全面丰收奠定了坚实的基础。

一年来，高三管理工作力求"实、严、新、活"，积极探索目标管理、制度管理、科学管理，形成了高三独特的管理风格，充分地调动了师生的积极性，增强了高三年级的整体凝聚力和战斗力，为2000届高三创造辉煌提供了根本保障。

四、着力教研，狠抓教改：获胜关键

高三年级的教师们始终认为：提高教学质量，课堂是"主阵地"，教研教改是"制高点"。

首先是更新教育观念，全面提高教学质量。

我们组织教师外出考察学习，参加各级各类教研活动，开拓了视野，形成了共识：一是教育观，爱护学生，尊重学生；二是教学观，既重视传授知识，又重视能力培养；三是质量观，全面发展，质量第一；四是学生观，在教师主导下以学生为主体，优化教学环境和教学过程。高三复习坚持"五到位"：一是基础知识夯实到位。二是能力培养落实到位。坚持以"课本"为"本"，把培养能力、提高素质作为复习的着眼点，着重"五强化"，即强化纵横联系训练、强化解题训练、强化表达训练、强化迁移训练、强化变题训练。三是技能技巧运用渗透到位。四是信息反馈到位。五是心理训练到位。同时，复习课坚持"五为主"，突出"五个度"。坚持"五为主"是指：以发展为主旨，以教师

为主导，以学生为主体，以教材为主源，以训练为主线。突出"五个度"是指：复习铺垫要有"高效度"，导入新课要有"强力度"，传授知识要有"参与度"，巩固训练要"多角度"，课堂总结要"高浓度"。在具体落实"三精心"的过程中，教师是这样做的：一是精心备好每一节课。首先是搞好"三个研究"，即研究教纲、考纲，研究教材、资料，研究学生情况。备课的具体要求是"博采、深钻、精雕、细研"。二是精心上好每一堂课。课堂教学精、实、活，力求科学性、艺术性、实效性的完美结合。"精"就是彻底摒弃"教师包打天下"的观念和"满堂灌"的做法，每节课老师讲授的时间不得超过30分钟，要留足够的时间给学生预习、吸收、消化。"实"就是要辩证地看待知识与能力的关系，十分重视基础知识的夯实，讲课要从学生实际出发，稳打稳扎，保证知识一次到位。讲评要面向中下生，重在分析错误的性质及原因，既治标又治本。"活"就是要根据教学内容灵活选用各种教法，尽量避免程式化，重在诱发兴趣，启迪思维，调动学生学习的积极性，使课堂成为师生共同探索真理的场所。三是精心辅导好每一个学生。面向全体学生，通过月考和每天下午的"补差辅中培优"活动，帮差生、治跛脚、磨尖子、促平衡，构建科学而实用的知识网络，全面提高教学质量。

其次是优化教学过程，构建课堂教学新模式。

课堂是学校实施素质教育的主渠道，是提高高三教学质量的主阵地。我们对教师提出了"上好每一堂课，教好每一个学生"的要求，在教学方法上充分鼓励和支持教师的个人创造，可以不拘一格，大胆创新，又明确要求每个教师都要成为学生乐学的引路人，在教学过程中要做到"四变"，即着眼于诱导，变"苦学"为"乐学"；着眼于引导，变"死学"为"活学"；着眼于疏导，变"难学"为"易学"；着眼于指导，变"学会"为"会学"。还要求教师在课堂上采用"四鼓励、三允许、一使用"的教学方法，即鼓励学生质疑，鼓励学生讨论，鼓励学生发表不同意见，鼓励学生超过老师；允许学生出错，允许学生保留不同看法，允许学生向老师提意见；经常性使用肯定性语言和鼓励性评价。"环境造就人"，良好的教学环境对提高学生道德素质、文化素质、身体和心理素质起着不可估量的作用。在课堂上，为优化教学环境，我们要求教师做到"四化"，即教学语言艺术化，师生关系融洽化，课堂管理科学化，教学手段现代化。我们这种注重教师个体的"教无定法"，为教师遵循教书育人的共同规律，进行创造性劳动提供了广阔的空间，从而形成了群体教育的合力，收到了预期的教学效果。语文组探索出了以学生为主体的教学结构模式：自学感知—精讲点拨—反馈巩固—讲评升华，收到了突破一词教活一课，抓住一句串联一篇，精学一段带动数段的效果，使高三语文教学实现了质的飞跃，取得了高考市重点中学排名理科第一、理科文科人平都超 100 分的从未有过的好成绩。数学组总结出了"精讲巧练"的教学结构模式，教师一方面在授课时间上"限讲"，不搞"满堂灌"，另一方面又紧扣知识要点设计迁移训练，使学生能够举一反三，触类旁通。化学组归纳出了"启、导、练、评"（疑点启发—引导探究—巩固练习—讲评小结）的教学结构模式，成效显著。课堂教学的优化，抓住了"一条途径"（创造性教学），明确了"三项要求"（培养创造意识、提高思维能力、促进特长发展），促进了"两个提高"（能力的提高和学业成绩的提高），因而，课堂教学结构的优化成了本届高三教学的显著特点，它为提高高三教学质量开辟了一条优质化的"高速公路"。

再次是加强各项研究，形成科学实用做法。

对高考命题信息与命题方向以及试题题型特点、题型分类和解题思路的分析研究，对学生常犯错误的归类研究和纠正遗漏的方法研究，对高考最新信息与考试说明的对比研究，对知识和能力内化课的研究等，促使我们科学合理地安排了考试时间和次数，形成了科学而实用的做法：用知识网络让学生自己夯实基础；用专题教学让教师有意识地培养学生的技能技巧，促使学生知识向能力转化；用各种测试训练检验学生考试的心理素质，最后形成学生自己系统、扎实、有效的能力体系。

钟凤岗之灵气，育时代之英才。新的千年早已来临，在新的世纪中，安仁一中的教师们正在不停地寻找自己的差距，也正以自己的热情和才智、勤奋和执着，辛勤地耕耘在培育新世纪合格人才的一方乐土上。我们期待着，这一方乐土繁花似锦，更加绚丽。

2000 年 9 月

注：此文（与陈大初合著）是在郴州市高三教育教学管理研讨会上所作的中心专题发言交流稿，荣获论文一等奖（2000年9月），发表于《教研与实践》第五期（2000年下学期。标题为《育人结硕果，高考谱新曲》）。

把握走势 开拓创新

——2003年高考走势管窥

我校2002届高考参考530人，本科上线259人，其中600分以上40人，重点本科131人，考入北大1人，清华3人，人大、复旦、南京、同济、国防科大等各2人，中国科大、北航、北邮、南开、中山、武大等名校均有我校高分新生。总的来说是卓有成效、全面丰收的。

但成绩属于昨日与过去，努力在于现在与明天。通过《考试报》《考试》《试题研究》"一报二杂志"的学习揣摩，结合外出学习交流获得的筛选信息，我们认为2003届高考迎考复习与准备，应在以下几个方面加以研究。

一、研究高考形式的变化，从中把握方向

首先是形式上的"3+x"已明确为"语数外+文综或理综"，文综与理综说是非拼盘，其实就是拼盘，因而过早跨学科综合且"谈综色变"，都属非常之举。其次是次数上的由一到多，北京秋、春二次，广西本、专二次，全国绝大部分仍是一次，这说明应该注意区别性、层次性、非重复性。再次是高考提前一个月，如是"全国一盘棋"，则大家相安无事，问题在于不是"一盘棋"，因而必需抢时间、抓进度，但为抢时间、抓进度而抢时间、抓进度，势必会出现时间早、进度快而基础虚、实力差，变成"山中竹笋""墙上芦苇"，这是迎考复习与准备的最大忌讳。最后是录取手段的现代化，它告诫我们必须去掉一切幻想，不要在"教学"二字以外去"划圈"，要认真扎实地"读自己的书，做自己的事"。

二、研究高考内容的实质，从中确定教学

这其中特别要注意国家教育部的文件，考试中心负责人在正规场合下、特定情境中、权威杂志上、相对时间内的言论。从"一报二杂志"和《人民教育》的相关文本中，我们捕捉、感觉到，以下几个方面应成为必研项目。

首先是高考内容改革是重点，核心是更加注重能力与素质的考查，创新意识与实践能力的考查。其次是在此基础上，特别要注意四点，一是重点（核心）是能力与素质、创新与实践的考查。二是范围是"遵循教学大纲，又不拘泥于教学大纲"。在命题的设计中，倡导由知识立意向能力立意转移，增加应用性、能力性题目；在试卷的类型和结构上，以单一学科知识、能力为主导，适当增加综合能力测试的种类，注意跨学科能力的考查，说不是拼盘但很难做到且感无多大必要。且近几年高考试卷的长度在适当地缩短，难度有所降低，但不会再有缩短和降低，因为高校在反对，社会有反响。三是综合能力测试的问题，不能也不会降低学科教学的地位和作用。具体设想是，注意测试学科基础知识和基本能力，反对只是死记硬背，但倡导要记要背，如语文中的名句名篇的背诵与默写等题目，要保留。要注意学科内的综合，但也要注意学科间的综合；先是学科内的综合，再是学科间的综合。四是高考改革与课程改革的问题，它们之间是相辅相成、互相促进的关系，所以今年年底将出台的《考试说明》，所考内容会有微调，目的是支持、促进课改，应该引起重视。

三、研究高考命题的原则，从中揣摩走势

首先是高考不管如何改革，始终是在原有或现有基础上的改革，或者叫做在原有或现有基础上的继续深化。用国家考试中心文本的表述则是"三稳"，即"稳中求改，稳中求新，稳中求进"，这又告诉我们要研究近三年的《考试说明》和高考试题，从中揣摩或印证高考命题的原则。它就是"纲"，它就是"目"，纲举才能目张（教学大纲→教材、考试说明→高考试题），有纲目就有了教学的目的、目标和努力的重点、着眼点。其次是宏观把握高考改革的相关信息，从中揣摩走势，如2003年高考上海将把学生的平时成绩纳入高考计分；在健

全法制的基础上，国家提倡高校自主设计、自主组考、自主录取；高职、专科将从高考中分离出去；研究性学习将纳入高考（但不会马上列入高考或专门列入高考）；会考权力下放或不再予以考虑；高考改革必须支持、促进课程改革，如此等等信息，无不与高考改革的走势相关，它们说明了什么，跟高考有何联系，大有研究的必要。

以上纯属管窥之见，不妥、错谬之处，谨望批评斧正。

2002 年 11 月 22 日

注：此文是在四所省重点中学攸县一中、安仁一中、茶陵一中和耒阳二中"四校联谊"第三届第一次教育教学管理研讨会（攸县一中）上所作的专题中心交流稿，荣获论文一等奖（2002 年 11 月）。

务实管理 质量为先

2003 届高考已降下帷幕，回顾和总结过去一年的工作，我们既深感艰辛：十个教学班(六理四文)，共 584 个学生，其中统招生 195 人，由于多方面的原因，学生素质很不理想，尖子生少，成绩中下学生多，有的基础薄弱，有的纪律观念不强，有的心理素质较差，信心不足。更倍感欣慰：这一届高考我们安仁一中再攀新高，再创佳绩——本科上线 264 人，其中 600 分以上 7 人，重点本科 129 人；考入清华 2 人，同济、北航、西安、中山、武大、华中等均有我校高分新生。这些成绩的取得，得益于各级教育行政部门的正确领导和社会各界的大力支持，归功于高三全体教师的团结协作和辛勤耕耘，依赖于高三全体学生的积极进取和奋勇拼搏。除了这些之外，我们认为务实管理，开拓创新，是其重要原因；挖"中"补拙，质量为先，是其根本保证。

一、务实管理，向"队伍"要质量

队伍建设之一：一个团结协作、以身作则、能科学决策的高三领导小组。本届高三成立了以校长周邦全为组长，主管副校长陈石林为副组长、年级组长李街平等为主要成员的高三领导小组，对高三的各项工作进行全面负责和管理。高三领导小组实行"蹲好一个班，联系一个组（备课组），教好一门课"的包干责任制，并定期组织召开高三工作会议：一月一次高三领导小组会议，一月一次班级任课教师学情讨论会，一月一次学生座谈会，两周一次高三教师会，一周一次备课组会议，一期一次学生家长会，商榷大小事宜，交流、研究、部署工作，认真听取和采纳师生的建议，对教师做到政治上关心，工作上支持，生活上照顾。高三领导小组各成员既强调分工，又注意协作，和谐、民主、透明的指挥系统，团结、协作、拼搏的管理模式使高三工作做到了目的明确，任务具体，措施得力，运作有序，和谐高效。

队伍建设之二：一支勇于吃苦、乐于奉献、爱岗敬业的高三教师队伍。为继续昨日辉煌，确保重点形象，学校对高三教学班子进行了充实、调整，配备了一批责任感强、业务过硬的骨干教师，选配了一批经验丰富、善做学生思想政治工作的班主任。广大高三教师能识大体、顾大局，把学校的工作需要，当作自己的人生追求，以高度的责任感和使命感全身心投入高三的工作，用自己辛勤的汗水，滋润着祖国的幼苗健康成长。备课组长年富力强、富有开拓精神，对各组的复习迎考工作悉心策划，周密部署，起到了教学调度和骨干作用。班主任老师更是辛苦不已，起早摸黑，尽心尽力尽责，帮助学生树立信心，培养兴趣，磨练意志，班级管理有办法，有策略，有经验，并卓有成效。还有一批教师默默无闻、全力投入到高三教学工作，为高考取得全面丰收做出了突出贡献。

二、挖"中"补拙，向"全员"要质量

高考的竞争，不完全是优秀学生的竞争，而是中下学生的竞争，因而要变过去的英才教育为全员教育。

全员发展之一：强化学生思想政治工作。针对高三德育工作的"高投入、低产出"这一共同忧虑的严峻现实，我们要求全体教师用自己的热情之火去点燃学生的理想之灯，用严谨治学的精神去影响学生，并和学生一起摸爬滚打，真正做到以心育心，使学生在受教育中产生"感应""共鸣"。首先，加强了对学生的理想前途教育，不断提高他们的政治思想觉悟。学校利用每周星期一国旗下的讲话，班主任利用每天20分钟的读报唱歌时间和每周周六的社团活动，用社会上的模范人物鞭策学生，用年级中的学习标兵激励学生，用生活中的感人事迹启迪学生，为他们勤学习、求真知提供了强大的精神动力。其次，抓好班风学风建设，形成勤奋好学、不断进取的好学风。我们把班风学风建设视为高三之魂、教育之命，成功教育和成才教育的保证。为此，高三年级组狠抓了各项规章制度的落实，不因毕业年级而搞特殊化，并且制定了《高三年级学生管理"十要""十不准"》，严格学习纪律，抓好上课、自习、作业、考试等环节，定期召开学生大会，表彰先进，指出存在的问题和努力的方向，对个别学生学习中的失败，坚持做耐心细致的思想工作。第三，坚持高三领导小组值日督察制度和领导蹲班责任制。由年级组统一安排和部署，高三领导小组成员每天及时了解和掌握各班学生情况，督察自习纪律，杜绝外来干扰，处理偶发事件，确保高三学生有良好的学习环境；高三领导小组成员分班蹲点，协助班主任各负其责、各司其职，做到人人头上有指标，个个肩上有压力。第四，加强师生情感沟通。每期各班定期召开两次师生座谈会，师生面对面地交流，增加深入了解的机会。第五，加强考纪考风建设。年级组每次月考都模拟高考，启动电子监控系统，让学生充分体会高考的庄严和神圣。正是平时严格的考纪考风教育和要求，2003届高考再次考出了我们安仁一中的真实力，考出了安仁一中的真威风。

全员发展之二：深化"补差培中辅优"工作。具体办法一是抓基础，切实加强基础知识教学和基本技能训练；教学环节始终靠近每个学生的"最近发展区"，教学过程全力诱导学生积极主动参与，保证每个学生心智畅通，产生同频共振的效应。特别注意激发中等生主动学习的兴趣，让每个中等生都有自主学习的机会，以培养每个中等生自主学习的能力。二是通过月考，学生自己填写"考试失误原因分析表"，及时召开学情分析会，摸清学生底子，及时进行跟踪分析，以中等生为重点，以课堂为主阵地，以优生薄弱学科为核心，以备课组为单位，制定切实可行的"补差培中辅优"实施方案和奖励方案。三是实行包干责任制，确定对象、内容，统一时间，每个教师承包所教班级的成绩中下学生5～8人。对这些学生，教师从思想上多鼓励，生活上多关心，尤其是学习上多提问、多批阅，加强分类指导。利用早、晚自习和星期日，对音、体、美专业考生进行文化补习，加强专业基础知识辅补工作。四是推行个体辅导制度，研究个体辅导对象、内容、方法、情境，提高辅导效果。

全员发展之三：启动心理健康教育工程。一是结合学科教学进行心理训练：在复习早、中期通过试题的难易，使成绩高低起落，训练学生的受挫能力；通过同一题目的多角度变化，训练学生的非定势思维心理；通过高强度考试，训练学生耐躁心理，加强对学生智力备考、身体备考、心理备考的指导。二是面向全体学生，通过一定的教育活动提高学生学习、人际交往与社会适应等方面的心理素质，充分开发学生潜能，促进健康发展；通过周会讲话、电视传媒、大小会议开展心理教育工作，调节学生情绪，提高学习效率。三是针对个别有严重心理障碍的学生，进行适当的心理治疗，防止心理疾病。四是通过宣传高考招生制度的改革、高校扩招的政策信息鼓励学生丢掉包袱，减轻压力，轻装上阵。五是配合"家长工程"进行教育。

三、质量为先，向"科研"要质量

质量为先之一：立足课堂，立足基础，立足训练。一是强化对备课组的管理。二是加强对高三学生复习时间的管理。三是统一对资料的使用要求，坚持"广泛搜集，充分占有，科学使用"的原则，各种资料必须经备课组集体研究，精选精编后，才能发给学生练习，练习题以中档题为主，题目要把质、把量、把度，给学生练习的题目，教师首先必须亲自动手做一遍，练习题做到三不选：与教学结合不紧密的不选，不突出学生能力及智力的单一性试题不选，知识重复性的试题不选；教师精编的资料，学生必须题题过关，教师必须及时地全批全改。

　　质量为先之二：构建高三课堂教学新模式。我们要求教师"上好每一节课，教好每一个学生"，在教学方法上充分支持和鼓励教师个人创造，可以不拘一格，大胆创新，又明确提出每个教师都要成为学生乐学的引路人，在教学过程中要做到"四变"，即：着眼于诱导，变"苦学"为"乐学"；着眼于引导，变"死学"为"活学"；着眼于疏导，变"难学"为"易学"；着眼于指导，变"学会"为"会学"。还要求教师在课堂上采用"三鼓励、二允许、一使用"的教学方法，即鼓励学生质疑、讨论、发表不同意见；允许学生出错、保留不同看法；经常性使用肯定性语言和鼓励性评价。"环境造就人"，良好的教学环境对提高学生道德素质、文化素质、身体和心理素质起着不可估量的作用。在课堂上，为优化教学环境，我们要求教师做到"四化"，即教学语言艺术化，师生关系融洽化，课堂管理科学化，教学手段现代化。我们这种既注重教师群体必须遵循教书育人的共同规律，又注重教师个体的"教无定法"，为教师的创造性劳动提供了广阔的空间，从而形成了高三课堂教学的新模式，如语文组探索出以学生为主体的"自学感知—精讲点拨—反馈巩固—讲评升华"的教学结构模式，数学组开展了"三维度""两形态"的课堂结构改革，英语组归纳出"三主四式法"（教师为主导，学生为主体，训练为主线的自读式、教读式、练习式、复读式）模式，综合科提出的"启—导—练—评"，即"疑点启发—引导探索—巩固练习—讲评结合"的教学结构模式等，都取得了显著的成效。

　　质量为先之三：广泛搜集信息，增强复习的针对性。我们组织了高三全体教师赴深圳、广州等名校考察，研究兄弟学校"3+X"高考的新举措，并结合我校实际，制订了2003年高三复习的具体实施方案。派出教师曾先后参加省、市、县组织的高考教研活动，开阔了教师视野，引进了先进的教育教学观念和方法。加强了与北京、湖北、山东、四川等名校的密切联系与试题交流，加强了对高考命题方向的研究，以及试题题型特点、题型分类和解答、联想思路的分析研究，加强了对学生常犯错误的调查研究和查漏补缺方法的探索，从而增强了复习的针对性、主动性，提高了复习的效率。

忆往昔，踏平坎坷成大道;看今朝，扬鞭奋蹄正当时。站在新的起跑线上，意气风发的安仁一中师生正在不断地寻找自己的差距，并以自己的勤奋、执着和才智，去创造一个又一个辉煌!

2003 年 11 月

注：此文是在郴州市高三教育教学研讨会上所作的典型经验交流稿，荣获论文一等奖。2004 年 3 月在安仁县高三教育教学研讨会上，再作重点交流。

抓纲务本 有效教学 全面提高

安仁一中 2006 届高三，在郴州市组织的前三次特别是第三次质量监测中，语文的人平成绩，无论是文科还是理科，都暂时居于领先的位置，这是备课组全体教师和年级组全体学生共同努力的结果。为了简要回顾前段教学复习的工作，也为了感谢市局领导的错爱，下面我班门弄斧，讲几点想法与做法，供大家参考。

一、学习"教纲""考纲"，明确教学考试的方向性

"教纲""考纲"是我们组织教学和复习的带政策、法规性质的文件，进入高三前和后，特别是进入高三后，尤其要认真、细致地学习，准确、全面地领会，扎实、有效地落实。

二、认真计划安排，确保宏观决策的科学性

科学计划安排，一是指教材的新授，时间长度和内容比例的安排要科学，时间不要太短但也不宜过长，一般 10 周左右;内容的重点应放在第五册的全部和第六册的文言文，其中第六册的文言文应紧跟第五册的教学之后。二是指

知识的复习，教学进度和知识内容的安排要科学，进度不要太快，特别不宜"拖空车"，力求复有所得、习有提高；内容应该要全面，"教纲""考纲"规定要教要考的一项也不能遗漏，而且在复习的过程中，要想方设法帮助学生把知识先梳理后整理再形成完整、系统、科学的网络。三是指复习训练和综合考试的安排要科学，训练检测次数要与课堂节数基本匹配，要及时、单项、有具体的针对性和明确的目的性，也即什么时候复习什么时候检测，复习什么检测什么；综合考试次数不要太多，密度不宜太大，高三上期两周一次、下期一周一次为宜，其综合性的点面、大小和难易，更要根据复习的进度和学生掌握知识的数量、质量，由点到面、由小到大、由易到难循序渐进地安排，同时特别要注意根据复习的进度和反馈的情况，来确定综合考试的密度和难度，盲目、浮躁不得。四是指复习轮数的安排要科学，语文学科的复习只需两轮不宜三轮，即第一轮全面系统地复习知识形成网络，大体从高三上期的 11 月中旬开始，到高三下期的 4 月下旬结束，第二轮兼知识巩固与能力培养为一体，侧重于综合的考练与能力的培养，大体从今年的 5 月初开始，到高考前结束，这中间还应包括查漏补缺需花的时间。

三、立足提高质量，讲究策略措施的有效性

在组织高三教学和复习的过程中，教师尤其要讲究策略的科学性，措施的有效性。一要立足课堂。课堂教学，是提高高三教学和复习质量的关键。立足课堂就是指教师要把主要的时间和精力，集中在课堂的教学与复习上，不宜寄希望于课外给学生加班加点，甚至于抢用别科教师的辅导时间或者占用学生的休息时间去为学生补课辅导开"小灶"。实践的经验反复警示我们，这种做法是既不科学也无大效的。二要立足基础。无论新授还是复习，对学生的知识掌握与能力水平，对"教纲"的知识系统和"考纲"的基本要求，都要有全面准确的了解与把握，并据此确定好教学与复习的起点基调，打牢学生的知识基础，为后面的综合考练、能力培养奠定扎实、可靠、有效的基础。三要立足能力。没有全面扎实的知识基础，能力的培养无从谈起。如果学生有了全面扎实的知识基础，而教师又善于有机地联系、科学地整合、及时地诱导、恰当地点拨，

那么学生就能收知识高度巩固、能力稳步提高的效果。促使知识高度巩固、能力稳步提高的有效办法，是教师在课堂教学和复习中，始终能善于把握时机纵横联系、系统整合、正确诱导与科学点拨，并既同步又异步且有机地组织有针对性的知识检测与具全面性的综合考试。四是立足效果。教学有法，但无定法。由于教师个体的阅历修养、业务专长、教学风格和个性习惯的差异，应该允许教学和复习方法的多样性，但不管运用什么方法，都必须追求高质量、好效果。

四、强化教学研究，突出效果提高的整体性

高三必须强化教学研究，发挥集体智慧，营造努力拼搏、奋勇争先的整体性的良好氛围，以促使每个教师的教学水平、全体学生的教学效果的全面提高。要强化教学研究、整体提高效果，一是明确研究的内容，包括教学的进度与措施，教学的内容与方法，复习资料的选择及取舍，考练试题的内容与编组，高考命题的变化及趋势等。二是规定研究的形式，集中与分散相结合，每周星期六下午课业整理时间集中，由备课组长负责总结本周教学情况与存在问题，研究下周教学具体工作，教学、复习与考练过程中如遇到疑难问题，什么时候遇到什么时候讨论。三是落实研究的结果即教学效果，宜用捆绑式的激励机制，学科效果不设个体奖。其实强化教学研究、整体提高效果的工作，要从高一年级开始，等到高三的时候再抓应该说是太迟了。

安仁一中的高三语文教学与复习工作，虽然取得了一些阶段性的效果，但实际上还存在着许多有待研究和解决的问题，碰到过不少具制约性的瓶颈与困惑，以上所讲的想法与做法，也并不成熟更非独创，不妥或不当之处，还望大家批评指正。

2006 年 4 月 7 日

注：此文是在郴州市高三第三次教学监测分析会上所作的典型经验交流稿，荣获论文一等奖（2006 年 4 月）。

科学管理 有效教学 务实创新

"没有区位的优越，却有高考的优势；没有最好的生源，却能考出最好的成绩！"我们安仁一中 2006 届高三"顺利平安，一路铿锵一路歌"，在整个郴州市二本上线人数普遍减少的情况下，仍然获得了全面的丰收，创造了骄人的辉煌，续写了高考的又一个"神话"：

总上线率达 97.3%，其中本科上线 662 人，上线率达 68.5%；二本以上上线 271 人，上线率达 28.1%！各个学科的人平成绩，更是傲居全市：文科除英语第二外，语文、数学、综合都第一；理科语文第一，数学、英语和综合都第三！尤其引以自豪的是，文科考生樊弋滋同学以 659 分、唐盼同学以 653 分的文化成绩，分获全市的第一名、第二名！理科考生周易安同学以 655 分的文化成绩，居全市的第四名！

"任何硕实的收获，都源于辛勤的耕耘。"品尝着高考丰收的成功喜悦，回味着一路走来的酸甜苦辣，我们深深体会到：是安仁一中这个品牌，成就了每一届高三师生！本届高三成绩的获得，得益于学校"领导苦干，老师苦教，学生苦学""三苦"精神的光荣传统，更得益于"以德育挖潜力，以制度聚合力，以教研激活力，以创新求突破，以管理出效益，向课堂要质量"的本届高三教学和管理的运作理念与思路！

一、本届高三的主要做法

1. 以德育挖潜力

学校的办学指导思想之一就是"以德立校"，学高为师，德高为范。本届高三就是以"德育"为突破口，加强了对高三师生的思想政治工作，以德促教，以德劝学。

①师资队伍建设

本届高三教师共 55 人，其中年轻老师占了绝大多数，第一次任教高三年级的新老师有 28 人，占 50% 多；另近一半教师中，也有不少人只任教了一届或两届高三。针对这支年轻可塑的教师队伍，在第一次高三教师会上，高三领导小组组长周邦全校长明确指出：任教高三是种"责任田"，而不是种"实验田"！副组长陈石林副校长强调全体教师要特别加强业务学习，积极开展教研活动，认真扎实履行职责，抓好高三的教学与管理工作。年级组长阳承武（政务处）副主任多次分别组织召开新、老教师会议，肯定老教师为一中品牌的创立与发展所作出的贡献，她是本届高三的宝贵财富，因此教学上要是一面旗帜，言行上要是一个楷模，自觉承担培养新教师的重任；年轻教师要正确估价自己，认清自身的优势与劣势，虚心好学，认真钻研，不断提升自己。大家都要有责任意识、进取心、使命感，要充分利用高三这个平台来展示自己的聪明才智和综合素质，将一中人精神继承好、发扬好并予以光大。

一年来，我们高兴地看到老教师身为表率，热心相助，毫无保留；新教师虚心好问，敢想敢做，敢追敢比，敢于超越！老师们的敬业精神更令人感动，外地籍新老师江河山与曹亿平喜结良缘，只利用课余时间去领结婚证、发喜糖，没有请假、误课；外地籍女教师邓霞与在外地工作的先生举行婚礼，特意选择在星期天，筹备工作也未耽误一节课；还有刘再生老师乔迁新居也特意选在星期天进行，不愿耽误宝贵的课堂教学时间。类似事例不胜枚举，实实在在地体现了一中人"事业为重"的敬业精神。

②学生思想教育

高三学生学习任务繁重，脑力、体力消耗较多，心理压力很大，心态如何至关重要，及时对学生的学习、思想进行疏导，克服烦躁情绪，是高三年级管理的重要内容。为此，我们构建了"以学校政务处、年级组、班主任为主，以科任教师、学生家长为辅"的德育队伍，各班定期召开师生座谈会，全员参与学生思想工作，开展了对学生的理想教育、常规教育、心理教育、班风学风教育等工作，努力培养学生良好的心理品质与健全的人格魅力。一年来，我们坚持"以德育为主线，以智育为目标"，在高三的不同时段施以不同的德育内容，尽力将学生的主要精力集中到文化学习上来，特别是在最后的冲刺复习阶段，班主任、科任教师全部深入学生中开展"平等对话"活动，鼓励学生树立自信，帮助学生调整心态、走出学习误区，充分发挥非智力因素的积极影响，最大限度地发掘学生的学习潜力，让学生以自信、轻松、愉快的心情温课迎考。

2. 以制度聚合力

高考是集体创作，高三教师只有心往一处想、劲往一处使，工作形成合力，才能夺取高考的全面丰收。为了增强年级组的凝聚力，提高工作效率，我们将班级和教学管理制度化，制订了高三领导小组成员值日督查制度、教学与管理信息月反馈制度、备课组集体备课制度、新老教师相互听课制度、青年教师导师制度和辅优培中促困制度等，坚持以制度约束人、管理事，努力做到对人、对事公开、公平、公正，让全体教师心态平衡、心情舒畅，工作形成合力。

3. 以教研激活力

教研是教学工作的生命线。没有教研，就没有创新；没有创新，就难有突破。简单模仿，亦步亦趋，教学工作将永远被动，永无特色；困于题海，盲目加班，教学工作必将高耗低效，事倍功半。对此，我们确立了"以研促教，以研促学，以研促管"的教研规划，提出了"研究一流问题，取得一流成绩，成为一流教师"的教研目标，并将其贯穿于高三教学与管理工作的始终。

首先，组建高三教师队伍时，我们选拔了一批敬业精神强、业务水平高、教学经验丰富、富有开拓创新意识的骨干教师坐镇各学科组，辅助备课组长，把握学科复习方向、大局，制订了详尽而又切实可行的教学、教研工作计划。

其次，着力将"集体备课制度与相互听课制度"落实到位。教学有法，但无定法；各备课组每周至少开展两次集体备课活动，统一安排教学内容，明确教学目标、教学重点与难点，探讨突出教学重点、突破教学难点的方法与技巧，研读教材，钻研考纲，把握方向，切磋教艺，依靠集体智慧搞好学科教学；要求集体备课必须做到"四定""五备""五统一"，即：定时间、定地点、定内容、定主讲人；备大纲、备教材、备教法、备学生、备学法；统一计划、统一资料、统一进度、统一考练、统一评卷。同时要求教过高三的教师每周听课 1 节以上，新上高三的教师每周听课 2 节以上。

第三，加强同外界的沟通和联系，广泛收集高考信息，并加以科学甄别，精心选择，合理利用。先后组织高三教师到三湘名校之一的长郡中学考察学习，组织备课组长到长沙、衡山参加高三教学研讨会，组织新上高三的教师赴桂阳参加市学科研讨会，了解了兄弟学校复习迎考的情况，开阔了视野，看到了差距，激励了斗志。

4. 以创新求突破

"创新是一个民族的灵魂"，没有创新，就不会有发展。本届高三在发扬一中人的优良传统与借鉴成功做法的基础上，力求在教学理念、方法、手段和管理上有所创新、突破。

①创新音体美特长生管理

针对特长生"重专业、轻文化"的习惯倾向，年级组制订了特长生专业训练管理办法，严格规定特长生专业训练时段，要求指导老师与学生在"训练效率"上下功夫，以保证有足够的时间进行文化知识的学习，并以全省联考专业上线目标促使专业教师与文化教师树立大局意识，相互沟通，相互合作。同时，顶住各方面的压力，严格控制音美特长生外出培训的时间，并对他们外训期间的学习及生活纪律提出明确的要求。

②创新课时安排与管理

本届高三坚持落实新课程标准，充分体现新教育理念，努力将学习的主动权还给学生，严格按规定开设课程、安排课时，确保学生每天有足够的时间消化当天学习的知识，没有额外增加一个课时，始终向老师们灌输一个观点——不在课时上打主意，要在效率上下功夫。

③创新课堂教学管理

在课堂组织上创新，要求教师在教学中"锤炼教学语言，加快动作速度，课前充分准备，课内善于调节，师生配合默契，合理运用媒介"，以做到课堂教学"高标准、快节奏、有容量、及时反馈、务求实效"；在课堂形式上创新，让课改的春风吹进高三的课堂，切实落实学生的主体地位，坚决反对"满堂灌""满堂练"，做到"导到位，练有度"，讲与练结合，教与学并重；在课堂内容上创新，加强对教材及考纲的研究，准确把握复习方向，处理好知识复习的深度和广度的关系，坚持"三不讲"："不考的不讲，学生懂的不讲，讲不透的不讲。"

④创新考试管理

第一，杜绝考试舞弊。每次月考的考号、考室编排，分文科、理科按学号由小到大进行编排，打乱了班次；既防考试抄袭，也防评卷作假，以便掌握教与学的真实情况。第二，保证试题质量。要求控制适当的难度，既不能让学困生丧失信心，又不能使中等生感到得120分不困难，更不能让优秀生觉得浪费了时间；还要求尽可能使用原创题、改编题，少用照搬题，杜绝使用整套外来题，杜绝偏题、怪题。第三，控制考试密度。在高考改革不断深化的今天，"老师的法宝，考考考"已经失效，高考方向已经完成了由考知识向考能力的转化，引导学生"注重基础，注重过程，注重能力"才有出路。

5. 以管理出效益

本届高三的规模是一中有史以来最大的，共有十八个教学班、千余名师生。如何最大限度地调动全体师生的主动性、积极性和创造性，如何合理有效地提升广大师生的工作、学习潜能与效率，以实现理想的管理目标和管理效益，也就成了年级组管理的核心工作。纵观各校发展的历史和每位老师的成长历程，我们不难得出这样的结论：名校是老师造就的，名师是学生造就的。为此，在高三领导小组的指导下，年级组遵循教育规律，坚持"以教师和学生为本"，建立了"以人性化管理为基础，以制度化管理为主体"的管理体系，努力实践"人格＋制度＋情感"的管理模式。其具体内容是："人格"就是要求领导、教师处处为人师表，以身作则，通过人格示范来教育身边的人；"制度"就是讲究规范、公平、公正，实行"法治"，以规章制度约束人；"情感"就是对人对事多一份理解，有一种爱心，以爱育爱，灵活处理制度化管理与人性化管理的关系。有一位年过三十的未婚老师，担任高三文科班主任，任教两个班的数学课，工作负担很重，几乎没有时间去约会女友，于是年级组希望他每周安排两个晚上去约会陪伴女友；在他新婚不久后，又允许他利用月考空隙去广州探望外出打工的妻子。这样，让他充分感受到了制度化管理中的人情味，也充分调动了他工作的积极性与创造性。高考中，该老师不仅所教科目成绩突出，而且所带文科班级既出了市状元，又是二本及以上上线人数最多的。

6. 向课堂要质量

高三复习寸时寸金，课堂教学必须高质高效。为切实引导教师做到"向课堂要质量，向45分钟要效率"，年级组在高三工作计划中，关于课堂教学，明确提出了以下要求：

（1）加强课堂教学的宏观指导

①课堂教学的目标是，"高标准、快节奏、有容量、及时反馈、务求实效"。②课堂教学的原则是，坚持"以教师为主导，以学生为主体，以训练为主线"，围绕让学生对各个知识点能"记得住，说得清，写得出，用得上"开展教学活动。③教学过程中，坚持"三不讲"，严防"三误区"，即"不考的不讲，学生懂的不讲，讲不透的不讲"，严防学生进入"以讲为懂，以懂为会，以会为通"的误区。

（2）克服课堂教学中的"七种不良现象"

①自以为是知识的主宰者，凭老经验教学，听不进不同意见的自负现象。②守着旧资料，凭着老经验，不及时更新，不与时俱进，不利于复习的知识老化现象。③教学经验不足，业务能力不强，进取精神不够，出现的知识滞后现象。④教师当演员，学生作观众，用教师的思维取代学生的思维的教师主体、自我感觉良好现象。⑤课前准备不充分，面对学生提出的问题，出现"死机"现象。⑥课堂教学前松后紧，对下课铃声充耳不闻的拖堂现象。⑦不讲课堂效率，课内任务课外抢占学生自由支配时间的补课现象。

为了使"向课堂要质量"落到实处，年级组推行"推门听课制"，不管上级领导、教研员或兄弟学校领导、老师前来听课，还是学校领导、老师随堂听课，都不预先通知。同时，高三领导小组成员也经常深入课堂督查，调查研究，及时与老师交换意见，指出缺陷，点拨教法，为突破课堂教学效率"瓶颈"出谋划策，成效显著。

二、高考之后的一些反思

1. 学校全员服务高三的意识有待增强

高三是高中学校的门面，高考的成败事关学校的生存与发展，作为一名一中人，理应"高考兴衰，我有责任"！高三是学校的高三，决不只是校长、主管校长和年级主任等少数人的高三；高考是集体创作，需要积极合作，需要学生与老师之间、各学科老师之间、老师与管理者之间、各部门与年级之间主动支持，有效配合，形成抓高三的合力，高三的工作才会更有成效，学校的办学环境才会更好！

2.高三领导小组的成员作用有待提高

高三领导小组是高三工作的龙头，小组成员除了带领本学科教师认真搞好学科教学外，更要协调所管部门与高三年级的关系，积极为高三热情服务、保驾护航；还要主动参与年级管理，深入班级了解情况，协调各方关系，调动全体教师的工作热情和学生的学习积极性，及时纠正不良倾向，尽职尽责地发挥"龙头"作用。

3.学生的学习习惯需要改善

现在的学生大都是独生子女，是父母的掌上明珠，他们从小娇生惯养，满足于"衣来伸手，饭来张口"，缺乏学习的主动性与探究性，特别是不注意学习方法中初中与高中的差别，不注意各学科特点和学习方法的差异，没有养成"多思考、多记忆、勤动口、勤动手"的学习习惯。甚至有些学生数、理、化三科也只是看看而已，而不动手去练。因此，在起始年级，老师们就应该引导学生弄清各学科的特点和高、初中学习方法的差别，逐步培养学生良好的学习习惯。

4.临考前几天的指导有待深入研究与探讨

关于高考前几天教与学的安排，教师如何对学生进行指导，可谓"仁者见仁，智者见智"，各校有各校的做法。如何选择适合我校高三学生的最佳安排，需要我们的老师和领导大胆进行深入的调查、研究与探索，建议学校成立一个课题组对此进行研究，为以后的高三提供指导。

5.年级组对布置的教学与管理工作的督查落实有待加强

根据学校目前的管理模式，年级组承担着多重管理职责，事务繁杂，常常感到人手不够，力不从心，因而对各处室布置的教学、教研、管理等工作，时常难以督查落实到位，效果往往也大打折扣。

以上是我校 2006 届高三教学、管理工作的主要做法与一些反思，并非独创更不成熟，欢迎大方不吝赐教。

2006 年 8 月 24 日

注：此文（与阳承武合著）荣获郴州市 2006 年度高三教育教学质量研讨会论文一等奖，发表于郴州市教育科学研究院 2006 年 9 月编著的《教育教学质量研究与探索》一书。

自然与人文的合璧

——湖南省安仁县一中校园巡礼

不知不觉间，执教于省重点中学（1998 年晋升）、双语教学基地（2007 年实验）的一中，生活在省文明单位（2002 年受奖）、绿色学校（2004 年挂牌）的校园，已有二十四年多了。近年晚饭后习惯在校园里与爱人谭永模、同事散步舒心、聊天怡情，昨晚被异地远道归来的几个"老一中"邀为导游，因而提前了时间，和他们顺着绕校路边溜达，边观赏，边叙旧，边品评，那清秀美丽的树木花草引人眼羡，与时发展的硬软文化促人心思，深究起来，觉着真的还挺有意味。

我特意和他们从南大门内起步，朝着转西折北向东再南并回到正大门的方向，沿着教学区、生活区中刚用沥青加铺成的书院路、宜溪路和松园路，或直行或弯插，或慢步或歇停，一路看到了由生物教研组老师考察并统计的 77 个品种中的绝大部分的树木，如香樟（126 棵）、杜英（70 棵）、桂树（61 棵）、银杏、乌桕、枫杨、池杉、木荷、梅花、翠竹、山茶、杜鹃、雪松罗汉松马尾松，还如枣树、橘树……挺拔的，虬曲的，蓬勃的，秀丽的，绿如华盖的，青似素描的，成排列队的，独上云霄的，果实累累的……令人称奇的是，樟园居中的那两株合抱难围、几与四层老教学楼一样高的香樟树，枝枝覆盖，叶叶交通，

—311—

舒展开来，真像天地间擎起的两把巨伞。平房四合院前的那一樾据说有300年历史、最大且有六主干的本地土生桂花树，远远望去，枝叶簇拥如盖，绿意深浅有致，好一派生机盎然；每年仲秋乍至，它满溢的浓郁之香便与杂植在各处的外引嫁接桂花树（60棵）散发的清淡之香相宜融合，竟一园香气扑鼻！校以树花存闻，树花因校名彰。在弥望的一片绿色中，还有不同季节盛开着红、白、浅黄、深蓝色等花的树木，如浅笑于草地的桃花，烂漫于山坡的樱花，红艳在路边的枳木花，白洁在枝头的玉兰（48棵）花，亭立于楼宇间的石榴（53棵）花……它们春夏秋冬不断地幻化着四时的美景和画意。空坪地上有青翠欲滴的小草，草间多处有大大小小的石头和形态各异的石堆……我们的校园是自然的、生态的、绿色的！

自然、生态、绿色，是外显在我们校园的一道靓丽的风景线；人文、典雅、厚重，则是内蕴于我们学校的一股核心的精气神。安仁一中，肇基于宜溪书院，创办于1941年。她，经过好几代人的共同奋斗和七十余年的历史积淀，如今已发展成为一所占地200余亩，几乎可以说是湘南仅有、全省极少的自然与人文合璧的示范性高中学校（2004年更名）。

所以，我们更看到了55周年和70周年校庆及前后，由各地校友、校友会捐建和学校自己兴建的大量的人文景观，如教人"求知""做事"，导人学会"生存""发展"以"立身"的"四园"——芳园、樟园、松园和馨园；励人"孝敬""忠诚"，导人践行"感恩""回报"以"立德"的"三亭"——留芳池边的留芳亭、松树林中的迴雁亭和池水之上的书馨亭；催人"知行合一"，导人以"立功""立德""立言"为理想的"三像"——思想深邃、创立新中国的伟人毛泽东铜像，著述丰富、重建湖湘学的大儒欧阳厚均铜像，中华文圣、万世楷模的孔夫子大理石雕像；激人"学以致用"，导人矢志"全心全意"服务于"国家""人民"以"立功"的"八景"——固定形态的鲲鹏展翅、爱心榜、捐资碑、托举太阳、天地方圆、鱼跃鸟飞、书画长廊和变化内容的宣传长廊……其中图书馆广场中央前、后两护坡壁书画长廊碑刻里必须一提的，有九十多帧2011年（庚寅）及前后由省内书法界二十余位名家专程来校、专门挥毫的龙飞凤舞、风格迥异的书法，如欧阳中石的"和谐"，王友智的"归真"，刘振涛的"敦品励学"，蔡德林的"厚德载物",陈羲明的"文行交勉,道艺相资",杨智明的"仁者安仁,神农故郡",陈满宗的"培植人材为有体有用之学",确实像范曾所书"大观斯在"。十来幅图画,如布局规整、具体而微,乾隆四十八年知县谭崇易暨阖邑十民捐建、五十年落成的《宜溪书院全貌图》,伍祥干象征学校越办越兴旺、美誉越远播的荷花绽放的《香远益清》写意画。鲲鹏展翅广场中宣传长廊里最为耀眼的有,多年以来每年都会张示的高考录取榜,1980年以来学校考取清华(23人)、北大(12人)共35人的部分学生如徐文兵、李小赣等26人的生活照,2007年以来来自美国(7人)、澳大利亚(3人)、加拿大(3人)和英国(1人)等共16人的部分外籍教师如戴丽安娜小姐、杰睿先生等14人的活动照。还有散布、点缀于校园各处的,如"(天道酬)勤""博""健""思"等大石魏体刻字,"恭宽信敏(惠)"(王延鹏书)、"仁义礼智信"、"温良恭俭让"和"警枕励志"、"闻鸡起舞"、"韦编三绝"等墙上古训故事,"种树者必培其本,种德者必养其心""千教万教教人求真,千学万学学做真人""清心为治学,宁静以致远""业精于勤荒于嬉,行成于思毁于随"等钢牌名言警句,"晨曦跃貔虎,夜静卧潜龙""鹰击天风壮,鹏飞海浪高""修身以至诚为本,读书唯明理是先""源流汩汩通天外,书馨眷眷满亭中"等门柱偶句楹联……真可谓"一石一墙都说话,一句一联皆育人"。这些思想内涵丰富、文化底蕴深厚的景观,洋溢着中华文化的芬芳,渗透在师生的灵魂,激励着我们积极向上;蕴涵着学校教育的精神,滋润于师生的心田,催生着他们的理想与辉煌。如此自然与人文融为一体的环境,怎能不使学校"润理滋文乾俊笔落幻七彩,腾蛟起凤坤媛卷成靓九州"?何愁不让师生"立身""立德、立功、立言"而趋向"大写的人"?我们的学校更是人文的、典雅的、厚重的!

绕校园几圈后伫立在南正大门前,我们先注目于身边竖立的、西东方向对称的、被香樟枝叶掩映下的、两排各三个高大雅致的宣传橱窗,其中东边居南"注重特色树形象,稳步发展创一流"的那一个,里面的内容承续着历史、追求着未来、着眼于现在:校训——团结,严谨,求实,创新。师风——敬业,乐群,师表,精进。学风——勤奋,踏实,主动,多思。办学思想,其中有:实现两个策略——管理:经营学校就像经营家庭,对待学生就像对待孩子。教学:立足常规，立足课堂，立足基础，立足发展。坚持三个全面——全面贯彻教育方针，全面实施素质教育，全面提高教育质量。追求四个发展——全面发展，全员发展，特长发展，和谐发展。师德建设：三爱思想——爱岗敬业，爱校如家，爱生如子。四种精神——事业为重的敬业精神，吃苦耐劳的奉献精神，严谨治学的务实精神，锐意进取的创新精神。学校特色：精神"三苦"——领导苦干，教师苦教，学生苦学。形成"三特"——学校：实验规范＋特色，教师：整体优化＋特点，学生：良好素质＋特长。追求"三美"——巩固园林化绿色学校，追求环境美；构建活动化人文校园，励练情操美；营造和谐化人际关系，铸造人性美。发展"三稳"——稳步继承传统，稳定师资队伍，稳步发展提高。再放眼那一幅每逢喜庆佳节都会呈现的，在四方三排两盏太阳能、六盏交流电柔和灯光的映照下，由鲜花盆景、毛泽东铜像、鲲鹏展翅钢塑、冲天似上飚散花般下落的喷泉、两棵尽管严重缺水但却顽强屹立的香樟树、一栋高大巍峨的教学楼，从低到高层递而上组合而成的大型的立体图画，一股敬仰的自豪感、希冀的使命感和灵动的创造感，便在胸中自然地涌动起来。最后仰望厚均楼四楼顶上的那行由荧光灯映红的醒目大字"为学生发展而教，为学子一生奠基"（改动六字为"为国家发展育才，为学子终身奠基"或更妥帖），顷刻肃然，又一次强化着教师的神圣职责和历史担当，因为她：既是学校办学理念的庄严宣示，也是对祖国和人民的郑重承诺。人文、典雅、厚重，才是安仁一中的根本、内核！

我们的校园是自然的、生态的、绿色的，我们的学校更是人文的、典雅的、厚重的。安仁一中是自然与人文的合璧！

读者朋友，你说呢？

附：《校园景观偶兴》：

"天地方圆"是一种昭示，

"鱼跃鸟飞"是一种信念，

"鲲鹏展翅"是一种希冀，

"托举太阳"是一种追求，

"书馨""迴雁"是一种情愫的绵延，

"捐资""爱心"是一种历史的传承，

"孔夫子""欧阳厚均""毛泽东"是一种奋斗的方向，

"书画长廊"是一种才艺与智慧的展示，

"留芳亭"则是一种大爱的积淀与期盼，

……

[注解]

[1] 安仁一中 1996 年 10 月 55 周年校庆、2011 年 10 月 70 周年校庆及前后，历届校友、各地校友会为学校慷慨捐资兴学、大力援建项目，其中的景观建设使校园变得越来越美观、典雅、厚重，富有底蕴。

[2] 天地方圆、鱼跃鸟飞、捐资纪念碑（万福圣地，人文蔚起）、留芳亭：55 周年校庆学校兴建。分别位于图书馆广场东侧、西侧，运动场西侧即老教学楼后侧，芳园留芳池北侧。

[3] 鲲鹏展翅：55 周年校庆荣誉校友谭国清援建。位于厚均楼正前方。

[4] 托举太阳：55 周年校庆衡阳校友会援建。位于厚均楼后、老教学楼前正中央。

[5] 书馨亭：55 周年校庆校友周恒仁援建。位于馨园书馨池水上。

[6] 迴雁亭：70 周年校庆衡阳校友会援建。位于松园。

[7] 爱心榜（人才辈出，源远流长）：70 周年校庆校友颜飞虎援建。位于宜溪大楼正门前通道左侧的老教学楼西侧的护坡壁立面。

[8] 欧阳厚均铜像：70 周年校庆校友谭友动制赠。位于芳园东侧。

[9] 毛泽东铜像：70 周年校庆湘潭校友会制赠。位于厚均楼正前方"鲲鹏展翅"前。

[10] 书画长廊：70 周年校庆校友颜胜利等援建。位于图书馆广场中央前、后的两护坡壁立面。

[11] 孔夫子大理石雕像：2014 年仲冬月校友周慢文等捐赠并敬立在图书馆广场中央。

2014 年 10 月 3 日写作

2015 年 8 月 18 日修改

注：此文初稿发表于《苗地》总第 141 期（2015 年 1 月上半月），修改稿发表于 2015 年第 9 期下旬《神州》（国内统一刊号为 CN11-4461/I、国际标准刊号为 ISSN1009-5071）。

教育教学及其管理省思提要二十二则

（1991 年 10 月～ 2015 年 6 月）

【一】"我是什么"的随想（2003 年 12 月）

一、教师、管理者：服务

1. 教书。　　　2. 育人。

3. 服务。

二、教语文、究语文的：实用

1. 纯洁（祖国的语言文字）：写好字，用好词，表好意，抒好情。

2. 欣赏（各类文章、文学作品）：样式，特点，规律。

3. 发展（生活、学习、工作）：品性，人性，个性。

三、杂家、小儿科：基础

1. 什么都懂。

2. 什么都不懂。

【二】我是谁　为了谁　依靠谁（2012 年 8 月）

一、我是谁

1. 普通农村小城镇中学的人民教师。要研究农村和小城镇的教育对象，有针对性地"传道授业解惑"，坚持因材施教，落实"三主"原则，既教书更育人。

2. 三类省级示范性高中的语文教师。要有正确的语文思想、主见，较高的专业素质、修养。主张尊重学科特点，立足课堂质量，反对"一刀切"的东施效颦。

二、为了谁

1. 为了学生。要加强教育的针对性，提高教学的实效性。倡导虚心向所有先进的人、事学习，反对好瞒骗、瞎指挥的形式主义做法。

2. 为了自己。要不断学习进步，也要晋职加薪，要"立德、立功、立言"。

三、依靠谁

1. 依靠学生。要落实"自主、合作、探究"的要求，提高他们学习的主动性、自觉性和积极性。

2. 依靠自己。从来就没有"救世主"，要提高、改变学生，首先必须发挥自己的主动性、积极性和创造性，不断提高、改变自己。

【三】提高教学质量的关键（2013 年 4 月）

一、师、生结合

教师自信，学生合作。认知决定态度，态度决定行动，行动决定结果。

二、教、学结合

先学后教，有的放矢。习惯决定性格，性格决定命运，命运决定人生。

三、学、考结合

学习什么，考试什么。认知决定行动，方法决定效果，细节决定成败。

【四】把好"三关"，提高效果（1991 年 10 月）

一、"讲"：要准、深、宽

准，是指以"纲""本"为准，准确无误地传授知识。

深，是指认真钻研和挖掘教材，抓住内在实质。

宽，是指要注重拓宽知识面。

二、"练"：要活、新、精

活，是指设题要灵活，注重知识的联系和迁移。

新，是指答案、知识点的联系，给学生的感觉要新。

精，是指选题力求精炼，不搞"题海战术"。

三、"评"：要析、议、导

析，是指对习题的讲评要强化分析。

议，是指对答题中出现的错误要组织评议。

导，是指在讲评时要注重转化和引导。

【五】语文课堂教学高效性问题探讨（2012年10月）

一、确定目标的三维性

1. 知识、能力、情感

2. 课标、教材、学情

3. 细节、习惯、态度（决定成败、命运、一切）

教师既要关注知识能力，更要关注学生的生命状态和精神成长，这些体现在课堂上即变成对学生表情、语音语调、形体动作的关注。

二、施教方案的科学性

1. 施教流程：有效性，多样性（九范式等）

2. 施教内容：针对性，接受性

3. 施教方法：启发性，探究性

4. 施教手段：传统为主，多媒体辅助

教育的希望在课堂，教学的效果在课堂。要让每一堂课都实在高效，让每个"座位"都闪亮发光。作为教师要清楚何时点拨、点拨什么（易错知识点、易混知识点、方法、规律、知识结构、注意事项、拓展等）。

三、教学语言的精简性

1. 职业语言：标准化

2. 专业术语：规范化

3. 各种表述：精简化（精练准确、简练明确、开门见山、直击要点）

四、设计考练的针对性

1. 课标、考纲、教材的有机结合

2. 教学、考练、学情的同步进行

3.新授、复习、巩固的衔接融合

考练设计要注意基础性、层次性和拓展性，层次化、多元化、人文化（人文背景和人文元素）。课堂考练要注重高效益、高效率和高效能，做到课外"零作业"，真正把学生从时间＋汗水的题海战术、应试教育中解救出来，把时间、权利、发展、灵性还给学生，真正实现教师教得轻松、学生学得愉快的追求目标。

【六】整体性把握，理解性阅读——阅读教学探微（2004 年 4 月）

一、整体把握单元阅读

1.从体裁概念入手（手段、目的，如《祝福》）

2.从体裁要素入手（情节、环境、人物，如《荷花淀》《祝福》《装在套子里的人》）

3.从体裁特点入手（完整、具体、鲜明，如《边城》）

二、整体把握全篇阅读

1.从破题、写作目的入手（如《过秦论》）

2.从时代背景、作者生平与思想入手（如《劝学》《归去来兮辞》）

3.从特色、综合入手（如《兰亭集序》）

三、整体把握章、段阅读

1.从全篇主题（中心）入手（如《荷花淀》第四段）

2.从全篇构思（结构）入手（如《我的空中楼阁》倒数两段）

3.从全篇写法（特色）入手（如《鸿门宴》樊哙答话段）

四、整体把握句群、句子阅读

1.从阅读原则入手（字不离句、句不离段、段不离篇，如《拿来主义》）

2.从句子本义及联系入手（如《剃光头发微》）

3.从联想、想象入手（如《庄周买水》）

【七】阅读教学一大技——对"整体性把握"的再认识（2004 年 5 月）

一、自读填表把握：《劝学》

二、师导点拨把握：《自序》

三、边问边读（边读边问）把握：《我有一个梦想》

四、逻辑、文体、常识把握：《荷塘月色》

【八】强化针对性，讲究科学性——议论文作文教学点滴（1991 年 12 月）

一、学生作文现状

1. 议论缺乏材料

2. 不会类型写法

3. 不懂多向思维

二、有的放矢教学

（一）指导积累材料

1. 整理课文材料；2. 搜集课外材料；3. 形成系列材料

（二）强化类型教学

1. 作文类型概说；2. 依类（序）计划教学；3. 形成系列方法

（三）突出思维训练

1. 横向开拓；2. 纵向开拓；3. 反向开拓；4. 多向开拓

三、实验效果体会

1. 教学应是有针对性的目的教学：重视针对性

2. 教学应是讲究效果的实践教学：重视训练性

3. 教学应是程式化的序列教学：重视科学性

4. 教学应是科学化的思维教学：重视认识性

【九】修改作文"下手"种种（1993 年 5 月）

一、看内容是否切题

二、看立意是否准、深

三、看结构是否严谨

四、看详略是否得当

五、看语言是否流畅

六、看文字是否规范

七、看顺序是否合理

八、看观点与材料是否一致

九、看语法、修辞有无毛病

十、看书写是否规范、整洁

【十】强化素质教育，提高写作质量——优质作文训练报告（2000年5月）

一、课题提出

二、具体做法

1. 时间安排

2. 内容选择

（1）哲学教育;（2）思维开发;（3）品德渗透;（4）技巧传授

3. 配套训练

三、取得实效

1. 作文成绩

2. 创作收获

3. 几点"惊喜"

四、问题思考

1. 写作确乎不仅仅是技巧问题

2. 质量确乎不仅仅是多练问题

【十一】写作三要素——中学生写作"瓶颈"的突破（2011年7月）

一、生活积累（直接的、间接的）

二、感悟认识（思想的、思维的）

三、表达技巧（语法的、修辞的）

【十二】古诗词鉴赏三步骤（2012 年 5 月）

一、依据语言环境理解词句意义（消除文字障碍）

二、运用鉴赏知识把握整体所写（宏观整体把握）

三、对照考试题目逐项回答问题（——答其所问）

【十三】古诗词的速读、鉴赏与简答（2014 年 10 月）

一、速读"四看"

一看标题（含作者，知人论世），二看文本（答案来源），三看注释（帮助理解），四看题目（答其所问）。

二、鉴赏"四问"

一问描写了什么景物（意象），二问抒发了什么感情（意境。喜怒哀乐、悲欢离合、思乡、怨夫、恨贬等），三问运用了什么技巧（修辞手法、表现手法。乐景哀情、衬托、拟人、对比等），四问语言有什么特色（景物语言、情感语言等）。

三、简答"四扣"

一扣题目，二扣文本，三扣术语，四扣表达（正扣——从原文中摘引相关词句组织作答、反扣——从原文否定的说法中提取正面的理解、暗扣——从文章标题、注释等不起眼之处寻找答案）。

【十四】高考模拟题的思考——由几道题说开去（2002 年 12 月）

一、关于阅读试题的思考

（材料与议论的话题见：月考二第 3、6、9、13 题，参见《语文月刊》2002 第 1、2 合集 P73 第 3 题、P76 第 18 题）

1. 信哉，尽信书不如无书（忠告读者）   时代感强？

2. 如此粗制滥造（批评出版界）   针对性准？

3. 我们的责任是什么（批评出版界）   火药味淡？

4. 师生当教学相长（忠告教师）   发表率高？

（师不必贤于弟子，弟子不必不如师）

二、关于"一"的练习的思考

态度决定一切？　　　　　　　辩证的观点

心态决定一切？

一票否决？　　　　　　　　　一分为二的观点

一锤定音（一言九鼎）？

第一"国策"（计生）？　　　　历史的观点

说一不二？

一切行动听指挥？　　　　　　发展的观点

……

"一"是什么？　　　　　　　　联系的观点

（总：实事求是的观点）

【十五】正确、全面、有变——从 2013 年湖南省高考语文试题说开去（2013 年 6 月）

一、导向正确，才能积极、有利地推进新课程改革的有序深入开展

二、涉及全面，才能客观、公平地测试考生知识、能力的实际水平

三、稳中有变，才能润物、潜移地引导师生教学、学习的创新发展

【十六】树职业意识，塑良师形象——在青年教师座谈会上的谈话（2000 年 10 月）

园丁，蜡烛，人类灵魂的工程师，太阳底下最光辉的职业。教书、育人，传道、授业、解惑。

一、时间纪律意识

二、岗位责任意识

三、质量效果意识

1. 内化先进理念

2. 钻研教纲教材

3. 优选科学教法

4. 深入师生群体

5. 讲求教学效果

四、言行表率意识

五、爱校敬业意识

六、奉献进取意识

子不严父之过，生不严师之过，师不严校之过。

教学是学校的中心工作，质量是学校的生命线；师范是教师的职业要求，形象是教师的必然选择。

【十七】立足常规抓质量——教学、研究工作ABC（2003年3月）

常规是指日常性的、经常化的、常识类的教学、研究的要求、规定、规范。

一、教、研工作一个目标：高效率（益）、高质量（能力、分数）。

二、教、研合作二驾马车：教师指导与学生配合、理论把握与实践探索。

三、教、研过程三个步骤：计划、实施、总结。

四、课堂教学四大板块：温旧导入、新知教学、题例训练、小结作业。

五、教学工作五个环节：备（课）、上（课）、批（改）、辅（导）、考（试）。

六、研究工作六个程序：依据理论、联系实际、借鉴他人、提出问题、实施实践、总结提升。

七、教、研工作七个常识：不迟到早退、不误课旷课、不奇谈怪论、不体罚学生、不奇装异服、不醉酒酗酒、不赌博嫖娼。

八、教、研工作八点要求：团结、合作、学习、勤奋、质疑、求实、进取、创新。

【十八】学校好的教学质量的因素之我见（2006年4月）

一、好的教学质量的基础因素是好的生源

二、好的教学质量的核心因素是好的教师

好的教师的标准是，必须具备：

1. 稳固的从教心愿，敬业的奉献精神；

2.扎实的专业功底，广博的知识视野；

3.先进的教育思想，务实的探索实践；

4.科学的教学方法，显著和发展的教学效果。

三、好的教学质量的保障因素是好的管理

【十九】高中学科学习快速提升法——学科制胜一字（词）诀（2010年9月）

语文 读 阅读　　　数学 练 训练

英语 说 说话　　　政治 思 思考

历史 联 联系　　　地理 比 比较

物理 想 想象　　　化学 观 观察

生物 研 研究　　　信息 敲 敲点

语文：记忆（知识）、阅读（理解）、写作（运用）

附语文学习六法：

熟读（基础），巧思（手段），常练（巩固），多写（运用），善疑（提高），活用（目的）。

【二十】学校副职要"三不"（2002年12月）

一、维护校长威信，要"不越位"

1.贯彻国家的教育方针，要"不含糊"；

2.落实校长的决策意图，要"不走样"；

3.遇到校长的指示错误，要"不盲从"。

二、创造管理业绩，要"不错位"

1.做好分管工作，要"不退让"；

2.配合他管工作，要"不争抢"；

3.指导下属工作，要"不包办"。

三、做好主管工作，要"不空位"

1.计划、安排工作，要"不走形式、做样子"；

2.检查、督导工作，要"不摆架子、使性子"；

3.总结、检讨工作，要"不顾面子、打板子"。

【二十一】教育管理者不称职的成因与对策（2013年8月）

一、教育管理者的天职是"全心全意为师生服务"，身份是"师生的公仆""人类灵魂的工程师"。

二、教育管理者不称职的核心是"争名逐利"，对自己"无名无利的事不愿做、不去做，有名有利的事主动做、抢着做"——不作为、失职，乱作为、渎职、贪腐。因为"争名逐利"，所以工作"空位、缺位、越位"。

空位：或因认识不到位，或因能力无所及，或因自己玩世不恭，或因领导空饷安排，或因编制人浮于事。

缺位：或因权责界定不明晰，或因工作理解有偏差，或因岗位本身无名利，或因法人权利独霸通吃，或因机制运行受阻不畅。

越位：或因权责界定不明晰，或因工作理解有偏差，或因条块体制多漏洞，或因岗位范围有名利，核心是后二者——为争名逐利、名利双收而胡作非为、为所欲为。

三、解决管理者不称职的对策：恪守天职，回归身份；完善体制，创新机制；聘评公正，全程监督；权责公开，行政公开；依规依法，失职、渎职必究，贪污、腐败必惩。

【二十二】教得轻松，学得愉快（2015年6月）

一、选配仁爱教育事业、谙熟教育规律、恪守教育法规的各级教育行政管理干部，是关键。

二、践行从基层、从起始年级、从基础抓起，立足课堂，立足全体，立足发展，以教学与质量为中心，是核心。

三、保障教职工平等工作、合理报酬、休息休假、安全卫生、技能培训、社保福利等合法权益，是基础。

教书育人编·教学方案选

当说必说

年级：高中二年级　　　　　　　　**学科**：语文

教学内容：《当说必说》　　　　　　**课时**：一课时

教学目的：1. 研究课文论证的思路和方法；

　　　　　　2. 明了"说"的意义，进行"说"的训练。

教学重点：1. 课文论证的思路；2. "说"的说话训练。

教学方法：研读讨论　　　　　　　**教学用具**：幻灯片

教学程序：

一、教师简评学生课前演讲，引入课文主旨概说

1. 学生演讲，评论记分。

2. 教师简评，引入新课，板书课题：

当说必说

《当说必说》一文，紧扣"说"字，为好好先生画像，指出了好人主义利己的本质，鞭挞了好人主义腐朽庸俗的作风，对"说"也提出了明确要求，是一篇针砭时弊、警世醒人的好杂文。

二、教师交代本课学习目的、方法

1. 目的:研究课文论证的思路和方法;明了"说"的意义,进行"说"的训练。

2. 方法:教师指导学生课内阅读。

三、教师指导学生阅读,研究课文论证的思路和方法(详析)

1. 程序与方法:

(1)幻灯映示思考问题。

(2)学生根据问题研读课文:找出对应段落,抓取关键词语。

(3)师生共同讨论统一认识。

方法:边指定学生根据问题分别指出对应段落、关键词语,边由教师或指定学生朗读、分析重点段落③⑥,研究论证思路,点示论证方法。

2. 问题与答案要点:

(1)本文写作的缘由是什么?

要点:①读文说"说"。

(2)本文指出"某些人"在"说"的方面存在哪两方面的问题?

要点:②假大空话;尊口免开(三种表现)。

(3)本文认为"说"有什么作用?"不说"是什么?

要点:③明理去非,除恶扬善;忘记职责,渎于职守。

(4)本文指出好好先生"不说"是因为什么?"说"又是为了什么?

要点:④怕失利(言多必失),⑤争私利(以私利为转移)。

(5)本文主张革命者在"说"的方面应该怎样?

要点:⑥敢(说),会(说)。

(6)本文认为好好先生与革命者的"说",本质区别是什么?

要点:④⑤利己,⑥公心。

(7)本文写作的目的是什么?

要点:⑦倡导要有革命精神、优良作风、高尚品德,对破除好人主义能起一点作用。

（8）据上理解，本文可划几部分？全文在结构上采用的形式是什么？在论证上运用的方法是什么？

要点：三部分（①｜②//③～⑤//⑥｜⑦），层进，对照。

〔论证思路、方法板书设计附文末。〕

四、教师指导学生训练，分析课文语言的运用（略提）

1. 教师简说本文语言特色：

生动（民间口语、比喻的运用）。

准确（成语、限制词、关联词的运用）。

2. 教师略提思考和练习二第 1 组，三第 2 题分析的方法、答案的要点。

3. 学生根据提示，领会思考和练习二第 2、3 组，三第 1 题。

五、教师小结课文，学生说话训练

1. 课文小结：

《当说必说》语言生动、准确，它紧扣"说"字，运用对比方法、层进结构，给我们画出了好好先生的丑态，深刻地指出了好人主义利己的本质，教育我们要"当说必说""敢说会说"，确是一篇针砭时弊、敢说会说、言行一致的好杂文。

"会说"刚才已有分析，为什么说它是一篇针砭时弊、敢说会说、言行一致的好杂文呢？因为它写作于 1983 年 12 月，正值中共十二大召开之后，党中央号召全党为实现党风根本好转而斗争。然而有些同志却在歪风邪气面前缄口不言，该说的不说，该顶的不顶，充当好好先生。同时有的报刊也提倡"少说""慎说"。面对如此"时弊"，作者高占祥同志，勇敢地用"说"（写文章）的实际行动，大胆地倡导"当说必说"，不能做好好先生。事实又一次证明，要作好文先要做好人。

2. 说话训练：

（1）训练布置：《当说会说》。

请同学们顺着"说"的话题，以"当说会说"为题，用层进式或总分式结构写篇短文，说一说道理，准备作一个两分钟左右的演讲。

（2）教师示范：《敢说会说》。

当说必说要敢说。张志新同志在"四人帮"甚嚣尘上的时候，急全国人民之所急，丝毫不顾个人安危，直言不讳地斥责江青的错误，遏制了"四人帮"倒行逆施的气焰，为提前结束十年浩劫的历史，做出了不可磨灭的贡献，其话语，其行为，堪为世人楷模。邓小平同志针对"左"倾思想还有相当市场、华国锋继续坚持"两个凡是"的情况，以无产阶级革命家的眼力和气魄，严肃指出"实事求是是毛泽东思想的出发点、根本点"，明确提出要拨乱反正，及时地拨正了中国巨轮前进的航向，开创了经济建设的新局面，其业绩，其英名，必将永载史册！在是非正误面前，敢不敢说，反映着一个人的思想素质、胆识魄力。三缄其口、尊口免开的人，是不可能像他们那样去说的！

要敢说还须会说。在歪风邪气面前，会不会说，又决定着说的成败效果。要知道人之常情是"良药'甜'口利于病，忠言'顺'耳利于行"。说话要注意时间、场合的制约，要讲究方式、方法的选择，否则，往往会造成反感误解，留下终生遗憾。如果当年彭德怀同志，不在1959年的庐山会议小组会上发表"意见"，不采取直接上书中央的方式，也许堂堂元帅不会被无辜撤职；也许当时浮夸之风会得到迅速纠正。相反，正是因为邹忌的会说能道，从身边琐事谈起，用比喻委婉而讽，使齐威王愉快地接受谏议，广开言路，最终"战胜于朝廷"。

历史和现实反复地证明，与错误斗争之时，在歪风邪气面前，我们必须要具备敢说的胆量，又要练就会说的本领，这样才能当说必说，说就能说好。

（3）学生写作，教师点拨。

（4）学生演讲，教师简评。

六、布置课外写作训练

1. 教师提示：

当说必说，要敢说会说，更要落实到行动上。在今天，也许要特别强调做，要言行一致，要少说多做。为什么呢？

2. 训练布置：

幻灯映示：请你课外以"要说更要做"或"少说多做"为题，写篇议论文。

要求：①观点正确鲜明，中心突出。②材料准确充分，论证有力。③结构总分或层进，布局严谨。④语句通顺连贯，尽量生动。⑤40分钟800字左右。

附：论证思路、方法板书设计

提出缘起	①	对照提出问题
	摆出现象	↓
↓	②	对照议论问题
分析论证	进行分析	↓
	③～⑤	对照深入剖析
	指出作法	↓
↓	⑥	对照解决问题
发出倡议	⑦精神、作风、品德	

1993年10月

注：这是参加郴州地区"教学比武"的一篇教案。该次"教学比武"荣获二等奖；教案荣获一等奖并发表于1993年第2期《郴州教研》（1993年12月），转载于《教研与实践》第二期（1998年7月）。

记叙文的命题作文

教学年级：高三（上学期）　　**教学目的**：命题记叙文的审题、构思。

重点难点：隐喻型题的审析，记叙文的构思。

教学方法：研讨、实践。　　**教学课时**：二课时。

教学用具：幻灯片（映示要点）

教学程序：

一、试题示例

1.1994 年天津中考题：以"我和班集体"为题写一篇记叙文，600 字左右。

2.1994 年某区竞赛题：以"在阳光下成长"为题写一篇记叙文，不少于 700 字。

3.1994 年全国高考题：以"尝试"为题写一篇记叙文，不少于 700 字。

二、师生讨论

（一）审题意

1.题眼：题目与题眼　　2.内涵：本义与喻义

3.外延：范围与重点　　4.关系：……

（二）明要求

1.明示：

（1）字数　（2）处理：记事、写人、绘景、抒情、综合

2.暗含：

（1）题目　（2）（命题）意图

（三）定线索（立主题）

1.明线、暗线：人、事、物、情、理（话）

2.主线、副线：人、事、物、情、理（话）

（四）定顺序

1.一件事：倒叙、顺叙（发生、发展、高潮、结局）

2.几件事：时间、空间、时空、逻辑

（五）定重点

1.内容　　　　2.形式

（六）列提纲

1.画出标图　　2.连短语文

△教师简提：……

（七）快行文

1.据纲写作　　2.一气呵成

（八）小修改

1. 关键词、句　　2. 字词、病句、标点

三、范文体会

师生：略

四、课堂训练

（一）下面四题任选一题，按照命题记叙文审题、构思的六个步骤，一一用文字写出思考、分析结果。

（二）布置（第二课时写作）训练

根据本节课思考、分析的结果，将其写成文章，40 分钟 800 字左右。

1994 年 10 月

注：这是在学校举行的"优秀教师示范课活动"中上的一堂示范课的简要教案。该教案和教学课一并荣获一等奖。

具体分析

——"思想短评"写作指导

教学年级：高三（下学期）

教学目的：明确并掌握具体分析的要点和方法。

教学重点：具体分析的方法及运用。

教学方法：研讨、实践。　　　　**教学课时：**一课时。

教学用具：幻灯片

教学程序：

A.课外：

学生研读印发的范文Ⅰ（《英雄啊,中国青年》）、Ⅱ（《说"绰号"》）、Ⅲ（《自卑·自负·自强》）。（范文正文：略）

B.课堂：

一、学生演讲，教师评议引入

思想短评的根本特点是其鲜明的教育目的，达到这一目的根本方法是具体分析。具体分析主要指辩证、客观两个方面，而写作思想短评的难点就在这里。本节课试图通过范文研读、提纲写作来明确、解决这一问题。

二、教师指导学生回忆、研讨并明确

1.具体分析的要点（简提）

（1）回忆思想短评的一般思路（映示）：

提出问题→揭示本质→分析原因（背景）、意义（危害）→指出办法（看法）。

（2）研讨思想短评分析的基本要点（映示）：

本质；原因（背景），意义（危害）。

2.具体分析的方法（详研）

（1）回忆具体分析的基本理论（映示）：

联系、发展、一分为二、实事求是等观点。

（2）师生研讨范文，明确：

①范文的大体思路分别是什么？

②范文的分析要点分别是什么？

③范文的分析主要运用了什么基本理论？

④从对范文的研读中，可归纳出哪些具体分析的一般方法？（映示）

△辩证分析法：

A.思考正误，判定性质。

B.一分为二，确定取向。

C. 区别情况，限定重点。

△联系比较法：

A. 联想比较，由此及彼。

B. 异中求同，由点及面。

C. 同中求异，由表及里。

△因果剖析法：

A. 就果究因，追溯根源。

B. 缘因推果，揭示必然。

三、学生写作提纲，师生评议分析

1. 布置提纲写作（映示）

根据下列题目，任选一题，写作思想短评的详细提纲，提纲中要体现大致思路、分析要点、分析方法。

（1）有一位县委书记写了这么一副对联："政从正出，财从才来。"请领会其含义，联系实际，写一篇思想短评的详细提纲。

（2）有个学生听了"读了廿年书，不如个体户"的顺口溜后，觉得读书无意义，萌生了弃学经商的念头。请以"弃学经商，不值得"为题，联系实际，写一篇思想短评的详细提纲。

（3）请以"实力与机遇"为题，联系实际，写一篇思想短评的详细提纲。

2. 学生写作提纲，教师巡视、指导。

3. 师生评议分析。

1997 年 5 月

注：这是在郴州市宜章一中、永兴一中、安仁一中、汝城一中"四校联谊"首次"优秀教师示范课活动"中东道主学校宜章一中上的一堂示范课的简要教案。该教案和教学课一并荣获一等奖。

情节安排的技巧

——记叙文写作指导

教学年级：高一（下学期）

目的要求：1.学习记叙文情节安排的三种技巧。

2.运用三种技巧安排记叙文的情节。

重点难点：记叙文情节安排技巧的运用。

课时安排：一课时　　　　**教具准备**：投影仪

教学程序：

A.课外：

学生研读印发的例文Ⅰ（《黄昏的故事》）、Ⅱ（《习惯》）、Ⅲ（《驼背的父亲》）与写作材料《隔壁》。（例文正文：此略）

B.课堂：

一、教师简语导入课题

1.高考记叙文写作的要求

2.情节安排技巧的作用

二、师生具体讨论，明确

1.材料选择与搭配的技巧

△教师简提要点（映示）：

（1）材料选择：具体感人；

（2）材料搭配：轻重合理。

△教师评析例文Ⅰ。

2. 组织高潮与跌宕的技巧

△教师简提要点（映示）：

（1）组织高潮：注意铺垫，引人入胜；

（2）组织跌宕：构设"意外"，平中出奇。

△师生评析例文Ⅱ。

3. 形象褒扬与贬抑的技巧

△教师简提要点（映示）：

（1）先褒后贬或先贬后褒；

（2）寓褒于贬或寓贬于褒。

△学生评析例文Ⅲ。

三、教师简语总结，指出

1. 情节安排的技巧不止三种；
2. 技巧运用的前提是"合格"。

四、课堂技巧运用训练

1. 训练布置：

（1）（映示）以"记×××二三事"为副题，自拟正题，列写一个详细提纲，注意材料选择的具体感人与材料搭配的轻重合理。

（2）给《隔壁》一文构设一个带有跌宕性的结尾。

隔壁

可是过了两天，老师又突然宣布学校里来了新的精神，要集中两个课时把最后一章（《生理卫生》）认认真真地讲完。吴彬竟然在最后鼓起掌。老师狠狠地瞪了他一眼，接着说："不过，男女要分堂上，女生由一名女老师带到隔壁。"吴彬又嘟囔了一句："民族又要大分裂了。"

女生被带到隔壁去了。这两个教室曾经是一个大会议室，后来在中间竖起一道墙，就分墙而治了。不过，墙上有一道门，尽管紧锁着，但是依然有着可以沟通的希望。

这边教室了的黑板上挂着一张男性人体图，老师拿着教鞭指点着，认真地讲解。所有的男同学都聚精会神地听。就连几乎从未好好上过一堂课的吴彬，竟然也记起了笔记。教室里静极了，掉一根针都能听见。

时间过得真快，一会儿就下课了。老师说，休息一下，一会儿接着讲。

教室里乱哄哄的。男生们相互讨论着，只有吴彬一个人愣愣地坐在座位上，望着那些男性人体图，呆呆地发傻。同学们很快发现了他那异样的神情。

学生甲在后面猛地一拍他，吴彬一惊。学生甲笑着问："想什么呢？"另外一个学生说："那还用问，肯定是想入非非呗！"吴彬笑了笑："哎，隔壁讲啥呢？""那谁知道？你过去听听嘛。""隔壁挂的图啥样子？"男生们大笑起来，一块起哄说："你去看看嘛！""看？他是有贼心没贼胆，就是有了贼胆也没贼眼儿呀。"

吴彬忽然站起，大声说："我是胆眼双全！""那你去看呀，去看呀！'唐塔'去看了，'周山'也去看了，你也去看呀！"男生们一起唱着《追捕》的主题曲，"啦呀啦……"

吴彬满脸通红，他在班里一贯都是"拔份"的主儿，哪受得了这顿抢白。他霍然跳离座位，向教室的后门走去。男生们又在大唱："吴彬你大胆地往前走，莫回头……"

吴彬贴在门上，门上恰巧有个小洞。他闭上左眼，右眼向里瞄着。教室里陡然安静了下来。

（3）（映示）以"误会"为题，列写一个详细提纲，注意对人物褒与贬的科学处理。

2. 学生分组写作。

3. 师生简要评议。

2004 年 4 月

注：这是在株洲市茶陵一中、郴州市安仁一中、衡阳市耒阳二中、株洲市攸县一中"四校联谊"第四届"课堂教学模式探讨活动"中东道主学校耒阳二中上的一堂观摩课的简要教案。该教案和教学课一并荣获一等奖。

项　链

教学课题：《项链》　　　　**教学年级**：高二（下学期）

课时安排：一课时

教学目标：

1. 知识：巩固作家作品知识，理解作者创作动机，认识人物形象及其意义。

2. 能力：理解情节、布局的特点及其作用，心理描写的特点及其作用。

3. 情感：认识爱慕虚荣、追求享乐的思想对人的侵蚀毒害，肯定主人公的诚实品德和奋斗精神。

重点难点：

1. 理解精巧的构思，细腻、深刻的心理描写所起的作用。

2. 剖析作者对整个事件与主要人物的认识，鉴赏作品的主题。

教学方法：

1. 目标教学法。2. 问题讨论法。3. 启发点拨法。

教学用具：多媒体设备、课件。

教与学师生互动：

一、导语引入

我们初中学习过著名短篇小说《我的叔叔于勒》，早就知道莫泊桑是 19 世纪法国杰出的批判现实主义作家，写有近 300 篇短篇小说，是世界短篇小说巨匠；由此了解到他的短篇小说，最擅长把人物复杂的生活经历浓缩到短小的篇幅中，用巧妙的情节表现出重大的主题，构思布局别具匠心，心理、细节描写细腻深刻，故事结局耐人寻味。

今天我们鉴赏莫泊桑短篇小说的另一代表作《项链》（课件 1 "教学课题"映示），那么，要讨论并明确什么问题，教学并达到什么目标呢？

二、目标交代（课件2"教学目标"映示）

三、整体感知

大家已经预习过，下面我们一起来讨论鉴赏。

1.教师提出10个小问题。（课件3映示要点）

①线索是什么？　　　　　②主人公是谁？

③情节怎样展开？　　　　④情节布局的特点作用？

⑤结局安排的作用？　　　⑥主人公的思想性格？

⑦主要描写手法？　　　　⑧心理描写的作用？

⑨情感态度与思想？　　　⑩性格的成因、本质？

2.学生快速浏览问题与课文，要求边阅读边圈点边思考。

四、讨论鉴赏

1.师生讨论并明确小说"情节"的相关问题

①贯穿小说始终、统率情节内容的线索是什么？（课件4映示）

明确：项链。

②小说在情节中着力刻画的主人公是谁？（课件4映示）

明确：路瓦栽夫人即玛蒂尔德。

③小说讲了一个什么情节、内容的故事？其情节是怎样展开的？内容该如何概括？结构该如何划分？（课件4映示）

明确（边讨论边映示课件5）：

情节结构

"梦想"与"现实"　　　　序幕

借项链　　　　　　　　开端

丢项链

赔项链　　　　　　　　发展

还项链

项链原是赝品　　　　　高潮结局

一夜虚荣　十年辛酸

④小说情节、布局的特点及其作用是什么？（课件6映示）

明确：曲折，精巧，跌宕起伏；一波三折，引人入胜。

⑤结局安排有什么特点、作用？可信吗？可改吗？（课件6映示）

明确：预料之外，情理之中；引人入胜，发人深省。

结局既符合主人公性格本质的逻辑，又符合生活实际的情理，令人信服。小说在情节安排中有三处巧妙的铺垫与暗示：

△大家能找到它们吗？起、止在哪？关键句子是哪些？

明确（映示课件7）：一是借项链时，女友表现得相当大方（P14～15"当然可以"）；二是还项链时，女友竟未打开盒子看（P17）；三是买项链时，老板说只卖出个盒子（P17）。（找准三段话后分角色朗读一遍。）

结局完全可以修改，你能试一试吗？

点示：能。

2. 师生讨论并明确小说"人物""描写手法"的相关问题

⑥从情节发展中，你认为主人公有哪些思想性格？（课件8映示）

明确：爱慕虚荣，追求享乐;善良，诚实，坚韧和忍耐。这是一个复杂、真实、典型的人物形象。

△为什么说路瓦栽夫人还有善良、诚实、坚韧和忍耐的一面呢？为了偿还债务，十年来她在家庭生活和外貌特征方面有什么变化？

明确（边讨论边映示课件9）：

十年来的变化

家庭生活
（P17～18）
- 辞退了女仆人
- 迁移住房租小阁楼
- 一个铜子一个铜子地节省
- 她的丈夫深夜还在抄写书稿

外貌特征
（P17～18）
- 磨粗了她那粉嫩的手指
- 穿得像一个穷苦的女人
- 胡乱地挽着头发
- 高声大气地说着话

⑦主人公爱慕虚荣、追求享乐的思想性格，作者主要是运用什么描写手法来刻画的？能紧扣小说举例予以具体分析阐释吗？（课件 10 映示）

明确：细腻、深刻的心理描写。具体例子主要有（点示）：

一是开头的（现实）"痛苦"（P12～13）和"梦想"（P12 八个）；二是中间的"陶醉"（P15 四个）；三是快结尾时的"回忆"（P18）。（找准"痛苦"与"梦想"段落，把握节奏、注意语气、带感情地，集体朗读一遍。）

明确（边讨论边映示课件 11）：

心理描写

	现实	梦想
住	"住宅的寒伧"	"幽静的厅堂"
	"墙壁的黯淡"	"宽敞的客厅"
	"家具的破旧"	"华美的香气扑鼻的小客厅"
吃	在"铺着一块三天没洗的桌布的圆桌边坐下来吃"	"精美的晚餐，亮晶晶的银器"
		"奇异的禽鸟"
		"盛在名贵盘碟里的佳肴"
	简单的肉汤	"粉红色的鲈鱼或者松鸡翅膀"

细腻深刻

⑧本小说的心理描写，除了起刻画人物性格的作用外，还起了什么作用？（课件 12 映示）

明确（点示）：推动情节发展，表现主题思想。

3. 师生讨论并明确小说"主题"的相关问题

⑨从主人公这些思想性格中,你发现作者在给读者表达一些什么样的情感、态度与思想？（课件 12 映示）

明确（点示）：遗憾，同情，肯定，批评，抨击和揭露。

⑩主人公这些思想性格，形成的原因以及本质是什么？它反映了作者的什么创作动机？（课件 12 映示）

明确：成因是 19 世纪 80 年代法国资本主义社会的制度和现实；本质是资本主义社会制度；动机是想真实地反映这些社会现实，深刻地揭露资本主义制度及其罪恶。

五、研讨总结（点示，课件 13、14 映示明确）

1. 情节构思的特点与作用

曲折，精巧，跌宕起伏；引人入胜，发人深省。

2. 人物的思想性格与意义

爱慕虚荣、追求享乐，善良、诚实、坚韧和忍耐。使人了解到 19 世纪 80 年代法国资本主义社会的制度和现实，认识到爱慕虚荣、追求享乐的思想对人的侵蚀毒害，钦佩其面对不幸表现出来的诚实品德和奋斗精神。

3. 心理描写的特点与作用

细腻、深刻。刻画人物形象，推动情节发展，表现主题思想。

4. 主题思想与意义

遗憾，同情，肯定，批评，抨击和揭露。

六、创新训练（课件 15 映示）

请根据小说创作、情节构思的基本原则与要求，试另续一个结局，300 字左右。

附图示课件 5、11：见下图。

注：这是为接受湖南省教育厅组织的省、市专家组对特级教师评审前进行考察而上的一堂汇报、录像课的教案。

课件 5：

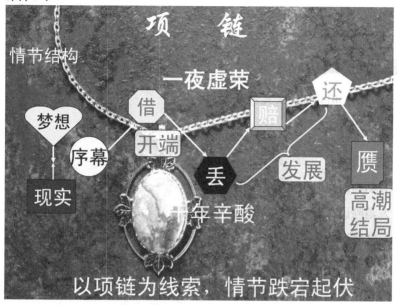

课件 11：

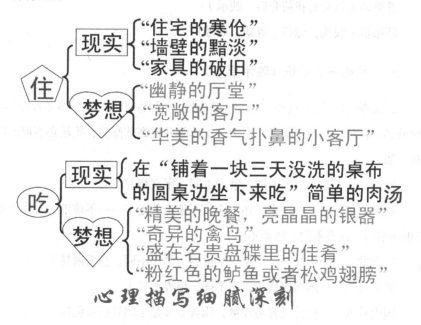

我能你行 成功成才

——与高一408班新生交流沟通

交流目的：

1. 明确语文课的性质、作用。

2. 消除语文学习效果的偏见、误解。

3. 知晓语文学习的方法、要求。

课时安排： 二课时。

教具准备： 多媒体、课件。

交流过程：

开头语（教师自我简介后，映示）：

请相信：我能，你行；成功，成才！

一、明确一点认识（映示要点）

语文课的性质：工具性、人文性、基础性（三大基础课之一）。高考改革"3+X"中的必考科目。作用：学习、生活、工作等并提高其修养、质量必不可少的工具。如：

佯攻——详攻（字形不同，字音不同，字义相左）

该来的还不来——该来了还不来，不该走的走了——不该走的为什么走了（用词不同，句意不同，结果不同）

一个世界一个家——一个家一个世界（语序不同，意义迥异）

屡战屡败——屡败屡战（语序不同，境界迥异）

国内首创（表层意义容易理解，隐含意义是：国外已有创造）

同一个世界，同一个梦想（从表层无法理解，深层含义是：整个世界上的

人都相处在一个地球村，举办奥运会的目的是，通过全世界人的共同参与，一起来为实现世界的和平、友谊和进步而努力）

有制造没有创造，有产品没有商品。（涉及语言、经济、政治学）

某人历经了47个寒暑，在一个官衙里做了7年的尚书，请问：该人有多大年纪？（涉及语言、历史、政治、伦理学。有人答47岁。有人答47+7等于54岁。按古代官场的回答应该是7岁。为什么呢？本事是：南朝梁武帝伐齐，齐之大臣袁昂，初不屈，臣服后，做了梁朝尚书，届七年，某日武帝体恤"老臣"，说体己话，"齐明帝用卿为白发尚书，我用卿为黑发尚书，良多以愧"。袁氏对曰："臣生四十七年于兹矣，四十以前，臣之自有，七年以后，陛下所养，七年尚书，未为晚达。"道理是：民国傅孟真论官僚作风以臣妾并论——对上司，阿谀求宠；对同僚，争权夺利；对下属，颐指气使。对帝王只能如此回答并理解。见2006年8月31日第4版《湘声报》）

琵琶琴瑟八大王王王在上——魑魅魍魉四小鬼鬼鬼鬼犯边（智慧对联，扬我国威）

脚不大好头发没有麻子。（标点神奇，阔少娶妻）

七十老翁产一子人曰非是也家业尽付与女婿外人不得干预。

酿酒缸缸好做醋坛坛酸，养猪大如山老鼠只只亡。

二、消除两个误解（映示要点）

1. 可学可不学。语言文字——纯洁祖国语言，沟通双方思想，从事交际活动，开展国际合作……都离不开语文。

2. 学不学都一样。产生这种误解，是因为不了解语文学习的一些鲜明、突出的特点：

（1）提高的隐蔽性。语文学习需要日积月累，处处留心皆学问；潜移默化，厚积才能薄发。它不像一般自然学科的学习，可以直线式提高，其提高具有突出的螺旋性、渐进性、隐蔽性的特点。

（2）理解的多样性。自然学科的知识、结论，一般是死的、明明白白的，知道就知道，不知道就不知道。语文则不同，知识、结论的绝大部分是活的、答案是丰富多彩的——不同时间、不同地点、不同场合、不同对象、不同背景下的答案是不一样的，"仁者见仁，智者见智"，一千个观众就有一千个哈姆莱特。如：《论语》《红楼梦》，不同的人对它们的认知大不相同。（参见本书第173—174页。）"四大名著"，教育部推荐为中小学生重点读物，博士柳恩铭说是错误的选择。因为"《三国演义》是智慧全书也是骗术大全；《水浒传》宣传造反也鼓励犯罪；《西游记》窒息创新也迟滞法治；《红楼梦》有人性却没有价值，把男人教痴、把女人教傻、把常人教废"。

（3）表达的复杂性。即说完全不知道又确实知道一些，说完全知道又表达不出来——只可意会不可言传；或者是心里、脑中确实知道，但因口头或笔头不能表达——茶壶煮饺子，有货倒不出；或者即使表达出来了，也跟心里想的、脑中思的不完全一样——词不达意。

语文学习的这些特点，恰恰说明两点：

①要重视课内的听、说、读、写训练，而且要把训练的重点放在：会听——有目的、有重点地听；会说——用普通话说，连贯、简明、准确；会读——理解、阐释、概括、归纳、迁移；会写——中心突出、结构合理、材料充实、表达准确简明生动形象。

②要加强课外的听、说、读、写训练，而且要经常、不断、长期、恒久。（教材导读的"名著"和配套用书《语文读本》，一定要利用寒暑假去认真地阅读）

△本人编著、印发给全年级的《基础的基础》：高中必修选修教材必背诗文43首篇、容易读错的常用字660例、多义多音常用字100例、容易写别的常用字1000例、最常见易错成语分类与例举、优秀排比句段80例、培养99个好习惯等，须从现在起就认真阅读、理解或背诵并真正过关。

三、学会三种方法（映示要点）

1. 科学积累知识法——记忆

易读错的字音，易写错的字形，难于记忆、理解的词，常见病句，常错标点，文言实词，文言虚词……分门别类予以记录与整理，并经常翻一翻，有意记忆。教材要求背诵、默写、熟读的段章篇（首），必须严格达到要求。

2.有效理解阅读法——理解

学会读——单元提示，课文注释，研讨与练习，表达交流和梳理探究类知识短文（高度重视）等。还有名著导读。

学会重点读——精彩语句段落，知识点多、考点多的语句段落，难懂、难理解的语句段落，名言警句，观点结论等。

学会理解性地读——浏览与熟读，速读与慢读……读词，读句，读段，读篇（首）。

3.有目的、有序列、有重点的交流表达训练法——写作

（1）训练材料积累与使用

①分门别类积累材料：来源——教材上的（学以致用）、传媒里的（处处留心）、身边的（勿舍近求远）等，内容——爱国主义、集体主义、勤苦读书、美好品德等，都要记得准确、来源新鲜、事理典型。

②一料多用：灵活、恰当、得体、典型。（参见2006年第9期《作文成功之路·有"米"就能煮"饭"》，只用2则材料，根据当年的16个高考题的不同内容、文体的要求，写了16篇成功的文章）

（2）训练文体框架

①文章：记叙文，议论文，说明文——（实用文）。

②文学：散文，小说，诗歌、（戏剧）。

③时尚：新材料作文（现高考惯用）。

（3）训练语言表达

①语法：通顺，逻辑：合理，修辞：生动、形象、有文采。

②常规：准确、简明、连贯、生动（形象）。

（4）训练互批自改（此仅提示，以后在"习作互批自改指导与实践"中专题讲练）

△语文学习本人还归纳为"六法"：熟读（基础），巧思（手段），常练（巩固），多写（运用），善疑（提高），活用（目的）。

四、懂得四点要求（映示要点）

必须做到"自主、合作、探究"，还要：

1. 勤奋：世上无天才，只有汗水。笨鸟先飞。先苦后甜。

2. 踏实：脚踏实地，切忌浮躁，扎扎实实，实际、实在、实效。

3. 主动：不靠别人监督，自愿、自觉、自主、自乐地学习。

4. 多思：思是非、思正反、思因果，联系地思、辩证地思、历史地思、发展地思、全面地思，大胆质疑，合作探究，尽信书不如无书，尽信师不如无师。

希望与老师默契、高效地"合作"：提前预习，认真听讲，按时作业，及时整理，有序写作和互批自改。

特别提醒（映示）：

成绩源于能力，能力源于知识，知识源于记忆，记忆源于兴趣，兴趣源于理想。

△提及两件事情：

1. 科学购书（映示要点）

不要乱购书籍，要选择适合高中生的经典的、权威的、最新出版的正版。如工具书就应购第2版《现代汉语规范词典》或第6版《现代汉语词典》。不要乱购资料，学校备有配套教辅——南方出版社出版的《系统集成》(《高中新课程同步基础训练》和《高中新课程单元模块测评》)。为了积累素材、丰富识见、开拓思维、促进成长，可购《哲理故事300篇》或同类读本，也须从现在起就经常阅读、理解、思考、积累与运用。

2. 教学计划（映示要点）

按照课程标准的规定，高中三年要学习：必修课程中阅读与鉴赏、表达与交流两个目标的①至⑤五个模块，选修课程中中国古代诗歌散文鉴赏、外国小说欣赏、中国文化经典研读、新闻阅读与实践、文章写作与修改五个系列。考虑到初高中的衔接，本学期安排：

（1）《初中升高中衔接》(海南出版社出版)

现代汉语语法：语素及其运用、词类及其功能、词语类型及其意义辨析、短语分类建构、句子成分认知。

"古诗文鉴赏"，以后穿插教学；"学习方法归纳"，现在自学。

（2）《高中语文》必修①②（人民教育出版社出版）

阅读鉴赏、梳理探究与能力：

依照教材编写的单元、专题顺序穿插进行。

表达交流、名著导读与能力：

依照教材编写的专题顺序穿插进行。

△布置预习：

《初中升高中衔接》：现代汉语语法。

结束语（映示）：

要坚信：我能，你行；成功，成才！

2012 年 9 月 1 日

注：这是 2012 年下期给高一 408 班新生上的第一次课。近十多年来，本人每接手起始班或中途班，都要专门花 2 课时左右与学生交流沟通，以使他们明确语文课的性质、作用，消除语文学习效果的偏见、误解，知晓语文学习的方法、要求。该课学生的反馈是：针对性、指导性很强，具有突出的实效性。

习作互批自改指导与实践

教学目标：

1. 明确习作互批自改的目的、作用和标准、要求。

2. 实践同学习作互相批改，学习掌握标准和要求。

教学重难点：

重点：教学目标 1。

难点：教学目标 2。

教学方法：教师指导、示范，学生合作探究、互批实践。

课时安排：三课时。

教具准备：多媒体，课件。

教学过程：

一、教师互批自改指导（45 分钟）

（一）为什么要互批自改（映示，略提）

1. 理论阐释

见本书第 212～213 页。

2. 政策依据

见本书第 213 页。

3. 实践证明

见本书第 213 页。

客观结论：

学生习作，无数正确理论和实验实践都反复验证了应施行"互批自改"，新《课程标准》更"法定"要"互批自改"。因此，教师必须认真实施，学生必须主动支持，社会必须积极接受。

怎样"互批自改"，其标准、要求有哪些？下面予以简要介绍。

（二）怎样互批自改（详略结合讲）

明确互批自改的总要求：

标准统一，评判客观，态度认真，批改规范。

1. 标准性要求

（1）高考作文等级评分标准（见附一，略提）

（2）习作互评自改评分标准（见附二，详讲）

2. 操作性要求，即细则（结合示范批改详讲）

粗读原文，把握内容、结构，形成整体印象→细读原文，研究材料、表达，明确优点缺点→批改原文，按照标准、要求，写出眉批尾批→比较阅读原文和改文，审定各处批改，确认等级分数。

（1）要用红笔批改。

（2）要有眉批（旁批）、尾批（总评）。

（3）尾批下面要署上姓名，记准时间。

（4）要在标题右上角用双横线记上分数（60分制）。

（5）要用专门符号（主要依据国家颁布的《校对符号及其用法》）：

错字（标点）：× 别字：| 删除：\或—— 增加：∨或∧ 调换：～～

空行：＞、＜ 病句：——? 问题句：——? 精彩句段：～～～!

（6）要认真负责，自己拿不准时，应与学习小组同学商量，或与作者商量，形成共识，以求客观、公正、准确。

（7）要实事求是，优劣明辨，判分准确。

（8）鼓励讨论，鼓励批评与反批评。

（9）作者要写后记（成功的经验、失败的教训、争辩的理由等）。

附一：高考作文等级评分标准（60分）

		一等 （20～16分）	二等 （15～12分）	三等 （10～6分）	四等 （5～0分）
基础等级	内容 20分	符合题意 中心突出 内容充实 思想健康 感情真挚	符合题意 中心明确 内容较充实 思想健康 感情真实	基本符合题意 中心基本明确 内容单薄 思想基本健康 感情基本真实	偏离题意 中心不明确 内容不当 思想不健康 感情虚假
	表达 20分	符合文体要求 结构严谨 语言流畅 字迹工整	符合文体要求 结构完整 语言通顺 字迹清楚	基本符合文体要求 结构基本完整 语言基本通顺 字迹基本清楚	不符合文体要求 结构混乱 语言不通顺语病多 字迹潦草难辨
发展等级	特征 20分	深刻 丰富 有文采 有创意	较深刻 较丰富 较有文采 较有创意	略显深刻 略显丰富 略有文采 略有创意	个别语句有深意 个别例子较好 个别语句较精彩 个别地方有新意

说明：

（一）基础等级评分，"题意"项以符合材料内容及含意涉及的范围为准，可以不直接引用原材料的文字。

（二）发展等级评分，不求全面，可根据"特征"4 项 16 点中若干突出点按等评分。

1. 深刻：（1）透过现象深入本质；（2）提示事物内在的因果关系；（3）观点具有启发作用。

2. 丰富：（4）材料丰富；（5）论据充足；（6）形象丰满；（7）意境深远。

3. 有文采：（8）用词贴切；（9）句式灵活；（10）善于运用修辞手法；（11）文句有表现力。

4. 有创意：（12）见解新颖；（13）材料新鲜；（14）构思新巧；（15）推理想象有独到之处；（16）有个性特征。

（三）缺标题扣 2 分；不足字数，每少 50 个字扣 1 分；每 1 个错别字扣 1 分，重复的不计；标点错误多酌扣 1～2 分。

（四）套作、文体不明确的适当扣分。抄袭的，"基础等级"在第四等之内评分，"发展等级"不给分。

附二：习作互评自改评分标准（60 分）

作文标题				作者		评改者	
卷面、字迹（5 分。按 5、3、1 分计）	得分：	错别字（在原文中标出并改正，3 分。每个 0.5 分，扣满 3 分为止。）			得分：	意 见	
审题立意（14 分）		文体是否符合要求（2 分）			得分：		
		字数是否符合要求（2 分）			得分：		
		内容是否切合题意（2 分）			得分：		
		题目是否自拟、新颖（2 分）			得分：		
		中心是否突出（2 分）			得分：		
		立意是否新颖、得当（2 分）			得分：		
		文章是否抄袭（如抄袭以上各项不给分。2 分）			得分：		

（续表）

作文标题			作者		评改者	
选材（10分）	选材是否围绕中心（2分）		得分：			
	材料是否符合生活实际（2分）		得分：			
	材料是否具有新意（2分）		得分：			
	材料是否丰富、典型、有说服力（2分）		得分：			
	材料所表现的人物形象是否丰满（2分）		得分：			
结构（13分）	思路是否清晰（3分）		得分：			
	首尾是否圆合、过渡是否自然（3分）		得分：			
	构思是否新巧（3分）		得分：			
	详略是否得当（4分）		得分：			
语言表达（15分）	词语是否生动、句式是否灵活（3分）		得分：			
	语言是否流畅（3分）		得分：			
	有无病句（如有，在原文中修改。3分）		得分：			
	文句是否有意蕴（3分）		得分：			
	是否善于运用修辞手法（3分）		得分：			
总体评价（60分）					最后得分：	
作者对评改的评价（10分）	评改是否负责（5分）		得分：		合计：	
	评改是否公正（5分）		得分：			

二、教师习作批改示范（45分钟）

题目：我的大学（高中）梦

要求：①从"大学"和"高中"中任选一个作文。②写成记叙文，800字左右。③45分钟内完稿。④书写规范，卷面整洁。

（一）学生阅读下面三篇习作，小组合作探究完成题目

1. 三篇分属什么体裁（记叙文、散文、议论文、说明文）的文章？为什么？

2. 三篇所写的内容都符合题目的要求吗？为什么？

3.根据评分标准和你的感觉,分别可给三篇评多少分(60分制)? 为什么?

(二)教师示范批改下面习作的第一篇

1.我的大学梦(高一408班,凡天琴,散文,950字)

在这个世界上,从来都不缺乏会做梦的人。无论身在何处,无论志在何方,他们都在默默地守护着自己的梦想。为了这个梦想,他们在奋斗,在拼搏,在不断地追赶。

在我的心中,就是近在咫尺的大学梦。在无数次的我的梦里,那座美丽的高校,都在静静地存在着,她在等我。

我的梦,是能够考入浙江大学的经融系,扎根在杭州,扎根在这个最让我喜爱的城市。

"毕竟西湖六月中,风景不与四时同。"

今年的六月,我去了这个心仪许久的城市——杭州。

在杭州最有名的西湖河畔漫步,我深深地感受到了这里的安宁。站在河畔边凝望,远处灰黑色的雷峰塔,在丛丛的绿阴中若隐若现,仿佛在无声地吟唱着雷峰塔底下最动人的爱情。在满地的映阳红莲中,那一阵阵宛若仙乐的虫吟似乎就在耳旁响起,一阵又一阵,响动了那满潭的花港鲩鱼,响飞了一棵又一棵紧紧相连的杨柳,而那漫天飞舞的青柳叶,又响动了我的心。

我爱上了这里,我爱上了这座城市。

我喜欢这里亲切好客的居民,我喜欢这里敬爱古旧的风俗,我喜欢这里蕴藏四处的文化气息,我更喜欢这里带给我的强烈的安宁感。

我相信,我一定会再次回到这里。

"欲把西湖比西子,淡妆浓抹总相宜。"

在这个风景如画的城市里,坐落着一所中国数一数二的大学——浙江大学——那便是我每天都会想起的地方,那便是我日日夜夜呵护着的梦想。

那里有紧紧相依的参天白桦,那里有片片相连的青草绿地,那里有丛丛锦簇的艳丽鲜花。那是我的梦,我的追求。

在浙江大学这所名校中,金融系是闻名遐迩的一个品牌。

浙江临海,经济发达,且拥有先进的科学技术。那里,拥有海内外无数的著名企业，是最适宜学习金融的地方。

对于发展中的中国来说，经济的发展依然是当今极为重要的大事。在"科技兴国，人才强国"的战略下，这里涌现出了一批又一批杰出的人才，他们为祖国的建设奉献出了自己的力量。他们是中国的名片，中国的骄傲。

我也要加入他们的行列，在高中阶段努力学习；在不久的将来，我要在金融行业像他们一样，为祖国的建设奉献出自己的力量，让中国成为世界真正的经济强国。

"我要把我的每一滴汗，每一滴泪，都深深地滴在我追求梦想的道路上。"

每一个人都有梦想，可并非每一个人都能实现梦想。因为，实现梦想的过程是万分艰难的，是充满艰辛的。

为了我的梦想，我会一天一天地坚持下去，一次一次地提高自己，一步一步、一步一步地走向我心中的梦——我的大学梦。

【总评】习作紧扣标题，综合运用记叙、描写、议论、抒情等表达方式，排比、比喻、拟人、引用等修辞手法，较有文采地抒写了自己为什么心仪、怎样努力考入并也要加入为祖国做贡献人才行列的浙江大学金融系的梦想，语句流畅，结构严谨，内容较充实，感情真挚，主题突出。但对与"梦"密切相关的浙江大学教学质量、学术水平、科研贡献和文化积淀等核心吸引力方面的描叙相对缺乏，这是不足。可评 17+20+17=54 分。（在习作上的具体详细批改，此略）

2. 我的大学梦（高一 408 班，王秀钰，散文，860 字，48 分。文章此略）

3. 我的高中梦（高一 408 班，刘庆芳，记叙文，860 字，"高中印象与现实"，38 分。文章此略）

三、学生习作互批实践（45 分钟，习作全部交换）

1. 分小组合作批改上面第 2 篇、第 3 篇，写上总评，记上分数。

2. 按照互批的标准和要求，互相批改同学的习作。

习作，在教师有写作目的、有训练序列、有规范要求的精心指导下让学生互批自改，是一件对学生、对教师、对社会都有百益而无一害的事，所以从1992年下学期开始（还有40分钟800字的快速作文训练），本人就一直坚持实验、探索、总结，形成了一整套相互补充、不断完善的评价标准和批改规范。其效果是令人满意的，所教学生积极写作自改、主动要求互批的热情始终旺盛，作品阅读、文学鉴赏的能力和水平不断提高，持续发展的后劲突出、趋势良好，因而无论是参加写作、阅读竞赛还是应对学考高考，成绩往往高人一筹。如：学生自觉创作在书报杂志、单位发表、获奖200余篇。参加各种竞赛都屡屡获奖，仅今年参加全国校园文学大赛凡天琴获二等奖；参加第六届全国中学生语文能力竞赛陈烨靖获一等奖，凡天琴、陈婷婷、罗娟获二等奖，邝梦黎获三等奖。每届高考班级人平稳居郴州市省级示范性高中前三名，且有高分考生如今年尹湘丽获128分、李诗婷得125分分列湖南全省第六、十六名。可惜的是，至今还有不少教育主管、学校领导对此"法定"要求和科学做法持有偏见因而明令禁止，强迫教师全批全改；更可悲的是还有很多语文教师或惧怕上司或因循守旧而依然"篇篇见红""精批细改"地"埋在作文堆里"，既束缚、害苦了自己，又制约、影响了学生。

注：这是2012年9月所教高一408班新生第一次大作后的一堂"习作互批自改指导、实践"课教案。指导课上得很成功，主要是"要求"讲解得细致，既有"高考"的标准性要求，又有"互批"的操作性要求；教师批改示范得具体，详尽明确了操作中要注意的"细则"，指导性、示范性都很强，因此，学生互批的实践也很成功。

心声交流编·升旗讲话选

珍惜时间 拥抱时间

（1995 年 12 月 4 日）

老师们、同学们：

在国旗下，上星期谭超宇书记语重心长地告诫我们，人，最宝贵的是身体，身体第一；今天早晨呢，我则十分郑重地想要补充说明：学生，最宝贵的还有的是时间，时间无价！我们要珍惜时间，拥抱时间。

时间，对于学生，最宝贵：一寸光阴一寸金，寸金难买寸光阴！

时间，对于学生，最重要：听课要时间，自习要时间，作业要时间，考测要时间，学习过程的每一个环节都要时间！课内学习要时间，课外自修要时间，参加活动要时间，进行锻炼要时间，校园生活的每一个方面也都要时间！

对于学生，知识在时间中积累，能力在时间中培养，成绩在时间中提高，人才在时间中锻造。学生时代，是积累知识、培养能力、提高成绩、锻造人才的黄金时代！作为学生的我们每一位，都应珍惜时间，拥抱时间！

对于学生，习惯在时间中养成，品德在时间中修炼，性格在时间中铸就，形象在时间中塑造。学生时代，是养成习惯、修炼品德、铸就性格、塑造形象的无价时代！作为学生的我们每一位，都应珍惜时间，拥抱时间！

学生、时间，时间、学生！自觉珍惜时间、拥抱时间的学生，他的人生会靓丽出耀眼的光辉；善于珍惜时间、拥抱时间的学生，他的人生会展现出迷人的风采！让我们每一位学生，其实也包括所有的人，都来珍惜时间、拥抱时间，使自己的人生绽放出耀眼的光辉，展现出迷人的风采吧！

谢谢大家。

养成良好习惯　创建文明学校

（1997 年 12 月 15 日）

老师们、同学们：

在新的一天、新的一周开始的这个时候，我衷心地祝愿大家今天好、天天好，本周好、周周好！同时，我也诚挚地希望大家积极地响应县委、政府、学校的号召：告别"脏乱差"，创建文明县城；养成良好习惯，创建文明学校！今天文明，天天文明；本周文明，周周文明！

县城，代表着一个县的形象；学校，寄托着一个区域的希望。安仁一中，是安仁县的最高学府，是安仁教育的行业窗口，是寄托着安仁各级领导、全体人民希望的地方。因此，安仁要创建文明县城，必先创建文明的安仁一中。

文明，就其表层内涵以及对环境的要求而言，它包括卫生、整洁与美观。一所学校，一所重点学校，一所省内闻名的重点学校，要卫生，就要求做到不乱丢纸屑杂物，不随地吐痰，不乱写乱画乱张贴，不到处飞扬尘土、弥漫烟火——这依赖于平时良好的卫生习惯的养成。要整洁，就应该考虑教室桌凳排列整齐，寝室用品摆放有序，文化窗口（学习园地、宣传栏窗、黑板报、阅报亭、标牌标语等）处置合理，各种设施创设科学——这也依赖于平时良好的整洁习惯的养成。要美观，就必须注意珍惜校内的所有景点，保护校园的花草树木，爱护学校看得见、摸得着、感受得到的美的一切东西——这更依赖于平时良好的爱美习惯的养成。（语言脏、行为乱、心灵丑，也属不文明。）环境的卫生、整洁、美观，这是创建文明的安仁一中的最起码的要求。

环境要文明，人更要文明。

文明，就其深层理解以及对人的要求而言，应该包括思想的进步、心理的健康和强烈的争先意识。一所学校的师生，一所重点学校的师生，一所省内闻名的重点学校的师生，要思想进步，就必须深明道义，严守法纪，追求真理，乐于奉献，有强烈的强国使命感、富民责任心——这需要我们在平时多读书看报学习，潜移默化地接受思想教育，推动自己良好习惯的养成。要心理健康，则必须敢于正视困难，善于战胜挫折，批评受得了，对暂时解决不了、深感棘手的问题既不灰心丧气，也不自暴自弃甚至于玩世不恭。能够正确对待成绩，客观估价自我，表扬经得起，既不骄傲自满，也不天马行空甚至于目中无人——这也需要我们在平时修身养性、净化心灵，具备拿得起、放得下、容得了的气度与风度。要有强烈的争先意识，则必须敢为人先，不甘人后，学习争名列前茅，成绩比进步幅度；工作争先进，效果比好坏，贡献比大小。学生要重视智育，也不要忽视德体；教师要抓教书，更要重育人。事业眼光要高远，敢超越，无论教与学，要敢于争县第一、市第一、省第一；要敢于大胆设计未来，做业务骨干、行业标兵，当政治家、军事家、科学家；今天像海绵一样不断地、大量地吸取中国乃至世界的一切文明成果，明天就如春蚕一般将自己的聪明才智全部地、无私地奉献给中国乃至世界——这更需要我们在平时志存高远、拼搏进取、吃苦耐劳、绝不服输。

卫生、整洁、美观，进步、健康、争先，这就是我对中学师生文明的理解，也是我关于创建省级文明学校、希望大家养成良好习惯的愿望，现与各位交流与共勉。

谢谢大家。

习惯·素质·形象

（1998 年 9 月 28 日）

老师们、同学们：

早晨好！我今天讲话的题目是《习惯·素质·形象》。

习惯，是一个人在长期的生活、学习、工作中形成的，能反映其某一方面甚或全部，制约其成长、发展的惯性行为。良好的生活、学习、工作习惯，反映着一个人的优秀素质，促成一个人健康、快速地成长；不良的生活、学习、工作习惯，反映着一个人的差劣素质，促使一个人朝着不好的甚至于坏的方向发展。作为中学生，应该培养并形成良好的生活、学习、工作习惯。

素质，它是一个人的政治修养、思想品德、言行举止、业务能力、为人处事等的综合体现。具有优秀素质的人，往往具有良好的生活、学习、工作习惯，而良好的生活、学习、工作习惯，又能促使人在更高层次意义上，具备更高的素质。正是这样，我们提倡每个人都要养成良好习惯，都要加强素质修养，进而塑造我们高大的个人形象，塑造我们高大而光辉的学校形象。

安仁一中要创建省级重点中学，更要求我们每个人养成良好习惯，加强素质修养，塑造高大形象。

我们要养成良好的生活、学习、工作习惯。生活上，比如穿着要简朴得体，不奇装异服；吃食要节俭卫生，不胡来马虎；花销要节约计划，不攀比赛阔；为人要诚实友好，不虚伪欺骗；处事要谨慎妥当，不自私偏颇。学习上，比如课前要预习——实实在在地预习，不自欺欺人；课中要听讲——认认真真地听讲，不心猿意马；课后要复习——扎扎实实地复习，不留下疑问；笔记时要讲条理，重点、难点、知识点纲目显豁、一目了然；看书时投入，有目的、抓重点、讲效率；同学间要互相学习、讨论，不懂就问，不耻好问。工作上，要有热心，有耐心，有责任心，有为他人服务和为班级、学校、社会作贡献的奉献精神。

我们要加强素质修养。政治上求上进，思想上求进步，品德上求高尚，语言上讲礼貌，行为上讲文明，学习上讲全面发展，奋斗中要健康高效，追求中要把理想倾注在祖国、民族的利益上。

有了良好的习惯，有了优秀的素质，我们就有了个人的高大形象，就有了安仁一中高大而光辉的形象。

预祝我们大家个人的高大形象早日树立！

预祝我们学校高大而光辉的形象早日树立！

确保重点形象 进军全国"千强"

（1999 年 2 月 28 日）

老师们、同学们：

在喜庆、祥和的春节刚刚过去之后，我们又迎来了一个新的学期，今天相聚于国旗下，举行新学期的首次升旗仪式。在今天的升旗仪式上，我谨代表学校党支部、行政，向大家表示衷心的祝愿：祝愿老师身体健康，工作胜意，家庭幸福；祝愿同学生龙活虎，学业进步，前程无量；祝愿学校兴旺发达，挂牌成功，进军"千强"！

回顾过去的一年，我们取得了辉煌的成绩：图书馆、体艺馆、学生公寓、教工宿舍四栋房子耸立起来了，文明教室、文明寝室、文明食堂三个建设有了新的进步，会考、高考两大考试成绩令人满意，省级重点中学的检查评估一次性顺利通过。这些成绩的取得来之不易，它凝聚着全校师生员工的劳动心血，它反映着我校师生员工的素质水平。

成绩说明过去，发展必须继续。为此，今后一段时期内，我们的目标和口号是：确保重点形象，进军全国"千强"。围绕这个总体目标，为实现这句口号，本学期我们要：坚持一个中心，突出两个重点，抓好三件大事。

坚持一个中心：教学工作。教学工作是学校的中心工作，其他一切工作都必须服从于它、服务于它。一切背离教学工作中心、不按教学规律办事的工作，都是无效的工作、有害的工作。

突出两个重点：一是提高教学质量，二是建设基础文明。为了提高教学质量，我们必须狠抓常规，落实"五个环节"，坚持"六项制度"，夯实"两个基础"；我们必须强化教学研究，优化教育思想，优化教学过程，优化教学方法，优化教学手段；我们必须"勤奋、踏实、主动、多思"，"团结、严谨、求实、创新"。为了建设基础文明，我们必须不断学习《中学生守则》，牢记恪守《中学生日常行为规范》，严格遵守《校纪校规的有关规定》；我们必须从身边做起，从小事做起，从自己做起；我们必须说文明话，做文明事，塑造好自己的形象，塑造好重点中学文明学生的形象。

抓好三件大事：一是会考，二是高考，三是省级现代教育技术实验学校的检查评估和省级重点中学的验收挂牌。如果我们能真正做到，坚持一个中心、突出两个重点，那么98%以上的会考合格率、40%以上的中考优秀生率和30%以上的高考本科上线率的目标，就一定能够实现；省级实验学校、省级重点中学的两块牌子，就一定能够如愿地悬挂上。

老师们、同学们，"凡事预则立"，"行者必先近而后远"，让我们按照计划，从现在抓起，一步一个脚印地去实现"确保重点形象，跻身全国千强"的目标吧！

谢谢大家。

重倡"五讲四美"争做文明使者

（2001年3月）

当新年的世纪巨钟敲响不久，我们和着时代的旋律，高迈矫健的步伐，欣喜地跨入承上启下、继往开来的千禧头年时，听到了江总书记"以德治国"的号召，看到了中央"两办"德育工作的"意见"。我们深信依法治国、以德治国，法德并举，标本兼治，顺乎民心，能移泰山；确感肩负培养生命、塑造灵魂、铸就文明的教育，春风化雨，百年树人，使命更神圣，任重而道远。

作为跨世纪的中学生，面对关注德育、实施德治的形势要求，会想到什么？该着力什么？作为教育工作者，我想到并深切地感受到，要重倡20世纪80年代的"五讲四美"，争做21世纪的文明使者。

"五讲四美"的内容是：讲文明，讲礼貌，讲卫生，讲秩序，讲道德；环境美，语言美，行为美，心灵美。讲文明、讲道德、心灵美，是我们为人处事、学习工作的立身之本，"居高声自远"（虞世南）、"树德莫如滋"（《尚书》），必须坚持、弘扬、光大。而其他"三讲三美"，它们一一对应构成条件关系，讲卫生才有环境美，讲礼貌才会语言美，讲秩序才显行为美。恰恰这些，我们的中学、一中的今天，很有必要重新倡导、宣传、落实。

美的环境需讲卫生。讲卫生是一种良好的生活习惯，是一种优秀的品行修养。讲卫生不仅可以远离"病从口入、菌从手生"，保证自己身体健康，而且能够营造洁净、舒适、怡人的生活环境，给人们的学习工作带来温馨、愉悦与惬意。美的环境，是一道靓丽的风景线，"村村皆画本"（陆游），赏心悦目，"春红夏绿秋冬青"，使人陶醉；脏的环境，是一块羞辱的杂色布，处处尽垃圾，不堪入目，纸屑痰迹臭饭菜，令人恶心。"天上碧桃和露种，日边红杏倚云栽"（李蟠），学校具有讲卫生而环境美的得天独厚的客观条件，谁都能够成为靓丽风景的维护者与建设者。

美的语言缘于礼貌。讲礼貌是中华民族的传统美德，是一个人文明道德心灵美的外在表现。礼貌的语言，给人以亲切，给人以慰藉，给人以三冬春暖，给人以四季蜜甜。一句关爱的礼貌语言，让人如饮醴酪；一句鼓励的礼貌语言，让人终生难忘；一句恭敬的礼貌语言，让人乐不可支；一句示谢的礼貌语言，使人灿笑满脸；一句道歉的礼貌语言，使人怨怒顿消；一句批评的礼貌语言，使人幡然警醒……上与下，长和幼，师跟生，互相尊重，"美言"常用，互相理解，礼貌是先，如此则必定会其乐融融，其情酽酽，"一句能令千古传"（郑谷）；如此则应该是校园内听不到方言粗语，闻不到师生绰号，看不到因出言不逊而口角唾沫满天飞，更不会出现因非礼脏话而引起干戈纠纷。"恶言不出口，邪行不及己"（桓宽），平时多修养，习惯成自然。

美的行为包括讲秩序。秩序，在校内就是纪律，内含自律与他律。一个能自觉地接受他律、严格地进行自律的人，当然是一个能够讲究秩序、规范行为、遵守规矩的人。有规矩才成方圆，行为美方具秩序。学校的规矩就是秩序，学校的秩序就是"中学生日常行为规范"。"规范"中要求我们上课认真听讲，作业独立完成；在公共场所不追逐喧哗，在起居之地多动手整理；崇尚科学文化，反对迷信邪教；让墙壁能说话，使花草能育人；不吸烟，不喝酒，不赌博，不打架，不进"两室三厅"，不去谈情说爱……亲爱的同学，你是这样规范自己的行为的吗？"川广自源，成人在始"（张华），"一语不能践，万卷徒空虚"（周立），我们应该从自身开始，从点滴开始，实践讲秩序，做到行为美。

同学们，21世纪是关注德育、实施德治的世纪。"人为善，百善不足"（杨万里），"士百行，以德为首"（《魏氏春秋》）。你们是今天的学校学生、明天的社会公民，你们是21世纪文明的使者，在校园这块圣洁的土地上，要重倡20世纪的"五讲四美"，创造文明和谐的教育环境，使大家在耳濡目染、潜移默化中，感染自己的情绪，陶冶自己的情操，升华自己的境界，净化自己的心灵；在华夏那个多彩的舞台上，要争做21世纪的文明公民，创造安定有序的社会环境，使大家在经济繁荣、社会发展中，播洒人间情爱，永驻文明春风，放飞理想希冀，谱写辉煌乐章。

谢谢大家。

知书则明礼

（2002年3月18日）

老师们、同学们：

依法治国，早已深入人心；以德治国，逐日为人重视。一个繁荣昌盛的国家，其公民应该其言融融，其行范范，其德隆隆，此之谓"礼同""大同"。在一个礼同、大同的国度里，人们往往知书、明礼。

礼者，社会之规范、道德之准绳也。古书《礼记》《礼经》《礼说》等对此有专门的论述，它包括说话、处事、为人，其主要精神在于说话有礼貌，处事讲礼数，为人存礼节。

先说说话有礼貌。当我们处于一个超过一人的大大小小的群体中，就存在说话、对话的环境、技巧和效果。每天首次见面"您好"，晚自习分手"晚安"，有碍对方"对不起"，麻烦别人"有劳大驾"，短时别离"再见拜拜"。它可反映你有教养，讲礼貌，品高一格。如果凶神恶煞、金口难开，污言秽语、不堪入耳，辞不达意，那将是一种什么样的境况？那会是一种什么样的心情？

再说处事讲礼数。人有男女之分、长幼之别，群体中有个性差异、风格特点等，这是客观存在、必须处理好的一个实际问题。男女同学尽管是同学，也要注意互相尊重，更要注意毕竟有别：女生自尊好强也自卑，男生豁达粗心多自信。这些在相处之中是否应该区别对待？学校里最直接的关系是师生，作为学生应该尊敬老师。尊敬老师不是一句口号，而是要求我们尊敬老师的人格，不侮辱、玷污老师；尊重老师的劳动，积极配合教学，认真听课，积极思考，按时作业，不断进步；宽容老师的缺点和个性，人非圣贤，孰能无过？师非神人，岂可十全？当然，老师也要尊重学生，尊重学生的人格、劳动，宽容学生的缺点、不足。在学校里，我觉得还有一个不被一般人注意的性格差异、风格特点问题，如内向与外露，深沉与豪放，善逻辑推理与好形象思维，好热热闹闹与喜实实在在，等等。关于风格特点，就以教授为例吧，闻一多喜欢晚上上课，马寅初讲学口若悬河，陈寅恪闭着眼睛讲一天，梁实秋上课不写一个字，徐志摩反对在教室上课，梁启超的喜怒哀乐全由内容而定……你喜欢什么、喜欢谁？我什么都喜欢、谁都喜欢，因为他们各有所长，各领风骚。须知，群体、学校、社会就是这样形成了它的训育环境，就是这样构成了它的丰富多彩。

最后说为人存礼节。功成名就的人，大都是存礼节的人。他们都知道，礼节反映着一个人的教养和文明程度，而教养恰恰是有教养的人的第二个太阳。礼节是赢得别人尊重、善待的初衷与归宿，正所谓"敬人者，人恒敬之；爱人者，人恒爱之"（孟子），"将不可骄，骄则失礼，失礼则人离，人离则众叛"（诸葛亮）。礼节可以温馨和净化社会风气，虽然它"像只气垫，里面什么也没有，却能奇特地减少颠簸"（美国约翰逊）。礼节经常可以替代最高贵的情感。也许大家知道江泽民总书记的下面一个故事，1994年12月9日，党和国家40多位领导人，在听完华东政治学院39岁的曹建明教授的"法律知识讲座"后，江总书记静静地等候在曹教授的身旁，让曹教授慢慢地完全整理好讲稿后，才紧紧地握着他的手，连声道谢："谢谢老师！谢谢老师！"至于毛泽东主席回到阔别三十二年的故乡——韶山，在招待宴席上讲的"敬老尊贤，应该应该"的名言礼行，更是妇孺皆知，流芳百世。

老师们、同学们，知书则明礼。只要我们平时耳濡目染、潜移默化，加强学习、自觉修炼，人人都能成为有礼貌、讲礼数、存礼节的人，人人都能成为恪守社会公德、讲究社会规范的人。我们坚定地相信着，诚挚地期待着。

谢谢大家。

培养良好习惯 夯实成才基础

（2003年2月1日）

老师们、同学们：

人人都有习惯。

习惯有好坏之别。如有人爱吃零食，有人只一日三餐；有人疏于思考，有人勤于读书；有人崇拜自由，有人珍视规范。

坏的习惯之于人，它会在无声无息中泯灭你的良知，吞噬你的品德，侵蚀你的能力，在你独特禀性的剥落声中，像毒蛇般温柔地缠绕你、抚慰你、蚕食你，直至你行如滩泥，坐如槁木，沿着它的锈蚀的双轨滑向缄默、平庸甚至于罪恶。

好的习惯之于人，它能把你的那些稳定的行为特征，在"滴水""聚沙"中"成川""成塔"，定格成坐标，潜成为风景，使你的生活遵循规律，学习频显效率，事业铸就辉煌，使你逐步成为语言文明、行为儒雅、思维优质理性哲学式的人，特别是在思维、学术领域中，像马克思那样善于从矛盾着的两个方面辩证地看问题，像爱因斯坦那样善于从最简单的事实中经过严密的推理得出最深奥的结论，像玻尔那样善于从实证的角度理解宇宙的不确定性，像邓小平那样善于把理论和实际结合起来解决中国问题，因此作出杰出贡献，成为社会景仰的伟人。

"我用咖啡匙子量走了我的生命"，美国诗人艾略特用撕心裂肺的诗句对后人提出了忠告，中国大文豪鲁迅则语重心长地回答年轻人："什么天才，我是用喝咖啡的时间来读书的。"不同的生活习惯，修炼出不同德性的民族和国人。英国人在路上行走别人碰撞了自己，他会自觉礼貌地向人道声"对不起"，中国的不少人则相反，自己撞伤了别人，还会脸红脖子粗地怒吼"你瞎眼了！"日本武士特尚诚信，那种"武士道精神"，不知影响了多少代人、多少国人，而中国的某些政客、商人、学子，都笃信"不讲假话办不成大事""无商不奸""不弊难圆美梦"，把海涅"生命不可能从谎言中开出灿烂的鲜花"，泰戈尔"信用的坠地犹如打碎的镜子再不能重圆"，抛到了九霄云外。须知，生活是花朵，良好的习惯是根基，如果要欣赏到花朵的美丽，则必须加强根的培牢、基的夯实。香港为何整天一尘不染、秩序井然，始终处于干净、整洁、宁静的环境中？因为那里的市民养成了不乱丢乱扔、不乱写乱画、不乱吐乱叫、不乱拿乱砸等良好习惯，这确实值得我们借鉴与反思。

生活是一个宏大的竞技场，大家都可以在那里进行较量，但必须老老实实地遵守比赛规则，这些比赛规则就是公民道德和行为规范。生活如此，学习亦然。为了安排、利用、控制时间进行有序、有效的学习，学校而有作息时间表、课程安排表，师生应养成不迟到、早退、旷课，不甲事乙做心猿意马的良好习惯。为了规范教学行为，提高教学效果，学校而有教学常规和班级纪律，我们都应遵照执行。学校就像一台庞大而复杂的机器，师生便是这台机器中的各个组成部分，只有大家都各就其位、各司其职、各规其范、各习其惯，才能正常、高效地运转，运转出高素质、高质量的各式各样的人才来。养成良好的学习习惯，还要重视拼搏精神、务实态度和科学方法。勒南说，"天才就是最强有力的牛，他们一刻不停地一天工作 18 小时"。卡莱尔讲，"要迎着晨光实干，不要面对晚霞幻想"。俗话讲得好，聪明的人注意过程，愚笨的人看重结果。伽利略更雄辩深刻："读书是易事，思考是难事，但二者缺一，便全无用处。""伟大的人不只是在事业上惊天动地，他时常不声不响地深思熟虑。"（富兰克林）课前主动预习，课中认真听讲，课后自觉整理并巩固，这也是一个不可不养成的科学学习的好习惯。伟人出于平凡，平凡蕴蓄习惯。坏习惯毁灭凡人，好习惯造就巨子。

诚然，"真理之川从错误之沟渠流过"（泰戈尔）。"任何人都不是一个自由的孤岛，每个人都是大陆的一小片。"（多恩）人人都会有坏习惯，人人不都是天生就有坏习惯。反躬自省和沉思默想只会充实自我的头脑，有了勇气就能粉碎自我的坏习惯。粉碎了坏习惯后，你的这些不耐久藏的珍宝式的青春就会更精神更美丽，更令人心动心仪而神往之。良好的习惯，是灵魂中的一种美德；天下之万事，都成于畏惧而败于疏忽；一两重的改错，等于一吨重的聪明。良好习惯的培育并养成，正如"一丝而累，以至于寸，累寸不已，遂成丈匹"（《后汉书》）的日积月累，它源自心灵的自觉接受，它源自实践的反复历练，绝非一纸公文的命令或无休无止的讨论。享乐主义和懒惰散漫的坏习惯会导致不道德、残酷和一切罪恶，而高尚的品德、羡人的事业和幸福的人生，永远偏爱那些有准备的头脑、有修养的灵魂，敢粉碎坏习惯而具好习惯的凡人即伟人。薛瑄曰："唯宽可以容人，厚德可以载物。"坏习惯往往是黎明前的黑暗，粉碎坏习惯后，继之出现的应该是良好习惯的朝霞。我们宽容小小的坏习惯，宽容具有小小坏习惯的人，但更敬佩好习惯，敬佩敢于粉碎任何坏习惯的任何人。

"计利应计天下利，求名当求万世名。"（伊藤博文）"凡人立身行事，务使每一行为堪为万人楷模。"（毛姆）为求万世名、成万人师，让我们都来培养良好习惯、夯实成才基础吧。我真诚地等待大家响亮而精彩的回答，语言的更是行动的。

谢谢大家。

珍视青春 珍爱生命

（2004 年 3 月 8 日）

老师们、同学们：

我现在讲话的题目是《珍视青春，珍爱生命》。

大家都知道，人的青春，过去之后谁也唤不回；人的生命，属于你自己只有一次。正是从这个理解的基点上，我想所有的人，都青春难再，生命宝贵；都应珍视青春，珍爱生命。

我认为，珍视青春，珍爱生命，似乎应从养成健康卫生的生活方式和文明良好的行为习惯开始。因为这些，恰恰是历练人、养育人、成就人的基本要求。讲到此，我想起了一次问卷的一个问题和萧伯纳的一句回答：一生中，对你影响最大的是什么？幼儿园。我同时想起了喜欢游泳的毛泽东和爱好早起的华盛顿，专注研究的李政道和勤于实验的爱因斯坦，粗茶淡饭的鲁迅和清心寡欲的钱钟书。这些叱咤风云、彪炳千秋的政治家、科学家、文豪巨人，之所以成名成家，就是因为他们在小的时候，从基础阶段，于生活方式、行为习惯方面，习得了"天降大任""伊人承之"的素质，练就了"本来都一样，发展却不同"的真功。

我常想，人，特别是中小学生这些未成年人，平时一般情况下，表现都差不多，彼此彼此，但只要你细心观察一下，就会发现差别极大。

例如吃吧。有人一天三餐除吃食堂、吃饭菜外，不再到其他什么地方吃别的什么东西。有人却一日三餐吃得少，但零食吃得特多，现代化些、品牌化些，就连地点也要多样化些：吃了饭菜喝饮料，喝了饮料嚼甘蔗；吃了食堂去校门（饮食店），去了校门上馆子。如果钱不够，那好说，叫家长来买单，家长无力买单，就签个名挂个账吧。上馆子，仅仅吃饭不气派，来它几支烟，喝它几杯酒，好惬意多潇洒！饭饱、烟足、酒醉之后，下次又去，好，上瘾了。怎么办？偷偷地去抽几支，偷偷地去喝几杯，编造谎言骗老师，编造谎言骗家长。最后大家自然知道，老师的眼睛是雪亮的，家长的票子是有限的；烟损肺，酒伤肝，身体潜伏病机；更何况，如此下去，还有什么心思和精力去读书修身呢？这里我还没说，因乱吃、乱吐、乱丢而给校园环境造成满地白色垃圾的不卫生和污染问题。大家都亲眼目睹过，这样的后果是多么的不文明、不雅观。

又如住吧。有人根据自身的客观条件以及学校的规定，决定自己该住通学就住通学，该住寄学就住寄学。有人却搜集无数的理由，"雄辩"地证明自己要租房住通学。理由是什么呢？是学校寝室脏乱差，我不习惯，我想安静地多读点书，我父母或亲戚或亲戚的亲戚，在无微不至地关怀着我，照顾着我，我租房住校外，一定比住寝室好。说实在的，学校寝室目前的条件确实还不够理想，尤其是生活服务大楼的女生寝室，学校的纪律要求也确实要严格一些。但是，假定你的主观愿望确实是要安静读书、加班读书，同时又确实是有父母或亲戚或亲戚的亲戚，在关爱着你、呵护着你，那也可以理解。但我们却常常了解到，不全是这样。有些人是在图享受，有些人是在找"自由"，有些人是在惹是非。可能有人不相信，以为我在危言耸听，那我就略举几个发生在本学期的实例吧：甲同学，租住万福巷一套间，早晚从来不到校自习，在干什么呢？睡觉。乙同学，租住东门街，房主反映该生非常爱看电视，政治新闻、娱乐节目、体育竞赛等，他样样都要看，电视开播到什么时候，他必定要看到什么时候，哪怕是通宵达旦，也在所不辞。丙同学，说是要住舅舅家，其实租住安排路，后来没住上几天，就被房主赶了出来，并且被状告为小偷。孰不知，中小学做学生的，要住宿就必须住学校，要学习就必须在学校，要进步就必须过集体生活，要成才就必须在师生生活的学校反复历练、不断锻造。

还如玩吧。有人在学习之余，打球、跑步，画画练笔、唱歌健美，以锻炼身体，陶冶性情，涵养素质，全面发展。但有人该休息的时候不休息，却挖空心思地利用午休、文体活动甚至于晚自习和之后的时间，背着老师，背着家长，跑到寝室赌棋赌牌，钻进游戏机室玩电游，躲在网吧里面看色（情）暴（力），以满足刺激性、好奇心，增添聊天的笑料，弥补精神的空虚。结果，自习、上课、作业，时间不够，精力不济，常常人在曹营心在汉，没精打采昏昏然。要知道，这样做既耽误了求知的宝贵时间，又影响了学业的不断长进，还污染了自己的精神灵魂。赌博，害己害人、误家误国，在此不多说。而计算机和网吧呢，我们认为：计算机和网络是人类智慧的结晶，高科技产品的代表，多信息快传递的载体；网吧却是鱼龙混杂人群的场所，良莠不齐内容的杂烩，中小学生这些未成年人如果不能正确认识、合理利用，那么只能说它是浪费时间、耽误学业、葬送前途与生命的坟墓，有百害而无一益！其实，我们大家也听到或看到过这样的事或人，后果不言而喻，令人寒心。我衷心地希望各位同学，认真吸取教训，不要重蹈覆辙；我衷心地希望曾经赌博过棋牌，或者迷恋过电游网吧的同学，深刻反思，迷途知返，早日回到健康、文明、积极的娱乐玩耍中来。

同学们，你们正青春年少，你们正求知修身，你们要珍视青春，珍爱生命，要充分利用青春年少这个有利的时机，在吃、住、玩等生活和学习方面，养成健康卫生、文明良好的方式和习惯，使自己身体健康地成长，生命爆出绚丽的色彩，学业大幅地进步，人生亮起耀眼的光辉，真正成为德智体全面发展、社会急需、公众叫好的合格人才或优秀人才。

谢谢大家。

点滴成就业绩 细节显现精神

（2008 年 10 月 13 日）

老师们、同学们：

大家早上好！今天我讲的是校园生活中水和电这样的"点滴""细节"的问题。为什么讲它呢？因为"点滴成就业绩，细节显现精神"。

我们在校园内经常看到这些点滴、细节：有的公用厕所和洗漱间的龙头，水时常在一点一滴地滴着，甚或哗哗作响。有的教室里，光天化日，电灯在开着；凉爽天气，风扇在开着；师生没使用，电视机、多媒体在开着。有的办公室，白天黑夜，电灯在开着，电脑在开着，引水机在开着；炎热时候，门开着、窗开着、空调开着、吊扇也开着。对此，不少人熟视无睹，或习以为常。

大家都知道，水是生命的摇篮，工业的血液，农业的命脉。我们每天都要喝水、做饭、洗衣物……人类的生存离不开水，工业的生产离不开水，粮食的生长离不开水。但水资源却十分紧缺：我国水资源总量约 2.8 万亿立方米，居世界第 6 位，但人均占有量为 2300 立方米，列 149 个国家中的第 109 位，仅为世界人均占有量的四分之一，是世界贫水国之一。因而有 8.3 亿亩耕地（总共 15 亿亩）是没有灌溉设施的干旱地，有 14 亿亩草场缺水。西北农牧区还有 4000 万人口和 3000 万牲畜饮水困难。全国每年有 3 亿亩农田受旱，196 个城市缺水（日缺水量合计达 1400 万立方米），24 个中大型城市出现了地下水降落漏斗（由于超量开采地下水，引起地下水位持续下降，水资源枯竭）。全世界的水 93% 是咸水，不能喝；淡水只占 7%，而能喝的却只有 0.8%。水资源的保证程度已成为某些地区生存、发展的主要制约因素。"如果人类不珍惜水，那么我们能看到的最后一滴水就将是我们自己的眼泪！"电视公益广告上的这句警告，绝非危言耸听！

电在我们的生活、生产中也不可或缺。灯光照明，电扇扇风，空调调温，电话通讯，电视工作，电脑运行……城镇建设、工农业生产等，一样都离不开它。随着生活、生产各项现代化事业的高速发展，我国的用电量越来越大，供需矛盾越来越突出。2007 年以来全国已有 24 个省、市出现了不同程度的缺电甚至拉闸限电等"电荒"局面，这严重地影响着人民生活水平、质量的提高和经济社会的持续发展。就在这种背景下，用电浪费现象却司空见惯并且日益严重，像开头所讲的不单是某人某时某地，严禁用电浪费确实刻不容缓。

其实，发生在 2008 年春节前夕因雨雪冰灾而缺水缺电造成的生活混乱，我们还历历在目；心理恐慌，大家会终身难忘。缺水缺电的日子尚且如此难堪，既无电又无水的后果，就完全不敢想象了。

严禁浪费水电，倡导理性节约，势在必行。要明白，仅一个关不严的水龙头，如果滴水不停，1 小时就能滴 3.6 千克，1 个月就能滴 2.6 吨。而一吨水大约可供：炼钢 150 千克，生产化肥 500 千克，发电 1000 度 / 每小时，织布 220 米，磨面粉 34 袋。仅一间教室 12 根 40 瓦的日光灯亮 2 个小时就耗 0.96 度即近 1 度电，而 1 度电大约可：炼钢 1.4 千克，采煤 27 千克，加工面粉 16 千克，生产化肥 22 千克，生产洗衣粉 12 千克，织布 9 米。

建设节约型社会，成就小康之业绩，不能只停留在空喊口号上，而要落实在日常生活不浪费，节约每一滴水和每一度电的点滴、细节中，日常生活中的点滴、细节都能显现出人的精神。

严禁浪费水电，最重要的是从思想意识上去解决认识问题。要懂得我们国家严重缺水缺电；虽然所用水电你交了钱，但这个"你"的负担却是学校，是学校帮你花了比你交的钱要多得多的不该花的浪费钱，同时你浪费了国家的水电资源；去掉"懒"字做勤快人，养成习惯就不会浪费了。

做到节约水电，切实需要的是从点点滴滴的细节——举手之劳开始。比如少开水龙头，开小水龙头，随手关死水龙头，准备充分了再洗澡、洗衣、洗脏物；少开一盏灯，随手关电灯，随手关闭电视机、多媒体的电源，随手关闭一切可以切断电源的电器设备，等等。点点滴滴，举手之劳，看来确属细节，积累起来的业绩却十分可观。

严禁浪费水电，做到节约水电，不仅既为自己又为学校节约了开支，更为国家节约了水资源电能源，分担了为民解忧的责任，是一种实实在在的利国为民的具体表现。它还会使我们养成随手关水关灯、节约开支、节俭生活的良好习惯，这是今天必须学会、明天有益持家和理政的大学问。

我完全相信，省示范性高中——安仁一中的所有老师和同学，都能不浪费水电又节约水电，并且从点滴开始，从细节做起。点滴成就业绩，细节显现精神。

谢谢大家。

感恩，要从感谢父母开始

（2009 年 4 月 27 日）

老师们，同学们：

早上好！我今天要和大家交流的是：感恩，要从感谢父母开始。

我们都曾听过乌鸦反哺的传说，因为小乌鸦心存感恩，这个外表丑陋的小生灵竟然焕发出无与伦比的光彩。

我们还曾看过《聊斋志异》的故事，因为狐仙们心存感恩，这些以狡猾著称的小动物竟然显得那样的美丽多情。

我们也许读过罗斯福对待家里失盗后的佳话，因为他心存感恩，本来遭遇不幸却还"感谢上帝""庆幸自己"而美名大扬，终成美国总统。

无论是动物还是人类，无论是传说还是故事，也无论是好事还是坏事，因为心存感恩，原本细小普通的事情，竟然变得感人肺腑。原来，只要心存感恩，一粒干瘪的种子也能萌芽，最终生长成一片茂密的森林；只要心存感恩，一条涓涓的细流也能壮大，最终汇聚成一片蔚蓝的大海；只要心存感恩，一道触目惊心的伤痕也能愈合，最终淡化成一块光滑细腻的肌肤；只要心存感恩，一颗冷如冰山的心窍也能融化，最终荡漾成一丝吹绿柳梢的春风。

一切，都只因为心存感恩。很多时候，我们常常感恩于陌生人的帮助。

比如在雨夜里，陌生人为你撑起一把雨伞；比如在寒冬中，陌生人为你递来一件棉衣；又比如在生病中，老师或同学为你拿来药送来水。的确，这些只是一些看似微不足道的细节，但正是这些细节，却总会在你眼前不时地浮现，历历在目，刻骨铭心。当你咀嚼着这些微不足道的帮助、然后感动得热泪盈眶的时候，你是否用心想过，正是因为心存感恩，小小的心灵才能蕴涵丰富的内涵，单调的生活才能焕发绚丽的色彩，贫乏的情感才能饱满得像一条波涛汹涌的大江。

更多时候，我们应该感谢父母的关爱，回报关爱的父母。

当我们还在襁褓中的时候，甘甜的乳汁是关爱；当我们还在蹒跚学步的时候，扶着我们的温柔的双手是关爱；当我们正在上学求知的时候，注视着我们的慈祥的目光是关爱；当我们正在出门远行时，那一遍遍不放心的叮咛和无时不在的牵挂更是关爱！

当我们遇到困难，能倾注一切来帮助我们的人，是父母；当我们受到委屈，能耐心细听我们哭诉的人，是父母；当我们偶犯错误，能毫不犹豫地原谅我们的人，是父母；当我们取得成功，会衷心为我们祝贺并与我们分享喜悦的人，是父母；而现在我们远在外地工作或学习，无处不在的牵挂着我们的人，还是父母。父母，时时处处都在关爱着我们。

我们一天天的成长、一点点的进步，都离不开父母无微不至的关爱，回报可亲可敬的父母的关爱,是我们每一个做儿女的义务与责任。感恩父母的关爱,回报关爱的父母,我们将像乌鸦一样焕发出无与伦比的光彩,将像狐仙一样显得那样的美丽多情,将像罗斯福一样美名大扬;我们感恩、回报父母的事情,将变得比乌鸦反哺、狐狸成仙、罗斯福成总统更加理所当然,更加感人肺腑。

为此,我们应该想一想:我们是否真正感恩过父母的关爱,回报过关爱的父母?当我们在校园中攀比穿戴追求时尚时,当我们在教室里使用手机并作弊时,当我们用很酷的方式把剩余的烟蒂弹出时,当我们用很牛的劲头逃课上网时,甚至,当我们用很浪漫的心情与异性朋友闲逛时,当我们用很潇洒的做派应付生活时,当我们用很无所谓的态度蹉跎光阴时,遇到此时、面对此事,尽管我们的父母,总是以很富有的慷慨给我们不断掏钱,总是以很奢侈的方式使我们得到满足,总是以很轻松的语气对我们说他们干活不累,总是以很幸福的口吻对我们说他们很高兴,甚至用很博大的胸怀宽容我们所有的不足与错误!其实,父母他们的经济条件、生活与工作的情况真的是这样吗?父母他们的内心深处真的是这样想的吗?我们应该怎样呢?

为此,我们还该想一想:父母的一生可能是清贫的,清贫得让我们不愿在众人面前谈起;父母的一生可能是普通的,普通得没有任何故事值得我们去炫耀;父母的一生可能是平凡的,平凡得就像一块随处可见的鹅卵石。可就是这样的父母,为了我们,他们的皱纹一天天地多了,头发一天天地白了,脊背一天天地弯了,人呢一天天地老了,他们确实一天天地在变化着,但无时无刻不在关爱着我们的心却始终没有变化!对于这些,我们能说他们的精神清贫吗?奉献普通吗?关爱平凡吗?

不少时候,更多事情,拥有时不曾懂得,懂得时却已不再拥有。老师们、同学们,让我们都来感谢父母的关爱,趁父母还在身边的时候,常回家看看,常通讯聊聊,常亲手做做儿女辈该做的事情,从眼下开始就对他们感恩吧!

感恩,确实要从感谢父母开始!

谢谢大家。

注:此文发表于 2009 年上学期第 3 期(总第 5 期)《德育简报》。

"热爱祖国"漫谈

（2009 年 9 月 21 日）

老师们、同学们：

早上好！我今天讲话的题目是《"热爱祖国"漫谈》。

大家都知道，之所以高山会气势磅礴，大海会汹涌澎湃，青松会高大苍翠，小草会坚韧不拔……是因为她们始终依傍、仰仗着大地。大地是宇宙间自然万物生生不息、勃勃成长的根基和依托，摇篮和源泉！

自然的大地，犹如人类的祖国。祖国，是地球上整个人类中每个民族生存和发展的根基；是一个民族按照自己的意志播种和收获，将自己的梦想变成现实的依托；是一个民族的灵魂之鸟自由翱翔，培育自己的英雄人物的摇篮；是一个民族用自己的智慧创造文化和文明，永远不屈服、永远不被摧毁的力量的源泉。

我们要热爱宇宙间自然万物赖以生存和成长的大地，更要热爱地球上各个民族赖以生存和发展的祖国。

热爱祖国，没有国界。在美国，热爱国旗是一件极其平常而又光荣的事；他们认为"不懂得热爱国旗的学生，无论他多么出色，都不是好学生"。（美国一乡村教师语）在波兰，每所学校都专门设有爱国教育课程，并使之融入政治、历史等学科中。泰国政府规定，爱国教育是每个青少年学生必不可少的一门课程。韩国把爱国教育渗透到社会生活的各个方面，韩国人历来以使用本国产品而感到自豪。热爱祖国，是全人类共有的宝贵财富。

热爱祖国，不分时地。为了祖国，屈原面对怀王的疏远、佞臣的挤压绝然不肯离开楚地，宁愿自沉汨罗江；苏武被囚北海牧羊十九年，从不放弃象征尊严的汉使竹节；文天祥拒绝高官厚禄的诱降，高歌"人生自古谁无死，留取丹心照汗青"的诗句慷慨就义；徐锡麟、陶成章、秋瑾等不惜以生命书写中华历史的新篇章。方振武面对强敌压境发出"宁为战死鬼，不为亡国奴"的怒吼；

茅以升为阻止日军入侵，亲自炸毁自己设计的钱塘江大桥；周恩来十岁就立下了"为中华之崛起而读书"的壮志；毛泽东更以他顽强的拼搏和不屈的奋斗与他的同仁们一起实现了创建新中国的伟大抱负！新中国成立以后，许多杰出人物如邓稼先、华罗庚、钱学森等，他们放弃国外荣华富贵的生活，回到贫穷落后的祖国，为国家的现代化建设贡献自己的力量。这些不同时期、不同地点的伟大人物和其可歌可泣的感人事迹，永远激励着每一个热爱祖国的中国人奋发向上！

热爱祖国，具有鲜明的时代要求。

五四时期，集中表现为救亡图存；建国之后，主要表现为报效国家；当今时代，爱国的主题就是建设有中国特色的社会主义，构建现代化的和谐社会。江泽民总书记要求："继承和发扬爱国主义精神，要体现在行动中。"对于我们青少年学生来说，具体而切近的行动体现是，一要热爱祖国的河山、历史和文化，维护祖国的统一、主权的独立和领土的完整。二要热爱自己的学校。学校为我们保障了优秀的学科教师，提供了优越的学习条件，建设了优良的学习环境。这是我们不断进步、健康成长的基础。我们要像爱护自己的眼睛一样，爱护学校的形象和荣誉；要像对待自己的父母兄妹一样，尊敬每一位老师、友爱每一名同学；要像珍惜自己的财物一样，珍惜校园的一草一树、一砖一木和由此而形成的自然的、人文的每一个景点。三要把爱国的热情理性地落实到为将来更好地回报祖国而发愤学习科学知识、扎实提高文化素质上来。要珍惜时间锐意进取，勤学苦练顽强拼搏，以骄人的成绩来回报养育我们的父母，教育我们的老师，培育我们的学校，提供我们根基和依托、摇篮和源泉的祖国！

同学们、老师们，少年兴则国兴，少年强则国强。我们要适应时代的要求，增强热爱祖国的情感和回报祖国的责任感，高举热爱祖国的旗帜，争做回报祖国的新人，真正把热爱祖国之心之情变成回报祖国之志之行。今天为回报祖国而发愤学习，明天为振兴祖国而贡献力量！

谢谢大家。

注：此文发表于《苗地》总第 136 期（2011 年 4 月）。

社会响应编·断想随笔选

人

（2003.12）

人
都一样
但
有人
亲近、伟大
有人
隔膜、卑渺

人
不一样
但
都需
柴米油盐酱醋
都需
学习工作生活

人啊
人

环境

处境

心境

人境

上 与 下

（2003.12）

他

政治上越老越红

思想上越老越纯

业务上越老越精

贡献上越老越大

却

下来了

他

政治上上蹿下跳

思想上唯利是图

业务上不学无术

贡献上屈指难数

嘿

上去了

教育改革

（2005.7）

改革要改在

宏观上的"应试教育"

中观上的"无序无效"

微观上的"课堂在做什么"

事　实

（2006.10）

领导
不一定是榜样
群众
有可能是楷模
被表扬
不一定是做得好
被批评
有可能是做得太好
会做的
不一定会说
会说的
也许能够去做

广　告

（2007.8）

安仁人看病
郴州人买房
湖南人娱乐
中国人祈皇

冰　冻

（2008.1.29）

白树银镏
干断枝折
好一片
惨[1]

校服绿影
男盼女望
真千余
神[2]

注：

[1] 一片惨：指2008年1月29日即农历12月24日这天，校内白树银镏，树木干断枝折；校外冰冻封路，师生无法回家过小年。媒体称此为南方百年才遇的"冰冻灾害"气候。[2] 千余神：指当时处于虽冰冻奇冷却坚守补课、虽盼望回家却担心回不了家的精神状态的高三的1023个学生。

铁　律

（2010.2.11）

公以处事，服众
正以做人，凝心
仁以制动，聚力
安以成功，谐和
公正仁安，太平

怕

（2010.11.26）

教育
学生怕教师
教师怕考试
考试怕成绩
成绩怕校长

装修
砖匠怕刷匠
刷匠怕木匠
木匠怕漆匠
漆匠怕主人

社会	思想
生活怕物价	观点怕理念
物价怕政策	理念怕观念
政策怕市场	观念怕思想
市场怕法人	思想怕老大

现实

校长决定评价

主人决定工钱

法人决定物价

老大决定一切

末　治

（2010.11.26）

体制决定官制

官制决定任命

任命决定管理

思想决定思路

思路决定做法

做法决定结果

从管理结果上研究对策

至多修补缺失

更多害事误国

行　政

（2011.8.10）

官爷　表态！

领导　决策？！

高管　想法？？！

员工　干事？！！

百姓　受益？遭殃！

教 育

元旦联（1987年）：

辞虎岁载歌载舞喜盛世环境多少英雄捉鳖揽月堪可敬可颂

迎兔春同心同德乐太平社会一代风流革故鼎新应能文能武

龙腾虎跃（教室）

学海泛舟击鲸波劳逸是岸

科宇比翼搏长空苦乐有边

如愿中意（教室）

笑辞旧岁胸有壮志冲牛斗

喜迎新春满怀豪情折蟾枝

欢度佳节（教室）

中选靠真才数理化当全争优秀

攻坚须勤谨心眼手得齐下功夫

并非戏言（寝室）

看斯陋室不乏成龙成虎之士

建我华厦皆有忧国忧民之心

心中理想（寝室）

度寒窗成雄才大略只图破壁

迎兔年展金戈铁马齐跃龙门

春节联：

龙年卧龙腾空师生共图鸿业狮峰 [1] 健儿成龙志

桃月夭桃吐蕊前后齐展芬芳神州靓女舒桃红

注：[1] 狮峰即狮山，在原安仁三中所在地关王乡。

开学典礼联：

德育领先

蟾宫折枝靠科技打好基础培养能力发展才智急之所务

深海捉鳖需身体抓紧行动坚持锻炼形成自觉功其于人

开学典礼联：

搞"四个现代"闯入知识之地域千舟竞渡探幽发隐须广见博闻锐意进取革

故鼎新八仙献技诸般解数谁先试

唱"三个面向"登上科学之峰巅万众同心出奇制胜要勤思苦练立足基础诱

兴启智七巧生灵几门功课孰后赢

筛选联：

寒窗锋芒初试沉着应战基础扎实何惧哉

预考缺漏终鉴及时弥补头脑冷静孰先乎

高中会考联：

剑磨十载丛棘何足惧假霜刀终无敌武略成大胆

功练三秋劲旅岂可轻借活水始有源文韬赖细心

格物十秋汗牛无止镜志存高远天下小

试玉三日静心有渊源胸怀经纶路途宽

楼外无止镜登高无绝顶潜攻十秋已磨砺还须试玉三日

脚下有坦途进取有强人苦战廿春可成才更应拼搏一生

高三会考联（1996 年）：

会于三三一 [1] 沉着应战细心耐心心系优秀

考在七八九 [2] 快速对策智力能力力争上游

_____

注：[1]"三三一"指会考日：从每年的三月最末一个星期日开始。一九九六年三月的最末一个星期日是三十一日。[2]"七八九"指高考日：每年的七月七日、八日、九日三天。

初三、初二、高二会考联（1997 年）：

砚起云海静心气今辰畅书九载鲲鹏志

笔走神龙争分厘明朝顺达七月锦绣程

初三会考暨高中招考联（1998 年）：

存报国雄心立志兴邦身出九天寰宇

考成才名校凝神挥翰笔起万程风云

会考考水平基础扎实龙盘虎踞

应试试能力底气雄厚类出萃拔

高考联（1995 年 7 月）：

莘莘学子发愤潜攻十数载博闻强记志存天下试玉三日何惧哉

莽莽青山登高苦战若许年掘隐探微胸怀世界创业一生孰先乎

格物苦寒窗四维昼夜难忘数成理化志存科学天下小

试玉乐酷暑五彩文章易就语定英俄胸怀经纶道路宽

集三湘灵气试三日玉石誓攀千仞绝顶

会四方良才毕四维功业敢领百代风骚

雄心创佳绩谱写时代新曲

智慧铸重锤敲开高校大门

高考联（1997 年 7 月）：

天时地利人和有兆状元相继出家国足幸

教本育先才俊无数骐骥奔腾来文理大成

高考联（1998 年 7 月）：

胸怀格致翰墨泼千重秀色

腹藏经纶彩笔绘四化宏图

高考联（2009 年 6 月 2 日）：

闱院试笔泼墨挥毫凤起孟宗 [1] 惊天下

湖湘逐鹿扬鞭策马心随刘祖 [2] 傲群雄

注：[1] "凤起孟宗" 源自王勃《滕王阁序》"腾蛟起凤，孟学士之词宗"，取文采飞扬意。[2] "心随刘祖" 源自司马迁《史记·淮阴侯列传》中原逐鹿"秦失其鹿，天下共逐之"，取武略盖世意。

高考联（2010年6月2日）：

高标礼智道安宅厚积龙腾乐水[1]在今日

考苑义信德仁[2]里薄发[3]虎跃雄峰[4]是明天

注：[1]智者乐水，仁者乐山。（《论语·雍也第六》）[2]仁者安仁，知者利仁。（《论语·里仁第四》）夫仁，天之尊爵也，人之安宅也。（《孟子·公孙丑》）仁、义、礼、智、信：儒家之"五常"。[3]博观而约取，厚积而薄发。（苏轼《杂说·送张琥》）[4]乐水、雄峰：安仁之名水与名山。

高考联（2011年6月4日）：

有安仁圣哺润理滋文乾俊笔落幻七彩

看厚均[1]国材腾蛟起凤坤嫒卷成靓九州

注：[1]厚均即欧阳厚均，安仁籍清朝岳麓书院山长。

高考联（2012年6月4日）：

鹰击清空一览华昔书山小

鹏搏北海万济大朝[1]题帆轻[2]

注：[1]"朝"谐音"潮"。[2]上联嵌"清华"，下联嵌"北大"。

高考联（2013年6月6日）：

激扬文字精气神满今朝腾蛟起凤揽月去

指点江山志力物足明日经国济民捉鳌归[1]

注：[1]此联由某君2013年高考联"挥斥岁月恰同学少年今朝腾蛟起凤揽月去，指点江山携宝鼎神器明日经世治国衣锦归"修改而成。

悼刘冠群校长联（1994年6月）：

悲泪如泉悼劳模廉洁奉公唯民唯实功绩永载创业史

哀乐似潮赞名师鞠躬尽瘁重德重才恩惠泽被学子心

悼刘庆前祖父刘声邦联（2013年10月7日）：

履旧顺新名声远无欲则寿寿终正寝音容宛在

经世纬纪家邦盛有道必昌昌子旺孙精神长留

厚均楼奠基典礼联（1995年9月22日）：

样板拔地起特色为先方方面面皆特色

基础顺天成人才是育岁岁年年尽人才

汇聚全县财力栋宇将秀起一流学府指日待

强化重点意识基础已奠成特色人才顺我来

万福圣地钟教育

千强鸿愿启人才[1]

注：[1] 安仁一中校址在原万福庵，故称此地为"万福圣地"；"千强"，是指全国千所"示范性高中"。

欢迎一九九五届高才生侯桂新来校交流联（1996年2月2日）：

风尘仆仆返母校讲座奉献无价

言辞切切谈素质师生探讨有心

学校五十五周年校庆联（1996年10月1日）：

鲲鹏展翅处：

鲲鹏扶摇九万里

鸿鹄壮志三千年

新老教学大楼之间：

双手托起明天之太阳

一心奉献今日之辉煌

校史馆：

辉煌校史因学子

宏伟蓝图缘先生

庆典餐厅（礼堂）：

胜地重游雄杰英豪情眷眷

新颜共赏校友嘉宾心拳拳

田径运动会联（1997年10月）：

田中龙腾虎跃枭雄掷比高远比友谊

径上你追我赶鸿鹄飞赛速度赛水平

田径运动会联（2002年10月）：

文化先进情挚挚

体育高强骨铮铮

生　活

儿陈振兴升大学联（1999年9月1日）：

十二载受教牢记立身常重凭书力

几许年从业不忘处世必需知师恩

儿子陈振兴、儿媳李小芳婚礼联（2015 年 11 月 24 日）：

陈李联婚

孟冬天作万里长空欣比翼

吉日宴请数杯淡酒望开怀

婚喜福联

南北一缘振家兴人好千载

陈李两姓小康芳禄合百年

女陈雯升大学联（2004 年 8 月 23 日）：

文运重开书香第

菲仪诚谢师友情

雏凤清音书香第

青云雯华碧落巅

乔迁学校一九九二年栋四楼新居联（1993 年 9 月 21 日）：

燕雀居高亦能搏天下

鸿鹄有志自当展雄才

心有渊源何惧长江远

志在极顶不畏泰山高

乔迁立邦花园新居联（2009 年 12 月 31 日）：

安居乐业（家门）

盛世莺迁兴家室

吉日虎踞旺子孙

四通八达（车库）

来去自由小康路

出入平安幸福歌

春节联（2014年1月28日）：

马到功成

黄仪再始天行健

岁律更新地势坤

周光兴儿子、女儿双双升大学喜宴联：

桃李初熟谢师长精心栽培名高北斗

瓜豆双收思亲友竭力耕耘恩比东瀛

志远才生（书房）

窗小也能闻凤舞

檐低更易见鹏飞

心畅情至（餐厅）

岁通盛世好饮酒

人逢喜事乐作歌

倪翊龙升大学喜宴联（2007年8月22日）：

跬步启风雷一筹大展登云志

雄风惊日月十载自能弄海潮

入学喜报饱浸学子千滴汗

开宴鹿鸣荡漾亲人万缕情

何如意、傅学燕婚礼联：

其乐无穷

学海燕豁出身心发愤图上上不负

如人意敢迎风雨竭力攻下下几何

周邦清、侯小芳婚礼联：

瑞香醉冰心心心珠璧情人眼里何止笑

酽酒骚玉壶壶壶清甜师友胸中尽是春

李才智、侯丽蓉婚礼联：

月点波心一颗珠曲径通幽别有天人常语

李排峰面千树果高山仰止疑无路子不言

何福汉、周文君婚礼联：

茫茫学海师徒同心游不达彼岸非好汉

融融风情云雨共天长敢叫此境醉夫君

段积鑫、谭渺鸿婚礼联：

春发渺鸿展双翅无情非图画

山开吉星洞一洲有景是婚姻

谭中兴、刘芬婚礼联（2008年4月27日）：

玉树琼枝

长子完婚杨柳舒新呈美景

良缘联姻桃李绽芳笑春风

黄道是时

大地香飘蜂忙蝶戏相为伴

人间春旺莺歌燕舞总成双

喜气洋洋

陋室摆筵酬厚意

嘉宾上座叙盛情

幸福美满

比翼却似关雎鸟

并蒂常开连理枝

乐在其中

厨内精心调五味

堂前聚首会三亲

笙磬同谐

百年恩爱双心结

千里姻缘一线牵

谭力兴、陈和艳婚礼联（2012年6月2日）：

吉日良辰

稚子完婚喜事从心畅胸臆

贵客援赐感怀雅意叙亲情

喜气盈门

志同道合海阔天空双比翼

意厚情深月圆花好两知心

合家欢乐

地久天长门有喜

年丰人寿福无边

亲爱和睦
福音驻陋室我笑
寿域开宏门她迷

鱼水合欢
室外乐客乐盈乐
帐里情人情溢情

宜室宜家
凤凰叶吉三星照
花烛辉煌五世昌

生香浓精
饭菜不尽三亲意
情思当暖六戚心

何福汉母六十寿联：

家母喜逢花甲寿三个不肖庆贞良祝仁爱掬一把浦阳河水烧几炉檀木香火对
天恭祭列祖列宗千秋延慈萱与南岳同尊比峻

贵客幸遇丙寅年四方君子歌升平舞盛世拱两壁坳颈江山擎数杯封土醴酒洒
地拜求诸老诸少万代益鸿儒共东海齐福争深

浦阳河水滔滔悠悠萦似带万代难休恰好弱冠凭其跃有山皆图画
坳颈山树苍苍郁郁屹如屏千秋不废却望强生任尔飞无水不文章

筵开南厉酒清冽九神护设悦年年不老
乐奏北堂人和瑞八仙佑吾侪岁岁长春

某君五十、儿二十两寿联：

盛世知天薄酒酬嘉宾宵汉鹏程腾九万

良辰加冠诚心谢贵客锦堂鹰翅展三千

某君媳二十、孙周岁联：

至地灵吾媳间闺薄酒酬嘉宾融融春风室有幸

得人杰鄙孙晬盘诚心谢贵客济济才子堂增辉

某君孙满月联：

德隆昌人丁吾孙月满亲友莅临济济一堂有造化

世盛宜家室诸君年丰论谈高阔幸幸三生足春风

某君妻寿、儿婚联：

内室知天但愿福花无涧香发宝姿三千丈

次子完婚只求慧琴常润音中霓裳十万年

段登成嫁女联：

小女于归奁妆寥寥无几愧吾无能无力但有贤郎合家喜

贵客毕至馈物绰绰有余谢君有义有情虽缺佳肴满堂欢

卢在基嫁女联（2010 年 7 月 3 日）：

爱女完婚珠联璧合桃李笑

不才聚宴日丽风和门户亲

谭永楷装大门联（2006 年 12 月 23 日）：

六合永相应

四季常似春

张家坤乔迁新居联：

紫徽正照（大门）

面东南二方横览颜色堪阅遍

居西北一隅纵发人丁幸庆和

陋室增辉（客房）

万里河山铺锦绣

九天日月耀光华

心意满足（客房）

政通人和千门晓

国富民强四海春

全面发展（小孩居室）

啊哦加减宜学好

理化生外当弄通

三楼阳台

四面风光归眼底

八方乐歌顺耳来

周邦录乔迁新居联：

人才辈出（大门）

纵居南北依后盾靠山有山皆图画发家处境

横览东西傍前源活水无水不文章读书地方

家发富至（楼梯门）

人缘楼梯盘旋上

财从厅堂豁达开

妙在其中（厨房）

锅瓢碗盆交响乐

油盐酱醋浪漫歌

情义为重（夫妇居室）

乾坤容我黎民静

名利任尔众生忙

老少皆宜（客厅）

足不出户知天下

心有灵犀一点通

数在心中（小孩居室）

a　o　e　I　　政史地

A　B　C　D　　理化生

志存高远（阳台）

入阁读绝妙章句

凭栏望繁荣市场

谭年青乔迁新居联（1997 年 12 月 24 日）：

纵居南北依大路有路皆通达发家处境

横览东西傍满屋是屋齐昌盛旺人地方

心想事成（车库）

四通荣华富贵路

八达品德才学功

紫徽正照（南门）
堂构聿新承燕翼
箕裘蔚彩启鸿图

春风盈室（北门）
鹄峙鸾停潜入室
珠圆玉润和满堂

心意满足（北门）
季季争春人财旺
年年顺心内外红

瑞气常驻（南门）
规模早奠风骚势
甲第旋生翰墨香

国家治齐（北门）
负重全凭基础力
擎高端赖栋梁材

徐国良、谭永贤乔迁与母寿联（2010 年 11 月 18 日）：
皆大欢喜（南大门）
新居乔迁人杰地灵兆我鹏程腾九万
慈母花甲椿荣萱茂祝卿鹤翅展三千

寿人富家
心地豁达宜福寿
精神爽朗自康强

国家治齐
创业喜逢黄道日
居新欣遇紫徽星

蓬荜生辉
寒舍委屈八方客
情谊通达四面亲

手足同心
天地通幽闲难有
岁月知交代更亲

人愿天遂
顺人处处人心悦
先天时时天意从

山呼雀跃
乐事事乐事事乐
齐家家齐家家齐

随　　想

1987 年 4 月：
登山游海必需志力物
求知长智勿缺勤疑思

1996 年 2 月：
日积月累跬步能至千里
地久天长滴水可穿巨石

2002 年 9 月：

耳目何多无所惧

心底无私天地宽

2004 年 4 月：

无我无私方无畏

有信有心才有为

2004 年 6 月：

知识改变命运

教育创造生活

2004 年 8 月 9 日：

海纳天下客男女有信

心存地上人老少无欺

2008 年 10 月 9 日：

春来万木竞生长

秋必满园凌碧空

其 他

安仁县农行春联（2004 年 2 月）：

农安县礼文明经营笑融千家注金碧

行仁民义自由存贷乐资万户写辉煌

安仁县公安局乔迁庆典联（2010 年 1 月 27 日）：

正肃民风惩凶除恶睁双眼包天拯地公社稷

义静人心匡善扶良啸一声海日瑞月安苍生

铁肩担道义激浊扬清社会和谐焕异彩
钢盾威乾坤保驾护航经济繁荣上层楼

安仁县公安局春节联（2010年2月11日）：
玉柱擎长天风正气顺随我愿春春得法意
蓝盾卫大地国泰民安称你心虎虎生德威

安仁县委纪念建党89周年暨表彰大会、歌咏比赛联（2010年6月28日）：
拼搏廿八载终倒三山得解放大家赛歌唱万岁
探索六一年力建四化促发展同志集会彰百君

安仁县人大十四届四次会议主题联（2011年2月18日）：
法赋审决监督当家作主无功即过要担当全面落实三民两发展[1]
政行规划推进新农强工有的放矢敢作为倾力打造四县一中心[2]

注：[1]三民两发展：三民，指胡锦涛同志提出的"权为民所用，情为民所系，利为民所谋"和"发展为了人民、发展依靠人民、发展成果由人民共享"。两发展：指经济和社会全面协调可持续地科学发展。[2]四县一中心：指2011年县经济工作会议提出的奋斗目标——把我县打造成为"承接产业转移示范县、现代农业产业基地县、知名文化旅游县、生态宜居县、区域性现代服务中心"。

前行足音编·回眸杂忆选

我的事业在教育

　　我姓陈，名石林，男，汉族，1956年农历8月15日，出生于湖南省郴州市安仁县坪上乡坪上村竹山组一个贫苦农民的家庭。七岁读书，十五岁入团，二十二岁入党，二十四岁参加教育工作。牢记着纯朴、诚实、善良、勤劳的传统美德，接受了小学、中学、大学的学校教育，经历过社教、文革、改革开放的政治洗礼，担任过学习委员、班长、副连长，教研组长、教导（务）主任、教学副校长、市中语会理事、省级六家报杂志兼职编辑。1987年评聘为中教一级，1995年破格为高级教师。懂得：肯干成人，能干成才，善干成栋梁；崇奉：不要在夕阳西下时幻想，而要在旭日东升时投入；坚信：山不在高，有仙则名，水不在深，有龙则灵。

　　我出生在农村。闭塞、落后、慢节奏、小变化的农村，给我印象深刻，它促使我投入教育，企盼改变它。纯朴、诚实、善良、勤劳的农民，对我影响深远，它鞭策我堂正做人，期望光大它。因为这，我在农村中学——原安仁三中（校址关王乡政府所在地）教农家子女整整十年而乐此不疲；因为这，我要求自己做一个像农民一样的普通而又不普通的人民教师。

我工作在学校。我爱学校的一切——师生、教室、教材与粉笔。是教师教给我知识，教会学生做人；是学生维系着我的事业，他们是祖国的希望；教室是我传授知识、教育"未来"的阵地；教材和粉笔是我从事"太阳底下最光辉的职业"的工具、武器。如此，为何不热爱？

我的事业在教育。教书育人是我的义务。它是一门艺术，艺术必需研究、创造。十多年来，我在实践、研究教书育人中，创造性地形成了自己的一些特色与风格：高屋建瓴，重视"教纲考纲"的把握；因材施教，重视"教材教法"的研究；有的放矢，重视"教学信息"的反馈；循循善诱，重视"培优辅差"的工作；交心切磋，重视对青年教师的培养。教学管理是我的职责。我曾两度、五年担任教导（务）主任，现任安仁一中教学副校长。在较长时间的实践中，深感管理者自觉学习不断进步、严于率己勇挑重担、教书育人效果突出、锐意进取思想成熟，是其必备条件；而勤于管理制度全、善于思考点子多、勇于探索措施力、敢于改革思虑周，又是其必需素质。这是我努力的方向。

工作十六年，成绩有些许。六次评为县优秀教师、"职工之友"，地教委记功一次。教过十二届高中毕业班，培养了上千的高级人才。有七篇教育教学论文交流、发表或获国家级大奖，参编过四本专业著作。业绩被编入了三本国家级出版社出版的"名人传"。

1996 年 5 月 4 日

《苗地》发展大事记

一、创刊、复刊

创刊于 1984 年，创刊人教研组长谭超宇。该刊至今未找到任何一期。复刊于 1989 年。"复刊词"："这是一片荒芜的土地。昔日的嫩芽，早已枯萎；昔日的芳香，犹存留心底。又逢春天，又发嫩芽；但愿寂寞、荒芜不复存在！但愿日后开出七彩奇葩！"却无具体时间，只是从第 1 期文章作者的署名是

高 116 班陈家武、高 125 班李四文，第 5 期是 1989 年 5 月，可推断出可能是
1989 年 2 月。

二、主体、主编

1. 主体：第 80 期前以教师为主体，主编为语文教研组和教研组长；第 80
期始以学生为主体，主编为语文教研组和学生，新设社长，负责老师改称为总
编、副总编。

2. 教师主（总）编：第 1 ～ 4 期，主编谭超宇（1989 年 2 月 ～ 1989 年 4
月）；第 5 ～ 45 期，主编吴章华（1989 年 5 月 ～ 1991 年 8 月）；第 46 ～ 79
期，主编陈石林（1991 年 9 月 ～ 1995 年 11 月）；第 80 ～ 99 期，总编陈春
知（1995 年 12 月 ～ 2000 年 5 月）；第 100 ～ 112 期，总编陈爱红（副总编刘
文兰 100 ～ 103 期、曹忆平 104 ～ 112 期，2000 年 6 月 ～ 2003 年 8 月）；第
113 ～ 120 期，总编吕庆平、副总编江河山（2003 年 9 月 ～ 现在）。

3. 学生社长、主编：第 80 ～ 84 期，社长李治国，主编陈伟；第 85 ～ 87 期，
社长周晓飞，主编周飞；第 88 ～ 90 期，社长樊丹，主编刘美花；第 91 ～ 96
期，社长张一叶，主编刘美花；第 97 ～ 101 期，社长李庆元，主编周凌林；
第 102 ～ 106 期，社长周凌林，主编刘丽娜；第 107 ～ 112 期，社长陈春艳，
主编谭南林；第 113 ～ 116 期，社长段星宇，主编阳苏丽；第 117 ～ 120 期，
社长唐雯雯，主编谭文锋。

三、印刷、版面

1. 印刷方式：第 1 ～ 4 期打印，第 5 ～ 52 期刻印，第 53 ～ 99 期打印，
第 100 ～ 120 期胶印。

2. 版面变化：第 1 ～ 79 期 8K2 版竖式，第 80 ～ 99 期 8 开 4 ～ 6 版横式，
第 100 ～ 112 期 8 开 4 版竖式——报纸式；第 113 ～ 119 期 16 开 20 版（含封
底、封面 4 版）——杂志式；第 120 期即本期始 1/32 开 50 版（含封底、封面
4 版）——书籍式。

四、倡导、追求

倡导：关注社会，聚焦生活，写好身边的人事景物，悟出生活的酸甜苦辣。追求：说真话,诉真情,高品质,高品位(笔者 2000 年 10 月"第 100 期特刊"题词)。

五、所获荣誉

1999 年 10 月获郴州市文学社团一等奖的激励,2002 年 11 月获湖南省十佳中学校报刊的殊荣,二十世纪九十年代中期（1994 年 2 月 27 日）《语文报·七彩月末》就对她作过报道。她曾吸引着作家王跃文题词"'苗地'有好苗"（第 118 期），诗人袁柏霖礼赞"幸运'苗地'慰平生"（第 116 期），学者吴明春鞭策"'苗地'是作家最好的摇篮"（第 117 期）。

六、发展概况

《苗地》、"苗地文学社"，她由弱、小到强、大，曾发生过几个质的飞跃：主体由教师而学生，形式由报纸而杂志，编作由刻板油印而打字快印而电脑胶印，版面由 8K2 版到 4 ～ 6 版再 16 开 20 版再 1/32 开 50 版，队伍由几人而几十人至几百人，发行由县内而市内扩大到全省示范性高中，影响面越来越宽，名气越来越大……2005 年 1 月结集出版了一本煌煌 40 万字的《脚步铿锵一路歌——〈苗地〉文学作品选萃》（校长周邦全任顾问，副校长陈石林任主编，全体语文教师参与点评）。她实现了"复刊词"中的希冀："但愿寂寞、荒芜不复存在！但愿日后开出七彩奇葩！"

七、缺失遗憾

收存于"苗地文学社"的：缺失第 84 期、第 93 期，第 24 期只有 1 张，第 41 期缺第 2 张，第 47 期缺第 1 张，第 86 期缺第 1、3 张。这是一个大遗憾。

2005 年 4 月 20 日

注：此文发表于 2005 年 5 月出版的《苗地》总第 120 期。

往事如烟 糊涂是福

往事如烟却沉重，道似糊涂是幸福。

我们这一代人的小学和初中，主要是在"文革"中度过的。到了高中，先是黄帅"闹革命"，次是铁生"交白卷"，后是小平再复出。这中间，教育要革命，生产与劳动相结合；学制要缩短，初中高中两年制；招生要改革，高校实行推荐制。于是乎，在我们这些父母斗大的字不识半个、自己懵懵懂懂的人的心目中，哪知道还有什么进修，还有什么深造，还有什么大学？倒是知道年轻人可以去当兵！于是，我高中毕业后便去应征：体检——有痣疮，被排除！也罢，反正父母是农民，家住在农村，就做个农村家庭农民的农民吧。农民的儿子自然就是农民，从古至今历来如此，也坦然，也悠然。这样一干就是四年。

1977年，国家突然说要恢复高考。为什么要高考？高考是什么？高考考什么？我一概不知道其中的意义和意思。好心的公社书记、欣赏我的高中语文教师，他们口头、书信告诉我：凭你的基础和实力，你应该而且必须去参加高考。领导的话、老师的话，一般是正确的。了解并信任我的高中数学老师班主任，还托人专程带口信，希望我到原完中学校去复习。可是复习是什么？复习什么？为什么要复习？同样，这些我一概都不知道其中的意思和意义。我照例还在农业学大寨的工作点上，给农民兄妹开会做动员，和农民姐弟一起挖田准备种油菜。大概是农历十二月的哪一天，高考真的开始了。我赤脚穿着一双解放鞋，从所搞点上的生产队，赶到考点，坦然、悠然地参加了考试。很短时间内，公社用红榜公布：我考上了，是全社的第二名！

1978年阳历三月的哪一天，我带着一个里面只装有衣裤、棉被、铝合金水桶等生活用品的樟木大箱子，坐着大型载客汽车，颠颠簸簸地行驶在弯弯曲曲的泥巴公路上，花了七八个小时，好像是在晚上，到达了被录取的高校：湖南师范学院郴州分院。当天晚上报名。报名时，也是农民家庭出身的辅导老师惊奇地询问：你怎么来到这里，你填的是什么志愿？你比我校录取的分数线，要高好多分呐！我纳闷，我茫然：什么是志愿？我的志愿是谁填的？什么是分数线？我的分数是多少？这些，所有这些的这些，我一概都不知道。我想，来郴州分院报到读书没弄错，通知书上是这样写的啊！

大学真的就是大学。这里有好多的学生，有好多的老师，有好多的书籍！读了将近三年，就要毕业了。毕业前的一九八〇年的十月，学校领导找我谈话，说我表现好，成绩好，懂管理，是一块值得培养的"第三梯队"的好料子。我说我要回农村老家工作，婉谢了。毕业时，学校又因为我是一块好料子，直接分配我到安仁县委组织部。我过了几天没有去报到。正在此时，偏居东方一隅的山区学校——安仁三中，有一位教高中毕业班语文的老师，突然因癌症去世。于是，县委宣传部一位领导找到我说，你就到那里去教书吧。我二话没说，第二天就去报到了，马上接任了三个高中毕业班的语文课。一九八六年，县委宣传部又希望我到党校工作并担任行政领导，我又婉谢了。其实，这个时候的我，已经朦朦胧胧地知道了一些"第三梯队"的发展前景，朦朦胧胧地知道了一些到县委组织部或党校工作的美好前途。但是，到"第三梯队"、县委组织部或党校工作，到底有什么发展前景，有什么美好前途，我现在还弄不清楚。所以，我一直坦然、悠然。这样一干，在安仁三中就整整干了十年。

1990年暑期，县教育局和一中的领导，急切强令我到安仁一中来就职——因为前一年在我没有口头和书面申请、他们又没有征求我的意见的情况下，就曾经下了调令而我没有响应。这次我来了，一到校便担任两个高中毕业班的语文教学工作，不久就兼任语文教研组组长。之后，1994年2月，担任教务处副主任，负责教务处全面工作。1996年2月，县委、政府决定让我去安仁二中担任法人代表——校长，我坚辞后，便受命为安仁一中主管教学教研的副校长至今（2003年9月至2006年8月主管德育），教一个高中语文班。

如是，截至目前我的这一辈子，就这样干了二十八年的学校教育，成了一个高中语文教师，一个教学教研工作管理者，一个教育管理硕士研究生（结业，因未参加英语考试）的中学语文特级教师。坦然乎悠然。往事如烟，糊涂是福。

2007年4月8日

我为教育恪守着

我——陈石林，湖南安仁人。1978年3月加入中国共产党。1980年10月湖南师范学院郴州分院中文系毕业，2002年8月湖南师范大学教育管理专业研究生结业。2005年8月评聘为高中语文特级教师。1980年大学毕业后分配到原安仁三中，1990年8月选调入安仁一中。在安仁一中，自始至终执教高中语文课。另外：1991年2月始任语文教研组长五年半。1994年2月始任教务处主持全面工作的副主任二年。1996年2月始任副校长，主管教学教研工作近十年（1996年2月至2003年8月、2006年9月至2008年7月）、德育工作三年（2003年9月至2006年8月）；分管小、大循环年级四届十年（1996年下期至1997年上期、1997年下期至2000年上期、2000年下期至2003年上期、2003年下期至2006年上期即1997届和2000届、2003届、2006届）。2008年8月至2012年10月任党委副书记，主管党建和人事工作四年多。1997年9月始兼任郴州市中语会副理事长。

在长期的学校教育教学管理和语文教学教研中，我始终恪守：

管理工作求严。我做事向来严谨，管理亦然。学校的关键词是：教师、教学、课堂、常规和管理，管理的关键词是：部署要求、实施落实和检查督导。为使教学常规做得扎实有效，我要求教师必须做到"精心备课、用心上课、细心批改、耐心辅导，严密组考、严格监考、严明考纪、严肃考风""四心四严"；平时要刻意自训，课堂比武必须做到"说一口流利的普通话、写一笔漂亮的粉笔字、备一个规范的教学案、上一堂成功的教改课、写一篇高质的反思文""五个一"。在落实"立足教学、立足课堂、立足基础、立足全体""四立足"的基础上，课堂教学必须实施"以教师为主导、以学生为主体、以（知识思维能力情感等）训练为主线""三主"的教师精讲30分钟、学生自学质疑合作探究整理15分钟或学生30分钟、教师15分钟的"3015"（40分钟则为"2515"）策略与模式。教学管理强调业务服人、制度规范、探索创新。科学地制定、健全、完善了一系列的教学管理方案、制度,规定,审慎地提出了突破音体美薄弱学科、建立大高三观和大语文观以提高整体教学质量的构想等。教学与课题研究力主"问题即课题",坚持从实际出发,强调严肃性、学术性,追求实用性、实效性,摒弃成果剽窃和材料抄袭,杜绝"假大空"和"坐而论道"。这些都有力地促进了学校教学工作的正常开展,研改风气的迅速形成,育人质量的稳步提高。如从 1994 年至 2003 年学校连续十年被评为县、市"常规教学管理先进单位";《校园文化培养学生文明素质的研究》等四个课题获市、省一、二、三等奖;初三中考、高三高考的合格率、优秀率和升学率始终名列县第一、市前茅。2003 年 9 月主管德育后,强化了班主任、班团干部队伍的建设和大德育观念的形成,创建了适应时代要求、可持续发展的政务处、年级组、班主任和学生会(团委会)、学生分会(团总支)、班委会(团支部)的师生职工全员德育化的"两线一化",学校、家长、社会"三位一体"的德育工作模式、网络。学校 1998 年及以后相继晋升或荣膺为湖南省重点中学(2005 年易名为"示范性高中")、现代教育技术示范学校、绿色学校和中小学德育工作先进集体。2003年、2008 年省教育厅对省级示范性高中两次进行全面督导,我校两次分别受到为数极少的嘉奖与五万元重奖、通报表彰。

党建工作求实。对上级党组织明确的要求和组织的活动,作为基层党组织首先要学习领会,其次要根据本单位的实际确定具有针对性、实效性、可操作性的实施方案等并实实在在地予以不折不扣的落实。如:"党建示范点"的创建,我坚持发展师生党员要"依据党章标准,实事求是",在执行"坚持标准、保证质量、改善结构、慎重发展""十六字方针"的前提下,明确提出"坚持'六个不发展'(①党的基础知识测试不过关者不发展,②不按要求及时上交思想汇报材料者不发展,③不服从班级管理者不发展,④班级民主测评优良率不到 90% 者不发展,⑤未满 18 周岁者不发展,⑥学业成绩不优者不发展),走出'三个误区'(培养发展党员①家长愿望强烈,学生表现不积极;②耽误时间,影响学习,影响高考;③重视成绩,轻视表现,忽视能力)",强调被发展者要达到"思想动机纯、为人处事好、学业成绩优、活动能力强、综合素质高"的

"五个条件"的要求。"创先争优示范点"的创建,我坚持要"立足学校与教育,突出效果与示范",明确提出并实施:用先进要求引领人——先进党支部要做到"领导干部好、党员队伍好、工作机制好、教育业绩好、师生反映好"的"五个好";优秀党员要做到"带头学习提高、带头争创业绩、带头服务师生、带头遵纪守法、带头弘扬正气"的"五带头"。用实效活动凝聚人——在党员中开展"带头开展示范教学、带头编写校本教材、带头参与课题研究、带头精读教育名著、带头撰写教研论文,创造一流工作业绩"的"五带一创"活动。用优秀同事激励人——不定期地举行"身边优秀共产党员(教职工)先进事迹报告会",用身边同事的优秀事迹彰显榜样的力量,推动教职工学、赶、做先进热潮的迅速掀起并持续发展。学校党委的上述做法和经验,得到了各级党委的充分肯定,2010年12月22日省委"创先争优办"通过红网以"立足教育抓党建,创先争优出成效"为题,对此进行了详细报道和强力推介。

人事工作求真。用真事实绩引领人,用公平竞争激励人,用规章制度规范人。针对学校教职工"能进不能出,做事讲报酬,评职就作假"的局面,在广泛、反复征求教职工的意见与建议后,我2009年12月主笔起草了《教职工管理办法》,2011年12月主持修订了《教职工学年度考核评分细则》和《教师职称晋升考核实施细则》,其中明确规定"评职"的分数、名次和过程要公示,事实和材料要审定,坚决反对弄虚作假。上述"办法""细则"经学校教代会暨工代会讨论一致通过。这些规章制度后来得到了实质性的贯彻落实,深受教职工的普遍欢迎:教职工"进出"有章可循,"报酬"有据可依,"评职"有分可查;2011上学期第一次实行了全校中层干部易位换岗,年级组长和教研组长竞聘上岗;2012年暑期全体教职工对学校所有中层干部进行了"动真格"的实事求是的评议。

教学工作求效。教学是一门科学。要立足课堂,向45分钟要效果;立足基础,向全体学生要效果;立足教学、考练和谐同步,向师生共同要效果;课堂教学、考练实施要突出针对性和有效性。我向来重视精心备课和科学施教,反对无的放矢、不负责任的课堂教学;注重研究课标和学情,反对脱离课程标准、学生实际的"不计成本"的、不断增加课时的课堂教学;主张教学、考练和谐同步,反对"万金油式"的周练、月考等；实施课文、单元、模块过关，反对盲目赶进度、"拖空车"和不分年级、不看对象的"拿来主义"的做法。因长期力倡并实施教师主导、学生主体、训练主线"三主"原则的"3015"（或"2515"）策略与模式，所以教学始终深受学生欢迎，成绩一直居于年级、市里前列。学校高考语文人平成绩 2000 届首创郴州市第一、2005 届起连续九年保持郴州市第一的地位。

研究工作求乐。对教育教学管理及其课题的研究，我从来乐此不疲，自觉其乐无穷。我发表的教育教学管理论文、获奖的课题结题报告，全是实践、积累、研究、学习和锤炼的结晶，它来源于管理、教学、生活的教训抽象、经验升华、疑惑解答和成果总结。如论文：针对高等院校疯狂地扩招，重点高中盲目地"做大"，素质教育的偏向错误，就有了《教育断想》（2004 年第 5 期《当代教育论坛》）。针对文字辞书意见不一、语言应用十分混乱，高考决策者们"画地为牢"规定仅以《现代汉语词典》为准，就有了《语言文字工作者、学习者的困惑：我们该听谁的》（2006 年第 12 月号《湖南教育·语文教师》）。耳闻目睹并切身感受到农村乡镇普通中学的校长，他们历经的折磨很大，付出的心血很多，但处境却异常的尴尬难堪，写作了《农村乡镇普通中学校长难当》（2007 年第 1 期《当代教育论坛·校长教育研究》，中国人民大学 2007 年第 6 期《中小学学校管理》全文复刊）。教学中不断发现人教版高中教材因选编的不少课文新、编写的时间相对紧等原因而有一些不尽如人意的地方，写作了《教材选文、注释等应规范、严谨、权威》（2011 年第 12 期《语文世界·教师之窗》）。长期从事基础教育，经常发现其中存在许多与此相矛盾甚至相悖的问题，于是《基础教育反思三题》（2011 年第 11 期《当代教育论坛·管理研究》）诞生了。早就发现高中病句辨析和修改的教学与复习存在"（题数）多（速度）快（效果）差"的突出问题，于是《把准压缩一法，抓实辨改四环》（2012 年第 22 期八月上旬刊《现代语文·学术综合》）面世了。针对当下普通高中的德育工作者，普遍存在着情感态度与学生的距离远、工作开口比实际的问题大、目标达成一般都较虚空，教育的时效性和实效性差，这样《近些，小些，实些》（2013 年第 6 期《教书育人》）

发表了。新课程改革强调学生学习的"自主、合作、探究"，目标之一是实现课堂教学的高效性。怎样才能达成语文课堂教学的高效性呢？讨论的答案丰富多彩，但我认为，核心是做好三环关键工作：实导、精讲和巧练；夯实一个必备基础：精编。这样《新课改背景下语文课堂教学高效性之我说》（2013年7月《课程教育研究》〈上旬刊〉）发表了。如报告：《中学短周期作文教学实验》《运用现代教育媒体，培养学生健康心理》等。教育教学管理及其课题的研究，实践质疑，"问题即课题"；功夫在平时，厚积薄发；关键在用心，见微知著；激浊扬清，要"合时""合事"[1]；创新"立言"，必先"立德立功"[2]。因在全国发表的论文和报告、参编和主编的著作数量多、质量高，语言表达简练、谨严，文字应用准确、规范，加之长期奋战在语文教学一线且风格鲜明、效果显著、影响突出，2010年8月我以基层语言专家的身份被邀到北京参加《现代汉语规范词典》（第2版）出版座谈会，并作《规范、实用、通俗、臻善》的专题发言；2011年、2012年连续两年被《现代语文·学术综合》（第22期）"杏坛学人风采"以彩照配文字的形式置于封二向全国予以重点推介。

三十三年来，我自觉学勤思慎，见博识深；自律严格，思想敏锐，善于基础教育、教学、教研管理；治学严谨，作风沉实，长于语言、阅读、写作教学与研究。曾获市级及以上教学能手、优秀教师、教育明星等荣誉称号六项；任教毕业班语文十九届，高考学生人平成绩均居郴州市示范性高中前三名；辅导学生创作发表习作二百余篇；在省级及以上媒体、单位，发表专业论文近四十篇，出版学术编著七部，获得课题奖五个。专业著述累计百余万字。业绩载入名人典籍五部。

注：[1]"合时""合事"：摘引自白居易《与元九书》"文章合为时而著，歌诗合为事而作"。[2]"立言"必先"立德立功"：摘引自《左传·襄公二十四年》"太上有立德，其次有立功，其次有立言，虽久不废，此之谓不朽"。

2013年7月20日

在有心栽花中成长 在无意插柳中成功

——论文写作、投稿、发表中几次"偶然"的回顾

我既是糊涂人，又是幸运者。在论文写作、投稿和发表的事情上，同样糊涂，又同样幸运。

这件事情，回顾起来梳理一下，似乎有三个明晰的阶段：一是开头十年的沉实积淀，二是中间十年的伺机而发，三是后来十多年的多发、快发。在此过程中，需要不少的学问和智慧，存在许多的挑战和机遇，因而有些看起来是、实际上却不是的"偶然"，至今难以忘怀。

首先说论文写作。

起初，我是昂首看路、埋头写作却不计收获的。昂首的是相信曹丕指出的"文章，经国之大业，不朽之盛事"（《典论·论文》），践行白居易倡导的"文章合为时而著，歌诗合为事而作"（《与元九书》），力争"我手写我心"（仿于黄遵宪"我手写我口"）——实事求是，有的放矢，激浊扬清，革故鼎新。埋头的是有感而发，如鲠在喉不得不吐；有话要说，郁积于心不得不写。因而每次写作的目的十分明确：或整合经验给人以帮助，或剖析教训给人以警戒，或指摆问题给人以释解，或探讨理论给人以启示，或争鸣学术给人以借鉴……或单一目的，或综合目的。至于收获——投到书报杂志上去发表，自认为水平有限、人微言轻，想是很想但却不敢。所以往往"合时""合事"地"吐""说"出来了——行诸文字了，却再也不管投出去发表了。"它们"成了我个人"自我欣赏"的文字，完全没有发挥出它们的效益——发表后能与更多、更广泛的人群进行思想交锋、智慧碰撞，既获名又得利。一次偶然的迫使——1993年，我看到了高级教师职称评定文件中的具体要求，发表论文的中级职称者，才有资格参评。这才意识到：要勤于笔耕还要敢于投稿力争发表；论文发表于书报刊网络等媒体，可以为职

称晋升、荣誉评定打基础、捞资本！于是顺便为晋升职称，更多为"发吐""说写"而陆陆续续整理和写作了一批论文,在市级及以上书报刊上获奖或发表了：截至1995年5月有五六篇,截至2005年5月有一二十篇。果然,因为有了"它们"和工作的显著业绩,1995年高级教师职称和2005年特级教师荣誉,我都顺顺利利地通过了省教育厅专家评委会的确认。

后来,我还是"合时""合事"地有感而发,如鲠在喉不得不吐；有话要说,郁积于心不得不写。并且依然明确和坚定：绝不仅仅为职称晋升、荣誉评定等这些名利而写作！同时一直在想：发表论文对教师业绩的认可、水平的首肯、职称的晋升、荣誉的嘉奖,真的就有那么必要和重要？过分看重论文的发表,对主要从事基础教育教书育人工作的绝大多数教师而言,会不会是一个错误的导向？对中小学教师,我们应该倡导并看重他们的到底是什么？思考的答案是：仅凭发表的论文及其数量的多少来确认中小学教师的水平、业绩、职称和荣誉,实在太片面、太苛刻而且是错误的大偏向；我们应该倡导、看重他们在平凡三尺讲台岗位上的育人教书,教育学生学会做人、生存、求知、做事、共处与适合自身条件的健康持续地发展。评价他们的标准,应该不是发表的论文及其数量的多少,而是学生、家长和社会对他们的是否满意！要区别对待中小学教师论文的写作与发表,对绝大多数教师可以不做要求,而对那些既会教书育人、又善思考表达的学者型教师应该加以鼓励。

关于论文的写作,我曾撰文把我实践的体会、坚守的原则概括为：论文是实践的升华、积累的爆发、研究的火花,还是不断学习和文辞锤炼的结晶。它忌剽窃抄袭,忌无的放矢,忌言之无物,忌人云亦云,其中最忌的是剽窃抄袭！（《论文从何来》）在此我要重说"文辞锤炼"即"咬文嚼字"的"推敲"和"毫不可惜"的"删去"。朱光潜先生说："咬文嚼字,在表面上像只是斟酌文字的分量,在实际上就是调整思想和情感。""在文字上推敲,骨子里实在是在思想情感上'推敲'。"（《咬文嚼字》）鲁迅先生说："写完后至少看两遍,竭力把可有可无的字、句段删去,毫不可惜。"（《答北斗杂志社问》）对此我感受颇深。我的《论文从何来》定稿发表（2014年第6期《教师》）时只有518个字,但却写写改改了三四遍；《直接引用标点亟待导正和规范》初稿5126字,定稿发表（2014 年第 10 期《课外语文》）时才 3792 字。《在消长转移中发展，在约定俗成中规范》的开头初稿有 418 个字，定稿发表（2014 年第 1 期《语文知识》）时才 263 个字，而且在推敲中还修改了标题。为方便比较，特将两稿的标题和开头照录如下：

初稿：《在消长扬弃中发展，在约定俗成中规范》

语言从来就与不同历史时期的社会和生活的发展共消长、同扬弃、并规范。随着历史时间的推移、社会生活的变化、科学技术的进步、人们认识的更新，它在消消长长、扬扬弃弃的约定俗成中不断地规范再规范。词语包括结构和意义相对都较稳固的成语的意义也一样，它在消长扬弃中发展，在约定俗成中规范。古代汉语如此，现代汉语（以下分别简称为古汉、现汉）亦然。笔者下面以第 6 版《现汉词典》、第 2 版《现汉规范词典》和 2006 年版《新华成语词典》（以下分别简称为《现汉》《规范》《成语》）的释义为主，个别佐以现汉词用的典型例句（限于篇幅，略去出处），谈谈现汉词义的继承、发展和规范问题。

现汉词义继承着古汉词义，是在其消长扬弃的基础上，对现代客观事物概括的反映，它包含着现代人们对客观事物的认识。从这种意义上说，它只是现代这一历史范畴内的反映和认识，是在不断继承、发展和约定俗成中规范的。现汉词义的继承和扬弃、发展和规范主要有四种方式：意义的消长和转移、范围的扩大和缩小。

定稿：《在消长转移中发展，在约定俗成中规范》

随着历史时间的推移、社会生活的变化、科学技术的进步、人们认识的更新，语言在不同的历史时期之内和之间都在不断的渐变中消长、转移、更新、规范。词义在这消长转移中发展，在约定俗成中更新并规范。现代汉语词义继承着古代汉语（以下简称为现汉、古汉）词义，其继承和发展、渐变和规范主要表现为两大类别：消长和转移。笔者下面通过典型例证解析古今词义渐变的情形，并主要就第 6 版《现汉词典》、第 2 版《现汉规范词典》和 2006 年版《新华成语词典》（以下分别简称为《现汉》《规范》《成语》）等辞书的义释，谈谈个人关于现汉词义继承、发展和规范问题的意见。

其次说论文投稿。

我最初的写作，只为"我手写我心""练练笔和炼炼心"，纯乎是"合时""合事"地"发吐""说写"和"自我欣赏"，想是很想但却不敢投出去发表，和读者一起来交流判断、辨析是非、分担责任、共享快乐。评聘为高级教师后，三次偶然的闲聊——在 1998 年 11 月受县委、政府委派与相关领导一起专程到长沙，迎接省教育厅重点中学专家验收组来我校验收的过程中，验收组组长、岳阳市一中刘坤壁校长希望主管业务副校长的我，要为湖南重点中学"高质量""有特色"的探索建言献策，投稿交流。先前的 1996 年 5 月，到长沙咨询市一中马清泽校长我校 55 周年校庆相关事宜时，他与我谈及过教育者既要"传道授业解惑"还要"立德立功立言"的要求；后来的 2005 年 10 月，到我校对我和李成月副校长两个评审后的特级教师进行复查的湖南师大附中党委书记赵尚志，临走时特别叮嘱我要为湖南素质教育实质性地全面推进"鼓与呼"。因此，我曾毫无目标和选择地去试投报刊，结果或因内容不合、或因风格不谐、或因篇幅过长、或因锋芒太露、或因质量欠佳等，有好几篇被退过稿。在投稿、退稿和用稿的过程中，我像哥伦布发现新大陆一样，发现了不少需备学问和处理智慧。如：投稿后有的报刊编辑有回复，或告知退稿原因或明示不予采用或通知已被审录；有的则泥牛入海杳无音信或出人意料地发表了。有的报刊屡说禁止一稿多投而自己收稿后迟迟不予回复并也在重发别人的稿件，这意味着作者也可以一稿多投。有的正规报刊一号多报多刊并搭车收费；有的却是非法的，它们的一投即发，前提是得交所谓的版面费而且贵得出奇。确认是否正规报刊，检索中华人民共和国新闻出版总署 http://www.gapp.gov.cn 便知。上述试投虽然被退回了或被发表了或被我拒绝了，但我非常感谢刘校长、马校长和赵书记，是他们鼓足了我投稿的勇气，增添了我投稿的信心；非常感谢那些编辑，是他们使我悟出了投稿必须了解所有报刊的共性和差异，所投报刊的要求和特色，要有目标，要有选择，不能"心急乱投稿"；非常感谢刘校长等和那些编辑，是他们鼓励、鞭策我笔耕不辍，屡写屡改，屡退屡写，屡改屡投，直至发表。

这里，我要特别抄录 2007 年 11 月 13 日《演讲与口才》特约编辑彭树楷教授，给我所投升旗演讲辞《我为汉语而自豪》回信的主体和结尾，尽管所提意见其中有些不敢苟同，但我始终把它作为对我终生的鞭策与警示：

你的演讲辞立意、主题无疑是很好的，语言、结构也显示出你深厚的语文功底。我觉得有些问题还可以商榷，似可把话讲得更贴切一些：1.引入正题那则谜语似与主题无关。2.以诺奖获奖为例，似无法证明汉语的优越，迄今诺奖获奖者懂汉语的是极个别的。3.汉语和汉字是两个不同概念，文中分得不很清楚。4.联合国的官方文书，汉语文本最薄，似不能说明汉语汉字最优越，各种语文各有自己的特点和优点，并非越短越好，文言文比白话文更简短些，但文言文被时代淘汰了。5.汉语是联合国6种工作语言之一，并不能"太骄傲"，它同时规定以英语、法语为第一工作语言，联合国秘书长一定要会讲英语、法语，可以不会讲汉语，这表明汉语的世界性还有待提高。6.文中判定汉语的6个"最"，似言过了，只宜说"最古老、最优秀……的语言之一"，是"之一"而不是"唯一"，世界四大文明古国历史都是悠久的，迄今考古成果最古老的文字有比甲骨文更早的。7.字和词是两个概念，掌握3000汉字，其实掌握三千汉字组成的词有几万乃至十几万，这样才能阅读写作，汉语和英语词的数量同样是丰富的，这正表明汉语的优美。以上只是我个人的想法，不一定对，同你这位方家里手交流，请你批评指正。这篇演讲辞长了些，有些说法不太贴切，不拟采用。望你今后同我们多交流，多赐佳作！

为对得起"办事快捷、知识渊博、治学严谨"（笔者致谢语）的彭树楷教授及其殷切教诲，也为不辜负自己高质量发表的一贯追求，"冷却"五年多后的去年4月，我又反复修改，于5月1日定稿为《我为汉语、汉字而自豪》，再"冷却"两个月后才投出去，后来它只字未改地发表于2013年第8期《祖国·教育版》并获一等奖。

机遇从来只垂青那些有思想、有准备的人。生活中确实存在"有心栽花花不发，无意插柳柳成荫"的"偶然"。一次偶然的小聚当面约稿——大概是2006年7月吧，在长沙省厅参会期间，我湖南师大教育管理研究生班的同学，时任省教科院办公室主任的李云中，邀我和正任《当代教育论坛》主编的胡国强先生一起晚餐小聚。因为我在该刊发表过几篇论文，与胡主编有过多次网上交流或面晤沟通的过往，所以他知道我当时就从事了二十多年的农村基础教育教学教研及其管理工作，是省示范性高中主管教学教研的副校长，因而在边喝酒边吃饭边闲聊中，顺便问及素质教育背景下农村中小学教育的现状和看法，我脑海中稍作整理就一口气说出了我的一系列见闻和认识。我流利畅快地滔滔不绝，他们认真仔细地点头称是。就在此时，胡主编约稿：太有意义了，你能不能把这些见闻和认识写成一篇专稿，发表于我们的杂志，和读者朋友一起来共同分享？于是就有了发表在 2007 年第 1 期《当代教育论坛》、全文转载于人大复印资料 2007 年第 6 期《中小学学校管理》的《一个亟待关注与研究的弱势群体——农村乡镇普通中学校长难当》的论文。该文的发表，使我名声大振。

最后说论文发表。

我发表的论文，市级处女作是荣获全国教育教学论文大赛二等奖、1995 年 5 月郴州地区教科室出版的《活动课学习资料》的《大力开展课外阅览，全面提高读写能力》，省级处女作是 1994 年 2 月石油工业出版社出版的《中学作文问题与对策》的《中学看图作文问题与对策》。这两篇投石问路的论文，都是在同事、领导的极力推荐和多次催促下，强令我拿出来、投出去而获奖和发表的。因为有了这两篇论文的获奖和发表，使我对自己的写作能力有了较为准确的判断，增添了不少的勇气和信心。

一次偶然的手机短信约稿并发表——2010 年 6 月 24 日，《现代汉语规范词典》主编李行健教授，发手机短信给我，先是邀会：陈校长，下月 16 日，开《规范词典》2 版座谈会，会期半天，在京费用组委会出，不知能来否？后是约稿：你写《规范词典》在教学中的作用和重要性，如何？我 7 月 6 日把初稿电邮给李教授，他认真审阅后，7 月 7 日发手机短信回复：石林同志，稿收到，谢谢，写得不错。因会期延迟到 9 月，届时再通知。过几天给你寄 2 版新书，你可再补充、修订。我 8 月 6 日把补充、修改稿《规范、实用、通俗、臻善》电邮给他，8 月 13 日他发手机短信回复：石林同志，改稿收，谢谢。会议本月 28 日召开，27 日报到，29 日可回去。请束即发。于是才有了由国家语委、外研社主办的《规范词典》2 版出版座谈会组委会邀我参会、作专题发言并将文稿全文发表于"外研汉语网"的只可遇而不可期的机会。大名鼎鼎的辞书专家、词典主编李行健教授，为什么认识并了解我这么一个普普通通的农村高中语文教师？原来是他在多种杂志上研读了我发表的《辞书、教育文本应规范和统一》（2005 年第 4 期《当代教育论坛》）、《语言文字工作者和学习者的困惑：我们该听谁的》（2006 年第 12 月号《湖南教育》）和《规范社会语言应用，应从规范"样本"开始》（2007 年第 9 期《现代语文》）等。之后他要求我把论文传真给他，再读后专门打电话鼓励我，对它们予以了高度评价。

一次偶然的回避性投稿并发表——2011 年 8 月 22 日，我为了检验自己论文质量的高低，特意回避现任《当代教育论坛》主编李云中，把我的《基础教育反思三题》投给了该刊公开投稿的电子信箱。谁料想，责编"慧眼识珠"速转主编审发，第二天即 23 日 11：03，李云中主编电邮回复：陈老师：你好！论文质量很高，已安排编发第 11 期。

两次偶然的选择性投稿并发表——一次是 2011 年 9 月 9 日，即教师节的前一天、中秋节的前三天的上午，我写有一篇《教材选文、注释等应规范、严谨、权威》，因为已在《现代语文》的"语言研究"和"教学研究"上发表过好几篇论文，所以想换一换版本投给"学术综合"，于是打电话给杂志编辑部，询问主编桑哲教授的电子信箱，得知后便一并把稿件和自荐"该文虽然学术性不够名副其实的语言文字专家，但针对性、实用性和指导性，自觉还是很强的"电邮给了他。谁又料想，不过几个小时的当天下午 17:26，他就电邮回复并鼓励：陈老师好：大作收到，拜读，谢谢您的关注与支持，我拟安排刊发。在一线教书，能这么认真地搞科研，是名副其实的教育家，而非教书匠啊！如您的特级教师，是大家希望的，是能作为同行的引路人、导师的。祝节日快乐，身体健康！并亲自对原稿的例引和注释，进行了全面的规范。据责编后来说，在该文刊发前，桑主编认真审读了我在《现代语文》发表的全部论文，所以才有了 2011 年和 2012 年山东的《现代语文》，连续两年在其《学术综合》的第 22 期，既发表我的论文、又在封二把我向全国予以重点推介的故事。一次是 2014 年 5 月 26 日 9:53，我把写作于 2007 年 3 月的《论文从何来》电邮给海南的《教师》，未曾想 28 日 18:08 便收到录用通知：尊敬的陈石林老师，您好，尊稿《论文从何来》一文安排在《教师·卷首语》，拟发 6 月下旬刊。恭贺您入选《教师·封面人物》。后来在把拙作《论文从何来》作为"卷首语"发表于第 6 期的同时，还把我作为"封面人物"向全国予以全面推介。

同样偶然的即投即中即发的事情，还有过好几次。或许是偶然中蕴藏着必然，必然中存在着偶然吧。

"文章千古事，得失寸心知。"（杜甫《偶题》）在不停地写作、不懈地投稿、"偶然"和必然地发表中，我真正地品尝到了写作的艰辛和情趣、退稿的不堪和理趣、发表的非易和乐趣；在写写改改、改改写写和再写写改改中，尤其深切地感受到了郝铭鉴先生的实话实说："我咬自己甚过咬别人。一篇千字文，我会改得面目全非。一个词语，如果发觉有不妥之处，我会连夜查找资料，否则寝食难安。我不是下笔千言的人，经常为一个开头、一个转折，弄得痛苦不堪。"（蔡凛立《〈咬文嚼字〉主编郝铭鉴访谈录》）也许是艰辛、不堪和非易的回报吧，我至今在30多种书报杂志中发表了市级及以上论文70余篇，其中省级及以上的40余篇。而成为特级教师后的几年间，省级及以上的论文每年发表一般有2篇，最多的是2012年10月10日"解非"为主任科员后的去年有5篇、今年有7篇，可以说是多发、快发的黄金阶段。

我的论文因为是"咬文嚼字"地"推敲"出来的，所以发表时一般不会被删改。当然也有特殊，因为报刊的编辑也是人，他们办事的态度和方法不尽相同，看问题的角度和深度也有差异，思想修养和词句锤炼的水平自然也参差不齐。如我的《把准压缩一法，抓实辨改四环》（2012年第22期《现代语文·学术综合》）中"斟换"的方言词"斟"，桑哲教授把它改成"调"，一字之改，尽显"现代语文"主编"普通话"之风范！我2012年8月写的《近些，小些，实些》，首先电邮给《教书育人》，三个月过去无只言半语的反馈（实际已付梓）；之后只好另电邮给《学园》，很快就收到了用稿通知。但发表的被改稿却令人唏嘘——2013年第6期的《教书育人》：原文被压短了三个重要的观点句，删除了工作开口要"切合实际，回归生活"的重点论述段。2013年第9期的《学园》：体现中心、重点的主标题被删除，文中增加了几个与内容不很一致的小标题；词句、标点被作了极少正确、大多错误的删除与修改。

有人说，当下要发表论文，要么靠关系，要么靠票子，要么既靠关系又靠票子。我说，这话可能只说对了一半。因为现今确实有人拿公有的资源去做交易发表论文甚至发表为自己歌功颂德的虚假报道、通讯，有人迫于职称的晋升、荣誉的评定，不管怎么努力也写不出论文而只好厚着脸皮拉关系、捂着心疼用票子。但也确实有人既不拉关系更不用票子，只凭过硬的质量和投稿的智慧，而发表了不少的论文，毫不谦虚地说，我就是其中的一个。

在论文写作、投稿和发表的这件事情上，我真的既是糊涂人，又是幸运者。真可谓：在有心栽花中成长，在无意插柳中成功。

2014 年 10 月 20 日

教书先育人 成才中达已
——教育教学教研及其管理等工作总结

本人 1956 年农历 8 月出生于湖南省安仁县。1978 年加入中国共产党。1980 年 10 月毕业于湖南师范学院郴州分院（后更名为郴州师专，再更名为湘南学院）中文系，2002 年 8 月结业于湖南师范大学教育管理研究生班。1995 年 8 月被评聘为中学语文高级教师，2005 年 8 月被评聘为中学语文特级教师。系湖南省中语会会员、心理学会会员、特级教师专业委员会会员、特级教师评委专家库委员，郴州市中语会副理事长。

从事高中语文教学和学校管理工作 36 年——1980 年下期至 1990 年上期供职于校址在偏远山区关王乡的原安仁三中，1990 年下期至今供职于省示范性高中——安仁一中。1994 年上期及以前至少任教两个班、之后一直任教一个班，从未离开过三尺讲台。36 年来，曾做过 10 年班主任，教过 20 届毕业班；担任过安仁三中工会主席（1985 年 9 月始）、教导处副主任（1987 年 9 月始）和安仁一中教务处副主任（1994 年 2 月始）、副校长（1996 年 2 月始）、副书记（2008 年 8 月始）、主任科员（2012 年 10 月始）等职。

荣获特级教师后专业技术评优、各项工作评先等机会，全都让贤予人，因而专业技术总是评为称职，工作评先基本是之前获过的 17 项次。如县"优秀教师"（1998 年）、"优秀知识分子"（2003 年）、"优秀领导干部"（2006 年）等；市 "优秀教师"（1998 年）、"十佳教学能手"、优秀文学社团 "优秀指导教师"（2001 年）等；省 "现代教育技术先进工作者"（2001 年）等。

坚持：头望天空，脚踏实地；教书育人，成才达己。追求：功在课外，成于课内；教得轻松，学得愉快。

一、言行规范，为人师表

学高为师，身正为范。本人始终要求自己：学习自觉，思想进步，识见渊博，言行规范，为人师表。

能积极、热情地参加专业、技能、岗位、通识等各种培训学习，按时、高分地获得了电化教育基本功（1998.10）、计算机应用能力（2002.4）、普通话（2002.7）、校长岗位（2001.6）、教育行政干部（2002.11）、普通高中新课程及改革（2007.7，2008.7）、班主任远程（2010.12）等继续教育合格证书、等级证书、参培证书、结业证书。近年已获学分，达到超基本要求 360 分的 406 分。

能主动、自觉地浏览政治时事、思想教育的报纸刊物，学习不同时期党制定的路线方针政策，尤其能反复地结合现实，对照阅读毛泽东、邓小平的著作，深刻理解 "三个代表" 的重要思想，准确把握 "科学发展观" 的内涵外延，积极研究习近平系列讲话的精神实质，不断增强与党中央在政治上保持高度一致的自觉性与坚定性。能自觉地学习古今中外著名教育家的教育思想、理论、原则和方法，浏览当代教育理论、教学业务的书报杂志，了解教育动态，关注教改方向，研究全国各地陆续介绍的名人专家的先进思想与科学做法，尤其能密切地联系实际，从教育学、心理学、系统论、控制论中找理论依据，从教法、教情、学法、学情中找根本原因，因而能从他人与自己结合的切点上，在实施教育教学的过程中，把准方向性，加强针对性，提高实效性。习惯于读书广博与精深相结合，如今年已经就分散地浏览了全年的《人民教育》《湖南教育》等杂志，集中地研读了专著《法治热点面对面》《湖湘文化访谈》《优秀高中语文教师一定要知道的 11 件事》《爱在校园》《让慧心照耀》《语文的故事——回忆王力、吕叔湘等先生》《常用汉字意义源流字典》和长篇教育小说《师道苍茫》，约 200 万字；习惯于读书必动笔墨（抄录）、剪刀（剪辑）、电脑（复录），如 2009 年至 2012 年四年间，仅政治、业务学习的剪辑资料就有 478 页一大本的《学无止境，行而有思》，达 80 余万字。

能自觉地履行教师职业道德，加强为人师表的自律与践行。忠诚党的教育事业，一生从事着教师工作；贯彻国家教育方针，坚持德智体全面发展；践行素质教育决定，抵制愈演愈烈的应试教育；落实既教书又育人的要求，关心爱护每一个学生，具有强烈的爱岗敬业和无私奉献精神；尊敬前贤，友爱晚辈，热爱集体，团结同事，取长补短，互进共荣；教学、工作中一直出满勤，从不迟到、早退、旷课、旷班。

能自觉地遵守党纪国法，加强学法、知法、守法、用法的修养与自律。为人耿直是非分明，处事硬朗干净利索；律己严格敢于开展自我批评，待人宽容善于与不良言行作斗争；勇于担当，作风正派，不讲不利于工作、团结的话，不干犯规违心、丢格缺德的事；遵纪守法，严格护法，坚决抵制五花八门的歪风邪气，从不参与乱七八糟的"黄赌毒"活动；在日常生活、学习和教育教学工作中，有鲜明卓立的是非感与严格规范的为人处事原则与标准。

二、有教无类，用心育人

教书育人，使学生成人成才是教师的天职。本人始终坚持：只教书不育人的教师，只算是教书匠；既教书又育人且先育人并有方的教师，才配称为人类灵魂的工程师。因而执着地实施着人本思想、平等理念下的因材施教、有教无类、循循善诱、育人不倦。

1. 因材施教，重视"培优辅中"的工作

人本思想、平等理念催生因材施教、"培优辅中"的教学措施与实践。从学业成绩看，优秀生、中等生、后进生是相对的，一个班级中同时存在这些学生却是绝对的。这种情况告诫着本人，在针对优秀生、中等生的备课、授课时，注意教学起点的准确性、知识传授的接受性、能力培养的差异性、思品教育的针对性；还告诫着本人"功夫在课外"：重视课外对优秀生的单独培育、对中等生的个别辅导。据此，确定两个"指导思想"：一是课内，注意知能并举突出能力培养，优中同上突出优生拔尖，文道统一突出思品教育。二是课外，对优秀生的培育，侧重阅读方法的宏观指导，如教给由一篇而及一类文章的阅读方法；写作关键的理性点拨，如指出文章的写作应先观察审视（积累思考）再描叙创作（认识表达），先"入格"再"出格"。对中等生的辅导，侧重基础知识的夯实、良好习惯的养成和学习方法的掌握。坚持一种"正确做法"：无论对优秀生还是中等生，都满腔热情多予鼓励，持之以恒不求速成，实事求是地制定目标，循序渐进地布置训练，耐心细致地选择面批，有的放矢地培育辅导。这样"培优辅中"效果极佳。如1995届侯桂新和李华平、1997届侯德平、2000届罗任煌、2003届侯奕、2006届周易安等的出类拔萃（侯桂新仅高二的一个学年就发表文章8篇、获得作品大奖2个，毕业时一举考入北大文学院；其他5人都因语文成绩优异和各科齐头并进，而考入清华大学和北京大学），2008届张银娇、2009届刘星、2012届陈明芳、2015届刘灿等的迅速提高（全都考入重点大学），1997届159班侯智勇、2000届176班段博文、2003届203班李贝贝、2006届242班倪翊龙、2008届284班何艳君、2009届293班唐建文、2012届354班阳朝林、2015届415班尹塘发等的"突飞猛进"（高考语文因获高分去掉"平庸"而考入大学即二本或重点大学即一本），就是其中的一些典型。

2. 循循善诱，乐做"后进转化"的天使

人本思想、平等理念催生面向全体学生和谐发展，特别是转化"后进生"的教育。针对"后进生"思品修养欠缺、学习认识模糊、言行习惯失范、学业成绩较差的特点，特别注意对他们的教育：关心、关爱与关怀。平时经常和他们接触、交心，谈真实思想，摆实际困难，用身边的个案事实，教育他们在家做个好孩子，在校做个好学生，学习改变人的命运，知识铺就美的人生，良好的生活、学习习惯的养成使人终身受益。教育教学活动中，充分理解、尊重、相信他们，只要有一丁点的进步就予以鼓励、表扬，但有了缺点也绝不迁就放任。在此基础上，有目的、有计划、具体而艺术地诱导他们先重视做人后发愤读书，力求思品、学业双进步。这些做法非常管用，如1995届145班黄某、1997届159班谭某永、2000届176班张某、2003届203班龙某、2006届242班袁某丁、2008届284班陈某、2009届293班周某、2012届354班罗某、2015届415班段某彬和过某等就是在用心、悉心、耐心的教育下，由有名的"厌学者""调皮生"一跃转化为"好学者""进步生"，或一举考入大学或一步到位地就业的。

3. 有教无类，关注全体学生的发展

曾担任过班主任、教导处副主任、德育副校长的本人，深刻地理解学校"德育首位"的内涵与外延，特别注重加强和改进德育工作，因而实施并总结了一套既具有针对性与实效性，又富有改革性与创新性的德育工作经验。一是重视班主任、班团干部的遴选与培训，明确德育工作的内容与重点、方法与措施，使大家都明了做什么、怎么做，把德育工作的要求与问题落实、解决到基层。二是加强中学生守则的学习与落实，加强日常行为规范的修炼与养成，强化公德、理想、爱国思想等的教育，强化卫生、纪律、安全意识等的形成，以达到使每个学生都顺利地成人成才的目的。三是形成"两线一化"的德育管理模式：学校—政务处—年级组—班主任；学校—团委会、学生会—年级团总支、学生会分会—班团支部、班委会，使德育工作网络化，让每个学生都能在此网络中健康地成长为"有理想、有道德、有文化、有纪律"的"四有"新人。四是营造"三位一体"的德育大环境，力争使学校、家庭与社会齐抓共管、同频共振，和谐一体地关注中学生的德育工作，把每个学生都培养成"三好"新人：在校是个好学生，在家是个好孩子，在社会是个好公民。五是突出抓"后进生"的转化工作。要求所有教职工当然也包括自己，要教书育人、管理育人、服务育人，对"后进生"要用真诚的爱心、花更大的气力，从生活、学习的各个细小环节与方面去关心、教育与鼓励他们进步，让他们和其他同学一样健康顺利快速地成长。

4. 交心切磋，重视对青年教师的培养

育生育一人，育师育一片。本人特别重视对年轻教师的培养。青年教师思想活跃反应快，对新的东西接受快、记忆力强，进取心强。但却理论和实践脱节，习惯于搬"本本"，脱离学生实际，教学缺乏针对性；不善于处理教材、教法以及教学过程中出现的问题，教学缺乏科学性。针对这种情况，本人充分利用自己的得力条件，这样去做：一是经常和青年教师接触、交心。与他们交谈自己的体会、介绍别人的经验，使他们懂得脱离学生实际的教学必然是失败的教学，自己带头每学期听课 20 节以上，促使他们深入课堂、多听别人的课，取长补短、提高教艺，深入学生、研究学情，以加强教学的针对性。二是经常和青年教师切磋、探讨。既探讨教材的处理、教法的择定，也切磋教学中碰到的一些知识疑惑、教学难点，还讨论跟教育教学有关的一些热点、争议问题，启发他们去思考认识、钻研探索，以形成教学的科学性。三是经常给青年教师上示范课或探究课，要求"徒弟"随堂跟班听课，让他们听完课后充分发表意见，畅谈听（看）课体会，具体评析成功与不足。四是经常给青年教师出"难题"、压"担子"。有意安排他们上试验课、教改课、观摩课，在评议公开课时作中心发言、教毕业班等，促使他们去研究教材教法、了解教情学情、学习新知识、探索新路子，以加快他们的成长步伐。安仁三中的周邦清（高级教师，现任县教师进修学校党总支书记）、安仁一中的张金奎（国家级骨干教师，现任校纪检组长）、李琼林（高级教师，现任县政协副主席）、李家福（博士，现任中国人民大学公共管理学院党委书记兼副院长）、侯茂文（高级教师，现任郴州市三中语文教研组组长）、何湘华（高级教师，现任校团委书记兼年级组长）、陈爱红（高级教师，现任校工会副主席）、吕庆平（高级教师，现任校教研室干事）、江河山（一级教师，现任校语文教研组副组长）等，就是在这样一些做法的促使下，逐步而快速地成长为高中语文骨干教师和别单位或部门领导的。

三、教得轻松，学得愉快

在教育教学工作中，既头望天空更脚踏实地，思想活跃敢立潮头，善于扬弃借鉴传统教育，总结升华实践经验，大胆地探索"教得轻松"，不懈地追求"学得愉快"，在成就了一大批人与才的过程中，也形成了自己完整严谨的教学体系，鲜明独特的教学风格，成熟且成功的教学思想。

1. 锐意进取，思想进步

早在 1983 年，本人就倡导"破除满堂灌，一课一得，激发兴趣，提高效果"的教学思想。1985 年后针对学生和教材的新特点，着手实施"狠抓基础，形成体系，查漏补缺，全面发展"的教学策略。1990 年下期选调安仁一中后，明确提出"课内打基础，课外练功夫"的口号，推出两个教改"构想"：强化单元教学与阅读教学，大力开辟第二课堂，注重能力培养；强化作文素质教学与思维品质培养，着力抓课内快速作文、互批自改，课外材料积累、事理认识、情感陶冶、自由练笔。新世纪初始，就强调课堂要坚持教师主导、学生主体、（知识思维能力情感等）训练主线的"三主"原则，探索教师启发点拨精讲 30 分钟、学生自学质疑合作探究整理 15 分钟或学生 30 分钟、教师 15 分钟的"3015"（40 分钟则为"2515"）模式。这些思想的倡导、策略的实施、构想的提出、模式的探索，对本人和所在学校的语文教学起到了积极、重要的指导作用，收到了实在、突出的教学效果。学校高考语文人平成绩从 2000 届首创郴州市理科第一、2005 届起连续十一年保持郴州市第一（文理双第一、文第一理第二或理第一文第二）的地位，就是佐证。

2. 大胆尝试，积极探索

语文教学具有悠久的历史，人们创造并总结了难以胜数的先进的教育理论与教学方法，但社会发展了，时代不同了，教学的要求和受体的情况变化了，因此，一味地继承必定钻进死胡同，不敢超越也就意味着倒退。长期以来，本人开动脑筋，进行了这样一些尝试、探索：单篇教学注重宏观驾驭、微观分析，突出局部阅读能力的培养；单元教学注重讲透"例子"带动其他，突出整体阅读能力的培养；写作教学注重快速优质、互批自改，突出想象（联想）、认识（思维）能力的培养；在课堂阅读教学与写作教学的中间，注意搭起课外阅读及指导的桥梁，突出运用迁移能力的培养。如在教学原第四册 2 个单元 10 篇小说的过程中，首先通读教材教参，仔细研究单元知识短文、课文思考和练习、教材的配套训练，并根据平时对学生小说阅读情况的了解，然后这样确定教学计划并予以实施：先花 1 课时结合单元知识短文，向学生介绍"阅读小说的一般步骤和方法"（熟悉故事情节→分析描写人物的方法→研究环境描写、时代背景、作者→归纳人物特点、主题思想）；再花 3 课时，教师示范全面分析《药》，花 2 课时师生一起分析《守财奴》，花 1 课时教师点拨学生分析《项链》的心理描写与对比手法；之后放手让学生课外运用所学、所用和阅读小说的一般步骤与方法，抓住肖像、行动、语言、心理、细节等描写，旁及环境描写，去独立分析《林黛玉进贾府》中的人物。最后花 5 课时教完《柳毅传》《促织》《陈奂生上城》《失街亭》《杜十娘怒沉百宝箱》。这其中，制定并实施的写作教学计划是：学完《药》后，写篇文学评论大作，主评故事情节；未学《林黛玉进贾府》前，教师稍加提示，学生独立分析，写篇文学评论小作，主评描写方法；学完《项链》后，续写一个结尾；学完9篇小说后，教师不作任何点拨，让学生自读《林教头风雪山神庙》，写篇文学评论大作，主评人物形象。4篇大小作文，3篇评论着重培养认识鉴赏能力，1篇续写着重培养联想想象能力。同时，在单元教学与写作教学之间，组织2次每次1课时的学生集体进阅览室的阅读，选阅《微型小说》《小小说》《微型小说选刊》《小小说选刊》《短篇小说》《小说月刊》《文学评论》等。这些尝试、探索，使阅读和写作教学获得了双丰收，赢得了师生的好评，得到了全面的推广。

3.教学教育，特色鲜明

（1）高屋建瓴，重视"教纲考纲"的把握

随着时代社会的不断进步、教研教改的深入发展，《教学大纲》（《课程标准》）、《考试大纲》（《考试说明》）也在不断地修订、更新。为此，每每新换一种"教纲""考纲"，都能及时认真地将其与旧"教纲""考纲"一起比较，研究其同异，把握其增删调换的内容、篇目，升降变化的要求、标准，不放过任何一个修订更易的字词。因而能准确地理解和把握"教纲""考纲"，有的放矢地运用"教纲"去处理教材，循序有效地开展教育教学活动，使自己教得轻松，学生学得愉快，师生获得良好的教学教育效果。

（2）因材施教，重视"教材教法"的研究

教材是"教纲"规定教学目的、内容的载体，是教师组织教学教育活动的依据。教法是指根据"教纲"规定、教材特点、学生实际而择定的具体施教的方法。能否准确地把握教材、恰当地择定教法，反映出教师素质和水平的高低，决定着教学教育效果的优劣。本人通过对多种教材的悉心研究，对多届学生的比较分析，对教材的知识体系、基点难点重点的把握越来越准确全面，对施教方法的适应对象、择定原则的把握越来越科学对路，所以，在教学中善于根据整个中学语文教材的知识体系，准确地择定每堂课的具体教学点，善于根据不同的教材篇目、教学对象，恰当地择定每堂课的最佳教学方法，因而课堂教学能实实在在地落实基点、强化重点、突破难点，真正使学生有其所得、各得其得。这样，一课一得，点点累加，由分散而集中，最后便形成了完整而严谨的知识体系，达到了合格甚至优秀中学生应该达到的语文水准。长期以来学生会考（学考）、高考的成绩，就是明证。

（3）强调质量，重视"课堂、训练"的效率

本人长期力倡教师主导、学生主体、（知识思维能力情感等）训练主线的"三主"原则，坚持探索实施"3015"（或"2515"）模式，一向反对不讲质量、不求效率的课堂教学与考测训练：课上随心所欲，课后总是拖堂，平时挤占他师和学生的教学时间，星期天、节假日无休无止地补课，无谓无效地进行各种测试训练的题海战术。本人的思想和措施是：关于课堂教学，一倡导"三立足"，即立足学生、双基与效率；二主张"四坚持"，即坚持教学起点的面向多数，教学目标的一课一得，教学生成的高质高效，教学追求的内涵发展；三强调"九属性"，即课堂教学结构型式行云流水、自然妥帖的流畅性，内容组合主次分明、详略得当的科学性，知识教学基点落实、重点强化、难点突破的针对性，阅读教学宏观局部、粗赏精嚼有机结合的合理性，能力培养讲授、示例、训练与迁移方法的多样性，语言表达抑扬顿挫、轻重缓急的亲和性，板书设计要点简明、层次井然的逻辑性，形体语言的准确性，课堂形象的规范性。关于考测训练，一反对无效重复，主张次数、题数长度的限制研究，倡导单元与学期过关；二反对信手"拿来"，主张难度、梯度的分析研究，倡导细选精编与多题重组；三反对不看对象随意拔高或降低要求，主张针对性、区分度的定位研究，倡导多了解摸透学生学情与多研好把准考测训练的科学性与实效性；四反对学生盲目购买使用资料，主张立足课堂与教材，在教师的指导下有目的、有针对性地选择一种蓝本，倡导夯实基础、循序渐进，精通一本、触类旁通。

（4）有的放矢，重视"教学信息"的反馈

"教纲""考纲"、教材教法，是教师必需准确把握、着力研究的内容，但这还不够，还要通过平常的学生训练、教师批阅、课堂内外辅导、不拘时地的师生座谈、交心等途径，去及时地了解学情，诚恳地倾听学生的意见、要求、建议甚至于批评，从这些反馈的信息中，估摸学生知识掌握的多寡、能力培养的

得失、水平达到的高低，进而适时而灵活地调整教学内容、择定重点难点、更新教学方法、满足学生需求，以加强教学的针对性，提高教学的实效性。如思想评论的写作，它是高中阶段议论文体训练的一个重点难点。就文体而言，它易于跟文学评论和读后感混为一谈；就论证而言，学生往往空泛表态、隔靴搔痒，缺乏具体分析，很难"以理服人"；就实践而言，"习作反馈"的"信息"恰好在以上两个方面。为此，在实施思想评论写作的教学时，确定分三步走：第一步，通过课内范文学习形成感性认识，解决文体上细微而本质的区别问题；第二步，通过课外范文研读、师生讨论，明确具体分析的要点与方法，并进行写作实践；第三步，精选学生典型习作、对比典范文章讲评，从理论与实践相结合的关键处，肯定成功指出不足，再次进行写作实践。经过三步训练，学生思想评论写作的"格"入得快准、出得洒脱，具体分析的要点掌握得牢固、方法运用得灵活，论证说理的水平得到了大面积、大幅度的提高，因而当时的最后一次习作，80% 的学生获 80 分以上，其中有 2 篇被县电台采播、1 篇被省报纸发表。

4. 教学效果，令人叹服

因精于教学，本人被同行称为"常胜将军"：任聘高级教师后所教九届毕业班学生的高考人平成绩始终稳居郴州市内省级重点中学（示范性高中）的前三名——1995 届 90.0 分、1997 届 87.9 分、2000 届 103.0 分、2003 届 98.59 分、2006 届 98.2 分、2008 届 107.1 分、2009 届 103.9 分、2012 届 98.72 分、2015 届 105.7 分，其中四届第一、三届第二、二届第三。

善于辅导学生创作，习作发表或获奖的达 200 余篇：其中有即时、准确记载的共 160 篇，仅 1993 年 3 月至 1995 年 4 月，在书报杂志发表、电台采播的就有 111 篇。其中有 28 篇（首）发表在省级以上书报刊上；获奖 50 余篇次，获大奖的 11 篇：4 篇获第五届"华夏杯"三等、优胜奖，1 篇获"芳草杯"优胜奖，3 篇获首届中小学生"课本作文大赛"二等、优秀奖，2 篇获第七届"全国中小学生文学夏令营选拔营员征文比赛"最高奖——蓓蕾奖（侯桂新《错色的纽扣》）、佳作奖，1 篇获第三届"全国中小学生作文竞赛"三等奖。本人由此分别获得指导奖。因为创作勤奋、质量上乘，郭振华 1993 年寒假参加了在张家界举行的"冬季文学之旅"活动；侯桂新 1994 年暑假参加了在北戴河举办的"夏令营"活动。本人不仅善于辅导所教班级学生的创作,还特别重视全校学生创作辅导及写作竞赛风气的形成,因而突出地抓学生课外阅览、办学生创作刊物,并亲自担任主编、顾问。苗地文学社、《苗地》文学刊,在本人的精心策划、严密组织、"下水"示范和热情鼓励下,每学年出版8期左右,每期发表20余篇,工作红红火火,作品既多又好,获得了市"中小学校文学社团活动"一等奖、"湖南省十佳中学校报刊"、"湖南省优秀文学社团"等殊荣。2005年1月,本人主编出版了一本煌煌40万字的"校本教材"——《脚步铿锵一路歌——〈苗地〉文学作品选萃》。

四、研究求乐,笔耕不辍

教学即研究,问题即课题。本人勤于实践探索思考抽象,写作的论文和课题研究的结题报告、参编和主编的著作,相继在地级市及以上单位书报杂志交流发表获奖出版,累计达110余万字。它们全是实践、积累、研究、学习和锤炼的结晶,都来源于管理、教学、生活的教训抽象、经验升华、疑惑解答和成果总结,不少受到教育同行的称道、专家高层的关注。

论文被交流、奖励、发表的达82篇,28万余字,其中在35种省级及以上杂志、网站上发表了40余篇,被中国人民大学报刊复印中心全文转载了1篇。教育与管理论文如:针对高等院校疯狂地扩招,重点高中盲目地"做大",素质教育的偏向错误,就有了《教育断想》(2004年第5期《当代教育论坛》)。长期从事基础教育,经常发现其中存在许多与此相矛盾甚至相悖的问题,于是《基础教育反思三题》(2011年第11期《当代教育论坛·管理研究》)诞生了。耳闻目睹并切身感受到农村乡镇普通中学的校长,他们历经的折磨很大,付出的心血很多,但处境却异常的尴尬难堪,写作了《农村乡镇普通中学校长难当》(2007年第1期《当代教育论坛·校长教育研究》,人大2007年第6期《中小学学校管理》全文转载)。针对当下普通高中的德育工作者,普遍存在着情感态度与学生的距离远、工作开口比实际的问题大、目标达成一般都较虚空,教育的时效性和实效性差,这样《近些,小些,实些》(2013年第6期《教书育人》)发表了。教学教研论文如:针对文字辞书意见不一、语言应用十分混乱,高考决策者们"画地为牢"规定仅以《现代汉语词典》为准，就有了《语言文字工作者、学习者的困惑：我们该听谁的》（2006 年第 12 月号《湖南教育·语文教师》）。教学中不断发现人教版高中教材因选编的不少课文新、编写的时间相对紧等原因而有一些不尽如人意的地方，写作了《教材选文、注释等应规范、严谨、权威》（2011 年第 12 期《语文世界·教师之窗》）。早就发现高中病句辨析和修改的教学与复习存在"（题数）多（速度）快（效果）差"的突出问题，于是《把准压缩一法，抓实辨改四环》（2012 年第 22 期八月上旬刊《现代语文·学术综合》）面世了。新课程改革强调学生学习的"自主、合作、探究"，目标之一是实现课堂教学的高效性。怎样才能达成呢？讨论的答案丰富多彩，但本人认为，核心是做好三环关键工作：实导、精讲和巧练；夯实一个必备基础：精编。这样《新课改背景下语文课堂教学高效性之我说》（2013 年 7 月《课程教育研究》〈上旬刊〉）发表了。反思学生作文抄袭套作、胡编乱造和语句不通等问题的成因，本人认为：教师写作指导的目的与内容、训练的方法与批改以及指导、训练的责任与能力等问题，都不在教师的课堂教学之内、学生的文章写作本身，而在教师的课堂教学之外即科学有序地指导与训练、学生的文章写作之外即生活的观察、积累和思考、认知以及语言表达的反复训练与习得。教师功夫在"课"外，学生功夫在"文"外。这是《关于教师写作指导与训练的反思》（2015 年第 2 期《文学教育〈下〉》，被列入"要目"）的结尾（被抄录在"要目提示"中）。

教育教学管理及其课题的研究，实践质疑，"问题即课题"。本人敢于触及实际问题、研究前沿课题，并频频获奖：主持、探索的《中学短周期作文教学研究》，获市第三届基础教育优秀教研教改成果一等奖；负责、实践的《安仁一中基础文明教育实验课题研究》，获市第三届基础教育教研教改成果三等奖。在另外 2 个"九五""十五"省级重点课题子课题的研究中，均担任领导小组副组长、工作组组长：《运用现代教育媒体，培养学生健康心理》，实验报告、子课题均获省二等奖；《校园文化培养学生文明素质实效研究》，获省一等奖。

著作累计约 89 万字，其中出版发行的共 7 部，约 65 万字。它们是 1993 年 7 月地震出版社出版的《高考热点难点分析与训练·语文》（ISBN7-5028-

0898-1/G.49），任编委；1994 年 2 月石油工业出版社出版的《中学作文问题与对策》（ISBN7-5021-1183-2），任编委；1994 年 7 月中州古籍出版社出版的《古今语文知识·新编写作论据集》（ISBN-5348-0981-9/G.207），任副主编；2000 年 10 月海南出版社出版的《高中语文智能专题训练辅导讲座》（ISBN7-80617-794-9/G.418），任副主编；2005 年 1 月中国传媒大学出版社出版的《脚步铿锵一路歌》（ISBN7-81085-457-7/K.268），任主编；2005 年 7 月湖南教育出版社出版的《"3+X"高考大本营·语文》（ISBN7-5355-3303-5/G.3298），任编委；2005 年 8 月华龄出版社出版的教师培训教材《新课程教师专业发展能力培养与提升》之《校本课程开发能力培养与提升》（ISBN7-80178-259-3），任编委。

五、制度管理，率先垂范

本人参加教育工作 36 年，任教了 36 年的高中语文，管理了 36 年的教学教育。无论担任教研组长还是教务（导）副主任，还是教学教研或德育副校长或党委副书记，都很重视制度管理、以身作则，探索创新、业务服人，依靠教师、教研、教改创质量、上台阶。在安仁一中负责教学教研工作的 13 年半、师生思想政治教育工作的 7 年半中，除了扎扎实实抓常规教学（学校 1994 年至 2003 年曾连续 10 年被评为县市"常规教学管理先进单位"）、课题研究外，还大胆地完善、健全、制定了一系列的教学教研制度、规定、方案，提出了加强音体美工作以去掉短板全面发展、建立大高三观（如各科从高一抓起，立足课堂、基础、全体、高考，开设讲座课，编写校本教材等）和大语文观（如开设阅览课，开辟第二课堂，开展社会实践活动等）以大幅提高教学质量的构想等。为推动构想落到实处，本人亲自示范开设散文、小说欣赏专题讲座课；每周 1 节带学生到阅览室拓展阅读；编写夯实基础的《基础的基础》（其中第 4 版 20 万字，2015 级用）、丰富识见的《阅读·思考·借鉴》（其中第 3 版 29 万字，2013 下～2015 上两学年用）、提供优秀习作的《脚步铿锵一路歌》（40 万字，2005 年版）的校本教材；利用寒暑假带学生到农村、社区和德育基地实践、采访、调研，撰写新闻通讯、人物访谈和研究性学习结题报告等。这些制度等、构想和示范，有力地促进了学校教学工作的平衡发展、研改风气的迅速形成、育人质量的稳步提高。以 1994 年至 2003 年 10 年 11 届为例：会考高中合格率均达 96% 以上，初中优秀率均达 85% 以上；学生参加各级各类竞赛，都"县列榜首，地市前茅，省里有名"；初三、高三升学考试始终县第一、市前茅。2003 年下期至 2006 年上期在负责德育工作中，特别重视班主任、班团干部队伍的建设和大德育观念的强化，形成了颇具特色的"两线一化"和"三位一体"的德育工作网络。因此，学校 1997 年后相继荣获湖南省"重点中学（示范性高中）""现代教育技术实验学校""中小学生德育工作先进集体""绿色学校""依法治校示范校"等荣誉称号，多次被《中国教育报》《湖南日报》和中国教育电视台、湖南卫视等新闻媒体专题报道。

六、示范辐射，加压奋进

因质量的高效性（见前述）、教学的示范性、研究的导向性、管理的科学性和经验的先进性鲜明突出，本人不仅得到了本校领导和老师的充分认可，还受到了本地县市及其周边县市省级示范性学校与同仁的大力推赞，具有较大的辐射性和影响力，进而促使自己不断加压奋进，开拓前行。

教学的示范性。不仅在校内每期至少上一堂示范课，而且还经常受邀至兄弟学校上示范课，如 1993 年 5 月在郴州市二中上阅读欣赏课《当说必说》，1997 年 5 月在郴州市宜章一中上议论文写作指导课《具体分析》，2004 年 4 月在株洲市茶陵一中上记叙文写作指导课《情节安排的技巧》。研究的导向性。如 1992 年 3 月在郴州地区高三语文教学研讨会上作《摸准趋势，注意对策》的高考复习、2002 年 11 月在株洲市攸县一中作《把握走势，开拓创新》的高三管理的研究报告；发表于 2004 年第 3 期《郴州教研》上的《浅谈校本课程开发》，从理论和实践的结合点上提出了校本课程开发的重要性、挑战性和策略性。受县教研室、市教科所（院）邀请所编的《安仁县中考优秀作文选》，1992 年 8 月发行至全县初三师生；《郴州地区高三语文复习教材·写作训练》，1991 年、1992 年、1993 年 7 月分别发行至全地区高三师生，《高中语文智能专题训练辅导讲座》、《"3+X"高考大本营·语文》，2000 年、2005 年分别发行至全市高三师生。2005 年 8 月在全县教育行政干部集训班"校长论坛"上作《素质教育背景下一线教育工作者的思考》的研究指导。管理的科学性。在郴州市高三教育教学教研管理研讨会上所作的管理经验交流，每每赢得一致好评、荣获一等奖，如 1997 届的《面向全体，注重方法，提高质量》、2000 届的《志存高远，团结协作，务实创新，着力教研》、2003 届的《务实管理，质量为先》、2006 届的《科学管理，有效教学，务实创新》等。经验的先进性。如 1995 年 10 月发表于郴州地区教科室所编《活动课学习资料》的《大力开展课外阅览，全面提高读写能力》、1996 年 11 月在郴州市宜章一中所作的《强化管理，形成特色，不断提高办学质量》、2004 年 4 月在株洲市耒阳二中所作的《稳定·提高·发展》，以及在郴州市教育局组织的各种教育教学教研及其管理研讨会上所简介的，如 1999 年 11 月的《实施"培优辅中"战略，全面提高教育质量》、2006 年 2 月的《探索有"效"途径，谱写"实"字篇章》和 2006 年 4 月的《抓纲务本，有效教学，全面提高》等。

因本人在教育教学教研及其管理中取得了突出的业绩，所以还得到了学生和专家的赞赏与祝福。如 1993 年上期高一 145 班郭振华：陈老师倡导并实践的互批自改妙极了，它不仅提高了我们批改作文的能力，而且还促使我们学到了课堂内学不到的许多知识和观察社会、思索人生的方法，极大激发了我们自觉练笔、积极写作的兴趣。2008 届高三 284 班何艳君：陈老师：节日快乐！我是有过两次残篇的学生。我们都觉得您很厉害，有水平，有内涵，有深度，能做您的学生，是我们一生的幸运。从您那里，我们学到了很多东西，不管是学习方面的还是为人处事上的。您还让我们了解了很多关于当今社会的现实情况，这于我们都是很受益的！我们很理解、赞同您的教育思想、教学方式……2012 届 354 班陈明芳：高中校园内的天空是最蓝的，一中那个 354 班的语文老师是最可亲可敬还可爱的……远方的我祝愿最敬佩的语文老师——陈石林老师节日快乐，身体健康，一切顺好！《现代语文》主编桑哲教授：陈老师好：在一线教书，能这么认真地搞科研，是名副其实的教育家，而非教书匠啊！如您的特级教师，是大家希望的，是能作为同行的引路人、导师的。祝节日快乐，身体健康！

也正因此，本人 2010 年 8 月以基层语言专家的身份被邀到北京参加《现代汉语规范词典》（第 2 版）出版座谈会，并作《规范、实用、通俗、臻善》的专题发言；2011 年、2012 年连续两年被山东的《现代语文》（第 22 期）"杏坛学人风采"以彩照配文字的形式置于封二、2014 年被海南的《教师》（第 6 期，"卷首语"发表拙作《论文从何来》）以大幅彩照作为"封面人物"并以彩照配文字的形式置于目录首页向全国教师予以全面、重点推介。本人的业绩也载入了《中国中学骨干教师辞典·总 1（语文教师卷）》《中华名人大典（当代卷）》等 5 部名人典籍。

2015 年 12 月 20 日

后 记

　　教育是项系统工程，教学是门高深艺术，管理是以人为本的人文科学，改革是艰难渐进、持续永恒的热门话题。

　　教育、教学、管理这项工作，需要实践、思考、探索、总结与升华，教育、教学、管理的改革，需要识见、勇气、创新、整合与抽象。一线教育工作者，理当凭借自己的识见和勇气，有目的、有计划、大胆地去实践、思考、探索、创新与总结；理论教育研究者，应该在深入一线、洞察实际、理论联系实践、后顾结合前瞻的前提下，求真务实地在总结、整合、升华与抽象等方面，多下些功夫。

　　缘于对语文教学、中学管理及其改革的本能、热爱和执着，加之幸遇改革开放、教育复兴这个大好时机，笔者在教育、教学和学校管理工作中，多年来常常写点文字，记下实践的经历、思考的点滴、研究的成果、探索的体会、创新的想法等，试图根据教育规律、运用先进理论、联系具体实际，来回眸反思过去，前瞻展望未来，并通过反思与展望来规划实施现在。因而平时仅在地级市及以上单位、书刊交流、获奖、发表的论文和省级及以上出版社出版的著作，初算起来就有一百一十余万字。除著作的大部分文稿外，它们基本散收在《杷罗集》中。现在利用闲暇时间，把它们以及与教育、教师和笔者密切相关的文字，聚拢起来再加以爬梳、整理、筛选，辑为"行知话语编·教育论文选"、"教书育人编·教学方案选"、"心声交流编·升旗讲话选"、"社会响应编·断想随笔选"、"词句联对编·对联试笔选"和"前行足音编·回眸杂忆选"等六大编（选）。"行知话语编（选）"以写作内容兼顾时间（书中除写明农历的外其余的皆为阳历）、其他各编（选）以写作时间为主顺序排列，集中而成本书。书中的"言论"选自一个基层一线的普通高中教师的文字总集，就像遍布城乡的能荫蔽大地、纯净空气、绿化环境却被人不屑一顾的小草发出的很不响亮动人、几乎无人愿意去关注、去静听、去研究的声音，因此把它取名为《杷罗集选——一棵教育小草的声音》。需要说明的是，本书出版时为了尊重历史也因敝帚自珍，除对极个别字词予以规范外，基本保留了"言论"原作的旧貌。

出版《杷罗集选》的初衷，一是"抛砖""献丑"，为教育工作实践者提供"正面案例"和"反面教材"。二是把"问题与矛盾"暴露出来，让既有务实精神，又有理性态度的教育问题研究者，从中听到"声音"、感受"艰辛"、体味"曲折"，进而更好地运筹中国现代教育到底向何处去，应该怎么办。三是企望用它来架起实践与理论有机融合的桥梁，使实践者与研究者"同心联手"，一起来打造具有现代中国特色的成功的基础教育。初衷能否实现，读者才是上帝。

汇编《杷罗集选》的时间很短，因为它们是自己想的、说的、写下来的，大多是亲手打印的，还有原稿。但酝酿的时间却较长，疑虑的问题则更多：中学教师能出版专著吗？即便出版了，人微言轻又有什么用？如果专著中有了不足甚至谬误（事实上肯定会有），岂不见笑于大方？欣慰的是，它得到了不少同志、同行与同事的热情鼓励，特别是湖南省中语会副理事长、特级教师学会理事长刘建琼教授的大力支持，他通览全书欣然作序。在此，一并深表谢意。

审读完书稿的清样，修改好本篇的字词，顿觉一身轻松；想到拙著马上就能付梓并问世，望着才刚满月的孙女陈有多那稚嫩天真的模样，着实满心欢喜。

衷心感谢为本书的出版付出辛勤劳动的中国出版集团世界图书出版公司及责编等老师！

陈石林

2016 年 9 月 15 日